张敏 著

生活政治及其在中国的

SHENGHUOZHENGZHI JIQI ZAI ZHONGGUO DE
FAZHAN YANJIU

发展研究

江苏人民出版社

图书在版编目（CIP）数据

生活政治及其在中国的发展研究 / 张敏著. -- 南京：
江苏人民出版社，2024.12（2025.7重印）-- ISBN 978-7
-214-30133-8

Ⅰ. D64

中国国家版本馆 CIP 数据核字第 20246FN927 号

书　　　名	生活政治及其在中国的发展研究	
著　　　者	张　敏	
责 任 编 辑	张惠玲	
装 帧 设 计	许文菲	
责 任 监 制	王　娟	
出 版 发 行	江苏人民出版社	
地　　　址	南京市湖南路 1 号 A 楼,邮编:210009	
照　　　排	南京紫藤制版印务中心	
印　　　刷	江苏凤凰数码印务有限公司	
开　　　本	718 毫米×1000 毫米　1/16	
印　　　张	22	
字　　　数	333 千字	
版　　　次	2024 年 12 月第 1 版	
印　　　次	2025 年 7 月第 2 次印刷	
标 准 书 号	ISBN 978 - 7 - 214 - 30133 - 8	
定　　　价	58.00 元	

（江苏人民出版社图书凡印装错误可向承印厂调换）

序　言

　　自政治社会形成以来，人的生活问题一直是一个重要的政治问题。要么统治者为被统治者的生产和生活设定一些制度，要么被统治者为了实现一些生活诉求而展开社会行动。生活成为联接统治者和被统治者、国家与社会、集体与个体的重要纽带，也是统治与被统治、国家与社会、集体与个体等诸多政治社会关系得以发生的重要领域。因此，作为人的一种存在形式和存在实践，生活是政治与社会运行的一个重要的环节。

　　但是，长期以来，这样一个重要的议题一直被政治学的研究议程所忽略，直到上世纪八九十年代，生活方式政治研究在欧洲兴起才把生活问题带到政治学研究的舞台上来。安东尼·吉登斯（Anthony Giddens）把生活方式政治称为"生活政治"。尽管很难考证吉登斯是不是最早使用"生活政治"概念的人，但不能否认的是，他的确"杜撰"了"生活政治"这样一种政治形态。这二者并不矛盾，因为吉登斯创造性地在学术研究的意义上概括与提出了生活政治这样一种政治形式。而且，他所说的生活政治也是一种新形式的政治，与传统的阶级政治、权力政治、利益政治不同，生活政治是以生活方式的选择作为议题指向而展开的政治，生活方式的选择可以跨越阶级、阶层的差异，所以并不呈现出阶级的对立和竞争的明显特征。比如说，绿色的生活方式并不局限于某个特定的阶层，骑行、露营是各个阶层都喜欢的休闲方式，等等。

　　吉登斯提出的生活政治及后来的研究，无疑让大家意识到了生活的政治寓含，生活问题不再被单纯地看成私人问题、社会问题和文化问题，也被看做政治问题。但是，吉登斯的生活政治是在特定的社会背景下提出来的，具有鲜明的现代性反身性的文化意味。这个特定的社会背景就是爆发于上世纪中后期的生活方式运动。吉登斯生活政治概念的提出，实则是对这一新兴的社会运动所做的理论说明，因此他一再强调所言的生活政治是一种生活方式的政治,而非其他。其文化意味在于,吉登斯发现人们通过生活方式的选择去实现自我价值的认同,获得自我生命的意义,甚至彰显自我的与众不同。这是一种自我的价值审美,而这些价值恰是现代性的高扬所"封存"的。所以说,生活方式运动是一种群体性的反身性运动,生活政治是一种现代性的反身性政治。吉登斯还把生活政治当作一种存在主义政治,即让人的生命意义回归的政治。但此时人的存在不是孤立的存在,而是与他人、自然界共存,这就要求人以一种道德的方式生活,道德地处理与他人、与社会以及与自然界的关系,由此,生活政治又获得了社会变革的功能,吉登斯高调地声称生活政治是现代性的一条救赎之路。

不过,吉登斯的生活政治概念和生活政治理论显然不适合对生活政治的一般理解。在现实中,我们可以看到许许多多可以称为生活政治的政治现象,社会成员经常就其生活问题向政府施加压力。实际上,并不排除在任何一个生活议题上发生政治行为的可能性。因此,生活政治并不局限于生活方式政治,生活方式仅是生活问题的一个方面,对生活政治的一般理解必需超越生活方式政治,要超越吉登斯开创的生活政治理论范式。

在一般意义上,生活政治是生活议题公共化的结果。在理论上,任何一个生活问题只要超出了个人的范围而进入公众视野,生活政治就有可能产生。生活问题的广泛性决定了生活政治表现的丰富性,也带来了理论观察的复杂性。不过,也正因为生活问题的广泛性,也带来了观察视角的多样性。其中,福利国家理论和生活质量研究是观察生活政治较为集中的代表性理论。这两种理论都把社会成员的生活问题当作一个公共问题来对待。福利国家理论与其说是一种理论,不如说是各种福利主张的集合。福利的形式多种多样,在生活的问题上,福利可以理解为让人们正常生活的必要条件。在福利制度的早期发端中,福利的核心是物质性的施恩济贫,到了现代社会,尤其在二战以后,福利逐渐演化成一种公平性的权利要求,英国社会政策学家托马斯·马歇尔(T. H. Marshell)将之称为"社会权利"。按照他的话说就是"从某种程度的经济福利与安全到充分享有社会遗产并依据社会通行标准享受文明生活的权利等一系列权利"[①]。社会权利的核心是生活

---

① 郭忠华、刘训练编:《公民身份与社会阶级》,江苏人民出版社,2007年,第8页。

权利,是对人的生活的基本保障,体现了对人的尊重,对社会成员给以必要的生活保障是一项基本的政治义务。社会权利是公民的一项重要权利,与公民的民事权利依靠司法系统、政治权利依靠代表机构不同,社会权利的实现要依靠教育系统和公共服务体系。社会权利为福利国家的形成提供了重要的理论依据,福利国家是以社会公共服务体系为核心的一套制度体系,其基本宗旨是国家对公民的社会权利负有责任,为国民提供基本的生活保障。[①] 英国是福利国家中的先行国家,二战结束后,英国先后出台了《家庭津贴法案》《国民健康法案》《国民救助法案》和《儿童法案》,加上 1944 年的《教育法案》,英国建立了比较完整的社会福利体系。于是在 1948 年,当时的工党政府对外宣称英国已经建成"福利国家"。1951 年保守党政府成立,福利国家制度得到延续。此后,欧洲的主要国家以及美国也都陆续建立了福利国家的制度体系。可见,福利国家是关于生活问题的一种制度安排,是生活政治的典型体现。当然,福利国家只是一个笼统的称谓,并不能区分各个国家的具体差异。基于西方国家的实践,艾斯平 - 安德森(G. Esping-Andersen)在上世纪 90 年代把福利国家划分为法团模式、社会民主模式和自由主义模式三种模式,这就表明在不同的价值观念和政策主张下,国与国之间的生活政治各有不同的表现。

　　将福利国家理念付诸实施的政策一般被称为社会政策,在制度操作的层面上,生活政治的实践主要体现为各种社会政策的设计及其执行。社会政策通常指政府用于福利和社会保护的政策,特别是有关教育、医疗卫生、社会保障和住房的政策,在更为广义的范围上,还可以指福利在一个社会中的发展方式。[②] 因此,社会政策也是观察生活政治的一个有利视角。与福利国家的整体理念不同,社会政策涉及各种具体的福利或者社会保障项目,构

---

① 也有人把福利国家理解为一种政府形式。比如在韦农·波格丹诺主编的《布莱克维尔政治制度百科全书(新修订版)》中,福利国家被解释为"一种由国家通过立法来承担维护和增进全体国民的基本福利的政府形式。它的基本要素包括这样的立法,即保障个人和家庭在遭遇工伤、职业病、失业、疾病的情况下和老年时期维持一定的固定收入并获得其他各种帮助"。参见该书第 684 页,由中国政法大学出版社 2011 年出版。

② 参见哥斯塔·埃斯平-安德森著《福利资本主义的三个世界》的出版说明,该书由商务印书馆(北京)2010 年出版。

成了观察生活政治的中观视角。

生活质量研究兴起于上世纪 60 年代的美国,该种研究显然不是把生活质量当作一个个人问题来看待,而是把它当作一个公共议题。生活质量研究的一个重要渊源是美国的社会指标运动,该运动是研究、开发和应用观测社会状态的指标体系的一股潮流,其主体内容是如何观测国民的生活质量。笔者发现,有人在 1980 年代初归纳了社会指标运动初始阶段的十一项任务,其中有六项和生活质量研究直接相关,分别为"研究客观生活条件和主观生活质量体验及其相互关系""探索生活质量各影响因素的关系""考察群体和个人的生活质量""了解个人和团体如何参与创造生活质量""将生活质量视为 一个动态过程"以及"将生物物理和社会环境视为生活质量的基本要素"①,可见,两种研究是彼此融合、相互推动的。而在研究的缘起上,生活质量研究和社会指标运动都是对以经济增长和物质财富的占有来衡量生活美好程度的传统观念和做法进行批判的结果,研究者希望以新的方式观测国民的生活状况,发现影响生活状态的主要因素,并提出相应的对策。因此,他们使用了生活质量这样一个综合性的概念,并通过社会指标体系来衡量它。所以,生活质量是一个政策议题,而如何界定生活质量、如何测量生活质量以及如何改善生活质量,则要取决于该国的价值观念和决策影响力在不同人群中的分布。

因为生活问题涉及的因素众多,所以,对生活质量的观测也涉及诸多方面,这就带来了指标体系的复杂性。现在通常的做法是构建和运用包含客观指标和主观指标在内的综合指标体系对生活状况的诸多方面进行测量,并进行横向和纵向的比较。客观指标涉及收入、教育、健康、住房、就业、环境、社会保障、文化体育、食品安全、公共服务设施等方面,主观指标则涉及人们对生活和社会治理状况的主观感受和评价,如幸福感、满意度、公平感、安全感等。对此,一位学者的评价指出了生活质量测量的要义:"生活质量可以正确地由两种主观因素与一套客观环境来界定。高质量生活的主观因素包括对幸福的感知和个人的发展、学习和成长。客观因素被认为是生活

---

① 参见张敏:《治理让生活更美好:生活质量与公共治理关系的学术史梳理》,《甘肃行政学院学报》2021 年第 5 期。

条件的质量,客观因素代表了人们拓展生活的机会。"①

　　对生活质量的重视可以说是一种国际趋势。中国则在自己的语境下展开了生活质量的叙事。尤其是改革开放以来,"小康社会"和"美好生活"的提出说明中国百姓的生活质量取得了历史性的进步。在字面上看,"小康"和"美好"本身就是对生活质量的一种规定,只不过二者对于生活质量的指向有所不同。在小康社会提出后,中国的学者和研究机构展开了本土化的生活质量研究,与国外学术界类似,中国的研究者也是围绕主客观指标体系的构建和运用展开的,并对许多城市展开了生活满意度的调查。美好生活的战略设想为中国的生活质量研究提出了新的挑战,在"小康"测量的经验基础之上,要围绕更高的物质文化需求和民主、法治、公平、正义、安全和环境等诸多需求的实现状况测量展开系统、科学、合理的指标体系设计。

　　上述两种研究表明,尽管在吉登斯提出生活政治的概念之前,对生活问题的政治学研究比较罕见,但也并非无迹可寻,至少福利国家理论和生活质量研究就对之表达了非政治学的关注。所以,对于生活政治研究而言,在事实上存在着一些理论资源等待我们去挖掘。不过,本书无意追寻这些理论的踪迹,而是从生活本身出发探究生活政治的发生逻辑、内在特性和实践构成,那就是:要研究生活政治,就要先研究"生活"本身。但是,一旦把研究的触角伸向"生活"时,就会发现对"生活"本体的学术关注可能比对生活政治的学术关注更为稀缺,很难发现有人会在生活为何物的问题上有过多的停留,而多是把它看成一个无须多言的给定物,抑或一个默会的讨论对象,再或社会现实分析的一部分。本书认为,在本体上,生活是人在世的一种存在形式和实践方式。然而,生活政治是面向现实生活的政治,我们不宜在哲学的层次上讨论生活的本体问题,而应从实际出发,在"常人"的角度上理解生活的内涵。从常人的角度,生活可以形象地理解为中国语境中所说的"过日子"。"过日子"既揭示了生活的时间维度"一天天",也揭示了生活的内容维度"如何过"及"过得如何",是人们——包括"不一般"的人——的日常存在方式。因为生活是每一个人的生活,所以,常人视角的生活必然呈现其"个

---

① R. E. Lane,"Quality of life and quality of persons:a new role for government ",*Political Theory*,1994,Vol. 22, No. 2, pp. 219 - 252.

体性"和"日常性"的特性。而有些人恰恰因为生活的日常性而把生活的伟大忽略了,或者为了彰显生活的伟大而不愿接受生活的日常性,这都是不正确的取向。人们的生活涉及的因素众多,为了分析这些因素,本书又进一步使用了"生活系统"的概念。对于常人来说,生活系统是其生活实践的集成,由其欲求的生活状态、生活条件、争取生活条件的行动三类要素构成,这三类要素的关系层层递进,互为因果,形成了一个圈层结构。生活系统构成了对生活的完整理解。

有了生活系统的构成,我们就可以发现,生活政治可以在生活的任一领域发生。本书提到,生活议题一旦进入公共视野,被更多的公众注意、讨论、扩散并向社会提出要求,或者因为被公共机构注意而发生问题性质的变化成为一个政治问题。所以,生活政治的发生有两个逻辑,一个是自下而上的逻辑,即由私人议题开始,经由社会的扩散而成为一个公共议题;第二是自上而下的逻辑,公共机构注意到一些带有一定社会普遍性的生活议题并把它们公共化。

本书是在个人研究兴趣和国家社科基金项目"社会主要矛盾转换条件下中国政治发展的生活政治路径研究"(18BZZ005)共同驱动下的结果。因此在完成基础理论"理解生活政治"的写作之后,马上回到中国生活政治的研究。生活政治是新中国成立以来的重要政治实践,但目前并没有引起自觉的学术关注,因此在总体上还是一个有待开发的研究议题和研究领域。

中国的生活政治具有如下特点。首先,中国的生活政治实践呈现出鲜明的党和国家自上而下推动的特征。自新中国成立以来,中国共产党人就把增进民生福祉,让老百姓过上幸福生活当作重要的历史任务,并为之做出了持续的努力和奋斗。其次,中国的生活政治具有明显的阶段性特征。如果以标志性事件为界划分,从新中国建立到1978年十一届三中全会的召开为第一阶段,从十一届三中全会到2017年中共十九大的召开为第二阶段,党的十九大以来为第三阶段。在这三个阶段中又贯穿着社会主要矛盾的提出及转型的历史线索,第一阶段和第二阶段的生活政治实践是在传统社会主要矛盾的历史方位下展开的,新社会主要矛盾的提出则为第三阶段的生活政治实践和发展指明了历史方向。而传统社会矛盾和新社会主要矛盾之下的生活政治发展又分别以小康社会和美好生活为建设目标。所以,总体上看,中国的生活政治发展具有清晰的路径特征,当然,这是党与国家自上而下的设计和推动的结果。再次,中国的生活政治和发展政治相伴生。这种伴生关系与中国共产党的执政价值选择有关。新中国成立后,党与国家一直把发展生产力和提高人民的生活水平作为历史任务,这样的执政路线在社会主要矛盾的判断中得到集中的体现。中国的社会主要矛盾是以人民的物质文化需要和生产力的发展作为对立统一的双方的,因此"生活"和"发展"是党与国家所要解决的两个基本问题。在新社会矛盾中,生活与发展的地位与关系得以延续,只是二者的内容已经发生了历史性的变化。最后,中国的生活政治呈现出多元发展的趋势。虽然总体上,中国的生活政治是党与国家主导下的生活政治,但改革开放以来,经历了社会转型,中国的生活政治实践日趋丰富化和多元化。它主要体现在两个方面,一是自下而上由社会公众发起的生活政治在发展,一个微观的生活政治领域正在形成;二是在生活的物质政治之外,随着经济社会的发展,人们的生活观念和生活方式发生了变化,一个生活方式政治领域也随之呈现出来。

虽然对生活政治的关注由来已久,但本书的写作却是"赶工"的过程,因此在结构和论证的处理上有粗陋之处,对一些理论问题的讨论也可能存在不周全和不准确的地方,有些则无暇顾及,希望在以后的研究中加以完善。当然,也遇到了一些难题。比如,在新中国成立以后生活政治发展阶段的划分上,小康社会和美好生活代表了不同的阶段。但是美好生活的提出是在2017年的中国共产党第十九次全国代表大会上,全面建成小康社会是在2021年,美好生活的阶段和小康社会的阶段是有重叠的,那么,如何处理这个重叠,两个阶段的时间节点又如何确立? 对于这些问题,希望能够得到学界同仁的意见和建议。在生活政治的研究和本书的写作过程中得到了许多师友的支持和帮助,在此一并表示诚挚的感谢。另外还要感谢梁云波先生,他是一位关心基层治理、富有智慧和激情的人,对研究的开展给予了无私的帮助;感谢刘英鹏先生和张惠玲女士,对于本书的出版付出了辛勤的工作;感谢张晒先生,他是一位志同道合的前同事与好友,对于本书的修改给出了很好的建议。最后,尤其要感谢我的两位导师——严强老师和张凤阳老师,他们一直是我人生和学术道路上的指路人。

张　敏

2024 年 9 月于南京仙林

目　录

上篇　理解生活政治

　　由生活议题产生的政治实践是人类政治社会的一个重要实践，然而，这一政治实践却被政治学家长期忽视了，生活也被长期排斥在政治学的研究议程之外。安东尼·吉登斯开创了生活政治研究，把生活问题推上了政治学研究的舞台。可是，吉登斯笔下的生活政治是比较狭义的，是一种生活方式的政治，不能代表生活政治的全部，生活政治的概念与研究均需要一般化。基于生活的内涵和本质，在一般意义上，生活政治可以理解为生活议题的公共化所形成的政治。与政治运行的层次相对应，生活政治有其宏观、中观和微观层次。

第一章　生活：一个被长期忽略的政治学议题

在人类的政治社会史上，民众的生活一直是一个重要的政治议题，但在政治学的知识史中，这一问题却被长期忽略了。究其原因，与人们传统的政治认知模式有关。传统的政治认知以"公"为对象，而生活通常被认为是"私"问题，是"非政治的"，因而就被排斥在政治学的主要研究议题之外。

一、 政治学议题之外的生活

生活，作为一个人生命的延续与获得某种存在状态所需要的活动，与政治具有不可分离的关系，不论在国家的宏观层面还是在个体的微观领域，生活与政治都在进行彼此之间的互构。例如，在中国，与生活相关的民生问题一直被统治阶层视为治国理政或者治民事君的重要事项，产生了"厚生""民为邦本""政在养民""富民""扶贫济困"等系列政治思想与政策实践，提出了"老有所终，壮有所用，幼有所长，矜、寡、孤、独、废疾者皆有所养"①的大同社会之下的生活状态构想。

在中国古代社会的认知里，"民"是与"君""官"相对的一个概念，指向包含"士民""商民""工民""农民"四大阶层在内的广大社会群体和个人，民生实际上是"君"与"官"之外的人的民生，尤其是指"农民"的生计问题。而在"四民"内部，"士民"属于"劳心者"阶层，发挥着社会教化的政治功能，是统治集团的附属物，可以凭借其政治功能解决生计问题，所以，中国古代的

---

① 《礼记·礼运》

民生的实质是被统治阶层的民生,"民以食为天"是针对被统治阶层而言的。因此,中国古代的民生思想与政策实践主要是出于统治需要对平民的生计问题进行自上而下政治审视的结果,是君权本位下国家统治实践的重要构成部分。

如果说民生政治触及平民基本的生活生计,那么礼乐制度则规范了日常生活中每一个人的具体行为。作为中国传统社会重要的治理工具,礼与乐对社会秩序与人的生活方式进行广泛调节。通常认为儒家是礼乐制度坚定的倡导者与推进者,儒家所提倡的礼教、乐教是古代中国国家意识形态以及封建教化的核心,礼乐体系中的礼仪典章、礼治秩序、等级制度是封建社会政治制度和政治秩序的内在组成与外在体现。在儒家思想中,天子和庶民都应该遵守礼乐制度及其具体规定,按照礼乐制度所规定的生活方式来安排自己的公共生活和私人活动。在传统中国的生活中,普通人的衣食住行、婚丧嫁娶、生老病死都被打上了礼乐教化和封建意志的印迹,日常生活也被赋予浓厚的政治色彩。[①]

在中国古代社会,政治对生活的管理和渗透是自上而下的,按照现代的政治学语言,中国古代的民生政治以及日常生活中的礼乐教化是国家对臣民型社会的塑造和维护,总体上呈现出政治统治对私人领域的控制逻辑。这一逻辑在中国封建社会的各个阶段得到延伸和复制。欧洲的古代社会则呈现出另外一种逻辑。虽然新兴的民族国家在 15 世纪前后出现后便不断干预人们的生活领域,但到了封建社会晚期,私人领域与公共领域逐渐分离,个体开始走到历史前台。而到了 17、18 世纪,公共事务和私人事务不再纠缠不清,私人领地和集体生活脱离,个人在日常生活中取得胜利。[②]

及至今日,人们的生活是更加重要的政治议题,不论是中国的社会保障制度,还是欧美国家的福利国家制度,都与公众的生活保障有关,事关公民基本生存和发展权利的实现。2017 年,在传统的物质文化需要之外,中国把民主、法治、公平、正义、环境和安全视为人民群众美好生活

---

① 朱承:《礼乐文明与生活政治》,人民出版社,2019 年,第 44—59 页。

② 〔法〕菲利浦·阿利埃斯、乔治·杜比主编:《私人生活史》(卷三),李群等译,北京文艺出版社,2009 年,导言,第 7—11 页。

的需要，充分说明提高人民的生活水平在中国政治价值选择中的重要地位。

凡此种种都在表明，人们的生活实践和政治实践是相互塑造的。不同的是，在人类社会发展的不同阶段和不同地区，二者相互塑造的力量与主、被动性的结构会有一定的差异，这既是不同政治社会形态演进的结果，也是形成不同政治社会形态的原因之一，因此，自政治社会形成以来，人们的生活一直是政治世界的重要因素和重要的政治实践议题。然而，翻开政治学说史和政治学的著作，充斥其中的是国家、民族、政府、宪法、制度、政党、制衡、权力、权利、正义、主义、革命、政策、选举、利益等词汇，这说明在政治认知的绝大多数时期，生活都不在政治学研究的议程之上。格林斯坦、波尔斯比主编的《政治学手册精选》的前言部分，对政治学的研究范围进行了列举：传统政治学注目于政治体制和政府结构，如宪法、政体、制衡、权利、自由、分权、联邦制、法制等，战后政治学扩展到比较政治、政治体系、政治发展、政治社会化、政治人格、政治心理、决策、利益集团、政党活动、公共舆论、选民行为、政治功能、政治控制等。① 在这本著名的政治学手册中，德怀特·沃尔多（Dwight Waldo）认为政治学主要涉及由政治、政府、国家、社会、政策、权威和权力等词汇所表明的问题②，戴维·伊斯顿（David Easton）则认为政治学研究社会价值的权威分配。定义的不同说明人们观察政治的视角不同，但都没有离开国家、权力、政府这些要素。可以说，古代和近现代的政治学说一直是围绕国家及其要素展开的，从古希腊城邦、罗马帝国到现代国家的构造、改革和改善，国家一直是思想家们探索的主题。

政治学议程的设置与政治学家何为"政治的"的认知有关。在这些被称为"政治的"因素中，国家吸引了最多的注意力，于是把政治视为与国家相关的问题，或者"国家的"便是"政治的"。"国家说"在政治说史上一直占据主导地位，这不仅因为国家是人类社会最重要的政治社会组织，而且还因为多数的政治活动都发生在国家之内。政治学家经常把政治专用于国家的问题，美国政治学家詹姆斯·迦纳（James W. Garner）曾说，"政治是关于治理

---

① 〔美〕格林斯坦、波尔斯比编：《政治学手册精选》，竺乾威、周琪、胡君芳等译，商务印书馆，1998 年，前言第 3 页。

② 〔美〕格林斯坦、波尔斯比编：《政治学手册精选》，第 1 页。

国家的职务及活动的知识"①。因为政府是国家运行的载体,把政治看作与政府相关的事情就顺理成章。这是一种基于常识的判断,"对于普通民众来说,政治与政府同义",把政治等同于政府办公室内发生的事情,"似乎是自然而然的事"②。不论在国家还是在政府中,政治的行为都会指向权力,因此何为"政治的"又与权力的运转有关。马克斯·韦伯(Max Weber)在《政治作为志业》的演讲中这样界定政治:"政治追求权力的分享,追求对权力的分配有所影响……当我们说一个问题是'政治'性的问题……我的意思是说,对那个问题的解决,对那个决定的达成或者对那个官员的职权范围划定而言,权力的分配、维持或转移,乃是最具决定性的考虑。"③分配也是观察政治具有代表性的角度。戴维·伊斯顿提出了一个我们耳熟能详的"政治是对社会资源权威分配"的定义,从政治过程的目的出发厘定政治行为的性质,揭示了政治体系的分配功能和分配属性。国家的政治以及政府的政治也表现为一种公共管理或社会管理活动,因此在西方,也有政治学家从公共事务管理的角度来观察政治,从而把政治视为与公共事务有关的活动,"政治的"便限于国家自身活动和政府部门所能履行的职责范围之内。④ 而"政治的"事物在行动的属性上也不同于非政治的事物,政治的行动具有公共性,因此政治与人们的集体行动有关。

可以看到,在政治学的传统认知中,被称为"政治的"事物总是与国家及其运行所涉及的要素有关,而这些"事物"也是政治的实践史——统治史中反复出现的主题:国家及其建立、军事模式和政体类型、政治制度、官僚机构、政治过程、宗教和宗教机构、信仰系统、社会分层、决策和执行、权利和公民身份。⑤ 可见,尽管在实践中人们的生活与政治息息相关,但在对政治及统治实践的认知所形成的学说上,生活被忽略了。也就是说,生活在政治学

① 转引自马起华《政治学原理》,台北大中国图书公司,1986 年,第 2 页。
② 〔美〕阿兰·艾萨克:《政治学的视野与方法》,张继武、段小光译,南京大学出版社,1988 年,第 18 页。
③ 〔德〕马克斯·韦伯:《学术与政治》,钱永祥、林振贤、罗久蓉译,广西师范大学出版社,2004 年,第 197 页。
④ 〔英〕安德鲁·海伍德:《政治学》,张立鹏译,中国人民大学出版社,2006 年,第 13 页。
⑤ 〔英〕塞缪尔·E·芬纳:《统治史》(卷一),王震、马百亮译,华东师范大学出版社,2014 年,第 1—96 页。

的研究传统上被认为是非政治的，生活也没有成为观察政治的一个视角，在政治学说发展的绝大多数时期，生活是一个非政治的问题。

二、被忽略的理由

对于生活被政治学研究忽略的原因，我们难以进行学术史的考证，但可以进行合理的推测。也许这样的理由是成立的。第一个理由是，作为人类的一个基本活动领域，政治的出现起因于特定社会秩序的构建，因此国家及其运行就成为政治学家忖度和观察的首要对象。我们可以在"政治"一词的西文词源上看到人们的这一关切。中文的"政治"译自英文的"politics"，而"politics"又来源于古希腊文"πσλιξ"（拉丁文为"polis"）。"πσλιξ"在《荷马史诗》中就出现了。在《荷马史诗》中，"πσλιξ"是一个具有双重含义的名词，一个含义是指"堡垒"或"卫城"及其邻近地区，另一个含义是指具有一定形式的社会共同体。① 在亚里士多德的《政治学》中，"πσλιξ"的几个衍生名词都是非常重要的概念：第一，"πολιτηξ"（拉丁文的对应词为"polites"），指属于城邦的人，即"公民"；第二，"πολιτεια"（拉丁文的对应词为"politeia"），这个词有几重意思，指公民和城邦间的关系、在此种关系基础之上形成的城邦的"政治生活"以及作为对这些关系和生活作出规定的"政治制度"或"宪法"以及"政府"；第三，"πολιτενμα"（拉丁文的对应词为"politeoma"），也有几重意思，指"公民团体"、较狭隘的"事务团体"，有时和"πολιτηξ"相同，也指"政体"或"政府"。在亚里士多德的《政治学》中，还有几个"πσλιξ"的衍生词汇，作为形容词的"πολιτικσζ"（拉丁文的对应词为"politicus"），作为名词的

---

① "πσλιξ"在《荷马史诗》中的所指不统一，吴寿彭在亚里士多德《政治学》的注释中说，"πσλιξ"是"城堡"或"卫城"的意思，只是到后世才被称为城邦（商务印书馆，1997年，110页）。但这是比较早的结论，最近的研究表明，"πσλιξ"在《荷马史诗》中不仅是指城堡或者卫城，有时也指其邻近的乡村。另外在共同体的性质上也说法不一，如芬利认为"πσλιξ"是一个自治的大家族的总和，唐兰认为是一种前国家状态，波斯奈认为它是一种初级的国家形式。在这之前则有人认为"πσλιξ"是一种氏族公社。但现在看来，把"πσλιξ"看作一种氏族公社是难以成立的，而把它看作一种古典希腊城邦国家的初始形态更准确（晏绍祥：《荷马时代的"polis"》，《历史研究》2004年第2期）。大概到了公元前8世纪中期，希腊的古典城邦开始形成，"πσλιξ"成为通常所说的城邦。

"σπολιτικσζ",指"治理城邦的人",现在指"政治家",以及"πολιτικη"（拉丁文对应词为"politica"），亚里士多德原来指治理城邦的理论和技术,现在也通用为"政治学"。①

可见,古希腊的政治观念和政治活动是和"πσλιξ"也即后来的城邦联系在一起的,几个基本的术语均从"πσλιξ"演化而来,城邦构成了政治认知的对象和政治实践的空间。在古希腊思想家的认知中,城邦不仅是一个区域,更是一个具有不同统治类型的政治社会共同体,承载着何为好的统治以及如何进行好的统治的理论想象,因此,政治学的研究是以城邦为肇始地的。古希腊对城邦的讨论实际上也开启了后来国家学说的主要研究议程。

而在政治的发生学上,如果我们借用孙中山对政治的阐述,便可以发现国家成为政治学的首要议题是人们对政治进行认知的必然。中山先生说道:"政治两字的意思,浅而言之,政就是众人的事,治就是管理,管理众人的事便是政治。"②政是众人之事,这说明政治发生于众人之事,如果没有众人之事,就不会有政治的产生。进一步推论,如果没有众人之间的相互联结,社会不会产生,而如果没有众人之事的联结,被称为政治的领域也不会产生,即便在一个最小型的两人社会,也是如此。那么如何"治"或者管理众人之事,就与国家有关。中山先生还说道:"政是众人之事,集合众人之事的大力量,便叫做政权……治是管理众人之事,集合管理众人之事的大力量,便叫做治权……所以政治之中,包含有两个力量,一个是政权,一个是治权。"③因此,众人之事的管理是和政权及治权分不开的,众人之事的管理必然导向国家的产生。

如果对中山先生的话作进一步引申,我们可以发现他的阐述隐含着丰富的政治实践类型(见表一)。众人之事的"治"可以对应于不同的政体类型以及"治体"类型。"政"之众人之事名目繁多,但在政治学的现代角度可以归为"政治"之事和"行政"之事,这两类事务自古有之,是政治两个基本的职

① 关于"πσλιξ"的几个衍生词,参见亚里士多德:《政治学》,吴寿彭译,商务印书馆,1997年,第110页。
② 孙中山:《孙中山全集》(第九卷),中华书局,1986年,第254页。
③ 孙中山:《孙中山全集》(第九卷),第345页。

能领域。关键在于"谁来治"和"如何治"。首先，在谁来治的问题上，可以分为一个人治理、少数人治理、多数人治理以及上述三者兼有的"混合式"治理，在政体上可以对应于君主制、贵族制或寡头制、民主制以及混合制等不同的政体类型，这些政体类型在人类社会的政治实践史上都有着不同的表现形式。而在"谁来治"基础之上产生的"如何治"则复杂得多，政府是最为传统和悠久的治理主体，在政治社会的绝大多数时期，政府一直是绝对的、甚至唯一的治理主体，但到了 20 世纪 80 年代后，治理主体的多元化是众人之事治理实践的发展趋势。现在，除了政府，政党、市场主体、社会组织、公民个人都成为常见的和重要的治理主体。治理主体的多样化，导致了"如何治"即治理模式的多样化。政府主体对应着传统的官僚行政模式，市场主体的参与和扩大则导致了新公共管理，公民个体的参与对应着参与式治理，多种主体的参与形成了网络治理，所有这些治理模式的集合则可以称为公共治理。而随着先进计算技术的快速发展和应用，算法也成为一种"非人化"的治理主体，在越来越多的治理领域，机器选择替代了人工选择，算法治理成为日趋重要的治理模式。政体和治理的模式没有一一对应的关系，每一个政体类型都可以和多种治理模式组合，比如君主制和发动民众的治理参与是可以并行不悖的，而在民主制国家的长时期治理实践中，公众参与成为一种治理模式则是上世纪 80 年代后期以来的趋势。但不论哪种模式的组合都对人们的生存状况具有重大和深远的意义，直接影响人们福祉的实现。政体和治理模式的组合是由一个社会的统治结构决定的，作为统治结构中最为核心的国家及其运行，必然成为政治思考和认知所直接面对的对象。

表 1　孙中山对政治的界定所蕴藏的政治实践类型

	谁来治	政体类型	如何治
"政治"之众人之事	一个人	君主制	个人独裁
	少数人	贵族制/寡头制	少数人或集团决策
	多数人	民主制	民主治理诸类型
	以上三者都有	混合制	精英与大众共同治理

续　表

"行政"之众人之事	谁来治	"治体"类型	如何治
	政府	传统行政	公共部门及官僚行政
	市场主体	新公共管理	市场化
	公众	参与式治理	参与、协商
	以上都有	网络治理	合作、协商
	算法	算法治理	社会计算

　　第二个理由与人们通常把生活视作私人事务而非公共事务有关。在传统政治实践和对政治的认知中，政治一直和公共事务相关。根据词源学，英文"政治的"（politic）与"政治"（politics）在其出现时都保持了它们古希腊语和拉丁语来源的含义，与公共生活、统治及行政有关。"politic"的法语意指"与公共事务有关，关系一个国家或人民的治理"；另外一个英文词汇"公共的"（public），其拉丁文来源意指"人民的、国家的、为国家的"，也指"共同的、归大多数人所有的"。名词的"公共"（public）在17世纪初来源于形容词的"公共"（public），指"组成民族、国家或者社区的大多数""民族或国家"，其他的含义如"全体的"则形成于17世纪的后半期。因此，就主要的语用来看，"public"承载了国家及其机构建立于上的机制。"私人的"英文形式"private"形成于14世纪晚期，意指"与个人相关、属于个人的"，其拉丁文来源意指"属于个体而不属于公众"，因此，"私人的"往往不在政治行动之列。在古典拉丁文的用法中，"私人"（包括形容词形式和名词形式）除了具有不在大庭广众之下和不为大家所共有的含义之外，还有"家"的意思，所以"私人"具有两个派生含义，一是不为大家共同所有，另一是表示家庭内部的生活。而在罗马的方言中，"私人"的用法和拉丁文几乎相同，在法语里，"私人的""私人"和"私有"都可意指发生在家庭内部的人和事。因此，在欧洲的古代社会，私人生活主要指家庭的生活。① 但是，在欧洲近现代社会形成之前，

---

① 关于"公共""私人"系列西文词汇的词源学考察，笔者主要参考了"在线词源学字典"（*Etymonline-Online Etymology Dictionary*）的相关词目，以及菲利浦·阿利埃斯、乔治·杜比主编的《私人生活史》卷二中对"公共"和"私人"观念演变的相关梳理（王震、马百亮译，华东师范大学出版社，2014年，第3—25页）。

社会的最小组织单元不是个人而是家庭①，因此私人生活不能等同于个人生活，个人生活只是家庭生活的组成部分。而随着欧洲近现代社会的形成，个人成为社会最基本的组织单元，个体观念形成以后，私人生活和个人生活开始等同起来。

这种公私的二元分野是生活不被列入政治范畴的原因。这种分野同样也适用于中国的语境。在中国的传统政治思想中，"公"与"私"相对，"公"字形成较早，在甲骨文和金文中便已出现，其本意为"平分"，在后来长期演化形成的诸多含义中，"公"可以指公家、公众的，也可以指官位、爵位，比如《尚书》中所说的"立太师太傅太保，兹惟三公"；还可以指国家的公事，后两者都是和统治相关的事物，属于政治范畴之列。"私"字出现较晚，韩非称之为"自环"之物，也即自己划出归为己有的部分，私为自营，因此"私"属于私人事务，与"公"相对，不在"政"的范畴。所以，把政治关联于公共事务而不是私人事务，中国和西方社会在认知上是一致的，中山先生所言的"众人之事"可谓公私分野的最好写照，概括了政治和非政治的认知模式，而生活属于私人问题，因此基本不在政治学的讨论范围之内。

现代社会是公私较为分明的社会，公与私都有自己相对明确的范围，公共事务和私人事务的区分也相对明晰。安德鲁·海伍德（Andrew Heywood）指出，政治和非政治的划分，与基本的公共生活领域和私人生活领域的划分相吻合。海伍德认为，就公共生活的组织而言，国家及其机构可以视为"公共的"，"私人的"却可以涉及家庭和血缘团体、私人企业、工会、俱乐部、社区团体等非国家的诸多方面。基于这种划分，政治限定于国家及其机构的活动范围之内，个人能够自我管理的领域属于非政治的范围。而如果对社会的构成作进一步的功能区分，则可以发现一些非国家的社会机构在公共场域内行动并发挥一些公共的职能，这样的区分似乎可以拓宽对政治的理解，但这样的政治也不能侵犯个人的事务，应该止步于家庭、居家生活和个人关系的大门之外。②

---

① 金观涛、刘青峰：《观念史研究——中国现代重要政治术语的形成》，法律出版社，2009年，第153—158页。
② 〔英〕安德鲁·海伍德：《政治学》（第三版），第8页。

　　海伍德以社会部门的性质进行公与私的划分,继而作为政治和非政治划分的依据,虽然准确,但也可能缩小了政治的范围。我们可以在另外一种公私的标准上进行政治与非政治的判定,这一标准以行为是否指向公共权力为基础。当行为指向公共权力时,我们认为它是政治性的;不指向公共权力时,我们认为它是非政治的。之所以如此,是因为人类社会的三大活动领域中,政治以其试图通过强力对社会(广义意义上的社会)进行规定区别于经济和社会两大活动领域,而要做出这些强制性的规定,必须掌握公共权力或者能够有效影响公共权力的行使。所以,尽管政治行为的驱使因素可能多种多样,但其目标的实现必须借助于公共权力。公共权力也是一种垄断性的社会管理权力,指向公共权力或者这种垄断性的社会管理权力并以此为手段实现特定的目标,是政治活动区别于经济活动以及社会活动的主要地方。

　　这样一来,政治就不再局限于国家及其机构的行动。虽然商业性的利益集团不是公共机构,但其对政府的游说却是典型的政治行为,因为其行为是指向公共决策的,实质是影响公共权力的运行。公众的选举行为是为了影响公共权力掌管者的产生,抗议行为是为了影响公共决策。在实践中,一些社会活动不以公共权力为指向,我们通常把它们归入经济性的或者社会性的,当作一般性的私人问题,不会归入公共的以及政治行为之列。生活问题一般被归入私人问题,尤其是个人生活属于严格的私人问题,所以在多数情况下,生活不是一个政治问题。

　　第三个理由也可能是最重要的一个理由,与社会发展的阶段有关。直到 1960 年代西方社会进入后工业化时期后,个人生活的议题才成为被广泛讨论和关注的政治议题。

　　不论在理论上还是在实践上,能够产生政治行动或者被列入政治议程的问题是难以穷尽的,政治具有非常广泛的扩展性。也就是说,任何一种问题都可能成为政治问题并被政治学讨论,但并不是所有的问题都成为了政治问题,一个问题成为"政治的"问题需要一定的社会条件。比如在欧洲,尽管自古以来就有思想家论及人与自然的关系,但直到 20 世纪中后期,人对自然界的破坏引发的环境恶化引起社会重视之后,环境及其保护才成为一个重要的政治问题。1952 年冬季暴发的"伦敦雾"事件,导致了英国 1956

年《清洁空气法》的诞生，美国科普作家蕾切尔·卡逊（Rachel Carson）1962
年出版的《寂静的春天》，细致描写了农药和化肥的使用对人类生存环境造
成的严重危害，引起公众对环境保护问题的广泛关注。到了1980年代，围
绕环境问题的"绿色政治"成为一个重要的政治社会运动。

　　人们的生活成为政治的问题同样需要一定的社会条件。再以西方社会
为例，个人生活虽然是每一个人的基本存在实践与体验，但在人类社会的多
数时期，个人生活是被遮蔽的、从属的，或者混杂于公共生活之中，因而也难
以呈现在人类政治的殿堂之上。例如，在雅典城邦，包括个人生活在内的个
人活动时常遭受公众的刻薄嘲讽，在他们的日常观念里，公共生活是第一位
的，私人性的活动是没有意义的。雅典城邦的研究者发现，在公元前5世纪
中期，人们开始使用一个词汇"banausic"（"banausic"是该词汇的英文形式，
由希腊文演变而来，意指刻板的、机械的、功利的、只顾赚钱养家糊口的）来
形容商人，意思是说商人每天被长时间的工作耗尽精力，而在晚上只能疲乏
地坐在火炉旁，对公共生活漠不关心。这一贬义用语隐含的是人们的一种
信念，即在民主雅典，人们的日常重心应是参与公共事物的管理，个人在家
庭中的生活和市场上的经营活动，地位低于在公共集会上的政治活动，如发
表演讲和制定法律等。① 古希腊的这一观念在后来的罗马帝国得到了延续。
在那里，有着自由身份的工人、小自由农以及城市里的工匠和商人，他们从
事着生产和商贸活动，这些活动被认为是低下的活动。而那些有身份的阶
层占据着"官职"，从事着政治生活。但他们的政治生活不是一项专门的活
动，而是一种纯粹的个人活动，因此他们的公共生活和个人生活纠缠不清，
他们的身份也需要凭借其头衔和荣誉称号进行鉴别。这样一来，公共事务
也是他们的个人事务，公共支出和个人支出难以区分，公共财产和私人财产
缺乏明确的界定。② 现在，我们通常把这种情况归因于国家与社会尚未分
离，但在严格意义上，这是公共生活与个人生活或者公共领域与私人领域尚
未分离，而公共生活又统摄了个人生活的结果。也即，在当时的欧洲，人类
社会还没有发展到公共生活和个人生活分离的阶段。在以后欧洲社会的发

① 〔澳〕约翰·基恩：《生死民主》，安雯译，中央编译出版社，2016年，第26页。
② 〔法〕菲利浦·阿利埃斯、乔治·杜比主编：《私人生活史》（卷一），李群等译，北京文艺
　　出版社，2009年，第99—137页。

展中,一个吊诡的趋势出现了,一方面是伴随民族国家的兴起,国家力量试图加强对社会各领域的渗透与控制;另一方面是公共生活的式微,人们更加关注自己的个人生活,公共生活和个人生活逐渐分离,私人领域得到发展。

近代以后,随着资本主义经济政治制度的建立和发展,个人生活与公共生活脱离,作为现代社会重要组成部分的私人领域受到法律的保护而被严格地确立下来,如何去生活也真正变成了一个私人问题。进入20世纪60年代以后,对现代社会的反思使"如何生活"变成了一个公共话题,生活方式的选择导致了系列的社会运动并引发广泛的社会变革,生活走出了家门,成为一个政治问题。比如:对环境问题的关注直接导致了人们生活方式的改变,此时,生活方式就不再仅是一个私人问题,也是一个公共问题。

综上,生活没有成为政治学的传统议题,既和人们对政治活动的认知模式有关,人们通常把政治和国家、公共事务联系在一起,也和社会的发展阶段有关。而当社会发展到一定阶段时,不论在认知上还是在实践上,生活都和公共权力产生了联系,生活也就成为了政治学的关注对象。

第二章　生活政治研究的兴起：对生活方式运动的解释框架

生活政治研究的兴起是两股潮流共同作用下的结果。一股潮流是生活在哲学与社会科学中的复归，这一复归也导致了哲学与社会科学研究的生活转向。另一股潮流是欧洲一些国家发生的生活方式运动，这一新兴的政治社会现象要求给出理论解释。所以，在总体上，生活政治研究的目的是为生活方式运动提供一个解释框架。生活政治研究的兴起意味着生活问题正式登上了政治学的研究议程。

一、 哲学与社会科学中的生活复归与转向

"生活"或者"如何生活"是古希腊、罗马哲学的主题。"哲学"这一词汇在古希腊被创造出来时，其本源含义是"爱智慧"，意指对智慧的热爱和追求。当柏拉图在其著名的《会饮篇》中把"哲学"界定为"爱智慧"时，就是要说明哲学和智慧是不同的，而哲学家则是热爱和追求智慧的人。柏拉图在其《对话录》中，反复宣扬"没有反思的生活是没有价值的"观念，因此在他们看来，哲学或者追寻智慧是每一个人应该去践行的最有价值的生活方式。法国当代思想家皮埃尔·阿多(Pierre Hadot)把这种哲学称为"生活方式的哲学"，也即寻求最有价值的生活的哲学，以及何种生活是有价值的哲学。

对于古希腊的哲人来说，哲学或者爱智慧就是一种最有价值的生活方式。苏格拉底一生都在践行对智慧的探索，思辨和感悟生命的价值和细节，直至冷静赴死。柏拉图是苏格拉底的追随者，柏拉图及那个时代的哲学家有这样的信念，认为哲学只能通过生活共同体以及某个学派中的师生对话

才能得以理解，因此，对于柏拉图来说，他的哲学的生活方式就是建立学园，在学园中和学生一起学习、对话、讨论和生活。① 亚里士多德在柏拉图的影响下创办了哲学学校，培养和引导人们过一种哲学的生活。亚里士多德是明确提出三种生活模式的人，即享乐的生活、公民大会的或政治的生活以及沉思的生活。② 在这三种生活中，只有沉思的生活才是哲学的生活，才能得到精神上的幸福，而其他两种生活得到的幸福都是次要的。阿多把亚里士多德的哲学生活方式称为"静观"，在亚里士多德那里，静观是实现人类幸福最高形式的生活方式。在以后的希腊化时期，各种哲学流派，如犬儒主义、怀疑主义、伊壁鸠鲁主义、斯多葛主义等，依然是与生活方式有关的哲学，这一传统一直延续到罗马帝国时期的哲学学派。

欧洲进入中世纪之后，尤其在中世纪晚期之后，哲学的传统发生了从"作为生活方式的哲学"向知识论或者认识论的哲学的转向，"哲学的生活"与"哲学的研究"逐渐脱离。这里的历史因素是复杂的，阿多把它们归结为基督教的繁荣和科学的兴起，哲学先后充当了神学的仆人和科学的奴隶，而随着大学对以前哲学学校的替代，哲学成为一种学习和研究的专业行为，哲学也变成了一个概念化和理论化的体系，从而失去了与生活方式的直接联系。在基督教那里，哲学成为上帝之言，在科学那里，哲学是一个知识的体系，而不论对于基督教还是对于科学，哲学家都是康德所言的"理性的艺术家"，也即只对纯粹的思辨活动感兴趣的人。在大学里，教师的遴选、课程的设置、考试的安排都要服从于一定的政治的或者行政的标准，而与作为精神修习的哲学的生活方式无关，大学变成了哲学学习和研究的专业机构。这样的历程和状态一直持续到现代社会，理论化和体系化成为哲学活动的目标以及哲学的形式标志。③ 如埃德蒙德·胡塞尔（E. G. Albrecht Husserl）

① 〔法〕皮埃尔·阿多：《古代哲学的智慧》，张宪译，上海译文出版社，2012 年，第 53—75 页。
② 〔古希腊〕亚里士多德：《尼各马可伦理学》，廖申白译注，商务印书馆，2003 年，第 11 页。
③ 关于哲学传统的这一转向参见〔法〕皮埃尔·阿多《古代哲学的智慧》。关于"作为生活方式的哲学"的出现及其后来的演化，笔者的描述是对皮埃尔·阿多研究的参考与简化。皮埃尔·阿多是对古希腊、罗马哲学作创造性的生活方式解读的最具代表性的学者之一。作为生活方式的哲学，还可以参见其《古代哲学研究》（赵灿译，华东师范大学出版社，2017 年）、《作为生活方式的哲学》（姜丹丹译，上海译文出版社，2014 年）及其相关外文文献。

所评论的："这种新的哲学所追求的，正是将一切一般有意义的问题，以严格科学的方式包含到理论体系的统一之中，包含到必然明白的方法论之中和无穷的但是合理安排的研究进程之中。"①

　　然而，虽然发生了"哲学的生活"和"哲学的研究"的分离，但作为人的存在实践和存在状态的生活不可能脱离哲学的视野，随着社会的发展，生活再次成为哲学的重要议题。与以往把哲学看作一种生活方式的取向不同，现代的思想家在不同的方式上观察和处理生活的哲学问题。其中，列奥·斯特劳斯(Leo Strauss)、米歇尔·福柯(Michel Foucault)、阿多和理查德·舒斯特曼(Richard Shusterman)等人，是对古代哲学做生活哲学的解读的代表人物，他们也会把哲学理解为一种生活方式。② 胡塞尔在早前也对古希腊罗马哲学作生活方式的理解，他写道，"从古代留传下来的哲学理念，并不是我们现今熟悉的那些教科书上的概念"，而是"关于存在者全体的学问这样一种意义"③，而且他也要求把对人类意义的寻找当作哲学家的存在方式。马丁·海德格尔(Martin Heidegger)等存在主义者，则进一步把生活概念化、理论化，与胡塞尔有些类似，他们都强调生活世界对于哲学发现的基础意义。阿格妮丝·赫勒(Agnes Heller)是用现象学的方法对日常生活进行概念化的。还有一种趋势更具有现实的政治与社会意义，马克思、恩格斯所开辟的对资本主义社会生活异化的批判传统被亨利·列斐伏尔(Henri Lefebvre)、尤尔根·哈贝马斯(Jürgen Habermas)等人继承，同时，一大批后现代主义哲学家也成为对现代社会生活异化进行批判的主要力量。

　　可见，生活在现代哲学中的复归是全面的，已经远远超出了作为生活方式的哲学以及对哲学作生活方式解读的两种哲学理解。更主要的，它是以

---

①③〔德〕埃德蒙德·胡塞尔：《欧洲科学的危机与超越论的现象学》，王炳文译，商务印书馆，2001年，第18页。

② 参见李文阁《生活哲学的复兴》(《哲学研究》2008年第10期)、《我们该怎样生活——论生活哲学的转向》(《学术研究》2010年第1期)等文。在国内，李文阁是提出"生活哲学"观念的代表性学者，其生活哲学主张与皮埃尔·阿多的"作为生活方式的哲学"的主张类似。但笔者认为，生活哲学更具一般性的含义，除了把哲学进行生活方式的解读之外，把生活当作哲学的认知和批判对象，并加以概念化和理论化，也在生活哲学的范围之内。而后者显然属于知识论哲学的范畴，构成了与"作为生活方式的哲学"的主要区别。

生活的理论化以及对现代生活的批判为主要特征的,前者把生活纳入知识论的哲学之中,后者则反映了资本主义社会或者现代社会的生活特征并提出了改造的要求。这些都表明对生活的思考是在特定的历史条件下发生的。对于古人来说,他们开启了对理想生活的想象,这是人类社会的天性,而对于今人来说,对生活的想象更是对时代现状的一种反思和回应,也正是这种反思和回应,预示着生活政治的到来。

自上世纪五六十年代以来,生活也进入了社会学的视野,并构成了社会学研究的一个重要转向。社会学的生活转向是以日常生活为轴心的,但是,社会学与哲学的界线是重叠的,因为它们关注的话题是一致的。这一转向的发生可以归因于两个主要的方面:一是因为消费社会的兴起给人们的日常生活带来重大的影响,从而使以往被忽视的日常生活的重要地位得以彰显。二是因为以实证主义和结构主义为主流的传统社会学对日常生活的忽视而显示出狭隘性和局限性,从而需要在研究视角和方法上对社会学进行再造。① 因此,社会学的生活转向主要在两个方向上展开,一是认识论上的日常生活视角的建立和进入,二是直接关注日常生活本身。现象学对于社会学日常生活视角的建立具有重要的启发和推动意义。生活世界是现象学的基本范畴,胡塞尔在其《欧洲科学的危机与超越论的现象学》中写道:"生活世界对于我们这些清醒地生活于其中的人来说,总是已经在那里了,对于我们来说是预先就存在的,是一切实践(不论是理论的实践还是理论之外的实践)的'基础'。"②然而,胡塞尔的意图是把人生活于其中的一切客观和主观的生活世界回归为科学发现的最终来源,从而克服实证主义将科学还原为纯粹事实的科学而导致的对生活意义的忽略,这一忽略被他称为"科学的危机"(实际上是关于一切理性研究的危机)。胡塞尔写道:"在十九世纪后半叶,现代人的整个世界观唯一受实证科学的支配,并且唯一被科学所造成的'繁荣'所迷惑,这种唯一性意味着人们以冷漠的态度避开了对真正的人

---

① 参见郑震:《当代西方社会学的日常生活转向——以核心理论问题为研究路径》(《天津社会科学》2012年第5期)、《日常生活的社会学》(《人文杂志》2016年第5期)等文。这方面的国内研究较多,观点大致相同。

② 〔德〕胡塞尔:《欧洲科学的危机与超越论的现象学》,第172页。

性具有决定意义的问题。单纯注重事实的科学，造就单纯注重事实的人。"①
因此，胡塞尔的任务是实现对实证主义的超越，揭示科学的性质，建立科学
与生活的关系。所以，胡塞尔虽然强调生活世界的作用，但其目的是认识论
的重新构造，并非直接关注生活本身，其旨趣是哲学的而非社会学的。阿尔
弗雷德·舒茨（Alfred Schutz，另译许茨）是明确地把自己的研究称为现象
学社会学的学者，他 1932 年出版的德文代表性著作《社会世界的意义构成》
在 1967 年的英文版中更名为《社会世界的现象学》。舒茨的研究建立在两
个起点之上，一是马克斯·韦伯（Max Weber）的诠释社会学，二是胡塞尔的
生活世界理论。在韦伯的诠释社会学中，所有的社会产物都是由人的个体
行动导致的，所有的社会产物都有其复杂的社会意义，而这些意义都是由社
会的行动者赋予他们的行动之上的，因此要研究个体的社会行动及他们赋
予其行动意义的方式。舒茨认同"意义"在社会学研究中的根基地位，但他
也认为韦伯对"意义"的分析并没有深入下去，因此舒茨的研究起始于韦伯
分析的停止之处。② 舒茨受到胡塞尔的启发，意图在生活世界发现人们行动
的意义。但他的生活世界和胡塞尔先验性的生活世界不同，而是人们生活
于其中的经验的日常生活世界，行动的意义正是在这些日常生活中被赋予
的。因此，社会的意义只能根植于经验性的日常生活世界。舒茨把日常生
活世界分为四种类型：直接经验的面对面世界、间接经验的当代世界、过去
的世界以及未来的世界，但他认为只有间接经验的当代世界才能建立相对
理想的结构类型因而成为研究的对象，而其他三种类型的生活世界都因为
无法感知的不确定性不适宜进行科学研究。③ 可见，舒茨把生活世界带入社
会学的领域，虽然是社会学的，但其研究旨趣依然是认识论的，为社会意义
的认识构建了一个基于日常生活的现象学视角。

　　如果说胡塞尔和舒茨把生活世界当作意义的来源而构造某种认识论的
话，那么让·鲍德里亚（Jean Baudrillard）则把分析的透镜对准了 20 世纪晚
期西方国家的生活世界本身，他把此时的生活世界称为"消费社会"。虽然

① 〔德〕胡塞尔：《欧洲科学的危机与超越论的现象学》，第 15—16 页。
② 参见谢立中主编：《西方社会学名著提要》，江西人民出版社，1998 年，第 70—87 页。
③ 参见何雪松：《迈向日常生活世界的现象学社会学——舒茨引论》，《华东理工大学学
　报》（社科版）2000 年第 1 期。

他没有像舒茨那样使用生活世界的概念,但是从其描述中可以看出,他所说的消费社会就是人们的生活世界,或者换言之,此时的生活世界是以其消费社会的"模态"来表达的。鲍德里亚说道,"如果给消费地点下个定义的话,它就是日常生活"①,"我们处在'消费'控制着整个生活的境地"②,因此,人们的生活世界是被消费所主宰的世界。消费社会也是一个丰裕社会,正因为被消费品包围着,与传统的生产社会不同,在消费主义的驱使下,人们对商品的态度发生了从注重使用价值向更注重象征价值的转换,人们追求的是商品的符号意义,一切都被符号化了。所以,与以往生产主导消费不同,在消费社会里,需求和消费主导着生产,从而在对人的支配上,也发生了生产支配人到消费支配人的时代变迁,人与人的日常生活被彻底商业化了,消费及市场成为支配和压迫人的新方式。消费社会也是一个压制的社会,资本对人的剥削和压迫从生产领域转移到了消费领域。

作为后现代的代表性思想家,鲍德里亚的社会理论是批判性的,他把晚期资本主义的社会批判构建在微观的日常生活之上,其基点是消费对日常生活的"殖民化"。这种殖民化,也是一种异化,人不再是主体,而是变成了被消费支配的客体。鲍德里亚评论道,消费世纪是资本符号下生产力加速发展的历史结果,是被彻底异化的世纪,商品逻辑不仅支配着劳动进程和物质产品,而且也支配着整个文化、性欲、人际关系,以致个体的幻象和冲动,一切功能和需求都被具体化、操纵为利益的话语,被展现、挑动、编排为形象、符号和可消费的范型。③ 鲍德里亚的消费社会理论深受其老师列斐伏尔的影响,列伏斐尔是对资本主义社会日常生活异化进行批判的先驱,正如他所言,其《日常生活批判》是围绕异化理论建立起来的。④ 列斐伏尔把 20 世纪下半期的资本主义社会称为"消费被控制的官僚社会",这一说法揭示了晚期资本主义社会的双重属性,说明人们的日常生活既为资本和权力构建

---

① 〔法〕让·鲍德里亚:《消费社会》,刘成富、全志刚译,南京大学出版社,2000 年,第 13 页。
② 〔法〕让·鲍德里亚:《消费社会》,第 6 页。
③ 〔法〕让·鲍德里亚:《消费社会》,第 224 页。
④ 〔法〕亨利·列斐伏尔:《日常生活批判》(第一卷),叶齐茂、倪晓晖译,社会科学文献出版社,2018 年,第 2 页。

的庞大官僚体系所统治，又为资本创造的庞大商业体系所统治，受到了官僚和资本的双重统治。列斐伏尔的这一认识无疑是深刻的，与以往的资本主义社会不同，晚期资本主义社会的统治重点发生了从生产领域向消费领域的转移，与人们的生活需求相关，日常生活也成为资本统治的领域。因为人们的生活需求具体而多样，因此资本对日常生活的统治是弥漫性的，而这种统治又可以通过各种商业符号加以引导和不断强化，资本对人的统治较之以前更加全面和紧密了，可以称为一种"全方位无裂隙的统治"。这种统治也是没有止境的，日常生活中需要什么，就可以创造出相应的统治出来，没有需求，也可以创造需求。需求与统治对应，在需求中产生服从，在需求中产生反抗，人们的生活被抛入无穷的服从与反抗的撕扯之中。

可见，在认识论的构建之外，哲学中的生活复归以及社会学的生活转向，实则是对晚期资本主义社会现实的一种回应。资本主义的官僚体系和资本体系对人们生活的入侵以及对生活方式的塑造，使得生活领域成为一个全面异化的领域，日常生活成为社会批判的新对象，生活实践的政治意义充分显露出来。在理论家进行社会批判的同时，各种社会运动风起云涌，在这样的现实下，生活政治终于突破种种社会思想和社会实践的遮掩，作为一种新的政治类型和学术范畴被正式提出了。

二、　吉登斯与生活政治

生活政治(life politics)研究的滥觞可以看作 20 世纪五六十年代以来整个社会理论领域生活转向的一个组成部分。作为一个学术概念和政治理论，生活政治主要始于吉登斯在 20 世纪 90 年代的学术创造。但这一概念和理论不是凭空的杜撰，而是对 20 世纪下半期一些西方国家社会公众"按照自己的方式生活"的倾向及其政治、社会效应的理论回应与概括。① 因此，在西方的语境下，生活政治的实质是一种关于生活方式的政治。实际上，吉登斯并不是最早对这一政治社会现象做出此种观察的学者，在 20 世纪 80

① 张敏：《作为一种存在主义政治的生活政治：源起、本质及意义》，《国外理论动态》2021 年第 2 期。

年代就已经有人使用"生活方式政治"(lifestyle politics)的学术表达了。比如,传播学学者昆汀·舒尔茨(Quentin Schultze)就使用了"生活方式政治"的称谓来指代"妇女团体、家长—教师协会、母亲组织、体面联盟、同性恋者联盟等组织在媒体上寻求他们生活方式的合法性"的活动和现象。[1] 与"生活方式政治"的表达不同,吉登斯在"生活政治"的名义下把这一新出现的政治社会现象概念化了。当下,在学术研究的国际范围内,"生活政治"和"生活方式政治"这两个术语都在使用,其含义没有实质的差别,都着眼于生活方式议题的政治化这种新政治社会现象及其发展趋势,并希望对此做出理论解释。

　　1968年的巴黎"五月风暴"是生活政治的先驱,是具有划时代意义的生活政治或者生活方式政治事件。在此次学生运动中,学生向当局和社会所表达的最主要的诉求就是选择的自主性,他们反对官僚化的管理。具有戏剧性的是,这场波澜壮阔的运动的爆发是从"性问题"开始的。当时的法国大学,学生数量激增而生活与教学条件却非常滞后,校园拥挤不堪,位于巴黎郊外的楠泰尔大学就是这样一种状况。楠泰尔大学1万多名学生提出男女混合宿舍的要求,然而政府却不予理睬。当法国青年部部长弗朗索瓦·米索夫(Francois Missoffe)访问楠泰尔大学新落成的体育馆时,后来成为学生运动领袖的达尼埃尔·科恩—本迪特(Daniel Cohn-Bendit)直言不讳地问道:"部长先生,我读过您关于青年问题的白皮书,在300页里没有一个字是关于青年的性问题的。"[2]本迪特的质问是积压的诸多不满情绪的一个反映,楠泰尔大学缺乏公共活动空间,宿舍又不允许更换家具、烹煮食物以及讨论政治话题,女生一般不被允许进入男生的房间,男生更是不被允许进入女生的房间,讲授的内容也被认为陈腐不堪,而僵化专制的大学官僚体制却对此熟视无睹。[3] 楠泰尔大学的问题是诸多大学问题的缩影,大学生们就是带着类似的问题走上街头而演变为轰轰烈烈的"五月风暴",并逐渐发展为

---

① Q. Schultze, (1981). Popular Culture and Life-Style Politics. *Journal of Communication Inquiry*, 1981, Vol. 6, No. 2, pp.87 - 96.

② 〔美〕马克·科兰斯基:《1968:撞击世界之年》,洪兵译,民主与建设出版社,2016年,第291页。

③ 〔美〕马克·科兰斯基:《1968:撞击世界之年》,第293—294页。

对社会制度的批判的。因此，尽管有诸如无政府主义、激进左翼、反战主义等诸多立场的佐伴和喧嚣，但在总体上学生的行动是以生活的自主选择为目标的一种社会抗议运动。巴黎索邦大学的一位占领者后来说："资产阶级革命是司法革命，无产阶级革命是经济革命，我们的革命将是社会和文化革命，其目的是使人能实现自我。"①

"五月风暴"是 1968 年席卷西方社会的众多学生运动中的一个，其影响是巨大和深远的。德国学者克努特·安德森（Knud Andresen）认为，1968年的运动是生活方式的革命，日常行为方式如服装、性、交往和居住形式都发生了很大的转变。② 在法国，"五月风暴"的余波进一步激化了本国的青年，"日常生活的革命"在学生中被保留下来，接下来的几年中，随着政治革命梦想的消退，日常生活革命的理念重新在 20 世纪 70 年代早期的新社会运动中出现③，尤其在"后五月"时期，人们集中探讨日常生活方式的变革，关于日常生活革命的计划也由此诞生了。革命也不再意味着夺取国家权力或资本主义生产关系的解放，而是意味着人际交往与生活条件的基层变革。④正如法国社会学家阿兰·图海纳（Alain Touraine）所说："反对国家的斗争不再以政治权利或工人权利的名义，而是为了支持所有人选择生活的权利……政治行动无孔不入：它进入健康管理、性征、教育和能量生产……社会中燃烧着社会运动的熊熊烈火。"⑤在政治的广泛影响上，"五月风暴"之后的时期见证了政治斗争和社会运动新形式的涌现，女权运动、同性恋解放、犯人权利和环保主义都大量进入人们的视线，冲击人们的生活和观念。

个人生活方式选择及其社会运动的兴起引发了多种理论诠释，构成了社会理论"日常生活转向"的重要组成部分。事实上，福柯、鲍德里亚等人

① 〔美〕莫里斯·迪克斯坦：《伊甸园之门——六十年代美国文化》，方晓光译，上海外语教育出版社，1985 年，第 265—266 页。

② 〔德〕克努特·安德森：《西方的"1968"：学生运动的起源、过程和后果》，吕澍译，《史林》2012 年第 5 期。

③ 〔美〕理查德·沃林：《东风：法国知识分子与 20 世纪 60 年代的遗产》，董树宝译，中央编译出版社，2017 年，第 349—350 页。

④ 〔美〕理查德·沃林：《东风：法国知识分子与 20 世纪 60 年代的遗产》，第 70 页。

⑤ 转引自〔美〕理查德·沃林：《东风：法国知识分子与 20 世纪 60 年代的遗产》，第 415 页。

的批判理论深受学生运动的影响，把人之重塑寄托于日常生活领域，试图通过日常生活的变革重新发现人的主体性。从他们的著作中可以引申出生物政治、话语政治、欲望政治、差异政治、日常生活政治等诸多微观政治形态，他们"关注日常生活实践，主张在生活风格、话语、躯体、性、交往等方面进行革命，以此为新社会提供先决条件，并将个人从社会压迫和统治下解放出来"①。

可见，生活政治在现实中是以生活方式的社会变革为指向的，因此吉登斯把生活政治界定为"生活方式的政治"。吉登斯提出生活政治的概念，为这种社会变迁及其政治社会效应的理论分析提供了一个概念工具。生活方式政治，在其发生的现实逻辑上，是生活方式议题公共化的结果。在西方传统的认知里，生活方式本来是一个私人化的问题，那么，它为什么会被政治化而成为一个政治问题？

在吉登斯的分析里，生活政治是继"解放政治"（emancipatory politic）之后的一个政治类型，而揭示解放政治的局限就可以理解生活政治勃兴的原因。在吉登斯的分析里，解放政治是现代化进程中首先出现的政治，其要点在于将个体和群体从影响其生活机遇的种种束缚中解放出来。解放政治包含了两个主要的因素：一个是"试图卸下传统枷锁之努力，并因此对未来抱有一种改造的态度"，另一个是"试图完成克服某些个人或群体支配另一些个人或群体的缺乏合法性的统治的这一目标"②。因此，解放政治表达了一种从传统的和自然的束缚下解放出来的"一般性观点"。在现代化进程中，解放政治的任务是把影响人类活动的"社会与自然世界"置于人的掌控之下，而如果抽离自然界的因素，解放政治是在权力的等级化情境下运作的，解放政治把"正义""平等"和"参与"当作首要的目标，首先考虑克服剥削、不平等和压迫的社会关系。因此，在现代性的语境下，解放的实质是使个体或者群体在有限束缚的框架下获得发展其潜能的机会和能力，所以，解放政治

---

① 〔美〕斯蒂文·贝斯特、道格拉斯·凯尔纳：《后现代理论——批判性的质疑》，张志斌译，中央编译出版社，2001年，第150页。

② 〔英〕安东尼·吉登斯：《现代性与自我认同》，夏璐译，中国人民大学出版社，2016年，第196页。

又被吉登斯称为一种关于生活机遇的政治。① 这种生活机遇政治的本质是获得行动的自主性，一是摆脱传统社会束缚的个体自主，二是面对自然界的人类自主，只有在解放的前提下，现代化的社会、经济与个人才能发展起来。

但在现实的社会运行中，解放之后的人却产生了主体性膨胀和工具理性的泛滥，以此建立的现代性支配体系高度发展并对道德实施驱离，从而人的异化成为必然的社会后果。吊诡的是，人类一边在推动现代化的高度发展，而同时又被现代化异化，这就是所谓的现代性的自反性。作为异化的一个结果，按照吉登斯的说法，就是在现代性高度发展所带来的自然与社会风险以及自我的压抑等多重条件下出现的自我认同危机。自我认同，也就是"self-identity"，根据主流的英语释义，指的是自我的同一性，是对自我意义的一种寻找与确认。自我认同的危机是自我意义的缺失，也即找不到生活的意义，吉登斯发现，"在晚期现代性背景下，个人之无意义感——那种认为生活未能提供任何有价值的东西的感受——正逐渐成为根本性的心理问题"②。认同危机出现的原因是复杂的，但在总体上可归因于现代化的功利理性对于生活世界价值因素的压抑和驱离以及各种风险因素的制造，从而使人们的生活充满了焦虑，自我的同一性受到了严重的撕裂。吉登斯指出，现代性虽然带来高度的物质繁荣，但同时也在制造差异、排斥与边缘化，在其保持解放的可能性之外，也会制造自我压抑而非自我实现的机制。③ 因此，解放政治虽然赋予人们实现其潜能的机遇和能力，但并不意味着可以给人们带来包括自我实现在内的"内在自由"。

这里涉及到自由的复杂性。自由的思想谱系是非常杂乱的，以政治学而论，常态国家中的自由通常和权利有无受到不正当的限制有关，如果一个人没有受到不正当的限制，则他是自由的。以赛亚·伯林（Isaiah Berlin）又把自由划分为意义不同的两个自由类型："消极自由"和"积极自由"，消极自由是权利免于干涉意义上的自由，积极自由是自我决定意义上的自由。后来菲利普·佩迪特（Philip N. Pettit）认为伯林的分类并不能穷尽自由的全

① 参见安东尼·吉登斯：《现代性与自我认同》，第196—199页。
② 〔英〕安东尼·吉登斯：《现代性与自我认同》，导论第8页。
③ 〔英〕安东尼·吉登斯：《现代性与自我认同》，导论第5页。

部类型,又提出第三种自由:"无支配的自由"。他认为无支配的自由是介于消极自由和积极自由之间的一种自由,但在本质上,无支配的自由也是一种消极自由。这种消极自由与伯林的消极自由的区别在于,前者是免于支配或免于奴役,后者是免于干涉,之所以可以做出如此区分,是因为存在一种"无干涉但有支配"的情况,因此消除支配也成为一种自由的理想,只有无支配,才会有持续的自由。① 然而,不论消极自由还是积极自由,抑或无支配的自由的类型划分,都强调了自由的某种证成逻辑,而在具体的内容上却又不存在清晰的类别边界。尤其对于流行的消极自由和积极自由的划分,杰拉尔德·麦卡勒姆(Gerald C.MacCallum)认为这两种区别从来就不是清晰明确的,甚至存在严重的概念混淆。他认为纠正这种类型划分偏差的途径是解析出自由的三种要素并建立它们"三位一体"的关系,自由可以在这三位一体的关系中进行辨认。自由的三种要素是行动者、限制因素和选择的行动,麦卡勒姆把自由界定为"某人(一个或多个行动者)的摆脱什么,去做什么或不做什么的自由,它是一种三位一体的关系",用一个公式来表示就是"X 在摆脱 Y 上去做(或不做、成为或不成为)Z 上是(或不是)自由的",这里,X 代表行动者,Y 代表诸如强迫、限制、干涉和妨碍等"约束性条件"②。实际上,麦卡勒姆的批评是偏颇的,尽管他的定义避免了自由分类不清的问题,但也的确忽略了不同类型自由的存在意义,恰如伯林所言,消极自由和积极自由的发展逻辑是不同的,显示了不同的政治价值,对于一个国家来说,可以用政治途径去实现的自由是消极自由,而不是积极自由。

但是,除了与权利有无受到限制相关的自由之外,还存在着一种更深层次形态的关于自我意义的自由,我们可以借用笛卡尔关于"意志自由"的阐述来说明这种自由:"按意愿行事——即自由行事——是人所具有的至高完美。人由此以非常独特的方式成为自己行动的作者,并因而值得赞扬。我们不会赞扬精确运行的机器,因为它们的行动已被设计好、必然发生……同

---

① 参见〔澳〕菲利普·佩迪特:《共和主义:一种关于自由与政府的理论》,刘训练译,江苏人民出版社,2009 年。佩迪特所言的支配,典型地表现在主人与奴仆的关系上。这种关系意味着支配者可以专断地干预被支配者的选择,尤其是他可以干预,而无需考虑对方的利益或观点。因此,支配者可以任意地、随心所欲地实施干涉。
② 应奇、刘训练编:《第三种自由》,东方出版社,2006 年,第 41—42 页。

理,当我们通过自由求得真理,要比我们只能如此时更值得称赞。"①虽然笛卡尔谈论的是认识论的问题,但"人以独特的方式成为自己行动的作者"却揭示了关于自我意义的自由的一般特征:人是自己的创造者,只有在这种创造中,而不是在被创造中,人才可以得到自我意义的实现和全面发展。或如马克思所言,人作为一个完整的人占有自己全面的本质,是人和自然之间、人和人之间矛盾的真正解决,是存在和本质、对象化和自我确证、自由和必然、个体和类之间的斗争的真正解决,是人的一切感觉和特性的彻底解放。②

　　自由的复杂性决定了解放政治和自由的关系的复杂性。"解放"(emancipation)一词的本来含义是"使摆脱束缚"的意思,因此解放是获得自由的一个前提条件。概念史学家雷因哈特·柯赛雷克(Reinhart Koselleck)发现,在罗马共和国,"解放"是一种法律行为,通过这种法律行为,家长可以解除对儿子的父权约束,儿子彻底离开了家庭,在民法上成为法律上的合法继承人。在中世纪,这一法律用语扩散到德国普通法领域,当一个人到了成熟的年龄,就可以自动实现民事上的独立,因此,该词失去了罗马法中家长单方面放权的具体法律含义,而被普遍用来表示成年和成熟的自然状态,语义及用法变得灵活了。而在1700年左右,独立状态的达到也被称为"自由",罗马法渊源的"解放"也因此失去了其概念上的垄断。因而,此时的"解放"(emancipation)主要表达的是因为人的年龄成熟而获得的脱离父权束缚的结果和状态,是一种民事意义上而不是政治意义上的解放。18世纪晚期,解放一词由于在心理、社会、政治尤其是哲学中的应用,发生了含义转变而获得了语言和社会历史上的革命性含义,从而不再是一个单纯的民事表达,而是成为一个面对普遍存在的等级制,乃至整个政治、经济和社会制度的反抗性政治表达。柯赛雷克指出,作为政治斗争的一个概念,"解放"最迟自1830年代就在世界多地以不同的语义得到了应用:首先,解放是为了获得个人之间平等的民事和法律权利;第二,解放的目的是使各群体的权利平等

① 这是我国学者张小星对笛卡尔在《哲学原理》中关于意志自由一段阐述的译文,参见其《笛卡尔、清楚明晰与意志自由》,编录于《法国哲学研究》(第二辑),上海人民出版社,2018年,第74页。
② 中共中央马克思恩格斯列宁斯大林著作编译局:《马克思恩格斯文集》第一卷,人民出版社,2009年,第185页。

成为可能;第三,解放旨在实现自由和全人类、全世界的平等权利。①

可见,吉登斯所使用的解放政治(emancipatory politic)是使人获得身份自主以及行动自由的政治,是对外在非合理统治的一种"颠覆"行动,其核心是摆脱外在的身份束缚,从而为自由的实现提供前提条件。在欧美社会,解放政治一直延续到 20 世纪的五六十年代,完成了"解放"的主体性使命,人们不仅获得了身份的独立和法律上的形式平等,而且也把自然界变成了改造的对象,人的自主性和行动范围空前扩大了。但经由解放政治实现的自由是一种外在的自由而不是自足的内在自由,或者自我实现的自由,因此人们在解放之后尚需寻求新的"解放"。

也许消极自由和积极自由的区分可以更恰当地说明这个问题。摆脱外在的束缚是一种典型意义的消极自由,追求自我的意义虽然指向内在的心理满足,与伯林所说的积极进取的积极自由有所差异,但也可以视为一种积极自由,因此,解放政治在此种自由的实现上是难以胜任的。恰如汉娜·阿伦特(Hannah Arendt)认为"包含在解放中的自由观念只能是消极的"②那样,解放政治并没有解决自由的全部问题。在阿伦特看来,摆脱外在的束缚或者免于干涉只是解放的结果,绝非自由的实质内容,自由的实质是进入公共领域积极参与公共事务,因而她所主张的自由是进行政治参与的积极自由。不过,尽管阿伦特所指的自由和自我实现的自由是两种不同的积极自由,但她关于解放和自由关系的评论,对于解放政治和自我意义的自由的关系同样是适用的:"解放和自由在任何历史情境下都难解难分,这并不意味着解放和自由是一样的,也不意味着作为解放的结果赢来的这些自由,就道出了自由的全部故事。"③

自我认同的危机可以视作解放政治带来的一个附带性后果,实际上,许多思想家都尝试对该问题提出解决方案。一些人希望在古典共和主义传统中重新确立自我的积极体验,如阿拉斯戴尔·麦金太尔(Alasdair Macintyre)

① Reinhart Koselleck,"The Limits of Emancipation:A Conceptual-Historical Sketch", in *The Practice of Conceptual History*,*Timing History*,*Spacing Concepts*. Stanford,California:Stanford University Press,2002,pp.248 - 264.

② 〔美〕汉娜·阿伦特:《论革命》,陈周旺译,译林出版社,2007 年,第 18 页。

③ 〔美〕汉娜·阿伦特:《论革命》,第 22 页。

就主张回到亚里士多德的城邦共同体中找回人生的意义与德性。还有一些后现代主义者，像吉尔·德勒兹（Gilles Deleuze）、皮埃尔-菲利克斯·加塔利（Pierre-Félix Guattari），包括福柯、博德里亚（Jean Baudrillard）等人在内，出于对现代性控制力量的反动，寄希望于人的生物性机制或者非主流价值的功能以期彰显人生的意义。但是，这些设想大多是一种理论的想象，与现实社会及公众的实践存在遥远的思想距离。

与思想家的理论想象不同，生活方式变革是在现实社会中出现的解决方案。这种方案是在生活方式的运动中显现的，自 20 世纪五六十年代以来，在自我无意义感的驱使之下，一些个人和群体试图通过生活方式的变革寻求自我的存在意义，生活方式的选择成为一种"自我的反身性投射"所催生出的"自我实现与自我驾驭的方案"。生活方式的变革是对现代化支配体系的反动，要依赖人们的集体行动，于是，新社会运动出现了，吉登斯在这些社会趋势中窥见到了一种新政治的产生，把它命名为生活政治。在他看来，生活政治是克服解放政治的局限、解决自我认同危机或者自我实现的一种政治，因此，生活政治又是继解放政治之后，发生在晚期现代性条件下的政治。与解放政治不同，生活政治成为人们实现自我认同的集体行动方案。

生活政治的核心是生活方式变革。生活方式之所以如此重要，不仅因为它事关如何生活，而且也因为它提供了一个自我实现的行动框架。吉登斯指出，生活方式是一组被整合起来的个体的实践，也是惯例化的实践，这些惯例被整合进服饰、饮食、行为模式以及为遇见他人而设计的舒心环境等习惯之中，这些实践不仅满足了人的功利主义之需，而且也为自我身份认同的叙事提供了物质形式，生活方式不仅事关"如何行为"的决定，而且也事关"要成为谁"的决定。[①] 在现代社会中，人们的生活方式具有多种选择性，而选择哪种生活方式也意味着对自己的人生进行着某种意义上的规划，决定着人的自我实现的方向，以及自我意义得以建立的基点。进行生活方式的变革，摆脱被现代化体系支配的生活，是建立自我意义的一个策略选择。比如，一个人选择绿色环保的生活方式，就可以建立和自然界有道德的友好联系，在这样的生活中彰显出人生的价值并建立自我的意义。总体来说，生活

---

① 〔英〕安东尼·吉登斯：《现代性与自我认同》，第 76 页。

方式直接关系到一个人"要成为谁",而"要成为谁"则必须建立在某种生活方式之上。

至此,在吉登斯的分析中,我们可以看到生活方式政治化或者生活政治发生的关键环节。① 首先,在上世纪下半期西方社会普遍存在的自我认同危机是生活政治肇端的最主要驱动因素,如果没有自我认同危机,这种新政治形式可能不会出现。其次,生活方式变革建立了自我认同与生活政治之间的联系,生活方式的价值和功能也因此显现,生活方式的变革成为社会运动的核心议题。最后,生活方式的变革只能诉诸生活政治的解决途径。传统的政治不会讨论生活方式的问题,生活方式的选择也不能按照解放政治的标准来解决。② 于是,生活政治就逐渐从解放政治所投射的阴影中浮现出来了。③

自我认同危机是引起生活方式变革的肇始动力,但是,生活方式的变革并不单纯指向自我的生活,也指向他人与自然界,涉及整个社会关系的系统性重构。因此,在吉登斯那里,生活政治除了是一种自我认同危机的集体解决方案,还在现代性困境的解决上被寄予了厚望。在《超越左与右》这本书中,为了走出现代性困境,吉登斯提出了"激进政治"变革的六点框架:第一,修复被破坏的团结,重新评价个人与集体的关系;第二,建设生活政治,过一种合理的生活;第三,通过能动性政治建立国家、社会与市场三者之间的良好联系;第四,发展对话民主,建立新型的社会交流方式;第五,反思福利国家制度,确立积极福利,减少福利依赖;第六,解决人类事务中的暴力问题。在这六点框架中,除了第二点直接和生活政治相关之外,在能动政治和对话政治中,生活政治也发挥着重要的作用。在能动政治的建设中,吉登斯要求把生活政治置于核心位置,重点考虑如何生活的问题;在对话民主中,吉登斯认为该种民主在人们的生活领域取得了进展。④ 可见,生活政治已经被吉

---

① 对于这些环节,笔者已经在《作为一种存在主义政治的生活政治:源起、本质及意义》一文讨论过,见《学海》2021 年第 2 期。
② 〔英〕安东尼·吉登斯:《失控的世界》,周红云译,江西人民出版社,2001 年,第 115 页。
③ 〔英〕安东尼·吉登斯:《现代性与自我认同》,导论第 8 页。
④ 参见〔英〕安东尼·吉登斯:《超越左与右——激进政治的未来》,李惠斌、杨雪冬译,社会科学文献出版社,2000 年。

登斯整合进现代性困境的总体解决方案之中，由此，生活政治的议题变得非常广泛了。吉登斯把它们归结为四个领域：自然、生殖、全球体系以及自我和身体，每一个领域都分别涉及不同的道德问题。在自然领域，人们需要考虑人类对自然应负有的责任，而不是单方面的攫取；在生殖领域，人们要思考胎儿的权利以及基因工程应该遵循的伦理原则，而在更深的层次上，生殖和人类的生存限度息息相关；在全球体系内，人们需要反思科技进步与现代暴力的使用对人类与自然的破坏；在自我及身体上，人们要确认个体对自己身体的权利，也要思考性别差异对权利的影响，除此之外，还要想象动物拥有的权利。[①] 所有这些议题，都会被人类的生活方式触及，因此生活政治涉及"整体人类权利和个体权利"，重新凸显了"现代性核心制度所体现的那些道德性和存在性问题"，呼吁对社会生活的"再道德化"[②]。

三、 西方语境中生活政治的实质[③]

（一）在后工业社会的背景下审视生活政治的实质

西方社会生活政治的滥觞及其实质需要在 20 世纪后半期社会变迁的背景下审视，吉登斯所言的自我认同危机是整体的社会变迁作用于个人身上的结果。对于西方社会 20 世纪后半期以来社会变迁的认知存在多种立场，表现为诸多社会称谓之争[④]，每一种称谓都试图切入这一时期社会的形态特征。因为较早表现了对社会变化的敏感，"后现代社会"是一个传播度

---

① 〔英〕安东尼·吉登斯：《现代性与自我认同》，第 211 页。

② 〔英〕安东尼·吉登斯：《现代性与自我认同》，第 208—210 页。

③ 后工业社会与生活政治关系的讨论在笔者的一篇论文中已经得到发表，该部分对这些讨论进行了修订。参见张敏《西方社会的一种新政治行动方式与政治领域：对生活政治的扩展性分析》，载《国外理论动态》2020 年第 4 期。

④ 这些称谓最引人注目的特点是使用"后"（post）字的词汇组合，形成了"后社会"系列。丹尼尔·贝尔曾经梳理了这些称谓，在其"后工业社会"之外，还有"后资本主义社会""后资产阶级社会""后现代社会""后文明社会""后集体主义社会""后意识形态社会""后传统社会"等。参见丹尼尔·贝尔《后工业社会的来临》，高铦、王宏周、魏章玲译，江西人民出版社，2018 年，第 46—49 页。

很高的称谓,在20世纪50和60年代的现代化研究中便开始流传开来。但严格意义上,"后现代"并不是对社会状况的真实摹写,而是主要表达了对现代化异化结构的系列批判性主张,并据此宣称一个新社会的到来。很多人并不认可后现代的说法,比如,哈贝马斯认为现代性是一项并没有完成的任务,还没有进入到一个所谓"后"的阶段;吉登斯更喜欢使用"晚期现代性"或者"极盛现代性"的说法;乌尔里希·贝克(Ulrich Beck)也反对进入一种后现代时期的主张,对于贝克而言,他更喜欢使用"风险社会"这样的概念。

如果悬置不同的立场与争论,"后工业社会"在众多的称谓中是能够比较客观说明社会状况的一个。后工业社会是丹尼尔·贝尔(Daniel Bell)提出的一个概念①,后来被广泛用来说明西方国家20世纪六七十年代以来的经济社会特征。贝尔认为,后工业社会主要用来阐述社会结构的变化,同时也涉及政治和文化的新特征。贝尔从五个方面描述了后工业社会的特征:经济结构上从产品经济转变为服务经济、职业分布上专业与技术人员处于主导地位、中轴原理上理论知识处于中心地位、未来的方向上以科技的控制与技术评估为主导、决策制定上需要创新"智能技术"②。在政治和文化的变化上,贝尔指出在后工业社会存在着对官僚化的抵制以及所谓"敌对文化"的出现,他认为20世纪60年代后期出现的学生运动"一定程度上是文化上对一个以科学为基石的社会日益壮大的新的反动"③。

后工业社会的文化在贝尔1976年《资本主义文化矛盾》一书中得到了系统的阐述。在这本书中,贝尔认为资本主义社会发生了经济、政治与文化之间的根本性脱离和断裂并导致了现代社会的紧张局势,这些断裂既存在于官僚等级体系的社会结构和要求平等参与的政治体系之

① 关于后工业社会的概念史,参见丹尼尔·贝尔的《后工业社会的来临》(江西人民出版社,2018年版)。在该书的导论中,贝尔介绍道,"后工业社会"的概念在1959年夏季奥地利萨尔茨堡的讨论会上被首次使用,后来经过1962年、1963年、1966年和其后几年的发展,后工业社会的概念体系日益成熟并成为具有一定流传度的字眼。1973年,随着《后工业社会的来临》的出版,贝尔的后工业社会概念和理论得以系统地建立。

②③ 〔美〕丹尼尔·贝尔:《后工业社会的来临》,高铦、王宏周、魏章玲译,江西人民出版社,2018年,导论第11—12页。

间,也存在于基于角色与专业分工的社会结构与自我实现的文化之间,这些结构性冲突与矛盾,在意识形态上表现为"异化""非人化"以及"对权威的攻击"等。① 因此,资本主义社会的矛盾也体现为一种文化矛盾,是社会结构与文化断裂的结果,前者受制于理性的经济原则,后者则追求自我的实现,并把自我价值当作衡量经验的美学尺度。② 实际上,资本主义的文化矛盾在《后工业社会的来临》一书中已经得到讨论,贝尔指出,社会结构与文化的断裂在近百年来就已经在不断加深,到了后工业社会,此断裂也将必然扩大。而当代文化在关注自我这一点上与资产阶级社会的抑制性结构相互抵牾,于是在意识形态的层面上就产生了反资产阶级价值观的新知识分子阶层以及大规模青年运动。

美国和欧洲主要国家相继进入后工业社会的阶段。下文论及的罗纳德·英格尔哈特(Ronald Inglehart)在其 1971 年《欧洲无声的革命:后工业社会的代际变迁》一文中,对法、西德、英、意、荷兰、比利时欧洲六国青年一代价值观变迁的讨论就是在后工业社会的背景下展开的。③ 一些欧洲的理论家也采用后工业社会的概念指称欧洲国家的社会变化。法国社会学家阿兰·图海纳(Alain Touraine)在其 1971 年的《后工业社会》一书中表达了与贝尔同样的观念,他实际上更加强调文化矛盾的作用。④

在后工业社会的背景下可以更好地寻找生活政治生成的社会基础,后工业社会能够提供对社会状况一个相对清晰的说明。恰如贝克所评论的:"一段时间以来,我们已经习惯了'后工业主义',我们多少能理解这个概念。而从'后现代性'开始,一切变得模糊起来。"⑤ 到了 20 世纪八九十年代,人们

---

① 〔美〕丹尼尔·贝尔:《资本主义文化矛盾》,赵一凡、蒲隆、任晓晋译,北京三联书店,1989 年,第 60 页。

② 〔美〕丹尼尔·贝尔:《资本主义文化矛盾》,第 82 页。

③ Ronald Inglehart,"The Silent Revolution in Europe: Intergenerational Change in Post-Industrial Societies",*The American Political Science Review*,1971,Vol.65,No.4,pp.991–1017.

④ Alain Touraine,*The Post-Industrial Society: Tomorrow's social history: classes, conflicts and culture in the programmed society*,New York :Random House,1971.

⑤ 〔德〕乌尔里希·贝克:《风险社会:新的现代性之路》,张文杰、何博闻译,译林出版社,2018 年,前言第 1 页。

也更愿意通过后工业时代的视角去观察这个社会的变化。

生活政治的滥觞是资本主义文化矛盾的结果，与后工业社会公众生活意义领域的变迁是直接相关的。进入 20 世纪六七十年代以后，欧洲公众生活意义的重心发生了显著的转移，一些新兴的群体更加强调自我的价值问题，自我意义的寻找与确认成为资本主义文化矛盾中最为强烈的一面。对于这些价值观念的变迁，英格尔哈特是做出长程观察的最具洞见的学者。他在 1970 年就发现，欧洲一些国家公众的生活价值观已经发生了从物质主义向后物质主义的代际转变，他们以往强调物质满足和生存安全的需要，而后来则更强调归属感、自我表现和生活质量等自我目标。① 在英格尔哈特的观测体系中，物质主义价值观是通过"强大的国防力量""打击犯罪""维持秩序""稳态经济""经济增长"和"抑制物价上涨"六个维度测量的，后物质主义价值观则是由"美丽的城市/自然""想法更重要""言论自由""人性化社会""工作与社区生活中更多的话语权"以及"在政府决策中有更多的发言权"六个维度来测量②，在两种价值观中，我们可以看到人们关注的生活取向的明显变化。基于长期的跟踪观察，英格尔哈特进一步指出，从 1970 年到 1994 年，在八个西欧国家中都发生了朝向后物质主义价值观的转变，这场转变具

---

① 参见〔美〕罗纳德·英格尔哈特《发达工业社会的文化转型》，第 66—106 页，社会科学文献出版社，2013 年版。英格尔哈特对包括欧洲在内的西方社会公众的价值观进行了长达 20 余年的实证跟踪研究，研究发现主要集中体现在 1977 年《静悄悄的革命——西方公众变动中的价值与政治方式》（叶娟丽、韩瑞波等译，上海人民出版社，2016 年）、1990 年的《发达工业社会的文化转型》（张秀琴译，社会科学文献出版社，2013 年）以及 1997 年的《现代化与后现代化：43 个国家的文化、经济与政治变迁》（严挺译，社会科学文献出版社，2013 年）三本图书中。在第三本书中，这一观察延续至 1994 年，长程的研究显示，价值观从物质主义向后物质主义的代际转移呈长期持续的趋势。对于后物质主义，英格尔哈特在《现代化与后现代化：43 个国家的文化、经济与政治变迁》第 34 页中进一步解释道，后物质主义者不是"非物质主义者"，更不是"反物质主义者"，后物质主义代表人们在取得物质安全后所强调的一系列目标。后物质主义的出现不是反映价值观从一极走向另一极，而只是反映优先目标的改变，后物质主义把个人表现和生活质量放在更优先的位置。

② 这一指标设计始于 1973 年，参见罗纳德·英格尔哈特《静悄悄的革命：西方公众变动中的价值与政治方式》。

有统计学的显著性。①

后物质主义价值观在实践中表现为更多的生活选择自主权。在 20 世纪 60 年代末，后物质主义价值观在政治上的投射集中体现为学生运动。青年学生是典型的后物质主义者，要求和"老爸爸"的价值和政治彻底决裂。② 1968 年巴黎的学生运动是典型的生活政治事件，青年学生主张自己选择生活方式，而不是被动接受校方的官僚化管理。"五月风暴"之后的时期见证了政治斗争和社会运动新形式的涌现，女权运动、同性恋解放、政治消费主义、绿色运动、反核运动等大量进入人们的视线，冲击人们的生活和观念。根据英格尔哈特的观点，这些新社会运动反映了物质主义和后物质主义的世界观的冲突，它们涉及的是应把经济增长放在首位，还是把自我实现的权利和生活质量放在首位的问题，这些运动也越来越成为在发达工业社会实现社会变革的主要媒介。③ 因此，后物质主义价值观的发展也导致了政治议题的变化，生活选择问题登上了政治的舞台，生活领域不再是单纯的私人领域，而成为国家与社会、公域与私域、集体与个人互动的领域。

在另外一个表现上，生活方式的变革及其政治行动也是个人选择兴起的结果。在逻辑上，个人选择的兴起为后物质主义价值观的发生提供了动力机制，后物质主义又推动了个人选择的发展，同时，个人选择又是后物质主义价值观在行为上的体现。而随着人口的代际更迭，选择自己的生活方式也成为一种普遍的行为与流行性的观念。个人选择的兴起带来了被贝克称为"个体化"的一种社会现象和社会属性。个体化和后物质主义的社会驱力是一致的，英格尔哈特把其归因为发达工业社会条件下越来越多人温饱问题的解决、新生代缺乏战争时期安全匮乏的体验、受教育水平的提高与大众传播的扩张和渗透④；贝克则强调福利国家的催生与发达的劳动力市场的解放作用。贝克指出，二战之后在富裕的西方工业国家，以福利国家为模

---

① 这八个国家是法、西德、英、意、荷兰、比利时、丹麦和爱尔兰。参见罗纳德·英格尔哈特《现代化与后现代化：43 个国家的文化、经济与政治变迁》，第 180 页。

② 〔美〕斯蒂文·贝斯特、道格拉斯·凯尔纳：《后现代理论——批判性的质疑》，张志斌译，中央编译出版社，2001 年，第 29 页。

③④ 〔美〕罗纳德·英格尔哈特：《发达工业社会的文化转型》，张秀琴译，社会科学文献出版社，2013 年，第 338 页。

式的现代化催生了社会性的个体化浪潮。以较高的物质生活和发达的社会保障为背景,人们日渐脱离传统的社群纽带和家庭扶持而开始关注自身的生活选择问题。人们把自身作为规划和引导生活的中心,每个人在不同的生活方式中做出选择,包括自己想要认同的群体和亚文化,同时也要为自己的选择甘冒风险。因此,在文化的意义上,个体化的推进意味着人们在扬弃原先生活世界的思考基础。① 个体化的核心是"生活方式的个体化",追求"为自己而活",倡导一种"自我文化"。贝克写道:"个体自我实现的伦理在现代社会中处于最有力的位置。人们的选择和决定塑造他们自身,个体成为自身生活的原作者,成为个体认同的创造者,这就是我们所处的这个时代最重要的特征,同时也是潜藏在家庭与全球性别革命背后最根本的原因,而这两者与工作和政治有密切联系。"② 基于贝克的观察,齐格蒙特·鲍曼(Zygmunt Bauman)也对个体化作了一个界定:"个体化"指的是,人们身份从"承受者"到"责任者"的转型和使行动者承担完成任务的责任,并对他们的行为后果负责。换句话说,个体化存在于自治的建立之中,而不管事实上的自治是否已经很好地建立起来。③ 因此,不论是后物质主义,还是个人选择的兴起,抑或是个体化,都从不同的侧面说明了发生在后工业时代的社会文化变化,但其实践取向是一致的,都指向了生活方式的革新。

(二) 作为一种存在主义政治的生活政治④

只要对生活政治的生成机理进行细致的审察,不论是吉登斯所言的自我认同危机,还是后工业社会背景下物质主义向后物质主义的生活价值观变迁,抑或个人选择和个体化社会的兴起,都可以发现生活政治的内在关切是自我存在的意义问题,或者说是自我生命的意义问题,因此,从生活政治

---

① 〔德〕乌尔里希·贝克:《风险社会:新的现代性之路》,第102—103页。

② 〔德〕乌尔里希·贝克、伊丽莎白·贝克-格恩斯海姆:《个体化》,李荣山、范譞、张惠强译,北京大学出版社,2011年,第27页。

③ 〔英〕齐格蒙特·鲍曼:《流动的现代性》,欧阳景根译,中国人民大学出版社,2018年版,第70—71页。

④ 生活政治的实质的相关内容已经在笔者早前的一篇论文中发表,本书对这些内容进行了修订。参见张敏《作为一种存在主义政治的生活政治:源起、本质及意义》,《学海》2021年第2期。

的哲学命题看，生活政治的实质是一种存在主义政治。

存在主义是对自我的存在进行认知的一种人生哲学。这种认知在古代社会就已经"存在"了。古希腊的苏格拉底、柏拉图、亚里士多德及其后的一大批思想家们终身都在思考人生的意义问题，他们主张过一种"哲学"的生活，哲学即爱智慧是他们的生活方式，也是他们的存在方式。存在主义是对这些命题的延续，并以一种哲学的形态在 20 世纪 20 年代形成于德国并被系统化。存在主义哲学在上世纪 40 年代后逐渐流行于欧美社会，60 年代达到发展的顶峰。虽然在 20 世纪七八十年代随着海德格尔与让-保罗·萨特(Jean - Paul Sartre)等存在主义大师的陨落，流传了半个世纪之久的存在主义思潮逐渐消退，但其提出的存在问题却在西方社会留存下来，存在主义哲学的思想也被其他哲学流派批判和吸收。

人在世的生活就是一种存在，海德格尔将人这样的存在称为"此在"，海德格尔又进一步把此在划分为"本真"的此在与"非本真"的此在两种形态。本真的此在是人应该去实现的一种存在，即个体在"良知"的指引下为了"自由"而进行筹划与行动的样态。"非本真"的此在则是一种个体生存的"沉沦"样态。而人又是和他人一起在"世界之中存在"，因此人的存在又是和他人一起的"共在"。海德格尔把存在的显现称为"真理"，而只有在"自由"中真理才可以显现，因此真理的本质也是自由，所以，存在主义哲学也是一种关于自由的哲学。海德格尔作出此在的"本真"和"非本真"之分，目的是探究现代社会中人的生活意义问题。海德格尔认为，现代人的存在是非本真的，他们受到现代化体系的支配而失去了人之存在的真实意义，这实则是一种"沉沦"，人向"非本真"样态的"沉沦"是"异化"，从而把自己的存在"杜绝于其本真性及其可能性之外"，跌入"非本真的日常生活的无根基状态与虚无中"①。

与海德格尔晦涩的概念演绎相比，萨特的存在主义哲学更贴近现实生活。萨特把人道主义视为存在主义的关键，也由此规定了人之存在的价值维度。在《存在主义是一种人道主义》这篇演讲中，萨特开宗明义地说："不

---

① 〔德〕马丁·海德格尔：《存在与时间》，陈嘉映、王庆节译，北京三联书店，2014 年，第206—207 页。

管怎样,我们首先可以这样说,存在主义,根据我们对这个名词的理解,是一种使人生成为可能的学说;这种学说还肯定任何真理和任何行动既包含客观环境,又包含人的主观性在内。"①萨特把存在分为"自在的存在"和"自为的存在","自在的存在"是"存在物"的存在,这种存在是一种没有意识的存在;"自为的存在"是人的存在,人的存在是有意识有自己主观性的存在,只有人的存在才是真正的存在。萨特也是在自由的意义上探讨人的存在的,人的存在不是被决定的,对人来说不存在决定论;相反,正是由于人的存在才决定了人的本质。"存在先于本质",人是自己创造自己的,所以,萨特说:"人是自由,人就是自由。"②

生活政治之所以是一种存在主义政治,首先在于其主题是存在主义的。生活政治始于人的存在感知,是对人的存在状态的一种反思性回应,因此,生活政治的关切和主题在本质上也是存在性的。自我认同、自我实现,后物质主义价值观以及个体化的兴起,都是人们避免沉沦、追求自我的本真而进行的努力。尽管现实中人们的存在问题不会像海德格尔所说的那样纯粹和彻底,但不能否认生活政治的主题是存在主义的主题,至少是出于一种素朴的存在主义认知。生活政治是存在的反思诉诸集体行动的结果,而反过来,存在主义也必然涉及人的实现问题。生活方式提供了人之存在的基本结构,也是通达本真的基本路径,"存在主义者所主张的,乃是人自己要有自己的理想——自己设计自己的生活"③,所以一位存在主义哲学家也把存在主义哲学视为"作为一种生活方式的哲学"④。

其次,生活政治的实践逻辑是消除存在性焦虑。实际上,吉登斯也是从存在主义的角度看待生活政治的,他把生活政治视作被压抑的存在性问题的回归,生活政治在存在性问题的背景下也形成了有关人们应如何生活的伦理问题,生活方式的道德性和存在性也因此被推送至公共讨论

---

① 〔法〕让-保罗·萨特:《萨特哲学论文集》,潘培庆、汤永宽、魏金声等译,安徽文艺出版社,1998 年,第 109 页。

② 〔法〕让-保罗·萨特:《萨特哲学论文集》,第 117 页。

③ 〔法〕高宣扬:《存在主义》,上海交通大学出版社,2016 年,第 80 页。

④ 〔美〕托马斯·R.弗林:《存在主义简论》,莫伟民译,外语教学与研究出版社,2015 年,第 15 页。

领域,人们不仅讨论人类应该如何和大自然相处的问题,而且还讨论人的存在应该如何被把握和感知的问题,而这些就是海德格尔提出的存在问题。①

吉登斯是在存在主义的角度上分析人们的认同危机的,他把存在性焦虑看作认同危机与自我困境产生的内在机制。因为人是在世界中存在的,吉登斯所谈论的存在性问题必然会涉及多种关系,他认为存在性问题涉及四类关系:一是人类的本质存在与非本质存在的关系,二是个体的存在与外界的关系,三是自我与他者的关系,四是自我的身份认同,也就是自我与自我的关系。②

存在性涉及人类生活的诸多问题,那么,是什么原因导致人们的存在性焦虑呢?总体上,吉登斯把它们归结为现代性支配体系的高度发展及其对道德的驱离。在他看来,面对风险社会与现代性对自我的压抑,人们虽然可以借助专业知识、现代经验与私密关系的帮助,但是由于道德因素的缺席,人们依然不能消除存在性危机。之所以如此,是因为这些焦虑的控制途径无法提供道德自足,道德上的焦虑是个体无法完全克服的。当道德的自足感无法在现代社会实现时,以自我认同危机为核心的存在性问题也就出现了。

人的存在问题是很难排除道德立场的。海德格尔所言的本真的存在是对常人“沉沦”状态的舍弃,在他的笔下,这种“沉沦”状态是一种“有罪责”的存在,而所谓的“良知”无非是对这种罪责的反思和谴责。海德格尔指出,在日常生活中这种罪责起因于对普遍伦理要求的触犯,在更深的层次上则起始于一种关于何为不道德的法则判断,“有罪责”的存在则是一种由不道德之“不”的法则所呈现的存在。这是海德格尔对存在的道德性所作的一种现象学还原,但对现实中的个体来说,他们的存在性更多地始发于日常生活中的道德体验。也就是说,不论是自我认同或者自我意义的确认,他们都需要对自己进行一番道德评判,没有一定的道德满足,自我的意义是很难实现的。查尔斯·泰勒(Charles Taylor)在谈到这个问题时指出,人们总

---

① 参见〔英〕安东尼·吉登斯:《现代性与自我认同》,第200—209页。
② 参见〔英〕安东尼·吉登斯:《现代性与自我认同》,第44—51页。

是在一定的道德框架下进行自我认同的,所以自我与道德总是难解难分地纠缠在一起。① 在泰勒那里,道德框架包括对他人的尊重和责任、对完满的生活的理解以及个人尊严三大支柱,这样的框架决定了自我意义的编织,因此自我也是一定道德空间之下的自我。这样一来,存在性问题就需要一定的道德前提,没有道德前提,自我的意义也就失去了根据。

生活方式运动可以理解为消除存在性焦虑的一种自发性运动,人们试图通过生活方式的变革获得道德上的自足。虽然现实中人们不会像海德格尔那样对本己的存在进行现象学的还原,但会提日常中的存在性问题,试图通过合乎道德的生活解决如泰勒所说的过完满生活的问题。在一般意义上,所谓完满的生活也是人与自然、人与社会以及人与自己建立起良好道德联系的生活。反映在价值观的转变上,则要求人们从现代社会的物质化生活中解放出来,追求更多的非物质性价值。所以,从起因来看,生活政治就是作为解决存在性焦虑而出现的一种政治形式,"被压抑的存在性问题"就这样被提上了政治的议程。

最后,生活政治的实践目标是成为个体。虽然解放政治使得个人在身份上摆脱了传统的束缚而成为了独立的个体,但并没有使人成为自我意义上的个体,对于现实生活中的人来说,"成为个体"或者"成为自己"是他们的存在主义主题。借用斯科特·拉什(Scott Lash)的说法,"作为个体"是与"成为个体"相对的两个范畴②,"作为个体"是启蒙运动与解放政治的结果,但只是获得了"成为个体"的外部条件与资格。生活政治的目标是"成为个体",只有"成为个体",才能"成为自己"。"成为个体"更多地依系于生活方式的变革,从中可以看到"成为个体"与生活政治的关系,也可以看到从解放政治到生活政治的演变逻辑,或者换言之,"作为个体"与"成为个体"分别对应于解放政治和生活政治。

然而,生活政治又不是纯粹的个体政治,既有个体性,也有其非个体性。贝克在谈及个体化时指出,自我实现与自我决定不只是个体的目标,同时也

---

① 参见〔加〕查尔斯·泰勒:《自我的根源:现代认同的形成》,韩震等译,译林出版社,2001年,第3页。
② 参见斯科特·拉什为乌尔里希·贝克所著的《个体化》一书的序言(前言第13页)。

是集体的目标，人被整合进世界之中，因此要变得"成熟又负责"①。生活政治的非个体性表现在它存在性议题的广泛性上。前文已经提到，吉登斯把生活政治的议题归结为四个领域：自然、生殖、全球体系以及自我和身体，每一个领域都分别面对着不同的道德问题。在自然领域，人们要考虑人类对自然应负有的责任；在生殖这一看似非常生物学的私人领域里，人们要思考未出生者和胎儿的权利以及基因工程应该遵循的伦理原则，而在更深的层次上，生殖和人类的生存限度息息相关；在全球范围内，人们都要反思科技创新与现代暴力的使用对人类与自然的破坏；在自我及身体上，人们要确认个体对自身身体的权利，也要思考性别差异对权利的影响，除此之外，还要想象动物拥有的权利。② 所有这些议题，都会被人们的生活方式触及，因此生活政治涉及整个人类的权利和事务，在个体性的维护之外，还要维护整个人类的共在性。

可见，生活政治遵循的是存在主义逻辑，是"认识自我"这一存在主义主题在政治实践上的反映。借助存在主义的主题，把生活政治理解为一种存在主义政治，并把存在主义政治视为生活政治的本质特征，抓住了生活政治理论与实践的关键。

四、 西方生活政治的新近发展与意义③

近 50 年来，生活政治在西方社会发展迅速，已成为一种非常重要的政治形式，并在西方国家的政治和政策实践中发挥着重要的作用。现在，在西方发达国家，生活政治是一个日趋重要的政治趋势，以至于有人认为生活政治成为西方政治的主流特征。④ 而进入 21 世纪以来，生活政治已成为全球

---

① 参见〔德〕乌尔里希·贝克、伊丽莎白·贝克-格恩斯海姆：《个体化》，第 31 页。
② 参见安东尼·吉登斯：《现代性与自我认同》，第 211 页。
③ 对于生活政治在西方社会的新近发展，笔者在一篇文章中已经阐述过，该部分对这些内容进行了修订。参见张敏《西方社会的一种新政治行动方式与政治领域：对生活政治的扩展性分析》，《国外理论动态》2020 年第 4 期。
④ Laura Portwood-Stacer, *Lifestyle Politics and Radical Activism*, London: Bloomsbury, 2013, p.9.

现象,其行动方式也名目繁多。比如,2008 年 4 月 20 日,在布达佩斯就发生了一次 8 万名自行车骑行者对主要街道的占领运动,这个活动由一个名叫"临界大众运动(CMM,Critical Mass Movement)"的民间组织发起,要求政府改善城市的基础设施以支持这些具有环保意识的生活方式。CMM 是一项全球性的民间运动,占领街道是他们采取的主要方式。随着信息技术的发展,媒体也不可避免地成为生活政治开展的重要载体,通过绿色生活观念的宣传,塑造公众的环保意识。

生活政治可以在不同的情境中发生,因而被称为有"一百种"开始的方式。[①] 生活政治的议题非常广泛,从现实表现来看,生活政治典型地体现为一个新政治参与领域。公民参与是生活政治最深刻的行为特征,也是生活政治最基本的展开方式,不论是规模巨大的学生运动、女权运动、和平运动和生态运动,还是食品生产、动物保护、酷儿运动、休闲娱乐、交通方式、垃圾处理、能源使用、生活时尚、住房设计、新技术、安乐死等议题中规模较小的公民行动,都具有明显的新政治参与特征。许多政治学家发现,在先进的工业国家中,诸如投票、加入政党等传统的政治参与在下降,而新形式的公民参与却在上升,这些新政治参与的发展正在补偿选举参与和其他传统公民参与的下降。[②] 生活政治是新政治参与的重要组成部分,实际上,在许多新政治参与的行动中都可以发现生活政治的影子,生活政治也会经常用作一个概念框架来描述各种各样的公民参与活动。

生活政治之所以典型地体现为公众的参与行为,在微观上与人们更加关心自我实现与生活方式的选择问题有关。虽然多数公众对政治问题不感兴趣,也不精通政治,但他们关心与自己的身份、价值观念和利益相关的议题,因此会自觉地将自己与政治联系起来。与传统精英主导的政治参与不同,生活政治的参与多是自发的、松散的、非制度化的、多元化的,甚至是分裂性的,在后工业时代,公众更愿意采取直接的行动去影响具体议题的政治决定,利用生活方式的选择去影响社会资源的配置。

① Alexandra Kogl,"A Hundred Ways of Beginning: The Politics of Everyday Life", *Polity*, Vol. 41, No. 4, 2009, pp. 514 - 535.

② 罗伯特·J·达尔顿、汉斯—迪尔特·克林格曼编:《牛津政治行为研究手册》,王浦劬主译,人民出版社,2018 年,第 13—14 页。

　　对于公民参与行为的变化，一些研究者发展了新型的公民理论并对之概念化。米歇尔·米凯莱蒂（Michele Micheletti）与迪特林德·斯托勒（Dietlind Stolle）使用"可持续的公民"（sustainable citizenship）模型来分析包括生活政治在内的新型的公民政治行为。① 在她们的模型中，公民身份的转变已经进入日常生活领域，人们的行动会影响人类、自然与动物的福祉，生活政治的参与者在履行经济、环境和公平发展的责任。通过这种方式，人们扩展了作为一个好公民所必需的东西，在实践中，诸如素食主义与政治消费主义就是对可持续公民身份的承诺。② 金荣美（Young Mie Kim）也认为，生活政治的参与导致了公民身份的"流变"，产生了一种"朝向生活政治的公民类型"，她把这一公民类型称为"议题公众"（issue publics）。③ 金荣美把议题公众界定为"那些认为特定问题对个人很重要的人"④，她认为，在后工业社会，公众对特定问题的依恋似乎能够特别地解释新兴公民参与的兴起，在生活政治的语境中，政治消费主义、身份政治、绿色政治和生物伦理政治都是政治参与的新兴形式。众多的生活政治参与表明，在人群中存在着具有不同价值观、身份和利益认同的议题公众群体，这些群体不能简单地聚合为普通大众，也不能简单地缩小为个体。在定义上看，议题公众意味着公民对社会作出公共承诺，因此，生活政治语境中的公民具有中介的性质，他们既是私人的，也是公共的；既是个人的、也是集体的；既是微观的，也

---

① "可持续公民"的概念源自联合国"世界环境与发展委员会"1987 年的报告《我们共同的未来》中可持续发展的观念，该报告把可持续发展定义为"既满足当代人的需要，又不对后代人满足其需要的能力构成危害的发展"。实际上，《我们共同的未来》已经包含了生活政治的观念。关于可持续发展的定义请参见世界环境与发展委员会《我们共同的未来》，王之佳、柯金良等译，吉林人民出版社，1997 版，第 52 页。

② Michele Micheletti, Dietlind Stolle, "Sustainable Citizenship and the New Politics of Consumption", *The Annals of the American Academy of Political and Social Science*, 2012, Vol. 644, No. 1, pp. 88 - 120.

③ Young Mie Kim, "The shifting Sands of Citizenship: Toward a Model of the Citizenry in Life Politics", *The Annals of the American Academy of Political and Social Science*, 2012, Vol. 644, No. 1, pp. 147 - 158.

④ Young Mie Kim, "Issue publics in the new information environment: Selectivity, domain-specificity, and extremity", *Communication Research*, 2009, Vol. 36, No. 2, pp. 254 - 284.

是宏观的。[①]

生活政治也典型地体现为绿色政治。绿色政治是以生态主义为指导的思想与政治实践的总称，虽然生活政治与绿色政治并不等同，但在生活政治的诉求被绿党代表以及生活政治的实践指向与绿色政治的实践指向具有重合的意义上，生活政治在其实现上也体现为一种绿色政治。一方面，在政党政治上，虽然有理论与实践上的日常生活转向，但生活政治并没有专门的代表性政党出现，生活政治的诉求主要由绿党代表。20 世纪 60 年代学生运动的许多代表人物后来成为绿党的成员，达尼埃尔·科恩-本迪特本人就曾是欧洲绿党的重要领袖。另一方面，在实践指向上，生活政治与绿色政治相互叠加：虽然绿色政治的称谓早于生活政治，但日常生活中的生态转向早已开始，生活含有绿色；虽然生活政治不等同于绿色政治，但是生活政治的出现也是绿色思维驱动的结果，绿色也包含生活。因此，生活政治与绿色政治是彼此互有的关系，生活政治也会表现为绿色政治。

以德国绿党为例，在其纲领中我们可以看到鲜明的生活政治色彩。德国绿党认为，生活方式与生态保护具有紧密的关系：可持续意味着生活方式的发展，这种生存方式以对生命的珍惜和尊重为基础。生态的生活方式包含着所有人生活质量的提高。可持续就是保障现在和未来的生活质量。[②]绿色政治是多种意识形态的混合体，在德国绿党的纲领中，自我实现也是重要的价值追求："我们呼吁解放和自觉……我们希望，社会中所有的人都有机会不受约束地自主安排自己的生活……我们希望，每一个个体都能更加强大，在社会中都能实现自己的自由、履行自己的责任。"[③]所以，德国绿党也特别强调性别公正、个性化、老年人的权利与同性恋等问题。

而反过来，生活政治自开始以来就把生态问题当作自己的问题，在生态问题上，生活政治天然地成为绿色政治。如前所述，吉登斯把自然视作生活

---

① Young Mie Kim,"The shifting Sands of Citizenship: Toward a Model of the Citizenry in Life Politics", *The Annals of the American Academy of Political and Social Science*, 2012, Vol.644, No.1, pp.147 – 158.

② 张文红主编：《世界主要政党规章制度文献》（德国卷），中央编译出版社，2016 年，第 400—401 页。

③ 张文红主编：《世界主要政党规章制度文献》（德国卷），第 401 页。

政治的重要领域,吉登斯的理解与绿色政治的生态意识不谋而合。在生态学中,生态意识是与非人世界应该具有内在价值的信念联系在一起的,因此,生态意识与我们和非人世界的认同、我们的自我实现以及由这种认同所得出的行为相关,或者换言之,生态意识把个体与更大范围的世界联系起来。① 在这里,人与自然的关系成为生活政治和绿色政治共同的哲学基础。而在关于自然的实践取向上,生活政治和绿色政治所要解决的问题也是一致的,在生态学的语境中,二者共同涉及这三类问题:一是在多大程度上意味着对人类中心主义最初缺陷的颠覆,二是如何解决人类利益与环境利益的冲突,三是更广泛的认同如何形成。② 因此,不论是哲学基础,还是实践指向,生活政治都会贴上绿色政治的标签。

　　生活政治的出现大大改变西方国家政治议程的构成。根据英格尔哈特的观察,西方发达国家从不惜代价追求经济增长转向日益关注经济增长的环境成本,而另一个转变则是基于文化问题和生活质量问题的政治分化。因此,新的政治议程格局是:经济斗争与新问题共享政治舞台,环境保护、堕胎、种族冲突、妇女问题和同性恋解放运动成为热点问题。③ 可见,生活政治在政治与社会领域起着愈发举足轻重的作用。

　　总体上看,生活政治的兴起在西方社会是一项具有非常广泛和深远影响的政治社会事件,构成了西方国家 20 世纪后半期以来一次重大的政治与社会变迁。生活政治的出现标志着人们的政治行动领域发生了结构性的变革,在生活政治出现之前,人们的政治行动主要围绕国家制度、政党制度、民主选举、阶级斗争、经济增长、团体利益、种族问题等传统领域与事务展开的,而随着生活政治的出现,生活方式的选择问题被推入公共讨论的视阈而被政治化了,日常生活领域成为政治活动的新指向。生活政治的出现也标志着国家与社会互动的场所发生了变化,生活方式的选择问题成为联接国家与社会、个体与集体、私人与公共的纽带,也成为政治合法性的一个重要来源。

----

① 〔英〕安德鲁·多布森:《绿色政治思想》,郇庆治泽,山东大学出版社,2005 年,第 60—61 页。
② 〔英〕安德鲁·多布森:《绿色政治思想》,第 62—64 页。
③ 参见罗纳德·英格尔哈特:《现代化与后现代化:43 个国家的文化、经济与政治变迁》,第 274 页。

第三章 生活的内涵和本质

生活政治是关于生活的政治,理解生活政治要从理解生活的内涵与本质开始,这样才能确定生活政治的内容与层次,提出更为准确的生活政治概念。然而,"生活"这个词汇有着非常宽泛的用法和丰富的语义,对生活的理解需要对其语用条分缕析。

一、 不同视阈下的"生活"

(一)中西"生活"语义的发展和形成

在中国古代,与生活相关的语义表达中,"生活"这个词汇出现得比较晚。有类观点认为,在六朝时期,"生+活"的同义并列结构开始了明显的词汇化,在以后的语言发展中,逐步演化出现代所说"生活"一词的一些含义,唐代以后,"生活"被固化为一个词汇,演化出更为丰富的内涵,并且具备了现代汉语中"生活"的一些日常用法。[①] 在"生活"被词汇化之前,"生"字和"活"字以及"生+活"的同义并列结构表达了生活中的要素,而即便"生活"被词汇化后,"生"与"活"依然可以单独表达生活的相关含义。根据一些权威的字典,在"生"字的甲骨文"㞢"字形中,上部代表初生的小草,下部代表土地,本意为草木生长于土地之上。根据这种生命的现象,"生"字在古人的使用中引申出一些与生活相关的要素及含义。其中,"生"可以作动词用,与

---

① 樊苗苗:《"生活"的词汇化及其词义的发展》,《乐山师范学院学报》2012 年第 3 期。

"死"相对,意为"生存""活",或者"使生存"或"使活"。比如"爱之欲其生,恶之欲其死"(《论语·颜渊》),"死生契阔,与子成说"(《诗经·邶风·击鼓》),"闻太子不幸而死,臣能生之"(《史记·扁鹊仓公列传》),"汝其往,衣服饮食予士,无寒无饥,以既厥事,遂生蔡人"(韩愈《平淮西碑》)。在后两句中,"生"为使动用法,是"使其生""使其活"的意思。"生"也可以作名词用,意为"生活""生计"。比如"长太息以掩涕兮,哀民生之多艰"(《楚辞·离骚》),"秋冬则劝民山采,春夏以水,各得其所便,民皆乐其生"《史记·循吏列传》,"人奴之生,得无笞骂即足矣,安得封侯事乎"(《汉书·卫青传》)。而对于"活"字,通常认为它没有甲骨文字形,而始于篆书形式。在篆文中,"活"为形声字,从水,昏(kuò)声,隶变后楷化,本应写成"浯",俗简化为"活",本义为水流声,后演变出多种语义。与生活相关的语句里,"活"可表示"生存",与死相对。比如"以肠胃为根本,不食则不能活"(《韩非子·解老》)。也可以指生计、活计、谋生的手段。如"自今而后,不愿富贵,但令母子相保,共汝扫市作活也"(《魏书·北海王详传》);"本卖文为活,翻令室倒悬"(杜甫《闻斛斯六官未归》诗)。

不过,"生"和"活"在不同历史时期的使用频次并不相同。汪维辉发现,在先秦以用"生"为主,随着时间的推移,"活"用得越来越多,到了汉末,作为动词的"活"在使用上取代了"生"的优势地位。[①]"生"和"活"也会结合在一起表达生活的一些含义,但此时的"生活"并不是一个词汇,而是一种同义连文,形成了一个同义并列的句法结构。比如"民非水火不生活"(《孟子·尽心上》);"卯主于东,系命东星,多所生活,人民饮食"(《太平经·有德人禄命诀》);"若母安隐无他,便自养长其子,令得生活"(支娄迦谶译《道行般若经》)。在"生活"词汇化的汉末至唐代期间,作为词汇的"生活"在其语义上越来越贴合人们的日常生活实践,比如可以表达"生存""活着",如"一切百草树木皆从地得生长,一切万物皆从水得生活"(求那跋摩译《佛说菩萨内戒经》);表达"为获取生存资料而进行的各种活动",如"人问王长史江兄弟群从。王答曰:'诸江皆复足自生活。'"(《世说新语·赏誉》)。还可以表达"家

---

① 汪维辉:《东汉—隋常用词演变研究》,商务印书馆,2017 年,第 304—317 页。

产""生计",如"与尔计生活孰多,我止人上取,尔割天子调"(《北史·尉景传》);"料钱随月用,生活逐日营"(白居易《首夏》);"所贪既仁义,岂暇理生活。纵有旧田园,抛来亦芜没"(陆龟蒙《奉酬袭美先辈吴中苦雨一百韵》)。以及表达"人生活的境况",比如"家于密云,蓬室草筵,惟以酒自适,谓友人金城宗舒阅:'我此生活,似胜焦先。'"(《魏书·胡叟传》)。唐代以后,"生活"基本上被固定为一个词汇,表达的生活含义也更加全面和固定,涵盖了生活日常的主要方面。可以表达"为获取生活资料而进行各种活动",如"吾赖尔辈勤力无过,各能生活,以是吾获优赡"(《太平广记·神仙》);"彼年已五十,未尝出户,虽自力而来,如三岁婴儿,复何知我鲜卑常马背中领上生活"(《宋书·索虏传》)。可以表达"生计",如"其家兄弟四人。大兄小弟皆勤事生业。其二弟名迁,交游恶友,不事生活"(《太平广记》卷一三四引《法苑珠林·宜城民》)。表达"活计""工作",如"夜久人静,或闻以行相呼云:'今吾辈有何生活"(吴曾《能改斋漫录·神仙鬼怪》);"这人姓侯名健,祖居洪都人氏,做得第一手裁缝……在这无为军城里黄文炳家做生活"(《水浒传》第四十一回);"潭州也有几个寄居官员,见崔宁是行在待诏,日逐也有生活得做"(《警世通言》卷八);"靠着我替人家做些针指生活寻来的钱,如何供得你读书"(《儒林外史》第一回);"他家有两妾、一子,发在安侯家为奴,专做粗重生活"(《野叟曝言》第一百二十回)。表达"生活的美好",如"一年生活是三春,二月春光尽十分"(杨万里《春晓》)。①

可见,"生活"这个词汇在中国社会的演变中逐渐获得了丰富的语义,而实际上,在与生活直接相关的语义之外,"生活"还引申出一些其他的语义。根据古代及近现代的用法,现在的一些词典通常把"生活"解释为"生存""使活命""恤养活人""为生存发展而进行的各种活动""为生存发展而进行各种活动的经验""衣食住行等方面的情况、境况""生长""家产、生计""活儿、工作""生活费用""用品、器物""美好时光""笔的别称"等

---

① 关于生活的词汇化及其语义的演变主要参考了樊苗苗的《"生活"的词汇化及其词义的发展》(载《乐山师范学院学报》2012 年第 3 期)、《古代汉语词典》(北京:商务印书馆,2003 年)、《汉字源流字典》(华夏出版社,2003 年)以及一些线上资源。

诸多义项①,说明人们在不同的场景下使用的"生活"一词所指向的事物是不同的,这也带来了生活内涵的广延性和模糊性。而且还可以看到,不论是"生",或者"活",抑或是作为词汇的"生活",它们的用法主要围绕一个人存活于世所需要的条件和实践展开,这说明在中国社会的绝大多数时期,人们对生活的理解和认知主要停留在"生计""日用"的物质层面上,没有发展出更多的社会含义。

生活现代语义的发展和形成主要归功于 20 世纪初的新文化运动。新文化运动是一场思想启蒙运动,高举民主和科学的大旗,以进化论观点和个性解放思想为主要武器,大力提倡新道德,反对旧道德,提倡新文学,反对旧文学,提倡白话文,反对文言文。② 新文化运动带来生活理解的转变,由是,现代生活观念在中国的勃兴在一定程度上是外来文化尤其是个性解放思想推动的结果。而早在新文化运动之前,王国维就提出了"物质生活"与"精神生活"的说法,把生活的空间和类型从物质领域扩展到精神领域,因此也被认为开启了生活概念的现代性建构。③ 此时的"生活"不仅是获得了现代含义的语汇,而且也开始趋向一个现代社会的概念。或者进言之,进入近现代时期的"生活"在现代的词汇和现代的概念两个路径上同时展开了其语义的建构,使其不再等同于古代的"生活"。新文化运动期间,胡适等新文化运动

---

① 参见词典网对"生活"的解释(https://www.cidianwang.com/cd/s/shenghuo18325.htm,查阅日期为 2023 年 3 月 27 日)。其中"为生存发展而进行各种活动的经验"的语料有"作为老兵,我的确是不行了,最大的原因是没有生活"(茅盾《老兵的希望》);"我想下去再多经验些群众斗争,来补我生活和小说中的不够"(丁玲《太阳照在桑干河上·写在前边》)。"生活费用"的语料有"待遇菲薄,生活太高,一些消极现象的出现是非常自然的"(沙汀《困兽记》)。"用品、器物"的语料有"(童贯)奉旨差往江南等路,计置景灵宫材料;续差往杭州,製造御前生活"(宋吴曾《能改斋漫录·记事一》);"银匠打些生活,明白落你两钱还好,他却摌些铜在里面,叫你都成了没用东西。"(《醒世姻缘传第二六回》)。"笔的别称"语料有"甘州人谓笔曰生活"(黎士宏《仁恕堂笔记》)。"生长"的语料有"疸抉其根矣,苗去其秀矣,不侵不蠹,生活自如"(杜牧《祭城隍神祈雨文》)。
② 中央党史和文献研究院:《中国共产党简史》,人民出版社、中共党史出版社,2021 年,第 2 页。
③ 比如张未民就持有此种观点,参见其《"生活"概念在 20 世纪中国的兴起——20 世纪中国"生活"理论体系的生成及话语形式》,载《社会科学战线》2016 年第 1 期。

领袖纷纷阐述了他们的生活观。胡适在为《新生活》周刊创刊号撰写的开篇文章《新生活：为〈新生活〉杂志第一期做的》可以视作对生活现代内涵的探究和启蒙，他把新生活比作"有意思的生活"，所谓"有意思的生活"，就是可以说得出"为什么这样做的"生活，生活的"为什么"，就是生活的意思。只有能够回答出"我为什么要干这个？为什么不干那个"，才可以称得上一个人的生活。胡适号召中国人都能过这种有意思的新生活。① 蔡元培同样也在《新生活》上撰文，发表了《我的生活观》。他把新生活比作丰富的、进步的生活，而旧生活则是枯燥的、退化的生活，又进一步把新生活具体化为"每日有一定作工，又有一定的时候求学"的生活，于是，"要是有一个人肯日日作工，日日求学，便是一个新生活的人；有一个团体里的人，都是日日作工，日日求学，便是一个新生活的团体；全世界的人都是日日作工，日日求学，那就是新生活的世界了"②。可以看到，与胡适注重生活的意义相比，蔡元培实则提出了一种新生活方式，或者可以称作与其时代相应的现代化生活方式，即既有工作又有学习的生活方式。《新生活》办刊期间还发表过傅斯年的《新生活是大家都有一份的》以及高一涵的《怎样才算是过人的生活》与《新生活的仇敌》等文章③，这些文章都体现了当时进步知识分子对现代生活的体会和想象。

如果说胡适等人的新生活观赋予了"生活"新社会含义，使之脱离了建立在"生计"之上的狭窄用法，那么梁漱溟则进一步把对生活的认知推向深入化、普遍化而且概念化了。也即，梁漱溟所使用的"生活"不仅是一个现代的词汇，而且也是一个一般化的概念，在这个意义上，与胡适等人相比，梁漱溟对生活的认知无疑具有跨越性。梁漱溟的生活观是和他的文化观结合在一起的，生活是观察文化的窗口，他首先谈到，"所谓一家文化不过是一个民族生活的种种方面"，继而把生活分为物质生活、社会生活、精神生活三个方面：

---

① 欧阳哲生编：《胡适文集(2)》，北京大学出版社，1998 年，第 549—550 页。
② 蔡元培：《我的新生活观》，《新生活》1920 年第 20 期(1 月 4 日)。
③ 季剑青：《"通俗"的新文化是否可能——以〈新生活〉周刊为中心》，《中国现代文学研究丛刊》2022 年第 4 期。

（一）精神生活方面，如宗教、哲学、科学、艺术等是。宗教、文艺是偏于情感的，哲学、科学是偏于理智的。

（二）社会生活方面，我们对于周围的人——家族、朋友、社会、国家、世界——之间的生活方法都属于社会生活一方面，如社会组织、伦理习惯、政治制度及经济关系是。

（三）物质生活方面，如饮食、起居种种享用，人类对于自然界求生存的各种是。①

梁漱溟接着指出，人们的生活不外乎这三个方面，因此东西文化可以从这三个方面加以分析和观察。②尽管梁漱溟的意图是通过生活的窗口对东西文化进行理论性的"比观"，但其对"生活"的使用及其意指在中国的思想史上却是一个范式性的跃进，标志着一个现代的生活概念与生活观念在近现代中国社会开始形成了。而从语言学的角度上看，现代化的"生活"词汇及其语义在中国社会也形成了。

纵观"生""活"和"生活"这些与生活相关的字词的使用及至作为现代词汇的"生活"的形成，我们可以得出如下几个结论：第一，不论在古代还是在现代，生活的含义都是非常丰富的，涉及了生活实践的诸多要素；第二，古代的"生活"和现代的"生活"在语义上具有重大差异，现代"生活"范畴的外延更广泛，除了物质层次的生活，还包括精神生活和多种形式的社会生活；第三，生活的状态如美好程度是生活的一个重要方面；第四，"生活"是一个系统性概念，包含生活的诸多层次，这些层次主要有"生"继而"活"于世的生命延续状态、生活的需要、获得生活资料的方式、生活的各种类型以及对生活的自我评价等；第五，生活含义的丰富性、模糊性与生活实践的系统性、多层次性相互交织，给生活的本体性认识带来了复杂性和困难性。

在欧洲，"生活"一词语义的发展与形成与古希腊思想家对生活的认知和基督教的传播具有紧密的关系，这两者起到了重要的推动作用。在英语、德语等民族语言形成之前，与"生活"对应的词汇在古希腊文和拉丁文中已经出现了，分别为"ζωη"和"vita"。如前文所述，亚里士多德是明确提出并阐

---

① ② 梁漱溟：《东西文化及其哲学》，上海人民出版社，2015 年，第 20 页。

述三种生活模式的人[①],在他的三种生活中,享乐的生活是以物质生活为主的生活,公民大会的生活或者政治生活是一种公共的社会生活,沉思的生活是一种精神生活,这些生活既是生活的内容,也是生活的方式,因此,在亚里士多德那里,生活已经被类型化和概念化了,在生活的自然含义之外,生活已然拥有了丰富的社会含义。柏拉图把哲学当作一种生活方式,也把生活类型化了。虽然不能认为亚里士多德等先哲早在古代希腊就预见了生活的现代内容和观念,但却可以说,他们所想象的生活和所谓现代生活的内涵具有某种形式上的类同性。在古代希腊,亚里士多德并非对生活进行类型划分的源起者,哈里斯·莱克汉姆(Harris Rackham)把三种生活的说法追溯到毕达哥拉斯的"三种人"分类。[②] 毕达哥拉斯说,在现世生活里有三种人,就像到奥林匹克运动会上来的三种人一样,他们是来做买卖的人即商人、参加竞赛的人和观众,做买卖的人属于最低的一等,比他们高一等的是那些来竞赛的人,最高的一种是那些来观看比赛的人。[③] 毕达哥拉斯所作的三种人的划分,实质上是对三种生活方式的类比,商贩的生活是最低级的生活,运动员的生活是比较高级的生活,与"观众"对应的是一种科学的、理论的生活,这种生活是最高等级的生活。这样的理解一直是古希腊思想家对生活的传统理解,"哲学"即"爱智慧",既是生活方式,也是生活的内容。这说明,古希腊思想家对生活的认知和理解已经远远超出了生活的自然范畴。这样的理解甚至在普通人中也有一定的影响,虽然他们没有达到思想家的认知高度,但也能够把物质的生活或享乐的生活当作一种不算高级的生活。前文已经提到,在民主制时期的雅典,城邦的公民们对商人的形象怀有负面的评价,说明人们对于生意人心存困惑,在他们的观念里,在广场上参与政治生活才是有意义的生活,因此,相对于个人的物质生活,他们更看重公共的

---

① 亚里士多德所言三种生活中的"生活"在其著作中为"ζωη",如"政治生活"为"πολιτκὸςζωη"。

② 参见 Aristotle: The Nicomachean Ethics(trans. by H. Rackham, London, William Heinemans, 1926)第 14 页附注,该书由莱克汉姆翻译、校订并注释。以及亚里士多德:《尼各马可伦理学》,廖申白译注,商务印书馆,2003 年,第 11 页附注。

③ 这是约翰·伯标特在其《早期希腊哲学》中对毕达哥拉斯"三种人"的总结。转引自罗素《西方哲学史》(上册),何兆武、李约瑟译,商务印书馆,2015 年,第 62 页。

社会生活。

古希腊时期结束后的很长一段历史里,欧洲的思想生产与传播处于基督教神学的主导之下。在这段漫长的时间里,基督教神学家对生活的理解也是多元化的,在他们的著作里同样可以看到生活的不同类型,因此在这一点上,基督教神学家和古希腊的思想家具有共同之处,在对生活的认识上,基督教神学对古希腊哲学具有一定的继承性。这一时期,拉丁文是神学著作书写的主要语言。当指向人们的生活时,vita 可以和多个修饰词组合在一起以指向不同的生活类型。比如,13 世纪的基督教思想家圣托马斯·阿奎那在其《神学大全》中把生活分为"静思的生活"(vita contemplativa)和"行动的生活"(vita activa)两种类型,并认为这种分类既是合适的,也是足够的。静思的生活也叫静观的生活、默观的生活,是一种有志于静观真理的生活。与静思的生活指向静观真理不同,行动的生活则是指向外部的事务。阿奎那的思想深受亚里士多德的影响,尊称其为"哲学家",关于两种生活的分类是受到了亚里士多德的启发,静思的生活也是亚里士多德所说的沉思的生活。在哪种生活最优的看法上,阿奎那认为静思的生活优于其他类型的生活。他认为,一件事物就其本来的功能来说是更为优越的,而在其他方面可能不如另一事物,所以,静思的生活"绝对地来说",比行动的生活更好,在功劳和意义上,静思的生活也要比行动的生活大。①

阿奎那的阐述既是亚里士多德意义上的,也是基督教神学意义上的,二者有机地结合在一起,这说明在基督教神学里,对生活进行分类并且进行比较也是一种传统,在这一点上,基督教神学对古希腊思想具有继承性。早期的基督教神学家奥古斯丁把生活分为安宁的生活、积极的生活以及二者兼有的混合生活,安宁的生活并不懒散,而是在宁静中思索或探寻真理,积极的生活则积极地参与人事,第三种生活是前两者的折中。在三种生活的比较上,奥古斯丁与阿奎那认为静思的生活更优越不同,而是认为三种生活与终极的善都不相关,但三者却存在着哪一种会更难或更容易地导致或保持终极善的区别,只要能够达到终极善,一个人就会立即

---

① 〔古罗马〕圣多马斯·阿奎那:《神学大全(第十二册)》,周克勤、高旭东等译,中华道明会、碧岳学社,2008 年,第 100—142 页。

变得幸福。① 奥古斯丁也提出过"社会生活"的概念,但对于何谓社会生活,他并没有给出一个清晰的说明。根据他的阐述,社会生活可以看作现世的人类社会中人间事务的总和。奥古斯丁认为社会生活总体上是悲观的,人每天的生活都烙着悲苦的印记,社会生活举步维艰,只有上帝之恩才可以使人免受现世的水深火热之苦。②

基督教神学对生活的理解受到了古希腊哲学和基督教的双重影响。对生活进行分类与比较是古希腊哲学的传统,哲学本身也是一种生活方式。奥古斯丁受柏拉图的影响,阿奎那受亚里士多德的影响,他们都把希腊先贤的思想融入基督教教义的诠释之中,对生活的理解同样也是如此。而对生活的评价则主要来自基督教本身,在《圣经》里有许多关于生活评价的隐喻。被谈论较多的是《创世纪》中雅各伯两位妻子的名字,一位叫利亚,另一位是拉结,教宗额我略一世解释说拉结的意思是"所见到的根源",代表静思的生活,静思的生活在心灵中是最美丽的。额我略一世还说利亚虽然有眼疾,却多生育,因此代表行动的生活。此外,在额我略一世的解释里,另外两个宗教人物玛利亚和玛尔大也分别代表静思的生活和行动的生活。两种生活中,静思的生活被启示为更好的生活。③

古希腊思想家和中世纪神学家对生活的理解赋予生活一词以多重语义指向,而且也把生活类型化和概念化了,这与中国古代生活语义的发展具有明显的不同。由于罗马帝国对欧洲的统治与罗马文化的影响,以及基督教在欧洲的广泛传播,这些对生活的理解也传播到当时的欧洲各地。而随着欧洲民族语言的形成,在宗教改革的大力驱动下,这些生活的理解和内涵也就扩散至更多民族语言的使用中去。

以德语为例。德语起初是德语方言的综合体,德语标准共同语的形成与马丁·路德对《圣经》的翻译及出版的促进是分不开的。在路德之前,早在4世纪下半叶,就曾出现过哥特语翻译的《圣经》,大概在8世纪中叶,出

---

① 〔古罗马〕奥古斯丁:《上帝之城:驳异教徒》,吴飞译,上海三联书店,2009年,第127—128页。

② 〔芬〕罗明嘉:《奥古斯丁〈上帝之城〉中的社会生活神学》,张晓梅译,中国社会科学出版社,2008年,第139页。

③ 参见〔古罗马〕圣多马斯·阿奎那:《神学大全(第十二册)》,第100—142页。

现过一部由口头德语翻译的《圣经》。路德使用大众语言,根据希伯来和希腊原文翻译《圣经》,1534 年,路德版《圣经》面世。由于使用大众的语言,路德的译本也被称为"民众的圣经"。在德语中,表达生活的是"leben"一词,该词同时还有"生命""一生""生存""活着"等含义。在以马丁·路德译本为基础的德文版《圣经》中,leben 一共出现 1000 多次,表达"生命""一生"和"生活"的意思。德文版《圣经》谈论的生活是一种整体性的生活,涉及生活的整体评判。比如,在《约伯记》第十章中写道:"我对我的生活感到恶心。我要申辩我的罪孽,我的灵魂在受尽折磨。"在《提摩太前书》(保罗写给提摩太的第一封信)第五章中写道:"但如果寡妇有子女或孙子,那么他们应当学习先在家中过圣洁的生活,并感谢他们的父母;在真主看来,这是很好的。他是一个孤独的、对真主怀有希望、日夜祈祷的正义的寡妇。"在《约翰二书》中写道:"我很高兴我在你的儿女中找到一人,生活在真理中,符合我们从父亲那里接受的诫命。这就是爱,也就是我们按照他的诫命而生活。"①可见,《圣经》中宣扬的生活是心灵上与上帝接近的生活,不论在生活的哪个层面,都要接受上帝的审视。

路德对《圣经》的翻译并不是个例,而是宗教改革译经潮中享有最高声誉的一个。英国的人文主义者威廉·廷代尔(William Tyndale)和路德同一时期译出了英文版的《新约》以及《旧约》的绝大部分。廷代尔的译本是继 1382 年第一部全本英语《圣经》一个半世纪之后的第二个英译版本②,影响深远。③ 廷代尔同样也是使用大众语言翻译《圣经》,推动了现代英语的形成。此后一段时期,约从 1535 年至 17 世纪初,在英国又出现了以廷代尔的译本为蓝本的一批英文《圣经》。

宗教改革运动中的译经行动,使得基督教更加广泛和深入地渗入到普通民众的日常生活中去,影响他们生活观念和生活方式的形成。让普通民众可以自行阅读《圣经》是这些译经行动的一个初衷。在路德译经之前,荷兰的人文主义者德西德里乌斯·伊拉斯谟(Desiderius Erasmus)于 1516 年

---

① 这些例句根据 1984 年修订的路德《圣经》相关句段译出。

② 该版《圣经》由约翰·威克里夫(John Wycliffe)组织翻译。

③ 关于廷代尔翻译《圣经》的大致历程,参见谭载喜《西方翻译简史》(增订版),商务印书馆,2004 年,第 79—80 页。

出版了用希腊语翻译的《新约》,他在序言中写道:

> 我宁愿使最柔弱的妇女阅读《福音》及圣保罗的《圣徒书》……我要使这些话译成各种语言,不仅苏格兰人及爱尔兰人,而且土耳其人及阿拉伯人均能阅读。我渴望种田的人一面耕地一面唱着它,纺织者哼之于穿梭的旋律中,旅行者以此为娱乐以排除其途中的无聊……①

路德受到伊拉斯谟的启发,他的目的是使既不懂希伯来语和希腊语、也不懂拉丁语的文化水平较低的读者也能读懂《圣经》,因此他的读者不是神甫和牧师,而是普通的人民大众。② 对于廷代尔来说,则是让"扶犁的庄稼汉"也能看懂。③

可见,在欧洲,宗教改革的译经行动对于生活语义的发展与形成具有重大的推动作用。一方面,基督教的生活观深入各个阶层的日常生活,他们基于宗教信仰来理解生活,他们的生活观念和生活方式被基督教的神学和道德规范所塑造。尤其对于普通民众来说,他们能够突破文化水平的限制,可以自行阅读和理解经文。虽然对生活内涵的认知和类型的划分在古希腊思想家那里就已经完成,但这些认知主要局限在少数掌握读写能力的精英阶层之中,正是由于宗教改革运动,对生活的全面理解才能够在广泛的范围内得到传播。另一方面,路德等人的译经行为促使了现代民族语言的形成,生活的多重内涵和语义面向会嵌入到现代语言中去,并随着语言的使用而得以发扬、继承和保存。

可以发现,在欧洲,生活语义的发展和形成大概在 16 世纪下半叶就大致完成了。这是一个历时性延续和共时性扩散共济的过程。语义是人们基于现象的理解而对语言符号赋予的含义,早在古代希腊,思想家们就对生活这种人类的基本存在方式进行了思考,并把它分为物质生活、社会生活和精神生活三个典型的类型,因此,在古代希腊,生活的完整语义就已经形成了。

---

① 转引自〔美〕威尔·杜兰德:《世界文明史:宗教改革》,幼狮文化公司译,东方出版社,1999 年,第 218 页。
② 谭载喜:《西方翻译简史》(增订版),商务印书馆,2004 年,第 65 页。
③ 转引自谭载喜《西方翻译简史》(增订版),第 79 页。

基督教及其神学思想家在生活类型的认知上并没有突破性的创新,在类型的划分上依然保留了古希腊思想家创造的框架,只是在名称上有所差异,但这些差异不是本质的差异,并且与前人的称谓具有对应性。所以,把生活理解为物质的、社会的和精神的生活是欧洲的一个思想传统,这一传统一直延续到中世纪结束以及近现代的到来。这一传统体现为生活语义发展与形成的历时性。而以历时性延续为时间轴线,在不同的时期,生活语义会向更大范围的地区和人口传播,这就构成了不间断的共时性扩散过程。在这一过程中,基督教的传播是重要的扩散动力。起初,《旧约》用希伯来文书写,《新约》用希腊文书写,后来拉丁文成为书写《圣经》的官方语言。随着基督教在欧洲的传播,基于宗教信仰的生活观念也在欧洲传播。在此期间,用民族语言翻译的《圣经》也相继出现,基督教的传播突破了拉丁文的限制,能够为更多的人阅读。路德和廷代尔等人的译经行动,则使更多的普通民众可以自行阅读《圣经》,基于宗教信仰的生活认知和生活语义扩散至前所未有的广大范围。因为基督教的影响,欧洲的生活理解及其语义的发展和形成叠加了许多宗教的神圣性。

(二)近现代哲学中的生活

对生活的理解始终离不开哲学的建构,这些建构赋予了生活许多社会性含义,从而使人们对生活的认知脱离了狭隘的生理和物质层面。虽然生活一度淡出哲学的中心视野,但在众多的哲学建构中,生活作为人的一种存在实践,是难免不被触及的社会现实,而在哲学发生生活转向之后,生活则成为诸多哲学建构的核心论题。总体而论,我们可以把这些生活的哲学论题概括为现代国家与社会秩序建构中的生活、生命哲学中的生活、社会批判理论中的生活、现象学认识论中的生活、存在主义哲学中的生活以及语言哲学中的生活等。这些哲学建构的分类只是相对的,比如存在主义在存在的意义上深受生命哲学的影响,也受胡塞尔现象学的影响,而生命哲学对胡塞尔的现象学也有重要影响,存在主义也带有社会批判的倾向。这些哲学建构在不同的角度上触及生活,并使之在哲学思想的搭建上发挥不同的理论功能。

1. 现代国家与社会秩序建构中的生活

这类建构关注的不是人如何生活本身,而是把人的生活状态当作国家与社会秩序的某种社会起点或者追求。在霍布斯和洛克的前国家状态即自然状态中,尽管二人有不同的描述,前者给出的是一个时刻处于死亡恐惧中的孤独、贫困、卑污、残忍而短寿的生活,后者给出的是自然法统治下的相对安全和自由的生活,但两种生活在本质上并无二致,都由于公共权威的缺乏而在结果上每一个人都处于不能自我保全的危险和恐惧之中,也即是战争状态之中。这样的社会和生活状态给出了国家得以证成的逻辑起点,关于自然状态下生活的想象是出于一种理论演绎的需要。结成国家的目的是为了实现安全的生活,这是人在理性支配下的结果。如列奥·施特劳斯(Leo Strauss)所说:"霍布斯把理性的生活看作是受到对于恐惧的恐惧、受到使我们恐惧的恐惧支配的生活。本着同样的精神,洛克把理性的生活看作是由减轻痛苦的痛苦支配的生活……通向幸福之路就是脱离自然状态,脱离自然的运动;否定自然乃是通向幸福之路。"[1]卢梭也构建了一个自然状态,但其自然状态和霍布斯、洛克的自然状态不同,卢梭认为他们的自然状态实质上是一个已然社会化的状态,并非一个纯粹的自然状态。卢梭认为,在纯粹的自然状态下,因为人的需求的至简且和其能力是匹配的,故而他们的生活是自足和完备的。不过,这种生活的自足是接近于动物般的生活自足,只有在以公意为基础的政治社会中,人才是真正自由的,人的生活的自足才能脱离自然状态以及纯粹的私人需求而成为真正的幸福。

康德和黑格尔也主张良好社会秩序下的人的生活,而且都把好的生活归结为自由的生活,但二者对自由的理解显然是有区别的。在康德那里,自由是先验性的价值,是道德的基础和来源,是对理性的本质规定以及对理性的自我立法;黑格尔则认为康德的自由观念只存在于纯粹的理性层次而不能现实化,过于形式化的结果只能是留下纯粹的形式而无实际的内容。黑格尔认为,普遍性必须具有一定的具体性,有其附着的东西,在现实中需要表现为对象化的产物。对于黑格尔来说,自由必须是现实社会的自由,离不开主体之间相互形成的关系。因此,在黑格尔主张的国家中,自由是主体间

---

① 〔美〕列奥·施特劳斯:《自然权利与历史》,彭钢译,北京三联书店,2003 年,第 255 页。

相互承认的自由。而对于社会生活中具有规范、价值和制度意义的东西,黑格尔把他们归为伦理的范畴。因此,自由也是由伦理性的规定构成的自由。这样一来,自由就被赋予了具体的内容而摆脱了康德自由概念的空洞性。但即使有自由的认识上的差异,康德和黑格尔都把自由的生活视为合理的生活,而具有合理性的生活则是指摆脱了自然欲望的个体性而达到的具有普遍性的生活。

可见,在以霍布斯、洛克直至黑格尔等人为代表的国家与社会秩序建构中,他们所主张的生活都是一种自由的生活,只有自由的生活,才是需要的生活。主要的差别在于,以自我利益为目的的霍布斯和洛克的自由主义导致了现代社会和政治的非道德化,卢梭和康德则试图把现代政治建构在道德的基础之上,而黑格尔则对康德纯粹形式化的道德立场和自由的观念进行了批判,也对霍布斯、洛克的社会理论进行了批判,要把人民的生活和国家的生活统一起来,构建市民社会和国家的良好关系。①

2. 生命哲学中的生活

生命哲学(英文为"philosophy of life",德文为"lebensphilosophie")是一种试图用生命的发生和演变解释宇宙、知识和文化,并把生命归结为某种精神力量的唯心主义哲学学说或流派。生命哲学把生命视作世界的本质和最终根源,认为生命是存在的第一要义,是存在和意识的决定性因素。只有生命才能揭示世界的本质、动力以及人的生存、人类的文化、道德和价值的真谛。② 生命哲学主要在 19 世纪末和 20 世纪初流行于德国和法国。生命哲学是一种反理性主义的哲学,强调与黑格尔为代表的综合的体系性哲学、经验主义哲学以及早期实证论的不同,其出发点是承认人类的经验具有多样性和复杂性,是具体的和有意义的,认为所有的人都生活在历史过程和各种形式的组织之中,哲学的目标是避免抽象与化约,而是直接去诠释、描述、甚至改变生命的历程与组织形式以及它们相互之间作用的种种类型。③

---

① 这几位哲学家的观念差异不是本书的讨论重点,故对他们哲学观点不展开具体的比较。
② 黄颂杰等编:《现代西方哲学词典》,上海辞书出版社,2007 年,第 6 页。
③ 〔英〕罗伯特·奥迪主编:《剑桥哲学辞典》,林正弘等审定,台北猫头鹰出版社,2002 年,第 664—665 页。

生命哲学特别强调人类的自我经验,认为哲学只有服务于生活才有价值,也就必然和生活密不可分,所以费迪南·费尔曼(Ferdinand Fellmann)把生命哲学称为"来自生活的哲学",生命哲学回答的问题是同生活联系在一起的。[1] 但遗憾的是,生命哲学家们并没有在如何界定生活上停留,而是着墨基于生活体验的哲学建构。人们通常把叔本华(Arthur Schopenhauer)视作生命哲学的奠基者。叔本华认为这个世界虽然向人呈现出各种表象,但唯有这些表象背后的意志才是世界内在的本质,世界的任何事物都是由这些事物的意志所驱使的,所有的表象,也即现象,都是意志的客体化,只有意志才是支配这个世界的自在之物。叔本华所说的意志,实质上是欲求,对于事物来说,它们所欲求的就是生命,也即自身的生存与延续,因此意志也是生命意志。而就人这种事物而言,其本质就是生命意志,为了自身的存在和延续所产生的欲求的总和。对于人来说,生命意志或者说生命欲求,抑或生活的欲求是无止境的,是永远无法满足的,因此人注定是痛苦的。所以叔本华认为人生是摆动于痛苦和无聊之间的钟摆。对于人的生命或者生活,叔本华持一种悲观主义的态度,而为了摆脱生命意志带来的无尽痛苦,就要否定生命意志,通过禁欲以达到解脱。禁欲有三个层次:自愿放弃性欲、甘于痛苦和死亡寂灭。而在生命意志被彻底否定之后,世界上所有的现象,以及现象的普遍形式——时间和空间,再及最后的基本形式——主体和客体,也都被取消了。没有意志,也就没有世界,留在人们面前的,只有一个"无"[2]。这就是叔本华生命、生活观中的虚无主义。

在生命哲学的另外一位奠基人尼采那里,意志或者生命意志被称为"强力意志"(或者译为"权力意志"),但尼采更强调意志的命令特征,强调意志朝向自身的展开特征。意志的这种支配性,使得意志本身就是强力的,因此,海德格尔指出,在尼采那里,区分意志和强力意志是没有意义的,意志就是强力意志,而强力就是意志的本质。尼采之所以使用这种表达,是为了明确拒绝流行的意志概念,尤其是以强调的方式抵御叔本华的意志概念。[3] 所

---

[1] 〔英〕费迪南·费尔曼:《生命哲学》,李健鸣译,华夏出版社,2001年,第15页。

[2] 〔德〕叔本华:《作为意志和表象的世界》,石冲白译,商务印书馆,1982年,第562—564页。

[3] 〔德〕马丁·海德格尔:《尼采》(上),孙周兴译,商务印书馆,2011年,第40—46页。

以,尼采对叔本华的生命及生活观是持否定态度的。与叔本华对生命意志的否定和虚无主义的生命观不同,尼采对生命意志持积极的肯定态度,主张尝试多种生活方式。当然,这种肯定是为了实现生命的最高意义,也即存在的最高意义。尼采积极的生命观和生活观还体现在他的"永恒的轮回"和"超人"的学说里。轮回也是强力意志的轮回,是强力意志的存在方式,当然也是生活实践的轮回,但这种轮回不是机械的同一的重复运动,而是处于不停的"生成"(英文为 becoming)之中,即变化和成长之中,生成的目的是接近生命的最高价值,因此尼采的轮回是处于生成中的轮回,充满创造性的轮回,不是生命虚无的重复,而是对生命的肯定。对于这种轮回,海德格尔认为是生成世界向存在世界的极度接近,是对生命进行观察的顶峰。[①]"超人"是尼采想象中的最高理想人格,是生命和生活中的强者,是能够克服自身的缺陷,勇于创造,超越自我,突破陈旧束缚,具有自由意志的人。尼采的超人观是在其强力意志观念的基础上重新评估一切价值观的结果,在对人的价值的认识上,代表了对生命和生活的一种非常积极的态度和理解。

生命哲学有一批代表性的哲学家,像亨利·柏格森(Henri Bergson)、威廉·詹姆士(William James)、威廉海姆·狄尔泰(Wilhelm Dilthey)、格奥尔格·西梅尔(Georg Simmel)等,他们的世界观丰富和加深了对生命和生活的认知。尽管生命哲学流行于 19 世纪末至 20 世纪上半期,但其影响是深远的,尤其对于海德格尔、萨特的存在主义哲学,后者的存在主义也可以是生命哲学的,在对人的存在意义的探寻上,两者是一致的。以海德格尔、萨特为代表的存在主义关于生活的一些观点在前文已经作过阐述,此处不再赘述。

3. 社会批判理论中的生活

虽然法兰克福学派使用"社会批判理论"标榜他们开创的理论,但在实际的理论场域里,社会批判理论却是一个较为庞杂的学说体系,并非为法兰克福学派所专有。比如法兰克福学派直接继承的马克思主义理论就是对资本主义社会进行批判的最为系统的开创性理论,西方马克思主义的其他流派继承了马克思的批判传统,后现代社会理论也以对现代社会的分析、解构

---

① 〔德〕马丁·海德格尔:《尼采》(上),第 21 页。

和批判为取向,在更为广延的范围内,只要对西方现代社会进行批判,都可以纳入社会批判理论的范畴。

在马克思的社会理论中,生活包含了人们的经济、政治、社会和精神生活,是一个全面的社会实践,涉及人与社会、人与他人、人与自身以及人与自然的关系,是一切意识、理论、制度与社会变迁的基础和来源。研究者指出,马克思的"生活"具有多重含义。首先,生活在本质上是生产生命的活动,是生命活动的展开;其次,生活的内容主要体现为生活物质资料的生产、生产资料的生产、人口的生产、生产关系的生产以及思想观念的生产;再次,生活也是一种结构性的存在,既有静态的结构,也有动态的结构。① 这种观点是一种共识性的观点,说明马克思的"生活"范畴是一个非常广延的范畴,囊括了几乎所有的人类活动。而马克思在对"生活"(leben)这一词汇的具体使用上,其含义是非常多重的。有研究者对《德意志意识形态》之"费尔巴哈"章中"生活"概念的使用情况进行了梳理,发现作为名词的"生活"及其组合词指谓多种实践性内容,包括物质生活、现实生活、社会生活、生活条件、生存条件、生活方式、生活过程、生命的生产、生活生产、现实的生活生产、生产物质生活、生活的生产方式、生活状况、生活境遇等。而通过语义分析,马克思主要谈论了现实生活的两个面向,一个面向是物质需要的满足,另一个面向是人的自主性的实现,而后者是生活的应然面向,与人选择如何生活以及过上何种生活紧密相关,在本质上则是自由和平等的体现。这两种面向是统一的,是现实生活过程的一体两面,自由与平等的原则贯彻于两个面向的始终,因此马克思对生活的剖析有其伦理取向,这也为他对资本主义社会的批判设定了道德基础。这是因为,对于广大的工人阶级而言,他们的自由只是有限的自由,由之产生的不自由、不平等则导致他们自我实现权利和机会的被剥夺和生活自主性的丧失。②

工人生活自主性的丧失是资本主义制度对生活异化的结果,工人的生活是异化的生活,这种异化是全面的。在资本主义社会,工人的生活时间异

---

① 杨楹、王福民、蒋海怒:《马克思生活哲学引论》,人民出版社,2008年,第24—28页。
② 对马克思在《德意志意识形态》"费尔巴哈"章中"生活"一词的使用的梳理及其语义分析,国内学者孙云龙先生作出了开创性的贡献。参见其《"生活"的发现与历史唯物主义的形成——〈德意志意识形态〉研究》,复旦大学出版社,2011年,第107—117页。

化为劳动时间,而在资本主义的生产关系之下,工人的劳动也是异化的:"劳动所生产的对象,即劳动的产品,作为一种异己的存在物,作为不依赖于生产者的力量,同劳动者相对立。"①马克思关于异化的分析和批判方法论被后来的西方马克思主义继承,并成为他们对资本主义社会的日常生活进行批判的思想武器。所不同的是,西方马克思主义者的异化批判发生了从政治经济学批判向社会和文化批判的路径转向,他们结合资本主义社会的时代特征和自己的哲学取向,揭示了资本主义社会及其生活的新异化现象。比如,在格奥尔格·卢卡奇(Georg Lukács)那里,人们的生活异化表现为一种"物化"现象,不论资产阶级还是无产阶级,他们的生活都被物化了,但二者在物化的环境中的处境是不同的。所谓物化,是由资本主义的商品结构造就的一种异己化,也即"人自己的活动,人自己的劳动,作为某种客观的东西,某种不依赖于人的东西,某种通过异于人的自律性来控制人的东西,同人相对立"②。物化的本质是商品化,商品形式渗透到人们生活的所有方面,商品按照自己的形式支配和改造人们的生活,人们的生活也被商品的形式所改造和决定。其后,马克斯·霍克海默(Max Horkheimer)和西奥多·阿多诺(Theodor Adorno)提出了"技术理性异化"论,与卢卡奇的商品支配人的生活不同,在资本主义社会,技术上的合理性就是统治上的合理性,人们的生活是受技术支配的,从而"人类没有进入真正的人性状态,反而深深地陷入了野蛮状态"③。赫伯特·马尔库塞(Herbert Marcuse)则进一步把技术理性异化的后果称为"单向度的社会"和"单向度的人",即由于工具理性和技术的统治的发展,资本主义工业社会已经成为新型的极权社会,社会中的反对意见以及人们内心中的否定性、批判性的思维向度被成功压制,社会成为单向度的社会,社会中的人也成为单向度的人。马尔库塞的《单向度的人》首次出版于1964年,正值资本主义社会的大繁荣时期,美国和欧洲国家

---

① 中共中央马克思恩格斯列宁斯大林著作编译局编译:《马克思恩格斯全集》第3卷,人民出版社,2002年,第267页。

② 〔匈〕格奥尔格·卢卡奇:《历史与阶级意识》,杜章智等译,商务印书馆,2012年,第119页。

③ 〔德〕马克斯·霍克海默、西奥多·阿多诺:《启蒙辩证法》,渠敬东、曹卫东译,上海人民出版社,2006年,前言第1页。

先后进入后工业社会,然而正是在这样的时期,社会的多元化和社会的单向度化成为一个对比鲜明的时代悖论,人们看似自由,但由于技术的支配,则本质上并不自由。在生活领域,生活的多样化和生活的同化共存,又构成了一个时代悖论,重要的是,技术进步创造出的种种生活形式又在调和反对这一制度的各种势力,并击败和拒绝以摆脱劳役和统治、获得自由的历史前景名义而提出的所有抗议。① 后工业社会也是消费社会,于是在消费社会又产生了对生活的消费异化。马尔库塞也是最早研究和批判消费社会的学者,发现在发达的工业社会里,生活也被消费异化了。消费的异化典型地体现在人们生活在虚假需要的围困之中。所谓虚假需要,是指由包含技术统治在内的外部力量为了特定的社会利益而施加于个人的需要,这些需要使艰辛、侵略、痛苦和非正义永恒化,并非人的生存与发展的真正需要。生活中的大多数需要,如休闲、娱乐、被大众传媒诱导的需要大都属于虚假需要之列。虚假的需要是由外界支配的需要,尽管人们可以从中感觉到幸福,但在本质上,这些需要是背离自身的真正需要而由占据支配地位的力量施加的产物。② 艾瑞克·弗洛姆(Erich Fromm)也是西方马克思主义对消费异化做出批评的重要作家,他尤其指出,在资本主义社会,消费已从生活的手段变成了生活的目的,成为炫耀身份和地位的手段,而并不在乎商品本身的使用价值,不再是为了使用或享受消费物品,因此消费的行为成为强迫性的和非理性的目的。③

哈贝马斯是第二代法兰克福学派的中坚人物,他对于资本主义社会生活异化的批判或者现代性对于生活异化的批判具有理论的集大成性,提出"生活世界殖民化"的理论。不同于胡塞尔的生活世界概念,哈贝马斯所说的生活世界是由人们以语言为媒介进行平等交往所形成的世界。与生活世界相对的是由工具理性所支配的政治系统和经济系统,政治系统以权力为媒介,经济系统以货币为媒介。在西方资本主义社会,工具理性不仅支配政治系统和经济系统,而且也日益渗透和支配生活世界,经济系统与政治系统

---

① 〔美〕赫伯特·马尔库塞:《单向度的人》,刘继译,上海译文出版社,2006 年,导言第 4 页。
② 〔美〕赫伯特·马尔库塞:《单向度的人》,第 6—7 页。
③ 〔美〕艾瑞克·弗洛姆:《健全的社会》,欧阳谦译,中国文联出版公司,1988 年,第 135—136 页。

入侵人们的私人领域和公共领域,从而导致了对生活世界的"殖民",包括日常生活在内的整个生活世界都被异化。

在西方马克思主义阵营中,列斐伏尔是比较少见的对西方资本主义社会的日常生活提出完整批判的学者,对于本书的议题来说,他还是比较少见的对何为日常生活做出专门讨论的学者。列斐伏尔没有在一个全面的社会实践的意义上看待日常生活,而是把日常生活投射在社会实践的一个基础性层次上。列斐伏尔认为:日常生活不是实践的同义词,如果在实践的整体性上看实践,实践等于行动整体,包括实践的基础、实践的上层建筑以及这二者之间的相互作用。这样的实践观会比较笼统,但如果在描述实践时加一些限制条件和确定因素,实践就会分解成被分割开来的各种各样的实践活动:技术、政治等,而日常生活只是其中的一个层次。① 因此,列斐伏尔把日常生活厘定为社会实践的一个基础性层次,或者一个最"底层"的层次,而区别于科学、技术、艺术、政治等具有高度专业化和技术性的社会实践。之所以如此,是因为在现代化的驱使下,这些高层次的实践已经同通常所说的"日常"分离开来了。比如一个家庭妇女和"社会妇女"的状况是不同的,前者沉浸在日常生活之中,被日常的琐碎所淹没,而后者则通过人为的方式摆脱了日常生活而从事一些社会性的活动,比如时装展和各种"装腔作势"。一个工匠和数学家,或者一个普通的公民和政治家的日常区别也是如此。因此,列斐伏尔是在分层的角度看待日常生活的,日常生活只是总体社会实践的一个层次或者区域。当然,日常生活和其他层次的实践是相对分离却又不彼此隔离的,而是相互嵌入、彼此影响。② 列斐伏尔指出,日常生活虽然居于社会实践的底端,但其对整个社会具有基础性的决定作用,人类世界不仅由意识形态的和政治的上层建筑所界定,也由日常生活所界定。日常生活虽然处于较低的实践层次,却是那些外在于日常生活,甚至可以批判日常生活的高级的、分化的、高度专门化的活动得以生成的肥沃土壤或者说基础。③

---

① 〔法〕亨利·列斐伏尔:《日常生活批判》(第二卷),叶齐茂、倪晓晖译,社会科学文献出版社,2018 年,第 275 页。

② 参见〔法〕亨利·列斐伏尔:《日常生活批判》(第二卷),第 271—283 页。

③ 转引自郑震:《列斐伏尔日常生活批判理论的社会学意义——迈向一种日常生活的社会学》,《社会学研究》2011 年第 3 期。

　　列伏斐尔也是在异化的维度上对资本主义社会的日常生活进行批判，他也是消费社会最早的批判者之一。列斐伏尔同样也认为日常生活的异化是工具理性和现代技术统治的结果，但他创造性地把 20 世纪 50 年代以来的西方资本主义社会称为"消费被控制的官僚社会"（Bureaucratic Society of Controlled Consumption）。这一概念揭示了西方资本主义社会的日常生活被叠加异化的逻辑和结果，一方面，人们的日常生活被消费异化，另一方面又被体现了工具理性的整个社会的官僚组织机制所异化，而官僚统治机制又是通过对日常生活领域的控制来实现统治的，因此日常生活也被官僚组织化了。列斐伏尔的这一认识无疑是深刻的，通过对两种异化叠加的揭示，说明日常生活是能够产生统治的基础领域。日常生活中需求什么，就可能产生相应的统治出来。消费被控制也是需求被控制，需求与统治，需求与服从，需求与反抗，这些都是在日常生活中潜藏的政治成分。

　　后现代哲学在社会现实批判的意义上也属于社会批判理论的范畴，但与西方马克思主义的资本主义社会矛盾分析不同的是，后现代哲学采取的是对现代性及其后果批判的视角。后现代哲学以其与现代理性主义传统的决裂与解构为最显著的特征，他们反对宏观的、普遍性的观点，主张微观理论和微观政治。在后现代主义者看来，现代化是一种压迫性力量，而这种压迫性力量渗透到了人们的日常生活中去，人们的生活是受到现代性机制压迫和支配的生活，因此，在批判的立场上看，后现代主义及后现代的实践是对现代主义的反叛。所以，当上世纪后半期涌现出许多充满差异性和个性化的多元化生活方式和文化观念时，后现代主义者持一种赞同的态度，主张个人的背景、经验、知识、愿望和偏好在社会观念、知识和生活体系中的优先性。然而，后现代主义的主张也导致了价值评判的相对主义、怀疑主义和虚无主义，因而在总体上，后现代哲学及其生活观是一个庞杂和模糊的体系。

　　在后现代的哲学家中，就对日常生活领域的系统性批判而言，博德里亚是非常具有代表性的一位。他不仅把晚期资本主义社会看作一个消费社会，而且把这个社会进一步看作一个符号消费的社会，商品已经超越原来的物品属性，而是被人为地建构为承载阶级、身份、财富、权力、地位、荣誉、品位、时尚等社会含义的象征性符号和意识形态的载体，人的生活也由这些符号支配。如博德里亚所说，物品不仅是一种实用的东西，而是具有社会价值的符号,正是这种符号的交换价值才是更为根本的,使用价值常常只不过是一种对物的操持的保证。① 因此,博德里亚又说,人所消费的不再是一串简单的商品,而是一系列的意义,这些意义又相互暗示着更复杂的高档商品,并使消费者产生一系列更为复杂的动机。② 对符号消费的批判主要是博德里亚在 20 世纪六七十年代的理论主张,而到了 70 年代后期,博德里亚则出现了激烈的后现代转向,进而人们认为他的后现代理论是后现代思潮中最为激进的一翼。③ 因为计算机、信息处理、媒介的快速发展和广泛应用,博德里亚认为人们已经处在了一个"类象"(也有人译为"拟真")的时代,在后现代的信息生产与传输的场景中,人们对世界的感知秩序已经得到重塑。所谓"类象",不是对某个领域、对象或者某种实体的模拟,"类象"并不需要原物,而是通过某种模型来生产真实,这种真实是一种超真实。④ 在"类象"过程中,符码充当中介,通过符码把人和事物的共处方式模型化或者模式化,通过这种模型或者模式生产出新的现实或者超真实。鲍德里亚认为,在后现代社会,"类象"已经取代了传统生产的地位,成为社会模式的新输出方式。在"类象"时代,模型和符码构造着人们的认知经验,模糊了模型与真实世界之间的界限,从而产生模型与真实世界之间的"内爆",模型与真实世界混沌一体。鲍德里亚所说的"类象"世界实际上就是在技术高度发展条件下人为构造的外部感知形象和真实世界共存且相互混淆的状况,在这种状况下,人们的日常生活自然也是深受"类象"影响的。现在看来,鲍德里亚的类象理论是非常具有预见性的,如果说 20 世纪晚期的人很难体会博德里亚所说的类象世界,那么在 21 世纪第三个十年的今天,人们对算法时代的生活变革则体会至深,现在,代码这种数字化的符码把虚拟与真实紧密地结合在一起了,成为日常生活的一种支配力量。

---

① 参见〔法〕让·鲍德里亚:《符号政治经济学批判》,夏莹译,南京大学出版社,2009 年,第 2 页。

② 参见〔法〕让·鲍德里亚:《消费社会》,第 4 页。

③ 〔美〕斯蒂文·贝斯特、道格拉斯·凯尔纳:《后现代理论——批判性的质疑》,导读第 3 页。

④ 〔美〕斯蒂文·贝斯特、道格拉斯·凯尔纳:《后现代理论——批判性的质疑》,第 152 页。

4. 现象学中的生活世界

在现象学中,生活世界或许可以初步在其字面意义上理解为生活于其中的世界,但现象学家的意图显然不是描写人们在这个世界中如何生活,而是把它当成某种意义发现的基础领域,因此,在现象学中,生活世界主要是一个认识论的哲学议题,与人们的生活相距甚远。在胡塞尔那里,生活世界概念的提出和使用与其对欧洲科学的反思有关。他认为,在实证主义理念的驱使下,近现代欧洲人追求纯粹事实的科学而忽略了社会的主观意义基础,科学遮蔽了生存的意义,从而造就了他所谓的作为欧洲人生存危机表现的科学危机,实际上是一种生存的意义危机,如其所说,"单纯注重事实的科学,造就单纯注重事实的人"[1]。所以,在胡塞尔的现象学中,生活世界是作为科学世界的对照世界而入场的,他认为,只有回到被实证的科学世界遮蔽的生活世界,人的意义才能够全部发现,也只有在生活世界的基础上,一个包含客观理性和主观理性在内的真正科学才能够得以建立。

在胡塞尔的视域里,科学世界被设想为这样一个客观性世界,其客体不是单个的、不完全的、偶然地被认识的,而是通过一种理性的、系统统一的方法被认识的,尤其是近现代以来被形式化的数学观念所构想的世界。[2] 因此,科学世界也可以简化地理解为基于知识发现的被概念化、理论化的世界。与科学世界相比,生活世界则是一个以自然态度去感知的世界,或者说是一个"自然态度中的世界",它的最基本含义是指每个人或每个社会团体生活于其中的现实而又具体的环境。[3] 但生活世界这个概念的含义又是非常模糊的,胡塞尔本人也未对生活世界给出过专门具体的界定,而且也同时使用"周围世界""生活周围世界"等与生活世界同义的概念。国内著名的胡塞尔现象学研究学者倪梁康先生归纳出生活世界需要注意的四个特征:首先,生活世界是一个"非课题性的世界",也即一个以自然的态度直接面对的

---

① 〔德〕胡塞尔:《欧洲科学的危机与超越论现象学》,王炳文译,商务印书馆,2001 年,第 16 页。

② 〔德〕胡塞尔:《生活世界现象学》,倪梁康、张廷国译,上海译文出版社,2002 年,第 207 页。

③ 倪梁康:《现象学及其效应——胡塞尔与当代德国哲学》,北京三联书店,1994 年,第 130—131 页。

现实世界,把现实世界当作一个给定的前提,而不是当作一个有目的的课题来探讨。其次,生活世界是一个奠基性的世界,对生活世界的探讨以及客观科学的态度、哲学反思的态度都要以生活世界为前提,因此,生活世界以及生活世界的态度要先于一切课题性的世界以及反思性的态度,前者成为后者的基础和来源。再次,生活世界是一个主观、相对的世界,因为生活世界的呈现和面貌因个体主观感知的不同而异,即便对于同一个人,其生活世界的感知也会随主观视角的变化而发生变化。就此而言,生活世界的真理因人而异,具有相对性。最后,生活世界是一个"直观"的世界。"直观"与抽象相对,生活世界是具体的、日常的、触手可及的,是非抽象的。因为其直观性,因此与科学世界相对。也因为其直观性,生活世界具有相对性,生活世界是因人而异的现实世界。①

"基础性"是胡塞尔赋予生活世界的地位和意义,他主张向最为基础的生活世界的原始层次进行追溯,从而为解决欧洲人的生存危机以及科学的建立寻找最为深层的根基。因此其生活世界概念的意义不仅在于在认识论上提出了通向先验哲学的道路,而且还在于把哲学的触角扩展到更为宽广的经验世界中去。如汉斯-格奥尔格·伽达默尔(Hans-Georg Gadamer)指出的:"人们必须承认,那个新词,'生活世界'具有非常宽泛的意义……它并不把哲学的任务局限于为科学奠定基础,而是把它延伸到日常经验的广阔领域。"②这样的扩展被后来一些现象学学者接受,尽管他们对生活世界的用法和胡塞尔有很大的不同。再如伽达默尔所评论的:"这样一来,我们就非常容易理解,胡塞尔后期著作中提出的这一生活世界概念为什么会被许多不愿追随他的现象学之路的学者所接受和欢呼。他们在一种与胡塞尔的立场完全相反的意义上,在一种完全远离笛卡尔的含义上采用了'生活世界'这一流行术语……这样做并不必然要求人们追随胡塞尔本人的先验现象学和先验还原之路。"③

海德格尔即是这样一位现象学家、一位现象学的存在主义论者。在海德格尔的早期学术生涯中,他也使用过生活世界及"周围世界""公共世界"

---

① 倪梁康:《现象学及其效应——胡塞尔与当代德国哲学》,第131—132页。
②③ 严平选编:《伽达默尔集》,远东出版社,1997年,第377页。

"本已世界"等相关术语,而且他的存在主义思想也被置放在生活世界中讨论。但与胡塞尔对生活世界的还原论体验不同,海德格尔采用了另外一种体验方式。对于海德格尔来说,生活世界的面目取决于人在真实生活中的体验。在其关于教室讲台体验的举例中,海德格尔指出,人们首先看到的不是一些直角相切的棕色平面,也不是一个大箱子,在人们的纯粹体验中不存在所谓的"奠基联系",即仿佛先看到的是棕色相切的平面,这些平面继而又呈现为箱子,然后又呈现为桌子,而后又呈现为大学教室里的桌子或讲台。海德格尔认为这是一种糟糕而又曲解的解释,是对体验中的纯粹观审的歪曲。正确的体验应该是:"我"几乎瞬间就看到了这个讲台,而且不是孤立地看到这个讲台,而是觉得它太高了,讲台上放着一本书,这本书也对"我"造成了妨碍。"我"在一种定向、光线中以及在一个背景中看到这个讲台。当然,这是对于作为一个教师的"我"看到讲台时的体验,而对于其他人来说,比如一位黑森林的农民,亦或一位塞内加尔人,则可能会有其他不同的体验。① 海德格尔的体验观表明,人都从自己的需要出发去体验对象,而且对于同一个对象,每一个人的体验也是不同的,每一个人都会对其面对的对象赋予特定的个性化意义,因此,每个人对生活世界的认知以及对他们生活的意义的认知都是不同的。这样一来,人的存在意义以及存在危机的解决就需要立足于生活世界的主体化解释和探索。可见,虽然都在审视生活世界,但胡塞尔和海德格尔各自怀有自己的哲学旨趣和任务旨趣,前者试图构建一个先验现象学以拯救欧洲人的生存危机,而后者则基于现象学的解释学构建一个存在主义哲学以解决技术化导致的存在意义问题。也因为旨趣的差异,胡塞尔把回归原初的生活世界作为哲学研究的目的,而海德格尔所要回归的生活世界则是所谓"天地神人四重一体的"本己世界。

　　值得一提的是,海德格尔是少见的对"生活"的含义作出讨论的哲学家。但在对生活含义的描述上,海德格尔也明确指出这一任务的艰巨性,因为生活一词的含义是非常不确定的。他指出,生活一词具有一种值得注意的不确切性和多义性,在语言的使用中,尤其在哲学、大众哲学、宗教、文学、艺术的语言使用中出现的各种形式,一方面可能形成大量或一切有关生活的模

---

① 〔德〕海德格尔:《论哲学的规定》,孙周兴、高松译,商务印书馆,2015 年,第 79—82 页。

糊说法,其含义在游戏般的辩论中飘忽不定,每次都根据需要表达着不同的含义,而同时在另一方面,人们也不再执迷于生活的某种原则性或严格的意义,而是与词语做游戏,或者说,词语与当时进行哲学活动的人做游戏。①

　　海德格尔是从"生活"一词的词性出发讨论生活的含义的。一是作为名词的生活,包含了各种形式的和内容的生活,因此其含义是充满了不确定性、多义性的。而概述生活的意义结构则需要从生活的动词形式出发,强调某种具体的经历。不及物动词的生活含有"生活着,某人生活着""他不顾一切放荡地生活着""他低调地生活着""他过着不完整的生活""人们如此这般地生活着"等意涵。及物动词的生活有"过生活""致力于其使命"的含义,有"经历这样那样的事情""混日子""体验某事"的意蕴。但及物与不及物的区别是模棱两可的,动词含义的表达也是可以名词化的。生活的名词性含义和动词性含义都是从现实的生活实践及其多种可能性而来,基于这些意义,海德格尔把生活的含义规定为"存在"(德语 sein):生活＝在此存在,在生活中或通过生活而"存在"。因为生活是"在此存在"或者"在生活中存在",那么这个"此"或"在生活中"就设定了生活的意义场所,由此海德格尔又进一步把生活的内容意义归结为"世界",把生活的关系意义归结为"操劳"。

　　这里的"世界"不能理解为通常所说的世界,比如自然的宇宙及生物世界等,而是作为不及物动词"生活"的"在某某中生活""出自某某而生活""为了某某而生活""与某某生活""对着某某生活"等中的"某某","世界"是对这些"某某"的规定。因此,这个"世界"是从人们的生活所涉及的现象——不论是及物或者不及物(笔者注)生发出来,是人们的生活所经历的、以某种方式被观审到的东西。因此这个"世界"就是人们的生活所践行的对象和关系,所以世界构成了生活的内容意义。生活的关系意义是基于生活的动词性理解,这种关系意义被解释为"操劳",即"为了或关于某某而操劳,操劳于某某而生活"。这里的操劳不能理解为哭丧着脸面对生活,因为人们总是以多种方式和态度面对生活,也不宜简单地理解为"为日常生计而操劳",在一般的意义上,操劳是人与世界关联的方式,或者践行生活的方式以及体验对象的方式。

---

① 〔德〕海德格尔:《对亚里士多德的现象学解释》,赵卫国译,华夏出版社,2012 年,第72 页。

人因为操劳而与世界发生关系,因此操劳构成了生活的关系意义维度。①

舒茨是使用生活世界概念的典型代表。前文已经提到,舒茨是现象学社会学的奠基者,其现象学社会学的建立深受韦伯和胡塞尔的影响和启发。一方面,他希望把韦伯对社会行动意义的研究进一步深入下去;另一方面,他借鉴胡塞尔创建的生活世界分析的方法,把生活世界看作理解社会意义的基础。但舒茨所言的作为社会意义基础的生活世界显然不同于胡塞尔所言的为科学最终奠基的原初生活世界,而是一个人们生活于其中的文化世界和意义世界,或者换言之,作为舒茨社会意义分析基础的乃是一个日常生活的世界,或者胡塞尔所言的自然态度的世界。舒茨这样写道:

> 我们的日常世界从一开始就是一个主体间的文化世界。它是主体间的,因为我们生活在其中……这是一个文化的世界,因为从一开始,生活世界对我们来说是一个意义的宇宙,即一个意义框架,我们必须解释它,并且要通过我们行动的建构去解释这些意义的相互关系。这也是一个文化的世界,因为我们总是意识到它的历史性,其中我们在传统和习惯中相遇,并且能够被检查,因为"已经给定"指的是自己的活动或他人的活动,它是沉积物。②

当然,舒茨也像其他人一样使用多种与生活世界相关的概念,如"社会世界""常识世界"和"日常世界"等。尽管舒茨的生活世界与胡塞尔的自然态度的生活世界相似,而其哲学旨趣已然发生了变化,关于其社会学的认识哲学思想,这里不再讨论。

5. 赫勒的"日常生活"

赫勒是卢卡奇的学生,匈牙利人,是东欧新马克思主义的主要代表人物。赫勒是少见的对日常生活的内涵做出系统阐述的学者,因而此处单独对她的日常生活概念做一个介绍。日常生活研究是赫勒社会批判理论的重

---

① 海德格尔关于生活含义的讨论,参见其《对亚里士多德的现象学解释》,第75—82页。
② Schutz Alfred, *Collected Papers* I : *The Problem of Social Reality*, edited by Maurice Natanson, *The Hague: Martinus Nijhoff*, 1962:133.

要构成部分,她强调日常生活领域的人道化,借以实现资本主义社会微观层次的改变。赫勒从个体与社会关系的角度出发看待日常生活,具体而言,是从个体的再生产对于社会的再生产的基础地位出发看待日常生活,进而把日常生活规定为个体再生产活动的总和:"如果个体要再生产出社会,他们就必须再生产出作为个体的自身。我们可以把'日常生活'界定为那些同时使社会再生产成为可能的个体再生产要素的集合。"①每一个社会都有其基础性的日常生活,每一个人也都有其具体且富有差异性的日常生活。这样的界定也恰如赫勒所说是非常抽象的,但她也没有给出不抽象的解释。赫勒是在她自己所言的"人类条件"的范式下对日常生活进行定性的②,因为在现代世界,人类条件寓于日常生活之中,包含了所有活着的人必须共享、所有死去的人曾经共享,以及所有未出生的人也将必经共享的一切东西。赫勒指出,日常生活包含不变的部分和可变的部分,可变的部分在人类生活的内容中不断演化生灭,不变的部分才是人类生活不可或缺的基础,而人类的条件就寓于这些不变的部分之中。赫勒在首要的意义上把人类条件指向社会规则,规则界定了社会秩序,人生的习得过程也需要以这些外在的规则为中介。赫勒指出,社会必须为人们获得生存手段,为人们的合作与竞争,为意义的建构提供规则,这实际上也是赫勒所说的作为人类条件的社会规则对于日常生活的意义。我们可以把这些规则进一步区分为获得生存手段的规则、合作与竞争的规则以及社会意义建构的规则,这三套规则相互吻合运行共同构造人生活于中的秩序。因此,在此种意义上,赫勒所说的日常生活是为人们提供规则系统的"人类条件"③。

　　而根据人类条件的给出来源,赫勒又把人类条件归入三个领域。一个领域是"自在的对象化领域",也即一个人来到这个世界上已经被给定的先在的领域,这一领域是最基本的领域,也是一个人来到世界上,或者一个人来到一个新的场所首先面对的领域。这一领域给出的人类条件是人们的生活及其行动规范的重要基础。赫勒指出,自在的对象化领域由如下三种规

① 〔匈〕阿格妮丝·赫勒:《日常生活》,衣俊卿译,重庆出版社,2010 年,第 3 页。
② 参见〔匈〕阿格妮丝·赫勒:《日常生活是否受到危害?》,魏建平译,刊载于《国外社会科学》1990 年第 2 期。这篇文章可以视为赫勒《日常生活》一书的导读文献。
③ 〔匈〕阿格妮丝·赫勒:《日常生活》,中文第二版译序第 4 页。

则组成：(1) 日常语言和语言用法的规则和规范；(2) 使用、管理和操作客体的规则和规范；(3) 被称为习俗的人们交互作用的规则和规范。这三种规则和规范相互交织共同起作用，对于一个人来说，这些规则和规范在某些时点上总是预先给定的，是作为客体已经存在那里的。由这三种规则构造的领域分别被赫勒称为"语言""对象世界"和"习惯世界"。

赫勒指出，自在的对象化领域就是日常生活的领域，在日常生活里，人们获取价值标准、规范、观念和知识。但是，一切活动的起源并不在自在的对象化领域，而在于另外一个更高的领域即"自为的对象化领域"。自为的对象化领域是人类活动的结果，是人类自由意志的对象化领域，包括各种传说、神话、思辨活动及视觉象征等，这些活动为人们的生活提供意义。所以，依照赫勒的看法，自在的对象化领域和自为的对象化领域对于人类日常生活的意义是不同的，前者给出了日常生活的既定基础和约束条件，后者则是人类行动的产物，是生活意义的主观创造领域。而自在的对象化领域也不是源始性的，在起源上，它也是自为的行动所形成的结果，而当其形成后，又成为人们日常生活的先在条件。

赫勒指出，在上述两个领域之外还存在第三个领域，她称之为"自在自为的对象化领域"，这个领域是前面两个领域分化出来的领域，是社会—经济—政治制度的领域。赫勒认为，自在的对象化领域和自为的对象化领域是人类必不可少的领域，第三领域则并非必不可少，因为，没有前两个基本的领域，人类将不能存在，而第三领域虽然重要，但如果没有这一领域，人类也将能够生存。第三领域的功能在于将另外领域的内容制度化而给予它们以确定的形式，但是，不能制度化它们的全部内容，而是部分地制度化。

赫勒所说的三个领域也是日常生活的三个领域。在《日常生活》这本书中，她分析了日常生活和五个类活动之间的关系，试图以五个类活动具体揭示前述三个领域的作用，审视日常和非日常之间的"波动起伏"。首先是工作。赫勒指出，工作既是指特定类型的日常活动，也指谓直接的类活动，工作的执行是日常生活的有机部分，但同时也是超越日常生活的社会类本质活动，因此，工作的本质属性在于，它既是日常活动，同时又是超越日常的直接类本质活动，工作介于日常和非日常之间。第二是道德。赫勒指出，道德不是一个分离或者独立的领域,而是内嵌于所有领域的人际关系准则,在人们的日常生活中发挥着指导的作用。第三是宗教。宗教是日常生活的组织者,在人的生活方式的塑造上,宗教发挥着重要的作用。第四是政治和法。政治影响每个人的生活,政治也是日常生活的组织者和塑造者,因此,当政治成为个人再生产的需要时,就会成为日常生活的一部分。第五是科学、艺术和哲学。赫勒指出,科学、艺术和哲学是人类知识和自我知识的类的对象化,虽然它们也是生活的塑造者,但其基本特征是,它们不具备和人们的日常生活的直接联系。在这五种活动中,工作是与日常生活最接近的,日常生活是个人的再生产,为了再生产个人,则必需工作,通过工作才能把人类的条件生产出来,所以,工作是日常生活的组成部分。道德和宗教也是日常生活的一部分,提供规则和规范的作用。但政治和法要相对远离人们的日常生活而成为非日常的部分。而科学、艺术和哲学则分别代表最高的类知识、类意识以及类知识自我意识的统一,相较于其他四种活动,更加远离人们的日常生活。

赫勒的目的不是对诸如衣食住行等日常生活的细节进行描述,而是对日常生活的内在结构和活动的图式进行揭示。为了说明日常生活的一般图式特征,她区分了重复性实践或思维和创造性实践或思维。所谓创造性的实践或思维,不仅指创新,而且指任何同时有意向性的解决问题的活动,其中意向对行为而言具有中心的地位。而重复性实践或思维,是在一开始时产生于创造性的实践或者思维活动,而后自发发生的实践或者思维。但二者是难以绝对分开的,一方面,不存在能够彻底摆脱重复性实践或思维的创造性实践或思维;而另一方面,创造性的实践和思维又会转化为重复性的实践或思维。赫勒指出,与自在的对象化领域相关的行为、语言活动、惯例、操作,不管它们是创造性思维结果,还是重复性思维的结果,在功能上都是等价的。比如,当一个人第一次跨越一道壕沟时,他可能发现自己有意识地解决了一个问题,而后来多次跨越这条壕沟时不会伴随任何自觉的思考,但是,这一跨越的行为由哪一种思维驱使并不重要,因为在功能或者结果上都是一样的。然而,在自为对象化领域,由机械的重复性的过程所产生的艺术品和由创造性的实践或思维产生艺术品在功能上是不同的。出于这种差异,可以把重复性的实践或思维大致对应于自在的对象化领域,把创造性的实践或思维大致对应于自为的对象化领域。① 也因此,重复性典型地代表了日常生活内在的一般化图式,日常生活是重复性实践和思维占主导地位的领域。②

基于这样的认识,赫勒把类本质的自在对象化领域,也即日常生活的基础领域的共同特征归纳为五个方面:第一是重复性。赫勒指出,自在的类本质活动是重复的活动。第二是规范性。这里的规范性是以规则为特征的规范性,不仅意味着遵守规则为"理所当然性",也标志着规则约束的有效性。第三是符号系统。赫勒指出,作为重复性交流的承担者,自在对象化领域也是一个符号系统,日常生活的意义是由各种符号表达的。第四是经济性。所谓经济性,是指在类本质对象化中,也即人的实际生活中,以最低限度的努力和创造性思维以实现给定的目标。最后是情境性。人们的活动问题在一定的情境之下发生,言谈的内容和方式以及规则和习惯都与一定的情境相联系。

而在日常生活的行为和认知的一般图式的特征上,赫勒把它们概括为五个方面。第一是实用主义,人们的日常思维和日常行为基本是实用主义的。第二是可能性,人们在日常生活水平上所做的一切要以可能性为基础。第三是模仿,赫勒认为模仿是人类行动的一个特征,在日常生活中主要有三种模仿形式起着重要的作用,分别是活动模仿、行为模仿和召唤模仿。所谓召唤模仿,是指通过想象现出某些具体事迹或情感而产生认识的或者情感的效果。在这三种模仿中,行为模仿占据重要的地位,召唤模仿在现代社会的作用在逐渐减小。第四是类比。赫勒指出,许多日常活动是由类比引导的,类比和模仿相似,但与模仿产生同一性相比,类比的目的是产生相似性。第五是"过度一般化"③。"过度一般化"是和"一般化"相对而言,在日常生活中,人们经常把一个事例纳入一个类比类型并使之定型,这是所谓的一般化。过度一般化,按照赫勒的理解,实际上是指把不需要一般化的事例一般化了,或者把不具备一般属性的事例一般化了,这样做的结果可能是日常生

---

① 关于创造性的实践或思维、重复性的实践或思维,参见〔匈〕阿格妮丝·赫勒:《日常生活》,第136—138页。
② 〔匈〕阿格妮丝·赫勒:《日常生活》,中文第二版译序第9页。
③ 赫勒的《日常生活》中译本中,"over-generalization"被译为"过分一般化",笔者认为,译为"过度一般化"更为准确。

活的失败或者"灾变"。

到了这里,赫勒所说的日常生活似乎变得具体一些,可以把它界定为"一个由语言、对象和习惯等规则系统所维系的、重复性思维和重复性实践在其中占主导地位的自在对象化的领域",由此,日常生活的结构和图式"具有抑制创造性和创造性实践的特征,即具有一种抵御变革的惰性或保守性"[1]。

如上文所述,赫勒的目的在于对日常生活进行人道化的改造。可以看到,赫勒言下的日常生活主要是自在的对象化的领域,而这一领域最主要的属性是保守性,因而对于个体的发展是具有消极的抑制作用的,尤其在资本主义社会,这样的日常生活领域对人具有异化的作用,所以对日常生活的结构及其图式的变革就成为一个重要的社会课题。根据《日常生活》一书译者的归纳,赫勒所言的日常生活的人道化变革主要涉及四个层次的问题。第一,日常生活人道化的实质是人的个性的生成,人由日常生活中的自在存在转化为自为的存在,也即具有自主性、创造性的存在。第二,在精神活动领域或者思维活动领域,日常生活的知识要从给定的知识向自为的知识转变。第三,在个体活动的层面上,要求日常交往的人道化,即建立平等、自由和人道的交往方式。第四,日常生活人道化的目的是自由个体的形成,日常生活变成"为我们存在",过一种有意义的生活。如赫勒所说,有意义的生活"是一个以通过持续的新挑战和冲突的发展前景为特征的开放世界中日常生活的'为我们存在'",而"如果我们能把我们的世界建成'为我们存在',以便这一世界和我们自身都能持续地得到更新,我们就是在过着有意义的生活";因而,在有意义的生活中,"生活的自觉引导的作用规则不断扩展,引导个体面对新的挑战,不断地重新创造生活和个性,并且伴随着对那一个性和选择的价值等级体系的统一体的保存。正是通过对生活的引导,自我更新为'为我们存在'的日常生活得以发生"[2]。这就是赫勒日常生活批判思想的主旨。

二、 在常人视角下理解生活的内涵

我们可以看到,在不同的哲学与社会分析的意图中,生活及其世界被设

---

[1] 〔匈〕阿格妮丝·赫勒:《日常生活》,中文第二版译序第 11—12 页。
[2] 〔匈〕阿格妮丝·赫勒:《日常生活》,第 289—290 页。

定了许多含义与功能,但是,这些对生活的理解与语言的使用是哲学家们的理解与使用,他们或是从宏观的和整体的层次上看待生活及其社会功能,或是对生活赋以某种认知论的意义,与人们对生活的通常理解存在遥远的认知距离。换言之,对于绝大多数的人来说,他们的生活世界实际呈现出来的样貌特征是个体的、经验的,甚至是琐细的,他们不会像哲学家那样审视自己的生活,更不会为他们自己的生活赋予如此之多抽象、遥远而又宏大的认知或者社会意义。生活政治是与人们的日常相关的生活政治,或者是和绝大多数人的实际生活相关的生活政治,而不是远离常人世界的生活政治,因此对生活的理解和界定,需要从常人的认知和日常实践出发,给出符合常人特征的分析。

(一) 常人方法学

我们认为,常人方法学(ethnomethodology)提供了一个理解生活含义的合适路径。所谓常人方法学的路径,可以简单地表达为通过常人对生活的理解去发现生活的含义,或者从生活的日常实际出发认识生活,也即把对生活的分析建立在常人的世界之上。常人方法学是美国社会学家哈罗德·加芬克尔(Harold Garfinkel)于 1954 年提出来的一种认识论,"常人"指的是普通人,指某个具体场域中的"成员",是和从事专业研究的哲学家、社会科学家们相对的人,或者是和亚里士多德所说哲人相对的普通人。"常人方法"是普通人或者这些社会成员在日常活动中运用的方法,常人方法学分析的是普通人处理其日常生活事物时采用的方法。[1] 常人方法是与专业的规范性推理方法不同的方法,因此,按照加芬克尔的说法,作为一种研究策略,常人方法学研究常人在日常实践中的惯常做法,成员使用这些方法使他们的日常活动看起来是理性的以及可以说明的。[2] 加芬克尔把常人的日常活动称为"实际活动",因为这些活动是在实际的社会环境中发生的,而且常人会使用实际的"社会学推理",把涂尔干等人的传统社会科学的研究及其对

---

① 李猛:《常人方法学 40 年:1954—1994》,载李培林、覃方明主编:《社会学理论与经验（第二辑）》,社会科学文献出版社,2005 年,第 98—99 页。

② Harold Garfinkel. *Studies in Ethnomethodology*. New Jersey：Prentice-Hall, 1967, p.Ⅶ.

象称为"超常事件",即超越常人活动及其结果的事件,超常事件旨在对人类行为进行各种理论建构。加芬克尔认为,超常事件的结果即社会模型的建构掩盖了社会运行的真相,因而要把研究的旨趣从模型建构转移到实际的日常活动上来。

加芬克尔关于常人方法学的设想来自于他从事的芝加哥的陪审团研究项目。常人方法学的一位持有者迈克尔·林奇(Michael Lynch)摘录了加芬克尔在 20 世纪 60 年代一个专题研讨会期间对常人方法学如何产生的说明:

> 我对这样的问题产生了兴趣,即陪审员使用某种知识的特定方式,社会运作的各种事务由这种方式组织起来,他们在彼此需求中自如地吸纳这些知识。但是,他们在彼此需求中吸纳这些知识的同时,似乎并不是以相同的方式吸纳这些知识。作为陪审员,他们并不像科学家那样以科学家的方式行事。他们更关心这样的事情:恰当的说明,恰当的描述,恰当的证据。在他们使用"共识性"概念时,他们想要的东西并不是"共识性"的。他们想要合法,他们在言说合法性,与此同时,他们还要公平。如果你极力要求他们说明什么是他们所理解的合法,他们立即会谦恭地说:"哦,我不是律师,我真的不能确切地知道、也不能确切地说出什么是合法。毕竟,你才是律师。"所以,如果允许的话我可以这样说,你必须以非常有趣的方式接受那些具有明显的方法论意义的事情,如你必须在"事实"与"想象","观点"与"我的观点""你的观点","表面上我们所说的东西"与"证据所表明的东西","我们会强调什么"与"他事实上说了什么"以及"你自己认为他说了什么"与"他似乎是说了什么"之间进行比较。于是你就有了"证据"与"重点"这些概念,有了相关性、真的与假的、公共的与私人的、方法程序的以及其他的一些概念。与此同时,通过这些概念在不同的成员中、在陪审团中、在既定的情境中的使用,整个事件得到驾驭,陪审团意愿最终达成。这个工作的过程绝对是严肃的。①

---

① 〔美〕迈克尔·林奇:《科学实践与日常活动》,邢冬梅译,苏州大学出版社,2010 年,第 17—18 页。

　　这段陈述呈现了常人方法的要旨所在,陪审员根据自己的理解收集和认证证据并作出判断,而不是根据职业的或者专业领域知识。或者换言之,陪审员有自己行之有效的惯常做法。而如果把场景进行转换,人们的处置方式依然具有类似的特征,这也进一步表明了实际活动和超常事件之间存在明显的距离。而事实上,这些日常性的认知比比皆是,诸如常人植物学、常人医学、常人物理学等等,都在以常人的方式认识植物、医药和物理现象等,以此标定特定的知识分类起源,并抗拒着以规范化的科学知识刻画的图景。①

　　加芬克尔提出的常人方法学聚拢了一批学者,以其新颖性和洞见在社会学的丛林里别具一格,成为一个具有独特影响的学派。其中具有代表性的学者有哈唯·萨克斯(Harvey Sacks)、唐·齐默尔曼(Don Zimmerman)、伊曼纽尔·谢格洛夫(Emmanuel Schegloff)、亚伦·西库雷尔(Aaron Cicourel)、梅尔文·波尔纳(Melvin Pollner)、埃瑞克·利文斯顿(Eric Livingston)和林奇等人。不过,这是一个充满分歧和争论的"学术共同体",因此也必然导致了常人方法学含义和研究指向上的复杂性和混乱性,加芬克尔本人也时常开玩笑说他繁衍了一批"乌合之众"②。但即便如此,还是可以发现常人方法学有其讨论的一些主题。根据林奇的评论,其中有三个最核心的主题:可说明性(accountablity)、反身性(reflexicality)和索引性(indexicality)。③

　　首先是可说明性。可说明性强调人的活动对于目的来说是可见的和可报告的,或者用更简单的话说是"可观察的可报告的",也即可以用语言说明的。可说明性可以通过这样一种递进的方式加以说明:(1)社会活动是有序的。(2)这种有序性是可以观察的。(3)这种可观察的秩序是寻常的。(4)寻常的可观察的有序性是有指向的,比如一位步行者的"一瞥"显示出过马路的意图,这种意图传递给开车的司机,随后社会性地组织起来的公共交通就可能出现。(5)这种有指向的寻常的可观察的有序性是理性的,也即可以推断的。(6)这种理性的有指向的寻常的可观察的秩序是可描述

① 〔美〕迈克尔·林奇:《科学实践与日常活动》,第19页。
② 〔美〕迈克尔·林奇:《科学实践与日常活动》,第17页。
③ 关于可说明性、反身性和索引性更为详细的介绍,参见迈克尔·林奇《科学实践与日常活动》,第29—38页。下文引用不再一一作注。

的。通过这样递进的分析可以看出，可说明性是常人活动的一个特点，他的活动对于他人来说是可见的，他人可以用自己的语言思考和描述的，正是因为这种可见性，才会产生对社会秩序的预期，因此，由常人的活动而产生的系列后果和秩序又是可见的，而常人的推理和方法也建立在这种可见性之上。

第二是反身性。反身性是一个比较抽象的词汇，但实际上却是人的思考和行为的普遍现象和特征。在每一个日常行动中，行动者都会根据场景的变化以及对变化的预期对自己的理解进行慎思并调整其行动方案。因此，反身性也是一种反思性。同时，反身性隐含在可说明性之中，二者相互嵌含，又会促使彼此的转换。比如，加芬克尔发现，陪审员会反复思考案件的证据和证词，在有分歧的情况下，他们也会思考法庭外的社会群众将如何看待同一个案件。陪审员最终作出的决定是他们反身性思考的结果，并且，陪审员们关于案件的谈论和公开争论也反身性地嵌入他们的意愿之中。

第三是索引性。索引性是一个较为费解的说法，是加芬克尔从语言学家巴－希勒尔（Bar－Hillel）那里借用的一个概念。在 20 世纪 50 年代，希勒尔在参与一个早期的机器翻译的研究项目时，他发现很多常用的英语词语，如一些代词（he、she、it）、引导性表述（there、this、overthere）、助动词（have、be、can）以及易感性用法等，对它们语义的理解和翻译需要诉诸相关的语境，而且这些语境也是处于动态变化之中的。这就是希勒尔所说的语义的"索引性"。加芬克尔发现希勒尔所说的索引性在常人的日常生活中也是普遍存在的，常人的交谈与行动意义的理解同样也要诉诸这种索引性。索引性与语境相关，因此，在常人方法学一本早期的教材中，肯尼斯·莱特（Kenneth Leiter）把索引性定义为对象和事件的情境性。但情境性又不足以表达出索引性的全部内涵，在情境之外，索引性还包括由行动者或交谈者共享却未经申明（或者不需申明）的信息和知识。也就是说，一项表达或者行动的意义必须索引其他表达或行动的意义才能够理解，而这些被索引的表达或行动本身也具有索引性，因此，任何一个看起来孤立的表达或者行动都是一个无穷尽的索引性链条上的一环。[①]

———————————

① 参见李猛：《常人方法学 40 年：1954—1994》，载李培林、覃方明主编：《社会学理论与经验（第二辑）》，第 115—118 页。

索引性无疑增加了常人方法的可说明性和反身性的复杂性，索引性是贯插于日常行动之中的一个特性，以至于在常人方法学中处于核心的位置。除了上述三个主题之外，行动的权宜性、行动的场景性也是常人方法学中被经常论及的主题或特性。行动的权宜性是指常人的行动往往并不按照预先规定的规则进行，而是根据所处的情境条件权宜做出的。行动的场景性是行动权宜性的前提条件，行动都是在具体的局部的场景中组织而成的，是场景特征的"临时性构成体"。但这种场景性不是表面上看起来的"情景论"或者"情境论"，而是包含了行动和场景之间的复杂关系，也就是常人方法论者所说的行动的局部性特征。第一，行动都发生于一个具体的场景之中，继而产生了行动的空间局部性。第二，任何行动的场景也是行动的一部分，前者是后者的结果。第三，场景也构成了局部的索引性，索引性的链条恰是在不同的场景中连锁形成的，场景的行动与意义关联是形成索引性的前提，也构成了索引性的内在结构。①

如上可见，常人方法学是研究常人方法的学术创造，对于理解与哲学家、社会科学家相对的常人关于日常生活的认知是非常有意义的。我们可以从常人的视角出发去理解生活的常人所指和相关结构，从而把对生活的分析建立在常人的生活实践之上。

（二）常人视角中的生活

我们可以在更为宽泛的意义上使用常人的概念，用它来指称更为广泛的普通人。事实上，这样的范围延伸并不会造成和常人方法学中常人的概念冲突，在本意上，它们都在强调普通人的看法。通常而论，常人不会对他们的生活进行社会结构性的建构，更不会对他们的生活世界赋予科学奠基的哲学认知论功能和哲学意义，而是很具体地感受每一天发生的一切以及生命流淌的意义。理解常人视角中的生活可以从阅读人们生活中的日常开始。近日，在网络上流传一个上海人生活日常的文章，从中可以大致看出他们的一天是如何度过的：

---

① 参见李猛：《常人方法学 40 年：1954—1994》，载李培林、覃方明主编：《社会学理论与经验（第二辑）》，第 110—114 页。关于常人行动的权宜性和场景性，李猛作了较为详尽的梳理。

　　每天的早晚高峰就像是一场劫难，不是坐地铁被挤死，就是在路上堵死。在上下班高峰期挤公交，司机师傅会说："上不来就等下一辆，后面有空车！"而事实是，不管你再等多少趟，一样挤不上去。内环高架分分钟堵成空中停车场，而且一言不合就堵车到半夜。不说周末，就算是平时，开车堵了一小时，找停车位两小时。

　　地铁最挤的是 2 号线，一路上人挤人，人黏人，502 都没这么好用，三明治也要变成压缩饼干。上地铁难，下地铁更难，提前换到靠近车门处，要不然啊还没出去又被挤进去了。不过跟地铁故障比起来，前面提到的真是小巫见大巫。那场面，叫一个人山人海，摩肩接踵。在上海，如果没有因为地铁发生故障而迟到的，职业生涯都不算完整。

　　上海人常用开水泡隔夜饭就酱菜或者腐乳当早餐。早餐除了开水泡饭，就喜欢吃四大金刚——大饼、油条、豆浆和粢饭。上海人会吃，人均五六百的西餐会吃，路边 5 块钱的葱油饼也爱吃。上海人喜欢吃面，对于面条有一种独特的偏爱，一碗面条下肚，立刻元气满满。

　　说本帮菜太甜？无锡菜、苏州菜才是甜的好吗？还有，上海人不止会吃甜，咸的酸的辣的也会吃。不管有馅无馅，上海人都习惯称作馒头，肉馒头、菜馒头、生煎馒头……没有"包子"这一说。地道的上海美食往往藏在弄堂里，或者是路边某个不起眼的小店铺，没有显眼的招牌，却有俘获人心的味道。每到中秋、端午、元宵，鲜肉月饼、鲜肉粽子、鲜肉汤圆是上海人家招待客人的必备，这才是传统的上海味道。

　　上海人择偶也有很多是外地人，不要以为上海人娶妻嫁女不会选择外地人，很多上海的家庭里都有外地人，并且相处得很愉快。相亲在上海很常见，在公园相亲角，不同的相亲信息被贴在雨伞和信息栏上，比如人民公园相亲角几乎每天都客满。

　　上海是一座不夜城，晚上 10 点之后，夜生活才真正开始……

　　上海大部分的展览馆跟博物馆质量奇高，值得一去。

　　上海的书店繁多，书好人少环境妙。

　　虽然上海景点多，但是放假了大家喜欢猫在家里。

　　上海人给别人指路从不说东西南北，喜欢说左右前后。

　　上海大多数人家至少有一套房，很多是祖祖辈辈留下来的，自己住不出租的,非得说上海人都有好几套的,你以为钱是大风刮来的吗?

上海阿姨妈妈们出门买个菜、办点琐事,穿睡衣、拖鞋是很常见的。

上海男人懂生活,包容不张扬,低调又顾家,却又总是背负着小家子气、娘娘腔的误解。

上海人经常吐槽上海,吐槽上海的天气太作妖,吐槽每天早晨各种堵车,吐槽消费太高等等,但如果别人说一句上海的不好,分分钟跟你翻脸。

上海人在上海工作没有优势,反而经常被挤兑。很多人都喊着逃离北上广,但却很少有人真的能做到。上海有钱又努力的人很多,但同样也是一个你努力就能得到回应的城市。①

文中描述了上海普通人的交通出行、饮食起居、社会交往、生活方式、休闲娱乐乃至择偶相亲等方面的感受和生活的日常状态。当然,在大都市里,生活不如意与迷茫者大有人在。如果把场景转换到北京、广州、深圳以及其他的大城市,我们也可以发现这些生活的相似性。即便转移到乡村地区,除了风俗习惯及物理空间上的差异,人们的生活也呈现出同样的主题。所以,从常人的角度出发,生活是日复一日的生命运动,工作、学习、家庭、社交、休息等诸多方面构成生活的具体内容,而这些琐碎的细节共同组成了人们的生存状态。

从常人的角度出发,对生活的理解又可以概括为中国语境中俗称的"过日子"。每个人内心所期待的生活,也就是每个人内心所期待的"日子",过好生活也就是过好每一天的"日子"。对于过日子,人们同样也会有许多美好的想象。人们经常会谈论家庭是最温暖的港湾,家人间的互相关心、理解和支持,构建了一个心灵上最坚实的壁垒,在家的怀抱中,人们找到了安宁,也学会了分享喜怒哀乐。人们同样也心揣美好的梦想,过日子的过程中,努力是通往梦想的桥梁。无论是职场的挑战还是个人的目标,努力和不懈的奋斗使生活充满了意义。过日子也要求人们心怀感恩,感恩生活中的点滴

---

① 原文见澎湃新闻网:《上海人的 50 个日常,我怀疑你在窥视我的生活!》,https://m.thepaper.cn/baijiahao_7531526,引用日期,2024 年 1 月 1 日。本研究对其做了局部删减和行文的调整。

幸福,感恩身边的人们。在感恩的心态下,人们更容易发现生活中的美好,更能应对生活中的起伏。过日子同样也要求人们要甘于平凡,认识到平凡不是平庸,更不等同于无趣。相反,正是在平凡中,人们发现了生活不同寻常的美。甘于平凡恰恰也是不平凡,每一个日子都是一个享受平凡的机会,也是创造不平凡的瞬间,平凡抑或不平凡让生活更加绚烂多彩。因此,美好地过日子是一个关于珍惜、努力和感恩的过程。在平凡的生活中,人们找到了幸福的真谛,发现了生命的深刻内涵。

"日子"和"过日子"是流传于民间的说法,包含了许多关于生活的含义。也正因为是流传于民间的说法或者俗语的称谓,"日子"和"过日子"恰好体现了常人的生活认知,虽然这些认知被认为是"默会的知识"而在学理上有所忽视。在汉语的通常解释中,"日子"有"固定的某个日期""天数"和"生活""生计"的意思,"过日子"有"生活""过活"的意思,因此"日子"可以理解为名词的"生活","过日子"可以理解为动词的"生活"。

根据陈辉的词源学考证,"过日子"最早可见于南宋时期的《朱子语类》,该书是朱熹及其学生问答的语录汇编。在宋代,汉语更加口语化,朱熹和其学生的问答中使用了大量的口语,"过日子"就是其中一个。陈辉发现,《朱子语类》中有三处提及"过日子",另外还有三处类似的表达结构。这些语句有:

1. 大抵是不曾立得志,枉过日子。(卷十五)

2. 虽圣旨如此,然终无得钱粮处,只得如此挨过日子而已!(卷一百八)

3. 莫要闲过日子,在此住得旬日,便做旬日工夫。(卷一百二十四)

4. 今人闲坐过了多少日子,凡事都不肯去理会。(卷十五)

5. 今人只是惮难,过了日子。(卷二十一)

6. 若是佚游,则是放荡闲过了日子。(卷四十六)①

---

① 参见陈辉的博士毕业论文:《"过日子":农民的生活哲学》,华东理工大学,2013年,第23页。

需要注意的是,《朱子语类》中的"日子"是光阴、时间的意思,具体而言,是以"天"或"日"来计量的时间及单位,因此不论是"枉过日子""闲过日子",还是"闲坐过了多少日子""放荡闲过了日子",都是朱熹在告诫学生不要一天天地虚度光阴或者浪费时间,和"生活"尚没有直接的关系。而在后来的语义演变中,"过日子"逐步引申出"生活"相关的含义,尤其在元曲和明清小说中,这样的语句俯首可拾。如:

> 儿嚏,你怎么一日不如一日,你娘凭着谁过日子?(元·乔吉《玉箫女两世姻缘》第一折)
>
> 我是有处过日子的,只怕你无我去不得西天。(明·吴承恩《西游记》第五七回)
>
> 邢姑娘是我们作媒的,配了你二大舅子,如今和和顺顺的过日子,不好么?(清·曹雪芹《红楼梦》第一一八回)
>
> 今日是个好日子,你就先认了婆婆,咱们娘儿们好天天儿一处过日子。(清·文康《儿女英雄传》第十二回)①

在现代汉语中,"过日子"更是充斥于各种文本,其含义也主要是和生活相关。从"过日子"语义的演化中似乎可以发现常人视角下生活的内核所在。日子代表光阴和时间,从这样的本体出发,过日子也就是度过这些时光,继而引申出生活最为原初和直接的内核。对于常人来说,所谓生活,在最为朴素的意义及形式上就可以理解为日子一天天地度过,一天就是一个"日子",其本质是人之生命时光的存续,也即,人的生命是在其生活中度过的。由此可见,作为中国语境下对生活的一种通俗理解和概括,"过日子"既揭示了生活的内容特征,也揭示了生活的过程特征。正是基于这样的内容与过程特征,吴飞把"过日子"分解为"出生、成长、成家、立业、生子、教子、养老、送终、年老、寿终"等诸多环节,"过日子"也即经历这些环节,"过完日子"也即一个人走完了一辈子的过程。吴飞同时认为,"过日子"是每一个人都必须经历的过程,是一个无法再化约的生活状态。在中国人看来,"过日子"是生活的常态,所

---

① 以上例句均查询自北京大学中国语言学研究中心"CCL语料库"。

谓生活过得不好,也就是这个过程中的某个环节出了问题。①

(三) 生活及其个体性和日常性

"过日子"这种对常人生活的朴素理解具有广泛的适用性,除了文化背景的差异,"过日子"可以成为不同国家与地区常人生活的共同写照,其中蕴含了个性与自由、职业与事业、家庭生活、社会交往、休闲娱乐、金钱与物质生活、健康与健身、生活方式、个人发展以及自我实现等生活的基本元素。对于这样一个通俗且口语化的说法,或许捷克的新马克思主义哲学家卡莱尔·科西克的"平日"(everyday)给出了一般性的解释:"什么是平日? 平日不是作为公共生活对立物的私生活。它也不是与某种高雅的官方世界对立的所谓的粗俗生活……整个的世代,千百万人民曾经或正在生活在他们的生活平日之中,好像平日是一个自然氛围……平日首先在于把人们的个人生活组织成每个一天。他们的生活功能的可重复性固定在每一天的可重复性中,固定在每一天的时间安排表中。平日是时间的组织,是控制个人生活史展开的节律。"②这个"平日"可以理解为过日子,过日子即为生活在平日之中。

如果把"过日子"认同为常人生活的一般写照,我们就可以在抽象的意义上把生活理解为人在世界上的存在方式,在具体的意义上把生活理解为"过日子"涉及的诸多要素。这二者高度统一在一起,前者是对生活的本体性认知,后者则使生活的本体具体化和形象化。

人的存在方式不是一个新鲜的话题。在中国古代,老庄学派提倡的道法自然、清静无为对于个人来说就是一种存在方式。而在体系化的源流上,存在的问题在古希腊是当作一个基本的哲学问题而被提出来。如巴门尼德(Parmenides)提出存在论的三个命题:"存在者存在,非存在者不存在""存在者是不变的"以及"存在者是一"。柏拉图则在与存在"相异"的角度上证明"非存在存在"。及至亚里士多德,他把"作为存在的存在"及其固有属性

① 吴飞:《论"过日子"》,《社会学研究》2007 年第 6 期。
② 〔捷克〕卡莱尔·科西克:《具体的辩证法——关于人和世界问题的研究》,傅小平译,社会科学文献出版社,1989 年,第 53 页。

作为形而上学的研究对象,并指出存在有一对多的多种存在方式。在 17 世纪,古希腊哲学家开创和奠定的存在研究被德国经院学家鲁道夫·郭克莱纽(Rudolphus Goclenius)命名为"存在论",并被克里斯蒂安·沃尔夫(Christian Wolff)系统化。可见,在存在问题研究相当长的时期,存在论主要研究事物的本源问题而缺乏对人的存在问题的关注。进入 19 世纪后,由于资本主义工业社会的快速发展,西方哲学发生了一次重大的转型,开始关注人的存在问题。

进入 19 世纪以来,对人的存在方式和存在状态的关注主要集中在社会批判和存在主义哲学两条路径上展开。在社会批判领域,由马克思建立的异化学说被后来的西方马克思主义继承,也被一些后现代的主张继承,认为在资本主义社会,人的存在方式和存在状态都是被异化的。实际上也说明,人的生活被异化了。在卢卡奇那里,异化表现为"物化",而在消费社会,人的存在是被符号化的,甚至鲍德里亚把消费定义为人的"日常生活"①,认为人们正处在生活被消费控制的境地。马克思和恩格斯直接把人的存在和生活联系在一起,他们说,"个人怎样表现自己的生活,他们自己也就怎样。因此,他们是什么样的,这同他们的生产是一致的——既和他们生产什么一致,又和他们怎么生产一致。因而,个人是什么样的,这取决于他们进行生产的物质条件","意识在任何时候都只能是被意识到的存在,而人们的存在就是他们的现实生活过程"。② 因此在这里,马克思和恩格斯不仅把生活和存在紧密联接在一起,而且还把生活当作存在的前提条件,也是意识的存在条件。对于生活的基础作用,他们又进一步指出:

> 因此我们首先应当确定一切人类生存的第一个前提,也就是一切历史的第一个前提,这个前提是:人们为了能够"创造历史",必须能够生活。但是为了生活,首先就需要吃喝住穿以及其他一切东西。因此第一个历史活动就是生产满足这些需要的资料,即生产物质生活本身,而且这是这样的历史活动,一切历史的一种基本条件,人们单是为了能

---

① 〔法〕让·鲍德里亚:《消费社会》,第 13 页。
② 《马克思恩格斯选集》第一卷,第 67—68、72 页,人民出版社,1995 年。

够生活就必须每日每时去完成它,现在和几千年前都是这样。①

　　从中可见,马克思和恩格斯是把生活当作人的存在方式看待的,而且这种存在方式还决定了人的存在状态以及意识的产生,这些阐述无疑是关于生活一般本质及其历史地位的最好论断。

　　存在主义哲学是关于人的存在方式、存在状态和存在意义的哲学。海德格尔对存在问题的强调起因于柏拉图、亚里士多德等古希腊哲学家对人的存在意义的遗漏以及他们开创的研究教条,因此在谈及自己的学说时,他总是诉诸对前人存在论的批评。在《存在与时间》的导论里,他首先写下了自己的不满:

　　　　根据希腊人对存在的最初阐释,逐渐形成了一个教条,它不仅宣称追问存在的意义是多余的,而且还认可了对这个问题的耽搁。人们说:"存在"是最普遍最空洞的概念。所以它本身就反对任何下定义的企图。而且这个最普遍并因而是不可定义的概念也并不需要任何定义,每个人都不断用到它,并且也已经懂得他一向用来指什么。于是,那个始终使古代哲学思想不得安宁的晦蔽物竟变成了具有昭如白日的自明性的东西,乃至于谁要是仍然追问存在的意义,就会被指责为在方法上的所失误。②

　　海德格尔的意图在于揭示人的存在意义,存在意义是和存在方式和存在状态有关的。海德格尔把人这样的存在者称为此在,把与此在相关的存在称为生存。此在在世界之中存在,此在在世界中的存在又表现为人在世的日常存在而嵌入到日常生活中去,因此,此在的存在是以日常生活为载体和表现的,而反过来,日常生活又成为人的一种存在方式。或者进言之,人在世界上是以生活为方式而存在的。实际上,海德格尔对存在的强调也是从对人的生活的关注开始的,在其早期的弗莱堡授课生涯中,他研究的出发

---

① 《马克思恩格斯选集》第一卷,第79页。
② 〔德〕马丁·海德格尔:《存在与时间》,第3—4页。

点和目的就是对实际生活做出系统的现象学的存在论解释,而其研究主题和术语也经历了从生活到生活经验到实际性再到此在的转变。也就是说,他把对生活现象的研究逐渐上升到存在论的研究。因此,生活和存在方式是一体的,生活即是一种存在方式,存在以生活为载体。按照海德格尔本人的话说就是:"因此,实际性的意思是,表示它自身源于这样一个在者的存在特征,并且以这种方式'存在'。如果我们将'生活'(Leben)看成是一种'存在'(Sein)的方式,那么'实际生活'的意思系指:作为以某种存在特征的表达方式在'此'的我们本己的此在。"①

把生活理解为人的存在方式,看起来非常抽象,但实际上也符合常人的理解方式。人来到这个世界上就要存在下来,这个"存在"的表现和方式就是生活,而生活就是存在本身。因此,在某种程度上,生活和存在是同义反复和互为说明的。而要发现常人的具体存在或者生活的内容,就要落实到他们是如何度过每一天的,对于真实生活图景的揭示,只能建基于"过日子"或者生活琐细的日常之上,诉诸现实世界的众生相。

"过日子"是一种生活化称谓,对于每一个人来说,"过日子"是每天都要完成的任务。对于这样的生活方式和内容,马克思和恩格斯实际上也曾给出过评价,也即上文提及的:"人们单是为了能够生活就必须每日每时去完成它,现在和几千年前都是这样。"②然而,对这样一种基本的生活实践,其意义却因为通俗性或者默会性而被忽视了。对于生活的认知来说,"过日子"至少具有如下几个方面的分析意义。

首先,如果抽离了"过日子"的内容,作为存在方式的生活将是空洞的,也无法谈论人的存在意义问题。"过日子"揭示了人是如何具体生活的,按照海德格尔的说法就是人的此在是如何存在的。对于海德格尔来说,不论是本真的存在,还是非本真的存在,其存在的属性都需要在具体的生活中加以体现。

其次,人的生活需要、自我价值的实现、个人的再生产以及社会建构是在过日子的过程中生发的,"过日子"也即人的日常生活是引发社会整体运

---

① 〔德〕马丁·海德格尔:《存在论:实际性的解释学》,何卫平译,人民出版社,2009年,第8—9页。
② 《马克思恩格斯选集》第一卷,第79页。

动的原点。在常人的视角下可以发现，"过日子"与经济条件密切相关，反映了一个个体或家庭的收入、支出、储蓄等方面的状况。在社会中，经济状况直接影响着个体的生活质量和社会地位。人际关系的生产和再生产和社会互动也是"过日子"的一个重要功能。与家人、朋友、同事之间的相处，对个体的心理健康和生活质量都具有重要影响。"过日子"也涉及到个体对文化的认同。生活方式、价值观等因素都与所处社会的文化有着紧密联系，影响着个体对于"好日子"是什么样子的理解。"过日子"还关系到个体的心理健康。社会的压力、竞争等因素直接影响个体的心态和幸福感，这些心理压力和情感需求在过日子中进行调适。在更大规模的影响，"过日子"的质量与社会的整体稳定有关。当大多数人都能够过上相对幸福、安定的生活时，社会更容易实现和谐与稳定。

再次，"日子"构成了生活或存在的时间维度。生活和存在的时间维度由许多不同的元素构成，其中"日子"是一个至关重要的组成部分。在这个语境下，"日子"指的是每一天的时间单位，人们的日常活动和经历都以这个时间单位为基础，每一天的起起落落、工作、休息、娱乐等活动都在"日子"这个时间框架内发生。对于每一个人来说，每一天都意味着变化和机遇，人们在这个时间维度内经历着学习和成长，积累经验和记忆，个体也在时间的推移中发生嬗变。因此，在一般意义上，日子是时间的当下性和生活的当下性，日子历时性地构成了生活的过去、现在和未来。正如海德格尔所说，时间就是此在。此在是我的当下性，而且我的当下性在向确知而又不确定的消逝的先行中能够是将来的东西中的当下性。①

最后，"过日子"的变迁导致了人的存在方式的变迁。把生活理解为人的存在方式是一种本体论的抽象，但这种存在方式为何物却需要通过日常生活来描述，由日常生活的具体内容来决定。当日常生活发生了历时性的变化时，也就意味着人们的存在方式发生了变迁，而日常生活"如何过"在不同空间的展现也决定了存在方式的共时性分布。显而易见的是，人类社会发展不同时期的日常生活也即如何"过日子"标记了存在方式的演变。比如，在过去，人们的日常生活与自然环境、农业生产具有更紧密的联系，而随

---

① 孙周兴：《海德格尔选集》，北京三联书店，1996年，第24页。

着工业化和技术的进步,机器不但改变了世界,也改变了人的生活方式,也直接塑造了人们的存在方式。"过日子"的变化也对社会结构产生了深刻影响。在传统社会,家庭可能更加大而复杂,多代同堂生活。而随着现代社会的发展,家庭结构发生了变迁,这些变化影响了人们的社会角色、责任和关系,也塑造了新的存在方式。"过日子"的变化也会导致价值观念的变革。传统的价值观念更加注重稳定和共同体意识,而在现代社会,生活方式的快速变迁促使人们更加注重个体自由、创新和多样性,这对人们的思想观念、行为准则产生了深远的影响,继而推动了存在方式的变革。尤其在当今社会,传统的书信、面对面等交流逐渐为互联网、社交媒体等新兴形式所取代,这些变化不仅改变了人们之间的交往方式,也对社交关系、信息获取产生了深远的影响,影响了人们的社会存在方式。

再回到对生活的认知上,生活是由两个层次的实践构成的。一方面,在生活的一般认知上,生活是人的一种存在实践,也是人的存在方式,也就是说,人的存在是以生活来体现的,包括生活在内的一切实践都以存在为目的。另一方面,人的存在或者生活又体现在"过日子"这样的日常实践上,后者说明了人是如何具体地生活和存在的,正是"过日子"这样的日常实践才使人的存在和生活变得具体和丰富起来,"过日子"是存在的存在方式,而"过日子"的变迁又标记了存在方式的变革。因此,在总体上这两个层次的实践构成了生活的形式和内容。

常人视角下的生活,既是在常人的视角下看待的生活,也是常人的生活。凑巧的是,海德格尔也论及"常人"。但他所说的常人不是指一个一个具体的人,而是对日常生活世界中每一个人或者此在的集中写照,或者说的是生活在现实世界里的具有普遍性的一种人格形象,是"此在在日常生活中所是者为谁"的那位"谁"。海德格尔说:"这个谁不是这个人,不是那个人,不是人本身,不是一些人,不是一切人的总数。这个'谁'是个中性的东西:常人。"①这个中性的东西是指移去个性而被平均化的人,不具备主体的性质,庸碌地忙于生活琐事,没有自己的意见而唯他人马首是瞻。日常生活中的此在就是常人,常人就是自己,自己就是常人,常人是此在共在的特征,常

①〔德〕马丁·海德格尔:《存在与时间》,第 155 页。

人指定了日常生活的存在方式,平均状态是常人的生存论本质,常人在本质上就是为这种平均状态而存在。① 按照海德格尔的存在主义意图,常人实质上是每一个具体的人或此在被"抛入"日常生活世界而"沉沦"的结果,人已经离开了本真的自己而被现实世界所"平整化"了。对于这样的常人设定,张一兵把它称为"以沉沦于世为本质的悲苦证伪"②,这样设定的结果必然是此在存在的"烦":

> 因为在本质上就是烦,所以在前面的分析中,寓于上手之物的存在可以被理会为烦忙,而与他人的在世内照面的共同此在一起的存在可以被理会为烦神。寓于……的存在是烦忙,因为这种存在作为"在之中"的方式是被它的基本结构,即烦,规定着的。③

但是,我们所说常人视角下的"常人"和海德格尔所说的"常人"是不同的常人。我们所说的常人是和专门的研究者相对的常人,在现实生活中是充满了差异的常人,是一个具有个体性的人,是这个人,或是那个人。虽然海德格尔常人设定的目标是揭示人的存在意义,对于分析人之本真的迷失既有其现实的合理性,也有其理论运思的合理性,但对于现实生活中的人来说,未免有些绝对化了。或者换言之,本真的此在(本真的人)从在世的此在(常人)的抽离有些绝对化了。现实世界的人,既有其齐整化或者"随大流"的一面,也有其个体性的一面。即便他们就像海德格尔所说的那样全被"抛入"现实世界而难免"沉沦",但他们依然是一个一个的个体,有着自己的喜怒哀乐,有自己的需求。因此,海德格尔的"常人"并不适合这里对生活的分析,我们需要把常人看成具体的人,对生活的认知需要从具体个体的生活出发。

从这样的常人出发,我们可以得出生活的两个重要属性:个体性和日常性。常人视角下的生活首先是个体的生活,每个人都有其自己的生活,这样

---

① 〔德〕马丁·海德格尔:《存在与时间》,第 155—156 页。

② 张一兵:《"人"与实际性此在的常人化夷平——海德格尔〈存在论:实际性的解释学〉解读》,《社会科学战线》2011 年第 11 期。

③ 〔德〕马丁·海德格尔:《存在与时间》,第 233 页。

的个体虽然可能千人一面、平淡无奇,但都不能抹杀每个人是每个人生活的主体的事实。马克思和恩格斯曾指出,日常生活是现实的个人的生活,他们说:"这是一些现实的个人,是他们的活动和他们的物质生活条件,包括他们已有的和由他们自己的活动创造出来的物质生活条件。"①我们发现,即便生活条件相同,但每个人的生活感知依然可能不同,即便人们的生活具有某种趋同性,但这种趋同性也是建立在个体生活的相似性之上的,趋同性不能掩盖个体性。生活的个体性主要出于如下几个原因:

首先,个体是生活的经历者和承担者。这是一个难以争辩的事实,也是一个常识性的认知,无论是谁,不论以何种方式生活以及生活的状况如何,他的生活都要由自己去经历和承担,他既不能完成对别人生活的替代,同样,别人也不能替代他去生活。这一原因首要地造就了生活的个体性,无论在何种情况下,这种个体性都是无法消除的。即使对于一个失去自由的人来说,虽然他被剥夺了生活的选择权利,但作为后果的承担者的事实是无法更改的,而且,对于失去生活的选择权利这种经历本身,他人也是无法替代的。因此,生活首先是个体的生活,更进一步而言,生活是自己的生活而不是他人的生活,不能因为它的个体性而忽略它的微观基础地位,离开个体生活而去谈论群体生活乃至一个国家的国民生活,必然是空洞和抽象的。

其次,个体是自己生活的审视者。审视既包括对自己生活的观察和评判,也包括对自己生活的内省和反思。这些主观的心理活动他人是无法代劳的,生活方式是否合理,生活状态是否令人满意,自我价值有没有得到实现,只能由自己作出判断。在社会交往中,一个人可能也会对他人的生活进行审视甚至给出生活的建议,自己的生活也会被他人审视,但对自己生活的审视最终还是由自己给出,而不论这种审视正确与否。自己是自己生活的经历者和承担者,所以自己最终成为自己生活的审视者。因为人们通常会对自己的生活进行内省和反思,所以生活也具有反身性。基于这种反身性,人们会对自己的生活作出某种心理上或行动上的调适。

最后,在现代社会,个体应当成为自己生活方式的选择主体。在不违反

---

① 《马克思恩格斯选集》第一卷,第 79 页。

法律与社会道德规范的条件下,选择何种生活方式以及期待何种生活状态是个人的正当权利。根据自己的需要和偏好去生活,而不是迫于他人的压力去生活,是现代社会个体性的体现。对于这种个体性,约翰·密尔(John Stuart Mill)在其现代权利的观念中早有阐述,在《论自由》一书中,密尔曾这样描述生活方式的重要性:

> 既然说当人类尚未臻完善时不同意见的存在是大有用处,同样在生活方面也可以说:生活应当有多种不同的试验;对于各式各样的性格只要对他人没有损害应当给以自由发展的余地;不同生活方式的价值应当予以实践的证明,只要有人认为宜于一试。总之,在并非主要涉及他人的事情上,个性应当维持自己的权利,这是可取的。凡在不以本人自己的性格却以他人的传统或习俗为行为的准则的地方那里就缺少着人类幸福的主要因素之一,而所缺少的这个因素同时也是个人进步和社会进步中一个颇为主要的因素。①

因此,在密尔那里,个体性最主要表现和构成就是每个人拥有生活方式的选择权利,每个人都可以过不同的生活。也就意味着,在现代社会,生活是一个私人领域的事情,生活方式的选择是一个私人的选择,在法律和道德等社会规范的允许下,每个人都可以按照自己的方式生活,每个人都是自己生活的主人。

这三种个体性中,第一个个体性是首要的个体性,表明不论在何种社会,个人都是自己生活的经历者和承担者,这是无法更改的事实。由此也决定了在生活及其社会意义的认知中个体的重要地位,不论在何种层次上谈论生活,个体的生活都是一个重要的考量因素。也因为个体是自己生活的经历者和承担者,个体也成为自己生活的感受者和评判者,他者的评判很难取得合法的主体地位。对于普通人而言,第三个个体性是现代社会才可能具有的个体性。在人类社会的发展历史上,只有在现代社会,人才可能获得法律上平等的主体地位,才可能拥有生活的自主选择权力,也只有到了现代

---

① 〔英〕约翰·密尔:《论自由》,程崇华译,商务印书馆,1982年,第72页。

社会,生活的自主性才可能从一种抗议性的理想成为一种现实,生活的个体性得以充分地展现。

但是,我们需要注意的是,生活的个体性不是孤立的、原子意义上的个体性,而是具有社会性的个体性。根据马克思主义的观点,人是社会关系的总和,人不能脱离社会而孤立地存在,人也不能脱离社会而孤立地生活,因此生活的个体性是在人的社会化过程中形成的个体性,每个人的生活个体性上都涂画了社会运行的痕迹,同时,每个人的生活个体性也在影响着他人生活个体性的形成。同样,按照海德格尔的"共在"理论,每一个人都是与他者共存于世的,共在也是此在的存在方式,因此,此在并非孤立地存在。然而,按照海德格尔的"常人"中性化设定,"他者"也是"常人",这样的共在未免有些消极,彼此之间的联系就是共同"沉沦",生活的个体性也就变成"随大流"的个体性了。

生活的另一个重要属性是日常性。这样的论断未免有同义反复之嫌,因为常人视角下的生活即为日常生活,尤其理解为"过日子"时,其日常性不言而喻。关键在于如何理解它的日常性。日常,在中文语境下通常理解为"平时的""经常的"之意,其对应的英文单词为 daily、everyday,因为是每天都会发生的,所以日常性天然地表现为重复性,重复性即为日常性。比如,赫勒就把重复性思维和实践当作日常生活的一般行动图式,因而日常生活领域是重复性实践占主导地位的领域。科西克的"平日"概念也是由重复性来解释的。列斐伏尔在其日常生活批判理论中,也是把日常生活界定为具有重复性的日常活动。国内的学者衣俊卿同样也把日常生活解读为重复性思维与重复性实践为主的活动方式。[①]

但我们认为,上面所谈的重复只是日常生活外在表现形式的重复,如果做更深入的观察,可以发现常人的生活世界有两个重复,一个是时光的重复,也即日复一日的重复。不过,时光的重复是一种错觉,时间一直向前,只是随着太阳的升起和落下,看起来像重复罢了。第二个是日常生活事务的重复,或者说生活内容的重复。这样的重复实际上也是一种错觉。虽然每天的生活就像例行公事一样而缺乏新鲜感,但实际上随着岁月的推移,我们

---

① 衣俊卿:《现代化与日常生活批判》,人民出版社,2005 年,第 32 页。

可能会发现生活已然发生了变化。这种变化不仅体现在身体上的生理变化,比如疾病或衰老,而且也表现在生活需求、生活方式和价值观念上的变化。所以,生活的重复性好像平淡无奇、墨守成规,但实际上却孕育着生活的变革,因此在日常的外表中隐匿着世代的变迁,看似按部就班、谨小慎微,实则包含着生活的革命因素。

重复性是生活的一个客观样态,也是人的生活所必然呈现出来的样态。然而因为这种重复性和琐细性,日常生活长期以来要么处于思想上被漠视的地位,要么对其革命性的作用没有给予足够的尊重。对于前者,马克思和恩格斯显然意识到了这种错误,他们批判地指出:"迄今为止的一切历史观不是完全忽视了历史的这一现实基础,就是把它仅仅看成与历史过程没有任何联系的附带因素。因此,历史总是遵照在它之外的某种尺度来编写的;现实的生活生产被看成是某种非历史的东西,而历史的东西则被看成是某种脱离日常生活的东西,某种处于世界之外和超乎世界之上的东西。"①对于这种漠视,列斐伏尔给出了一个具有普遍性的解释:"一旦平凡的事情以柴米油盐之类的事情来表达的话,这个平凡的事情就成了不值一提的、枯燥的、提不起兴趣的事情。"②而到了 20 世纪,这样的漠视依然存在。列斐伏尔继续评论道,"一些社会学家、历史学家和政治学家一直都在否定,而且继续拒绝承认日常生活在现代世界的重要性,有些人甚至否定日常生活的存在"③。对于后者,直到日常生活的重要性被意识到了之后,日常生活在赫勒这样的社会批判理论家眼里,也是一种属于自在而非自为领域里的事情,因此,例行性的重复成为日常生活的刻板特征。而在海德格尔的眼里,日常生活领域则是一个"沉沦"的世界。在这些理论家那里,日常生活是灰色的,缺乏激情和创造力的。

日常生活虽然琐碎,但我们应该把其视为一个"英雄"。日常生活虽然看起来微不足道,却是人类社会存在和发展的历史前提,是人们必须完成的任务。如马克思和恩格斯所言:人们单是为了能够生活就必须每日每时去

———————————

① 《马克思恩格斯选集》第一卷,第 93 页。
② 〔法〕亨利·列斐伏尔:《日常生活批判》第一卷,叶齐茂、倪晓晖译,社会科学文献出版社,2018 年,第 12 页。
③ 〔法〕亨利·列斐伏尔:《日常生活批判》第一卷,第 12 页。

完成它,现在和几千年前都是这样。① 日常生活是社会结构的基础性层次,它的变化同样也会引起上层结构的变革。尤其在现代社会发生了以生产为主要导向到以消费为主要导向的变革时,社会的权力也发生了从生产领域向消费领域的转移,日常生活也就成为能产生统治力量的基础领域。日常生活中需求什么,就可能产生相应的统治出来。消费被控制的社会也是需求被控制的社会,需求与统治,需求与服从,需求与反抗,这些都是在生活中产生的政治。20世纪下半期以来勃兴的生活方式政治,就是日常生活变革导致政治变革的活生生的例子。

(四)生活系统

在中文语境下,作为学术名词的"生活系统"是由周谷城先生较早创造和使用的。1924年,商务印书馆出版了周谷城先生的《生活系统》一书。周先生写作此书的本意,与其如其1989年新版序言所说,谈论的是人和环境关系的协调问题②,毋宁如其1924年自序中所说的,说明生活的真相问题。周谷城说道:"我写这本书的目的,只有一个。就是要说明生活进行所必经过的几种很明显的状态。换言之,就是要说明生活的真相。我以为要有正确的人生观,必须先明白生活的真相……在这本书内,我那谈人生观的热心,完全放下了。我一心只想说明生活的真相。"③然而,周先生并没有给生活系统下一个定义,而主要是阐述了自我与环境的关系问题。在"自我与环境分立"这一章中,他提到,安宁平顺的生活,自我与物浑融一体的生活,与自然相游乐的生活是受人欢迎的,但在人们的生活中,问题的发生是难免的。然而要明白有问题时的生活情状如何,先需要了解没有问题时的生活情状如何。生活之所以没有问题是因为环境顺适、心理趋向与身体行动协调一致、行动与环境各合融洽,总体上,环境、身体和心理融为一体了。而在问题发生时,情况则大为改变了。其原因在于环境出现变相,心理的趋向也不稳定,环境、心向和行动三者分离,而三者分离的结果必然是自我与环境

---

① 《马克思恩格斯选集》第一卷,第79页。
② 周谷城:《周谷城文选》,辽宁教育出版社,1995年,第4页。
③ 周谷城:《周谷城文选》,第5页。

的冲突。在"自我与环境之浑然一体"这章中,周先生提到自我与环境的对立并非生活的积极状态,而是生活的消极状态,而没有与环境对立的生活,则是没有问题的生活。无问题生活的第一个特征是行动没有遇到障碍,第二个特征是环境能适合自我之行动,或者自我能够适应环境。周先生进一步把没有问题的生活归之于三大特点:行动不曾遇到障碍、没有心理的追逐、环境顺利。因此,生活之所以没有问题,还是因为环境、行动与心向的协调一致。① 所以,综观周谷城的生活系统理论,虽然他没有对何为生活系统作出明确的说明,但实则谈论了人的生活及其所涉及方面的关系,尤其是与外部环境之间的关系,这个环境既包括自然环境,也包括社会环境,人的生活及其涉及的要素构成了人的生活系统。

继周谷城先生之后,费孝通先生是较早使用"生活系统"概念的另外一位学者。根据费孝通先生佚稿《新教教义与资本主义精神之关系》的整理者的推测,费先生大概于 1930—1933 年在当时的燕京大学社会学系求学时写下了这篇论文。② 当然,如论文的标题所示,费先生讨论的是新教教义与资本主义精神之间的关系,试图揭示"16 世纪人民宗教生活和经济生活是如何调和的"。在"中古的生活系统"这部分中,他使用了生活系统这样的概念。他说:"生活系统因叙说便利起见可分为二方面:一是生活所藉以结构成系统的思想、信仰等,一是决定生活内容的经济状况,社会背景等。"③在这句表述中,尽管费先生没有给出生活系统的明确定义,但也可以清楚地看到他所说的生活系统是由思想、信仰和经济状况、社会背景等要素构成的。因此实质上,费先生所言的生活系统和周谷城先生所言的生活系统是一致的,都是指生活及生活所涉及的要素。费先生还谈到,"精神生活和物质生活并没有一定谁是因谁是果,他们都是生活系统中的一部分。生活系统常向着调和统一的路上去,所以任何一种生活受外界的物质或精神的影响而发生变迁时,在同一生活系统的各部都不能不发生调适的作用,因而引起其他生

---

① 周谷城:《周谷城文选》,第 6—129 页。
② 王铭铭、张瑞:《费孝通佚稿〈新教教义与资本主义精神之关系〉整理后记》,《西北民族研究》2016 年第 1 期。
③ 费孝通佚稿:《新教教义与资本主义精神之关系》,《西北民族研究》2016 年第 1 期。

活的变迁"①。费先生所论及的生活系统内部要素的这种辩证关系无疑是正确和深刻的。

上述两位先生对生活系统概念的使用表明,在中国 20 世纪的头几十年里,中国的知识界也包括实践界就已经在现代意义上认识到生活是一个系统性的实践领域。而在西方的知识生产和传播领域,虽然很少看到有人明确使用生活系统这样的概念,但实际上他们也是系统性地看待生活问题的,涉及到生活实践的宏观因素和微观因素。比如,列斐伏尔曾经把日常生活定义为一个区域,"人们在那里,更多地使用他自己的自然,而不是外部自然,物品面对着或多或少转变成欲望的需要,生活中没有控制的部分和被控制的部分在那里分界或交叉"②。他也把日常生活定义为一个层次,包含了"它自己的层次、层面、等级、阶段","所有这些层次和等级的相互关系、相互作用、层次结构都在一定程度上依赖于看问题的方式、观点和角度"。③ 不论是区域还是层次,实质上都是一个关于生活系统的概念。

生活系统的构成是非常复杂的,这本身也造成了生活的含义难以描述,以及进行整体性分析的原因。受到列斐伏尔的启发,我们也采用分层的方法对生活的系统构成进行分析。当然,与列斐伏尔把日常生活当成社会实践的一个基础性层次不同,我们只是对常人视角下的生活涉及到的诸多要素进行分层分析。

生活这种存在实践会涉及许多具有关联性的自然要素和社会要素,这些要素共同构成了生活系统。生活系统是由人的存在实践所形成的系统,因此在本体上是生活的实践系统。当然,我们也要看到,因人的存在实践所形成的系统是多样化的,生活系统只是其一。但对于常人来说,生活系统却是最重要的一个。生活系统的构成非常复杂。周谷城先生在其生活系统的分析中主要谈及了环境、心向与行动三者的关系,强调三者的协调一致是好生活的前提。费孝通先生也只是提及了思想、信仰、经济状况和社会背景。他们提及的要素看似非常简略,而实际上每一个要素都可以展开为许多具

---

① 费孝通侠稿:《新教教义与资本主义精神之关系》,《西北民族研究》2016 年第 1 期。
② 〔法〕亨利·列斐伏尔:《日常生活批判》第二卷,叶齐茂、倪晓晖译,社会科学文献出版社,2018 年,第 275 页。
③ 〔法〕亨利·列斐伏尔:《日常生活批判》第二卷,第 289 页。

体的方面,因此二者所言只是对生活系统诸多要素的框架性概括。

生活系统的诸多要素并非简单的排列,而是在逻辑形态上具有一种递进的圈层关系,形成一个圈层结构。对于这种圈层关系,费孝通先生在其《江村经济》中已有触及。众所周知,《江村经济》一书是对 20 世纪 30 年代江苏省吴江县庙港乡开弦弓村(现名吴江区七都镇开弦弓村)农民生活情况调查的成果,因叙事的缘故,该村被称为"江村"。在该书的第七章"生活"中,费先生提到:"我想先描述消费体系并且试行估计这村居民的一般生活水平。分析这一生活水平,我们可以了解普通生活的必要条件。满足生活的这些必要条件是激励人们进行生产和工业改革的根本动力。"①在费先生的讲述中,他首先谈到了文化对于消费的控制作用,文化的作用在于提倡节俭,反对浪费,类似于赫勒所说的社会规则的功能。然后谈到住房、交通运输、衣着、食品、娱乐、礼仪等日常开支项目,并以正常生活的最低开支水平衡量当地农民的最低生活水平。在费先生提到的消费体系、生活水平、普通生活的必要条件以及满足这些条件的生产和工业改革的根本动力等四项要素中,它们的关系不是并列的,而是层层递进的。这个关系为:如果生活要达到一定的水平(实则是生活的状态),就要具备相应的条件(书中是以日常消费项目来表达的),而为了满足这些条件,就需要相应的行动。因此,费先生所提的四项要素可以归入三类要素:生活状态、生活条件或者生活需要、创造生活条件的行动,书中所言的文化是用于消费控制的,是对生活条件的主观规定,因此可以归入生活条件这一类。

我们所说的生活系统就是由生活状态、生活条件、生活条件的行动三类要素构成的,这三类要素的关系层层递进,且彼此互为因果,形成了一个圈层结构。生活系统构成了对生活的完整理解。首先,最内核的是生活欲求的状态。生活状态是人的存在状态,在具体的意义上是指"过日子"的状态,即"日子过得怎么样"。生活状态是对生活本身最为接近的描述,对于一个人来说,来到这个世界上就要生活下去,那么生活得如何就属于生活状态的范畴。因此,生活状态也是生命哲学及存在主义哲学最关心的一个话题,不论是本真的存在,还是非本真的存在,都是一种生活状态,各种关于生命意

---

① 费孝通:《江村经济》,上海人民出版社,2007 年,第 94 页。

义的提问所指向的就是这一领域。如果再仔细追究,生活状态其实包含两个问题,一个是"生活",一个是"状态",合在一起就是"生活的状态"。但对于一个人降临于世就要生活下去这个事实本身而言,生活是给定的事实,也是一个讨论生活的给定语境,因此对于这个给定的事实我们可以不去讨论,而只讨论其状态。或者换言之,生活状态必然是生活着时候的状态,"他在活着"或"他在生活着"的事实是不需要讨论的,需要讨论的是"他生活着的状态"。

生活过程也是生命的存续和享有的过程,因此,生活状态的核心问题是生命的存续和享有的问题。对于每一个人来说,他们都希望能够快乐地享受其生命历程。生活状态包含许多相关的问题,比如,你是如何生活的?你生活得好吗?你生活得幸福吗?你对你的生活满意吗?你生活得安全吗?你生活得有尊严吗?你生活得自主吗?你生活得富足吗?你生活得有保障吗?你有获得感吗?你健康吗?你朋友多吗?你懂的知识多吗?你实现了自我价值吗?你对公共事务的参与多吗?不一而足。或者,你日子过得好吗?你是怎么过日子的?你的日子有意义吗?等等。生活状态与一个人对自己生活状况的判断与评估有关,取决于一个人的价值取向和所在的社会文化系统,所以在所谓生活的"好"与"坏"上充满了主观性和个体的差异性,不存在统一的标准,但并不排除在一时一地会有一些主导性的社会认知和规范系统,也就是赫勒所说的自在的社会规则系统。

第二类要素与生活的条件有关。每一个人都有其想象中的生活状态,但生活状态不可能自动实现,它必须具备或者满足一定的生活条件。现实中的生活状态是由这些生活条件决定的,达到何种生活条件,就可能达到何种生活状态。对于一个人来说,不论这个人是什么样的人,通常都会想象或者渴望实现一个比较满意的生活状态,因此他们都需要一定的生活条件,并且为之付出努力。很难想象不具备任何生活条件的生活状态是何种状态,其结果只能是不生活或者不生存。即使对于一个处在非常贫困状态的人来说,他依然要为生活条件而挣扎奋斗,比如食物。

生活条件是人赖以生活并达到一定状态所要的条件,继而转化为生活的需求。在逻辑上,一方面,生活需求不是凭空产生的,而是来源于一些生活条件的不满足状态,需要有什么样的生活条件,就会产生什么样的生活需求,生活条件的缺失决定了生活需求的内容。另一方面,生活条件的满足是由生活需求的实现来达到的,需求得到满足,也即意味着具备了相应的生活条件。因此,生活条件和生活需求是紧密联系的,相互影响且互为因果。在现实生活中,生活需求因生活条件而发生,生活需求的实现程度又造就了生活条件的真实状况,二者共同塑造了个体的生活状况。而在具体的要素上,二者的指向内容也是一致的,生活条件的要素也是生活需求的要素,二者是重合的。

在现实生活中,生活条件与生活需求涉及的要素非常多。总体上,生活条件可以分为物质性条件和非物质性条件,生活需求也可以分为物质性需求和非物质性需求,因此,二者所涉及的要素也可以分为物质性要素与非物质性要素两类。通常而言,物质性要素与人的物质生活有关,解决的是人的生存性需要,非物质性要素与非物质生活有关,解决的是人的社会性需要。比如,衣食住行涉及的物质性要素与人的物理生存有关,一个人物质生活的"好"与"坏"与对这些物质性要素的占有有关,这些物质性要素又可以化约为一般等价物货币,对其占有得多可称为物质的"富足",反之则是"贫困",这就是所谓的经济条件或者经济状况。当然,在现代社会,人们生活的状态与自然环境的优劣也具有紧密的关系,良好的生态条件又成为生活的需求。因为自然界是物质性的,这类需求也可以归入物质性需求,相关的要素为物质性要素。同时,人们也希望自己的行动是自由的,安全的,有获得感的,受到公平对待的,享受社会正义的,自己是有知识的,有家人和朋友的,有社会资源的,可以自我实现的,又是健康的,这些需求属于非物质性需求或者社会性需求,构成了一个人享有其生命价值的重要社会条件。

第三类要素是创造生活条件的行动要素。这类要素又可以进一步划分为个体性的行动要素和社会性的行动要素。生活条件及生活需求均不能自动实现,必须付诸具体的行动。行动以需求为动机,关于行动与需求关系的论述已经非常丰富,这里不再赘言,而仅以费孝通先生的两段话来说明:

> 观察人类行为,我们常可以看到人类并不是为行为而行为、为活动而活动的;行为或是活动都是手段,是有所为而为的。不但你自己可以

默察自己，一举一动，都有个目的，要吃饭才拿起筷子来，要肚子饿了才吃饭……总是有个"要"在领导自己的活动；你也可问别人："为什么你来呢？有什么事么？"我们也总可以从这问题上得到别人对于他们的行为的解释。于是我们说人类行为是有动机的。

说人类行为是有动机的包含着两个意思：一是人类对于自己的行为是可以控制的。要这样做就这样做，不要这样做就不这样做，也就是所谓意志；一是人类在取舍之间有所根据，这根据就是欲望。欲望规定了人类行为的方向，就是上面所说要这样要那样的"要"。这个"要"是先于行为的，要得了，也就是欲望满足了，我们会因之觉得愉快，欲望不满足，要而得不到，周身不舒服。在英文里欲望和要都是want，同时 want 也作缺乏解。缺乏不只是一种状态的描写，而是含有动的意思，这里有股劲，由不舒服而引起的劲，他推动了人类机体有所动作，这个劲也被称作"紧张状态"，表示这状态是不能持久，必须发泄的，发泄而成为行为。欲望—紧张—动作—满足—愉快，那是人类行为的过程。[①]

实际上，不仅生活条件，而且生活状态的实现都要依赖于创造生活条件的各类行动。对于个体来说，要想过上符合自己期望的生活，必须通过实际行动把相应的生活条件创造出来。要想获得衣食住行等物质生活的资料，必须把它们生产出来，或者要有"收入"把它们购买过来。因此，为了满足物质生活的条件，人们需要从事不同的职业，付出相应的劳动；要想生活得自由、安全和社会福利，人们需要为自己争取权利并保护这些权利；为了获得爱情、亲情和友情，人们必须学会建立亲密关系、经营家庭和社会交往；为了获得知识，必须学习；为了获得良好的自然环境，人们必须保护环境，学会和自然和谐相处。社会性行动包括政府性行动和非政府性行动。非政府性行动中最基础性的部分是企业主提供工作岗位的行动，对于企业主而言，经营性行为是其获取财富的渠道，但他们提供的工作岗位恰为更多的社会个体获得收入提供了条件。个体性的经济行为汇聚在一起便成为社会性的经济

---

① 费孝通：《乡土中国》，上海人民出版社，2006 年，第 66—67 页。

行为,社会性的经济行为对于物质性生活要素的取得是至关重要的,正如亚当·斯密那句著名的"看家话"所说的,追逐个人私利对于实现社会福祉是有帮助的。政府性的行动也可以细分为两类,一类是政府的回应性行动,也即通过政策的制定和执行去满足具有共性的社会需要,比如通过经济政策促进经济发展,创造更多的工作岗位,通过环境政策保护生态环境,通过福利政策建立普惠性的社会保障体系等等。回应性的政府行动是一种被动的政府行动,是对社会需求的被动回应。另一类是政府的主动行动,也即政府主动地发现问题、解决问题,通过公共政策为社会成员的更好生活创造有利条件。所以,总体上看,创造生活条件的行动是一个体系,包括了个体、社会和政府的行动,涉及到多个问题领域,以及微观、中观和宏观的行为,其中也包括政治行为。

生活系统三个层次的内容与层次之间的关系如图1所示:

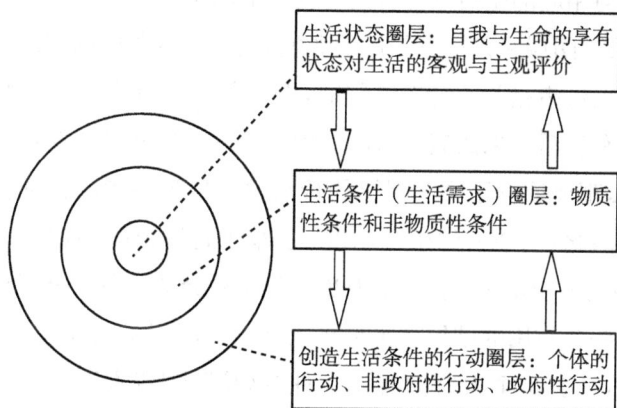

图1　生活系统的圈层结构

我们把生活状态圈层称为第一圈层,生活条件(生活需求)圈层称为第二圈层,创造生活条件的行动圈层称为第三圈层。由此,从常人的角度出发,我们可以进一步把人的生活理解为自我和生命的享有及其引发的生活条件、生活需求及创造与满足这些条件和需求的行动所构成的实践系统。比如,当我们描述自己的生活的时候,往往会涉及到日常起居、学习、工作、收入、情感、家庭、社交、兴趣爱好、休闲娱乐、身体健康等许多方面的信息,并据此对自己的生活状态作出判断。当我们询问他人生活的时候,往往也会涉及这些信息,这说明常人的生活系统构成在形式要素上是一致的,是同一种类的生存,但在具体的内容上却充满了个体性。需要注意的是,在生活系统的行动要素中,社会性的行动尤其是政府的行动,以及个体争取权利的政治行动在目前的经验认知中一般不属于一个人的日常生活范围,前两者属于更宏观的社会生活的系统,而对于个人争取权利的政治行动而言,主要是一种权宜性的政治行动,而不是日常性的政治生活。

生活系统的三个圈层具有层层递进、互为因果的关系。首先,在前两个圈层中,第一圈层是源始性的圈层,第二圈层因第一圈层而生,正是因为人之存在以及更好存在的想象和期望引发了对相关条件的需要。比如,因为希望在物质上过富足的生活,所以才引发了对财富的需要,后者成为前者的实现条件,有了财富,才可能有更好的物质生活。而反过来,财富条件是否具备又成为生活贫富状态的决定因素和判断依据。生活状态中所有想象和期望的实现与相应的生活条件都具有同样的因果关系。

其次,第二圈层又是第三圈层的源发圈层,生活条件的实现或者生活需求的满足必须付诸相关的行动。同时,个体行动与社会行动的状况又决定了生活条件和生活需求的满足状况。因为第一圈层和第二圈层的要素均不能自我实现,都要依赖于第三圈层的行动,所以,最终影响人的生活状态是第三圈层。因此,一个人的生活状况,也即他们是否能够拥有期望中的生活,既要取决于个体的行动,更要取决于整个社会的运行,是经济、社会和政治三大领域综合作用的结果。正是在此意义上,个人的也是社会的,社会的也是个人的,社会是个人所拥有的一种"物品"或"资本",个人拥有的这个"物品""资本"如何,或者身处何种社会,对其生活状态或者生命历程的享有具有建构性影响。而对于个人而言,如何在自我和社会之间进行权衡,也是影响其生活状态的重要因素。

最后,个体是通过生活需要的满足同社会发生关系的,因此,第二圈层的要素成为个体与社会联系的中间环节。个体因生活需要与其他个体联结而成社会,继而个体又因生活需要与社会发生联系,因此,生活需要一开始是生存需要,成为社会得以发生的逻辑原点,人是社会关系的总和也由此产生。在历史的原点上,正如马克思恩格斯所说,人为了生活,就必须拥有物质生活的资料,因此,人类的第一个历史活动就是生产物质生活本身。在生产物质生活的过程中,人类社会的生产关系以及建立在生产关系之上的社会体系也由此产生。社会体系一旦形成,又会影响生活资料的获得,从而影响人的生活状态。所以,人与社会体系的联系不是自动发生的,而是以生活条件的获得为中介的。

第四章　重新发现生活政治

重新发现生活政治首先要超越生活方式政治。生活政治是生活议题公共化的结果,在内涵与外延上都要大于生活方式政治。生活政治是面向个体的政治,个体性是生活政治最显著的特征。生活政治发生于生活系统的各个层面,在政治社会的运行上可以表现为宏观的生活政治、中观的生活政治和微观的生活政治。

一、 超越生活方式政治

对生活政治的理解需要建立在对生活的全面理解之上。吉登斯所言的生活政治是一种生活方式的政治,不能代表生活政治的全部。吉登斯发现的是生活方式运动的特定社会事实,他想强调的也是生活方式变革所具有的社会意义,因此,吉登斯是在生活方式的层次上谈论生活政治,而不是在日常生活的层次上谈论生活政治的,尽管生活方式属于日常生活或者生活的范畴。不过,也正是因为 20 世纪后半期兴起的生活方式运动把生活这种看起来比较私人的话题带入公共的视野,并成为现代政治讨论和实践的重要议题。

吉登斯笔下的生活政治是生活方式议题公共化的结果,是公众的社会性选择,生活方式不仅指向个体,也指向群体,生活方式的变革是个人和社会共同选择的结果,因此生活方式建立起个人与自我、个人与群体、国家与社会、人与自然的纽带,人应该如何生活成为广大公众商讨的领域,为政治实践和学术讨论提供了一个丰富的空间。生活方式变革并不局限于发达国家,在许多发展中国家也出现了类似的生活方式变革趋向,在吉登斯等西方学者提出生活政治的概念和理论以来,越来越多的人加入到以生活方式为主要内容的生活政治讨论中来。因此,在更大的国际讨论范围看,生活政治所指也主要是生活方式的政治。可以看到,生活政治的实践和研究所涉及的学生运动、妇女运动、和平运动、生态运动、食品生产、动物保护、酷儿运动、休闲娱乐、交通方式、垃圾处理、能源使用、生活时尚、住房设计、新技术、安乐死等诸多议题大多与人们的生活方式选择有关,这些生活方式要么指向个人的自我实现,要么指向社会性的公共价值,而且与早期的学生运动、妇女运动等具有抗争性的社会运动相比,近来的生活方式运动主要旨在倡导和传播绿色、健康的生活方式,这些生活政治议题虽然也要求政府和公众采取行动,但大多是生活性而非抗争性的,真的成为一种"生活方式"的政治。①

可见,作为一种政治形式的生活政治的滥觞有其特定的时代背景,也正是这些时代背景使生活方式成为生活政治的核心议题,人们在使用生活政治的概念时通常会指向生活方式的政治。但是,也要认识到,单纯把生活政治指向生活方式政治有其局限性,生活方式不是生活的全部,生活政治还有许多其他的理论与实践议题,生活方式的生活政治把生活政治的内涵与外沿狭窄化了,无疑缩小了生活政治的讨论和实践领域。而对于吉登斯来说,把生活政治归结为生活方式的政治是一种权宜之举,他本人也同样认为生活政治的内容并不局限在生活方式领域。吉登斯在言及生活政治的本质时说:

> 如果我们简单地认为生活政治所关注的是个体获取一定程度的自主性之后的事情,那么这未免有冒犯之嫌,因为生活政治也涉及了许多其他因素。不过,这种看法毕竟为我们提供了一个认识生活政治的初始方向。生活政治并非主要关涉那些使我们得以自由选择的条件,实际上它就是"有关选择的政治"。如果说解放政治是一种生活机遇的政治,那么生活政治便是一种生活方式的政治。②

① 张敏:《作为一种存在主义政治的生活政治:源起、本质及意义》,《国外理论动态》2021年第2期。
② 〔英〕安东尼·吉登斯:《现代性与自我认同》,第199页。

可见,吉登斯并不讳言把生活政治等同于生活方式的问题有些简单化了,而且还有"冒犯"之嫌,他明确地意识到了生活政治还涉及诸多其他的因素,这种简单化的好处只是可以为认识生活政治提供一个初始的方向。如果我们跳脱当时的理论语境,或许可以说,生活方式变革只不过是给生活政治的提出和理论建构提供了一个时代契机和议题罢了。因此,要全面地审视生活政治,必须跃出生活方式政治的窠臼,关注更多的生活议题。

二、 重新理解生活政治

(一)生活政治的一般含义与逻辑

在发生学的逻辑上,生活方式政治是生活方式的议题公共化的结果,一般意义上的生活政治与生活方式政治的发生逻辑是一致的,因此,我们可以把生活政治理解为生活议题公共化的产物。同样的道理,生活议题本来是私人问题,但其一旦进入公共视野,被更多的公众注意、讨论、扩散并向社会提出要求,或者因为被公共机构注意而发生问题性质的变化成为一个政治问题。所以,生活政治的发生有两个逻辑:一个是自下而上的逻辑,即由私人议题开始,经由社会的扩散而成为一个公共议题;一个是自上而下的逻辑,公共机构注意到一些带有一定社会普遍性的生活议题,把它们公共化。自上而下的逻辑又有两种情况:一是公共机构主动把相关生活议题提上议程并采取实际的行动,二是只是认识到相关问题的存在及可能的影响,但不会采取实际的行动。在第二种情况下,原本私人性的生活议题因为受到公共机构的注意而超出了私人问题范畴,随时可能被提上公共议程。

生活政治可以在生活系统的任一圈层生发。第一圈层所涉及的幸福、满意、安全、尊严、自主、富足、保障、公正、健康、知识、自我价值、公共参与等任一要素都可能成为公共议题。比如,我们现在所熟知的财富持有、社会保障、医疗健康、国民教育、生态保护、公共参与等,从 20 世纪六七十年代开始在许多国家成为衡量国民生活质量的客观指标,幸福感、满意度、安全感、社会公正等成为衡量国民生活质量的主观指标,并且通过政府的行动去促进这些目标的实现。在中国,自改革开放以来,随着经济社会的快速发展,生活质量的研究与衡量也被提上政府和学术界的工作日程,尤其对于中国各级政府来说,采取多种措施提高城乡居民的幸福感、满意度、获得感已经成为普遍的做法,并取得了良好的成效。当然,这些要素或者价值并不是一起涌现的,一些生活价值的出现有其特定的历史进程。在古代社会,人们可能较多关注生存性问题,因而对生命安全、物质的富足更为需要。而到了现代社会,生活得自主、有尊严、受到公正对待等价值观念在世界范围内被更多的人接受和强调。

生活系统第二圈层的要素是第一圈层的延伸。第一圈层的要素主要是价值性的需要,其实现要取决于第二圈层诸多要素的落实。第二圈层中的任一要素都可以成为公共议题。在现实生活中,生活的美好程度或者生活质量的高低是由第二圈层的具体要素来测量的。在相关社会指标的体系设计中,第一圈层的要素往往被设计成高层级指标,第二圈层的要素被设计成次级指标或者子指标,然后再被分解为更具体的指标,这就说明了前者对后者的依赖关系。比如,2019 年 6 月,中国卫生健康委员会制定发布了《健康中国行动(2019—2030 年)》,其中健康水平是由"成人肥胖增长率""孕妇贫血率""5 岁以下儿童生长迟缓率""人均每日食盐摄入量""人均每日添加糖摄入量""蔬菜水果每日摄入量""每日摄入食物种类""成年人维持健康体重""城乡居民达到体检合格标准率"等多项指标测量的。[①] 这些次级指标都是维持身体健康所需要的物质性条件和非物质性条件。生活系统的第三圈层为生活政治的行动圈层。如前文所述,人们期望的生活状态及其所需的条件都要依赖具体的行动才能实现,因此不论是何种诉求的发出都要诉诸具体的行动。这一圈层中既有个人的生活政治行动,他们可以就某些生活议题向社会提出要求,也可以联结而成一定的社会运动向政府施加压力,西方国家的生活方式政治大多如此;也有由公共机构发起的生活政治行动,比如刚才提及的健康中国行动,以及中国政府的扶贫行动等。

生活系统三个圈层及其生发的生活政治可以表示如下:

---

① 中国健康委员会:《健康中国行动(2019—2030 年)》https://www.gov.cn/xinwen/2019 - 07/15/content_5409694.htm,引用日期,2024 年 1 月 24 日。

表 2 生活系统与生活政治的层次与内容

生活系统		生活政治	
		层次	内容
生活系统	生活状态 (第一圈层)	价值	自主、安全、尊严、公正、满意、幸福、获得、富足、健康、有智慧、自我实现……
	生活条件/需求 (第二圈层)	条件/需求	衣、食、住、行、收入、环境、社会福利、权利、荣誉、社会地位、秩序……
	创造生活条件的行动 (第三圈层)	行动	个体的行动、团体的行动、公共机构的行动

从上表可见,生活议题来源于生活系统的第一圈层和第二圈层,任一层次的生活议题都会引起相关的生活政治议题。在生活政治的实践中,价值诉求来自于人们对生活状态的想象和期望,衣食住行、社会福利和公民权利等物质性需求和非物质性诉求来自人们生活中具体条件的落实,而为了实现诉求的公共行动本身则形成了生活政治的各种实际行动。因此,生活政治由各类生活议题引发,每一种议题都可能成为公共议题,生活政治的议题来源非常广泛,涉及人们生活的方方面面。

通过上面的分析可以发现,我们所说的生活政治与吉登斯的生活政治的区别。第一个区别是内容指向的不同,我们所说的生活政治是各种生活议题公共化的结果,吉登斯所说的生活政治主要是生活方式政治,我们所说的生活政治包括但不限于生活方式政治,这个区别前面已多次论及,此处不再赘言。第二,在时代上,生活政治在古代社会已经事实上存在,吉登斯所说的生活政治是特定历史时期也即 20 世纪下半期晚期现代性的产物。因此,我们所说的生活政治比吉登斯所说的生活政治出现得更早,中国早期封建社会的民生思想和民生政治重视百姓的生计问题,就是一个明证,此处也不再赘言。第三个区别,也是一个非常重要的实质性区别,我们所说的生活政治包括了吉登斯所说的"生活机遇政治",而"生活机遇政治"不在吉登斯的生活政治范畴之内。

我们可以重温一下吉登斯的这段话:"如果我们简单地认为生活政治所

关注的是个体获取一定程度的自主性之后的事情,那么这未免有冒犯之嫌,因为生活政治也涉及了许多其他因素。不过,这种看法毕竟为我们提供了一个认识生活政治的初始方向。生活政治并非主要关涉那些使我们得以自由选择的条件,实际上它就是'有关选择的政治'。如果说解放政治是一种生活机遇的政治,那么生活政治便是一种生活方式的政治。"①

　　这段话中,吉登斯首先承认如果只把生活政治局限在生活方式政治之内有"冒犯之嫌",实际上也说明他认为生活政治并不只是生活方式政治。但其后半段却又把生活政治限定为生活方式政治,这看起来的确矛盾。如果究其原因,那就是他认为生活方式政治为认识生活政治提供了一个初始的方向,因此,我们也许可以把吉登斯的做法当作一个权宜之举。但在其生活政治的整个研究中,还是把生活政治指向生活方式政治。所以,我们还是可以认为吉登斯所说的生活政治是生活方式政治,即有关生活方式选择的政治。所谓生活机遇的政治,吉登斯把其当作"获得一定程度的自主性"的政治,也就是解放政治,而生活政治则是生活机遇政治或者解放政治之后的事情了。因此,在吉登斯那里,生活机遇政治在先,生活方式政治在后。

　　在我们看来,生活机遇政治也属于生活政治。这是因为,吉登斯所说的生活机遇政治,其涉及的是生活的自主权问题,尤以从传统的压迫和桎梏中解放出来为中心。但这种生活的自主权恰是生活的一个非常重要的权利,其实现程度极大地影响了一个人的存在状态或生活状态,因此,自主权是生活的一个核心议题。这一权利决定了一个人能否自由地选择其生活方式,追求其生活目标,能否得到公正的对待,享有生命和财产的安全保障,以及能够自我实现。自主权是生活之需,自主权在生活之内,而不是在生活之外。自主权是生活的条件,因这种条件的满足而获得更多的机遇。所以,自主权是条件,也是机遇,是机遇的机遇。而当人们为其自主权而行动的时候,也就走上了生活政治之路。

　　因此,我们对生活政治的认识,需要超越吉登斯的生活政治"范式",既要突破生活方式政治的窠臼,又要避免生活机遇政治的误区,从生活本身出发对其全面审视。我们的生活政治概念立足于生活系统,讨论的是更为丰

---

① 〔英〕安东尼·吉登斯:《现代性与自我认同》,第199页。

富的生活政治议题,打开了生活政治的研究视野,为生活政治分析提供了一个一般化的理论框架。

除此之外,我们还要注意生活政治和"政治中的生活""生活中的政治"的区分。这两个说法是生活政治常见的常人式的理解。生活政治不是"生活"和"政治"的简单叠加。首先,"政治中的生活"是与生活政治较为接近的说法,可以理解为与政治中的生活议题相关。尤其在主要的政治理论中,生活还没有成为一个典型的政治议题,"政治中的生活"则把生活置放在政治的讨论之中,生活议题政治化了。其次,"生活中的政治"是与生活政治关系复杂的一个说法。生活中的政治可以是政治渗入日常生活的结果,也可以是日常生活中发生的政治行为,这两者都与生活本身相去甚远。但是,一旦政治成为日常生活的一部分,比如观看政治类的电视节目和阅读具有政治功能的报纸,这些政治也会变成生活本身而成为人的政治生活,继而成为生活政治的范畴。所以,对"生活中的政治"与生活政治的关系,需要细细辨别。

(二)生活政治的特性

在我们讨论的具体政治类型中,比如阶级政治、权力政治、民主政治、威权政治、极权政治、精英政治、政党政治、团体政治、选举政治、利益政治、多元政治、寡头政治、君主政治、贵族政治、民粹政治、数字政治等,每种政治都有其内在的特性,生活政治作为一种被新近关注的政治类型当然也不例外。生活政治是朝向生活领域的政治,有其自己的特性。

首先,生活政治是一种存在主义政治。在这一点上,我们接受吉登斯的看法,并把它重申至一般的生活政治之上。所不同的是,吉登斯的存在问题集中在"现代性存在性焦虑"之上,并试图通过生活方式的选择继而通过生活方式政治来"治愈",因此只是触及存在问题的某些方面,我们所言的存在主义政治则是全方位的,涉及生活问题的所有方面。

因为生活是人的存在方式,因此生活的问题即是存在的问题,生活政治以人的存在问题为核心关切,生活政治必然关心人的存在条件、存在方式和存在状态。在生活政治的语言中,生活政治关心人的生活条件、生活方式和生活状态,以及为了生活的改进而采取的各种行动,也即关心整个生活系统。关于生活政治的本质是一种存在主义政治，前文已有所阐述。但需要说明的是，与海德格尔存在主义哲学所寻求的"本真的存在"相比，这里作为存在主义政治的生活政治的目的不是拯救人的"沉沦"或危机，而是关注现实中的存在，关心现实中生活的改进。因此，生活政治作为一种人类的政治形式，是一种现实中的政治实践，是从常人的角度出发理解的存在主义政治，旨在改进人的现实存在状态，是现实中的存在主义政治。

其次，生活政治的现实价值取向是"好生活"。生活政治关切现实中的生活问题，因此其实践取向是好的生活。事实上，在政治的价值史上，"好生活"不是一个新话题。在政治学说史上，对"好生活"的关切始于古希腊城邦政治的探讨。那个时候的思想家，典型者如亚里士多德就认为，人们组成城邦就是为了过上好的生活，城邦的生活要优于纯粹家庭的生活，让公民们生活得幸福就是城邦至高的善，城邦的政治体制设计以及对公民的要求也要服务于这个目的。这样的观念已经为研究者熟知，乔治·萨拜因（George Holland Sabine）把它总结为"国家是人们为了实现最好的道德生活而联合起来的群体。一群人共同生活所采取的生活样式取决于他们是什么样的人以及他们旨在实现什么样的目的，而反过来看，国家的目的将决定谁可以成为它的成员以及成员个人可以过什么样的生活。按照这种观点，一如亚里士多德所言，宪法乃是一种有关公民的安排，或者如他在其他论著中所说的那样，宪法是一种生活方式，而政体则是对国家旨在倡导的那种生活方式的体现。国家的伦理性质不但支配者而且还可以说完全覆盖了它的政治性质和法律性质。因此，亚里士多德得出结论认为，一个国家的政体能持续多久，一个国家就能存在多久，因为政体的改变将意味着宪法的改变或作为其基础的公民努力实现的那种'生活方式'的改变"[1]。

及至欧洲近代的社会契约论，对"好生活"的渴望是国家存在的法理依据。托马斯·霍布斯（Thomas Hobbes）描述了这样一个前国家状态，也即自然状态，人的特性（或者三大自然原因：竞争、猜疑与荣誉感）使得自然状态成为一种战争状态，且不存在公正的标准：

---

[1]〔美〕乔治·萨拜因：《政治学说史》（上卷），邓正来译，上海人民出版社，2008年，第138页。

因此,在人人相互为敌的战争时期所产生的一切,也会在人们只能依靠自己的体力与创造能力来保障生活的时期中产生。在这种状况下,产业是无法存在的,因为其成果不稳定。这样一来,举凡土地的栽培、航海、外洋进口商品的运用、舒适的建筑、移动与卸除须费巨大力量的物体的工具、地貌的知识、时间的记载、文艺、文学、社会等等都将不存在。最糟糕的是人们不断处于暴力死亡的恐惧和危险中,人的生活孤独、贫困、卑污、残忍而短寿。①

霍布斯设想下的自然状态或者前国家状态是生活非常糟糕的状态,摆脱自然状态的需要使人们产生一种理性,理性要求人们摆脱对死亡的恐惧,建立对舒适生活的渴望,建立起人们之间的和平,于是,人们相互之间签订契约,通过建立国家来保证他们的安全,以求摆脱这种糟糕的生活。而对于成立国家之后的人们的生活,霍布斯也有交代:"我们看见天生爱好自由和统治他人的人类生活在国家之中,使自己受到束缚,他们的终极动机、目的或企图是预想通过这样的方式保全自己并因此而得到更为满意的生活;也就是说,要使自己脱离战争的悲惨状况。"②因此,在霍布斯那里,国家是因建立"好生活"的需要而生的,国家的保护提供了安全生活的条件,这样的安全,既包括人身的安全,也包括财产的安全。

洛克的社会契约论逻辑和霍布斯在本质上是一致的,不同的是他所设定的自然状态下的生活相对美好,但由于缺乏公共仲裁者的不便,在结果上自然状态也变成了战争状态,因此,"好生活"依然需要国家或者政府来提供保护。

可见,在为现代欧洲奠基的国家观念里,能够自由和安全地生活是人需要国家的首要理由。这里所言的"好生活"首先不是衣食住行等物质要素的满足,而是生命、自由与财产安全的满足。因此,生命、自由与财产这些基本的权利是因生活的需要而产生的,生活是这些权利的源始依据。这是因为,人们希望自己的生活是安全的、自由的、有一定物质保障的,也即有权利的,

---

① 〔英〕托马斯·霍布斯:《利维坦》,黎思复、黎廷弼译,第95页,商务印书馆,1985年。
② 〔英〕托马斯·霍布斯:《利维坦》,第128页。

而这些权利只有在国家的状态下能得到一定程度的实现。生活也即人的存在，一切权利的需要均来源于此。

　　生命、自由和财产的权利是生活的基本权利，也是讨论得最多的公民权利，到了 20 世纪 40 年代末，另外一个公民权利——社会权利被明确地提出来了，尽管这一权利的发端比较久远。社会权利是直接与生活的保障需要结合在一起的权利。社会权利是由社会学家托马斯·马歇尔（Thomas Humphrey Marshall）提出并系统阐述的。1949 年，在剑桥大学纪念新古典经济学创始人阿尔弗雷德·马歇尔（Alfred Marshall）的纪念讲座上，社会政策学家马歇尔受邀发表了"公民身份与社会阶级"的演讲。他的演讲从经济学家马歇尔 1873 年的一篇文章《工人阶级的未来》讲起。实际上，经济学家马歇尔谈论的是工人阶级的生活问题。在这篇文章中，经济学家马歇尔发现随着技术的进步和熟练工人的崛起，作为工人阶级典型特征的繁重且过量的体力劳动正在大为减少，工人阶级正在学会重视教育和休闲，而不只是关注工资和物质享受的增加，逐步发展自己的独立性、男人的自尊以及文明礼仪，逐步接受公民的私人义务和公共责任，逐步加深对他们是人而不是生产工具这一事实的理解，正在逐步成为绅士。因此，经济学家马歇尔提出一个问题，工人阶级状况的改善有没有无法超越的界限，因为，如果把工人阶级视作有过多繁重工作要做的人，那么工人阶级将会被消灭。当然，按照经济学家马歇尔的看法，这个界限是不存在的，因为世界资源和生产力的发展可以为每个人成为绅士提供物质基础，所以在工人阶级状况的改善上不存在不可逾越的障碍。社会学家马歇尔认为经济学家马歇尔的问题提出了一个思考方向上的启发，即把对生活标准的基于消费品和享受服务的定量评价转向了基于文明要素的一个整体的定性评价，在社会学家马歇尔看来，"文明"在当时的意境下是可以替换"绅士"的。因此，社会学家马歇尔认为经济学家马歇尔的文章蕴含了一个社会学假设，它假定存在一个与完全公民身份联系在一起的人类平等，而这种人类平等与阶层间经济上的不平等并非不相容。社会学家马歇尔认为经济学家马歇尔提出的社会学假设切近了他所提出问题的核心，那就是公民身份的人类平等增加了新内容，并且已经形成了一个庞大的权利体系。也就是说，公民身份在内容上表现为公民权利，一个完整的公民身份丰富和表现为一个完整的公民权利体系。社会学家马歇尔认为一直存在着推动社会平等的现代动力,由于这一动力的存在,公民身份才会演进到最新阶段。

　　社会学家马歇尔把完整的公民身份分为三个部分:公民的要素、政治的要素和社会的要素。公民的要素由个人自由所需要的权利组成,政治要素由公民作为政治主体所拥有的参与政治的权利组成,社会的要素涉及从某种程度的经济福利与安全到充分享有社会遗产并依照通行标准享受文明生活的系列权利。社会的要素包含的权利称为社会权利。马歇尔认为,这三种要素最初是混合在一起的,后来才逐渐分化并表现为不同的权利形式,现代化的公民权利形成于 18 世纪,政治权利形成于 19 世纪,社会权利形成于 20 世纪。[①]

　　在实践中,社会权利是以福利权利为主要内容的公民权利,直接对人的生活提供了生存安全的保障。当然,马歇尔所说的公民权利和政治权利都关乎人的存在和生活状态,都生发于人的存在和生活的需要,而社会权利则是直接可以为人的存在和生活提供物质保障的权利,直接涉及物质财富的二次分配。在实现的方式上,社会权利对应于福利国家制度,福利国家不是一种国家类型,也不是指一个国家提供的社会福利水平有多高,而是强调国家对公民的社会权利负有责任,这种制度称为福利国家制度。1948 年,英国工党政府宣称第一个建成福利国家制度。在中国的语境下,社会权利所解决的是民生问题,对应的是社会保障制度。社会福利抑或社会保障都指向社会权利的实现,只是在不同的语境下称谓有所不同。

　　不论是社会契约论国家观念中的生活,还是社会权利观念中的生活,都是资本主义语境下的看法。在马克思主义的语境中,"好生活"依然是至上的价值取向。在马克思那里,他对"好生活"的阐述是一个庞大的理论体系,但综观马克思的实践指向,可以把"好生活"归纳为与人的本质相一致的生活。这样的观念在马克思的青年时期就已经萌发。马克思在《青年在选择职业时的考虑》中就写道:"在选择职业时,我们应该遵循的主要指针是人类的幸福和我们自身的完美。不应认为,这两种利益是敌对的,互相冲突的,一种利益必

---

① 托马斯·马歇尔关于社会权利的阐述可参见〔英〕托马斯·马歇尔、安东尼·吉登斯等著,郭忠华、刘训练编:《公民身份与社会阶级》,江苏人民出版社,2008 年,第 3—60 页。文中多处引用,不一一做注。

须消灭另一种的；人类的天性本来就是这样的：人们只有为同时代人的完美、为他们的幸福而工作，才能使自己也达到完美。"①可见，在青年马克思看来，"好生活"是人类幸福和自身完善的结合，而且这样的结合是人的天性即人的本质使然。人的本质与"好生活"之间的辩证关系在《1844 年经济学哲学手稿》中得到充分论述。不过，马克思是从劳动异化的角度反向说明的。劳动的异化是劳动及其生产的对象以及整个劳动关系与劳动者自身的对立，结果是劳动者也发生了异化，工人成为劳动的奴隶，他们"只有在运用自己的动物机能时候，才觉得自己是自由活动，而在运用人的机能时，却觉得自己不过是动物。动物的东西成为人的东西，而人的东西成为动物的东西"②。劳动的异化使自然界与人本身的生命活动与人发生异化，把生活变成维持个人生活的手段，类生活和个人生活都发生异化；人的类本质也发生异化，人同自己的劳动产品发生异化。③在马克思看来，异化的生活不是"好生活"。

"好生活"是人的本质和生活结合在一起的生活，生活不是手段，而是人的本质存在状态。"好生活"只有在共产主义社会才能存在。马克思在《1844 年经济学哲学手稿》中写道：

> 共产主义是私有财产即人的自我异化的积极的扬弃，因而是通过人并且为了人而对人的本质的真正占有；因此，它是人向自身、向社会的（即人的）人的复归，这种复归是完全的、自觉的而且保存了以往发展的全部财富的。这种共产主义，作为完成了的自然主义，等于人道主义，而作为完成了的人道主义，等于自然主义，它是人和自然界之间、人和人之间的矛盾的真正解决，是存在和本质、对象化和自我确证、自由和必然、个体和类之间的斗争的真正解决。它是历史之谜的解答，而且知道自己就是这种解答。④

---

① 中共中央马克思恩格斯列宁斯大林著作编译局：《马克思恩格斯全集》第 40 卷，人民出版社，1982 年，第 7 页。

②③ 中共中央马克思恩格斯列宁斯大林著作编译局：《马克思恩格斯全集》第 42 卷，人民出版社，1982 年，第 94 页。

④ 中共中央马克思恩格斯列宁斯大林著作编译局：《马克思恩格斯全集》第 42 卷，第 121 页。

可见,在马克思 1844 年关于共产主义的设想中,因为私有财产的扬弃,人的本性得以向自身和社会的人复归,人与自然、人与他人、存在和本质、自由和必然等等之间的对立不复存在,人的生活是美好的。这样的设想在 1848 年马克思与恩格斯的《共产党宣言》转变为行动的宣言,他们号召全世界无产者联合起来,消灭资本主义私有制,在"代替那存在着阶级和阶级对立的资产阶级旧社会的"联合体里,实现人类真正的类生活,"每个人的自由发展是一切人的自由发展的条件"。马克思、恩格斯奠定了社会主义的思想体系,毋庸置疑,社会主义的政治社会实践同样也是以"好生活"为实践取向的。当然,我们也可以发现马克思、恩格斯与后来海德格尔等存在主义者在价值主张上的一致性,他们都主张人的本真存在,但马克思、恩格斯无疑是最伟大的奠基者和开创者。

上述这些代表性的理论表明,"好生活"一直是思想家政治社会想象和制度设计的中心关切,"生活政治"不过是把这些关切专门课题化了。生活政治在实践上指向"好生活"的实现,在理论上则提供了一个概念和理论框架,关于生活改进的集体努力均可置放在生活政治的概念和框架下分析。上述这些代表性的理论同样也表明,人的存在和生活是政治理论和实践的最高价值,尤其从个体的角度出发,人的生活和存在是至高无上的,一切政治的理论和实践均应服从于这个需要。由此,我们或许可以说,看似不起眼的生活,却能够建立起一个统领型的政治。

再次,生活政治是面向个体的政治。生活的个体性决定了生活政治是面向个体的政治。这里的个体是一般意义上的个体,指每一个独立的生活者。如前文所说,离开个体的生活而谈论更大范围群体的生活,必然是空洞和抽象的,这就决定了生活政治的个体面向。当然,生活政治有提高大多数国民生活水平的义务,也即生活政治有其整体面向,但是,这种整体面向的完成是建立在个体生活真实改善的基础之上的,所以,整体面向要落实在个体面向之上。由此可见,整体主义的视角不能随便用于生活政治的分析。生活政治整体面向中的"整体"和整体主义视角中的"整体"有所不同,前者指的是基于个体的大多数人或者所有人,而后者则强调共同体的至高无上性。生活政治以"好生活"为价值取向,以个人生活的改善为目标,个体生活的改善是判断生活政治是否良善的标准,只有建立在此类原则之上的生活政治才是不空洞的生活政治。在现代社会,个体不仅是独立的生活者,而且获得了法律上的自主地位,成为法律上可以自主选择的生活个体。这个时候的个体既可以是生活政治的发动者,也可以是生活政治的评判者,个体成为生活及生活政治良善的尺度,成为生活政治系统中最为能动的因素。

因为生活政治是面向个体的政治,因此在其现代实践中不可避免地会发展出参与政治。对于个体来说,改变存在与生活的状态是参与的源始动机,生活议题是参与的主要领域,这也决定了生活政治的参与和传统政治参与的不同。这种不同在国外的生活方式政治中已经得到充分的体现。在规范意义上,生活政治的确需要参与,生活是个体的,个体才是生活的经历者和最终评判者,这种主体地位,他者无法代替。

最后,在现代社会,生活政治需要宽容。现代社会是一个充满了多元性的社会,在生活的想象、期望、理解乃至生活方式的选择上充满了个体性与差异性,人们彼此之间需要尊重和宽容,这样的社会才可能是一个和谐的社会。当这种多元性上升到生活政治的层次时,宽容就成为一个重要的政治品格。政治语境上的宽容不是日常理解中的包容,当然更不是一种纵容,而是有其内在的规定性。《布莱克维尔政治学百科全书》这样界定宽容:"宽容是指一个人虽然具有必要的权力和知识,但是对自己不赞成的行为也不进行阻止、妨碍或干涉的审慎选择。"[1]这个界定给出了宽容的两个条件,第一个条件是一个人具有必要的权力和知识即宽容的能力,第二个条件是对自己不赞成的行为不进行干预,也即一个人虽然具有能力干预,但出于审慎的选择而没有对不赞成的行为采取干预,符合这两个条件的宽容才可以叫做宽容。因此,我们可以发现宽容的实质是对自己主张的一种克制,保罗·利科把它描述为"宽容是行使权力时的一种禁欲主义的结果"[2]。在现代社会,宽容是个人、机构和社会应该具备的一种品质,一位哲学家在主体和客体的维度上讨论宽容,在主体的维度上把宽容视作一种个人态度,认为宽容者的主要标志是"在具体情况下,即使条件允许,他也不会去损害他人的权利",宽容者所宽容的"并非他人的完全不同的观点、见解和标准、或态度、行为方

---

① 〔英〕戴维·米勒、韦农·波格丹诺主编:《布莱克维尔政治学百科全书》,邓正来主译,中国政法大学出版社,2002年,第766页。

② 〔法〕保罗·利科:《宽容的销蚀和不宽容的抵制》,《第欧根尼》1999年第1期。

式、做法或某些行动,而是这些人的存在";在宽容的对象或者客体的维度上,宽容则是一条"处置公众事务原则",涉及三个不同类型问题,第一个问题是哪些事情可以被宽容,第二问题是哪些事情不应该被宽容,第三个问题是哪些事情在公众生活中应该被宽容。①

以上讨论实际上已经说明宽容的实质是对他人权利的承认和尊重,权利既是宽容的对象,也是宽容的依据。尤其在生活的问题上,生活政治中的宽容乃是对他人生活选择权利的尊重与容许。保罗·利科关于宽容的进阶分析非常直接地说明了这个问题。他把宽容划分为五个递进的阶段:

1. 我不愿容忍我所不赞成的意志,但是我并没有阻止这种意志的权力(能力);

2. 我不赞成你的生活方式,但是我努力理解这种生活方式,尽管并不坚持这种生活方式;

3. 我不赞成你的生活方式,但是我尊重随意生活的自由,而且承认你有公开显示这种生活方式的权利;

4. 我既不赞成也不反对你和我过着不同生活的理由,但是这些理由也许表示一种与由于人类的理解力有限而我没有注意到的善的关系;

5. 我赞成所有的生活方式,只要它们并不明显地伤害第三者,总之,我不干涉一切类型的生活,因为它们是人类多样化和差异性的表现。②

这些哲学家的分析表明他们在宽容的基本原则上是比较一致的,不论是社会宽容还是政治宽容,均产生于对正当权利的承认和尊重所引致的对自己能力行使的审慎克制,尽管在何为"正当"的辨别上存在或大或小的分歧。在生活政治上,不论对于个体的行动,还是对于集体的行动,抑或对于

---

① 〔土耳其〕约安娜·库茨拉底:《论宽容和宽容的限度》,《第欧根尼》1999 年第 1 期。
② 〔法〕保罗·利科:《宽容的销蚀和不宽容的抵制》,《第欧根尼》1999 年第 1 期。

政府的行动,我们认为需要遵循两个基本的宽容原则:第一,尊重他人生活选择的权利,只要他人的选择不会导致对第三者的明显伤害;第二,继前一原则,尊重并容许他人选择不同于自己的生活的权利。由此,在生活及生活政治中,人们需要尊重差异,容许差异,尊重生活的权利。

但是,虽然有宽容的原则性说明,也要意识到生活政治中的宽容不会自动实现。在现实中,生活认知和生活方式选择的对立和冲突是常有的,甚至成为社会冲突的重要诱因,那么,如何实现宽容则需要相应的制度设计。我们发现,协商可以为生活政治中的宽容提供一个有效的实现路径,不同的生活价值观念和诉求在协商中相互碰撞、交流,彼此倾听,达成尊重和共识。因此,在文化上宣扬"和合文化",在制度上构建协商民主,可以为生活政治的健康发展提供有利的助力。

(三)生活政治的宏观中观微观层次

一个国家的政治运行具有宏观、中观和微观三个层次,生活政治作为国家政治的一个组成部分,同样也有宏观、中观和微观三个层次,每个层次都有其核心内容,但这三个层次并非彼此割裂,而是紧密联系,共同构成了生活政治系统。

1. 生活政治的宏观层次

在政治、经济以及社会的实践和研究里,所谓"宏观的"也即英文的"macro-"源自希腊语"makros",指"大的""长的"。该词用于政治、经济与社会分析时,主要指那些运行中比较大的方面或者分析单位。比如在社会学分析中,这些所谓大的主题有不同规模的群体和集体、一个或多个的主要社会组织和机构、对单个社会的横断面或历史研究,以及对多个社会进行比较和历史分析,在最宏大的层面上,它可能涵盖整个人类社会和历史。① 当然,"宏观"是一个模糊的说法,在何为宏观上并不存在固定的标准。政治的宏观层次也是指政治运行中一些全局性影响的因素或者"大"的方面,而且在政治分析的悠久历史里,这些方面一直吸引了大多数人的目光。这些因

---

① Edgar F. Borgatta, *Encyclopedia of Sociology*, New York: Macmillan Reference USA, 2000, p.1703.

素主要与国家的基本价值观念、社会结构、制度安排及其运行有关。因为这一层面并不涉及具体的政治行为,所以"人们必须通过抽象的政治思维,才能把握其内容",而且,"政治生活在这一层面上高度整合起来"。① 所以,把宏观政治理解为一个国家统领性的政治整合层次更为合适,其功能就在于为整个国家提供价值观念或意识形态,为国家权力的组织和运行设定基本框架,为公民权利提供基本的保护,促进或帮助完成政治社会变迁以及营造良好的国际环境等。

作为政治实践的一部分,生活政治也有其宏观层次。换言之,生活政治的宏观层次构成了宏观政治的一个子领域。从目前的实践来看,生活政治的宏观层次主要指向三个问题,第一是在价值观念上,一个国家,尤其是国家的管理者如何看待国民的生活问题,国民的生活改进在管理者的治理目标中居于何种地位。第二是在国民生活的方针路线上,对国民生活的看法形成了什么样的政策路线。第三是在改进国民生活的制度设计及其政策运行上。这三个问题构成了生活政治的主要宏观方面。

首先,在价值观念上,国家的管理者如何看待国民的生活是非常重要的话题,如何看待直接决定了该国国民生活的幸福程度。中国在国家的原则上非常重视各类人群的生活问题,最新修订的《中华人民共和国宪法》第十四条规定,"国家合理安排积累和消费,兼顾国家、集体和个人的利益,在发展生产的基础上,逐步改善人民的物质生活和文化生活"。第二十六条规定,"国家保护和改善生活环境和生态环境,防治污染和其他公害";第四十四条规定,"国家依照法律规定实行企业事业组织的职工和国家机关工作人员的退休制度。退休人员的生活受到国家和社会的保障"。第四十五条规定,"国家和社会保障残废军人的生活,抚恤烈士家属,优待军人家属。国家和社会帮助安排盲、聋、哑和其他有残疾的公民的劳动、生活和教育"。② 在这个问题上,不丹王国也做了一个很好的表率。在 20 世纪的 70 年代,当时的不丹国王旺楚克四世(Jigme Singye Wanchuk)有一个著名的言论:不丹的民众有两个必需品,一个是健康,一个是正义,当人民生病时,他们需要好的

① 严强、孔繁斌:《政治学基础》,南京大学出版社,2013 年,第 223 页。
② 第十三届全国人民代表大会:《中华人民共和国宪法》,中国政府网,https://www.gov.cn/guoqing/2018-03/22/content_5276318.htm,引用日期,2024 年 2 月 3 日。

医生,当人们被冤枉时,他们需要正义,当法律公正、正义伸张时,治理是良好的。[①] 林登·约翰逊总统也曾在 1964 年的一个演讲中提出,"评价一个伟大社会不能看它拥有财富的数量,而是要看人们的生活质量"[②]。在这些例子中可以发现,对国民生活的重视是改进国民生活质量的重要因素。尤其对于中国来说,改革开放后,把建设小康社会当作国家经济社会发展的重要目标,在 2017 年又提出美好生活的伟大目标,充分说明国家的管理者把提高人民生活水平当作一个重要的执政价值选择。

其次,在政策路线上,新中国成立以来始终把提高人民群众的生活水平当作自己的执政路线,关于这一问题,本书的下篇会有详细讨论。在西方国家,关于福利制度的争论从未中断。在经济效率和财政可行性上,一些观点认为福利国家制度能够提高社会公平,减轻贫富差距,促进社会和谐。他们强调社会福利也是一种生产投资,有助于提高整体国家的经济效率。一些观点则认为福利国家模式可能导致财政负担过重,影响国家的经济竞争力,甚至可能导致通货膨胀或财政危机。在个人责任和政府作用上,一些观点主张政府应该扮演更重要的角色,提供更全面的福利以确保每个人都能享有基本社会权利,如医疗、教育和住房。一些观点则认为应该强调个人责任,鼓励个体通过个人努力和市场竞争来提升自己福祉,减少对政府的依赖。在公平与社会激励上,一些观点认为福利国家能够实现社会公平,提供机会平等,促进社会流动性。一些观点则认为福利制度可能降低个体的工作激励,失去了通过个人努力获取更多资源的动力。在多元文化共存与一体化的问题上,一些观点认为广泛的福利能够促进社会的多元文化融合,提高整体社会的幸福感,一些观点则认为可能出现滥用福利系统的情况,尤其是在多元文化社会中,可能存在一些人通过虚假手段获取福利,导致系统滥用和新的不公平。这些观点和主张总体上可划入左翼和右翼两派,最终成为政府的执政主张,并影响福利政策的制定。

第三,在制度设计上,在基本的公民权利成为共识之后,当前的政治实

---

① Dorji L.Wangchuck Dynasty, *100 Years Ofenlightened Monarchy in Bhutan*, Thimphu: The Centre for Bhutan Studies, 1998, p.97.

② Angus Campbell, *The Sense of Well-Being in America: Recent Patterns and Trends*, New York: McGraw-Hill, 1981, p.4.

践主要集中在社会权利的实现上。如前文所述,在西方国家,它们相继建立了福利国家制度,在中国则建立了社会保障体系。近些年来,中国的社会保障体系建设取得了重大的成绩,主要体现为:扩大了覆盖范围,使更多的人能够享受到各种社会保障福利,包括基本养老保险、医疗保险、失业保险、生育保险和工伤保险等;提高了保障水平,包括提高养老金水平、扩大医疗保障报销范围、提高失业保险金水平等,为广大民众提供了更加全面的保障;深化了制度改革,建立了更加健全的养老保险体系、医疗保障体系和失业保险体系,以及推进城乡统筹、异地就医结算等制度改革,进一步完善了社会保障制度;加强了管理和监督,加强对社会保障资金的管理和监督,建立了更加严格的制度和规定,防止了滥用和挪用社保资金,保障了社会保障体系的稳定和可持续发展;提升了服务水平,通过推进数字化建设和服务创新,提高群众的办事便利性,使得社会保障体系更加贴近民生,更加人性化。

2. 生活政治的微观层次

与宏观政治相比,微观政治通常指向较小行动单元的政治行为,这些小行动单元有个人、家庭、学校、俱乐部、学生社团、商会、工会、利益集团、基层行政单位、地方政治领袖等。微观政治分析的一个学术源头是 20 世纪 20 年代的美国行为主义政治研究。美国的行为主义政治学发源于以梅里亚姆(C.E.Merriam)为首的芝加哥学派,在 20 世纪 20 年代,他们强调用实证调查的方法对个体的政治态度与行为进行研究。在后来的行为主义政治学发展中,研究视角的个体性一直是一个中心原则,如罗伯特·达尔(Robert A. Dahl)所言,"政治行为"指的是对个人而非对大的政治单位的研究。[①] 虽然政治行为也必然涉及基层政府、政党、利益集团的行动,但这些行动及其研究也需要建立在个体行为的基础之上,个体和组织不是割裂的,个体并非无足轻重,更不是一个木头做的机械装置。[②] 对行为主义政治学而言,政治观

---

① Robert A. Dahl, "The Behavioral Approach in Political Science: Epitaph for a Monument to a Successful Protest," *The American Political Science Review*, 1961, Vol. 55, No.4, pp.763 - 772.

② 〔美〕戴维·伊斯顿:《政治体系——政治学状况研究》,马清槐译,商务印书馆,1993年,第 191 页。

察的视角从传统的国家向个体行为的转移，不仅仅是出于政治学科学化的需要，也是因为他们意识到个体的政治行为在整个政治体系中的作用，只有理解个体的政治，才能更好地理解整个政治。虽然行为主义者没有明确使用微观政治的概念，但实际上却把观察的视角从国家的宏观层次一下拉到人们政治行为的微观层次，因此，政治学的行为主义研究也是微观政治的研究。

微观政治分析的另一个学术来源是 20 世纪下半期以来后现代理论的微观政治思想。① 与行为主义对个体政治行为的观察不同，福柯、德勒兹、加塔利等后现代哲学家首先看到的是弥漫于社会各个角落的微观权力机制。福柯关于监狱、军队、医院、学校的规训机制的分析与德勒兹和加塔利的欲望政治都是典型的微观政治分析。后现代哲学家注意到现代性条件下人的异化状态，因此特别强调日常生活中人的解放问题，从而也把理论关注的视角从高高在上的国家权力转移到人们的生活世界上来。就像福柯指出的，只要人们了解社会机制如何运转与压抑和束缚是如何发生的，就可以决定和选择自己的生存方式。② 对此，道格拉斯·凯尔纳（Douglass Kellner）与斯蒂文斯·贝斯特（Steven Best）评论道，后现代的微观政治"关注日常生活实践，主张在生活风格、语言、躯体、性、交往等方面进行革命，以此为新社会提供先决条件，并将个人从社会压迫和统治下解放出来"③。可以看到，与行为主义政治学对个体行为的经验性研究的需求不同，后现代微观政治思想关注的是个体的主观价值，具有强烈的主观价值上的个体性。

生活政治的个体性意味着在生活政治的层次中天然地存在着微观政治。当个体为其生活议题而向政府和社会提出要求时，他就发生了微观政治行为，进入微观政治领域。生活领域的微观政治行为既可以因物质性议题发生，也可以因非物质性议题而发生。物质性议题与基本的生存和发展

---

① 一些百科全书或者辞典经常把微观政治的解释置于后现代的理论背景中，如《大不列颠百科全书》即是如此。

② Michel Foucault. *Politics*, *Philosophy*, *Culture*: *Interviews and other Writings 1977-1984*, Paul Rabinow ed. New York: Routledge, 1998, p.50.

③ 〔美〕斯蒂文·贝斯特、道格拉斯·凯尔纳：《后现代理论——批判性的质疑》，第 150 页。

条件相关,在现实的生活政治实践中,主要体现为个体争取相关社会福利的努力和行动。非物质性议题引发生活政治行为,可以表现为吉登斯所谓的生活机遇的政治和生活方式的政治,当然,按照我们的理解,这两者都属于生活政治的范畴。在吉登斯的笔下,生活机遇的政治是个体争取权利解放的政治,生活方式的政治是个体争取、宣扬和维护某种生活方式的政治。在现代社会,尤其在当今社会,以权利解放为中心的生活机遇政治不再是生活政治行为的主要类型,人们更关注生活方式的选择与自我实现的问题。

个体的微观生活政治在西方社会已经成为常见的现象,生活方式政治是其主要的体现,而且,个体的微观政治行为也汇聚成一些新型的社会运动。在中国,生活政治的微观领域也在逐渐形成。有人发现,随着现代化的快速推进,现代性支配体系下的存在性焦虑在中国也现了,这些焦虑包括利益性焦虑、价值性焦虑和自我实现焦虑[1],对存在性焦虑的表达已经成为公共表达。也有人发现,在中国社会已经出现了一些后物质主义价值观的转向,一些群体开始关注个体的幸福感、自我实现与生活质量等问题。[2] 现在,随着自媒体的快速发展,有关"躺平""佛系"等青年人的价值观念和生活方式选择也成为公共舆论讨论的焦点话题。而在实际行动上,自上世纪 90 年代以来,城乡居民维护生活权利和利益的小规模群体行动成为中国政治社会发展中的新政治现象。很多人以"抗争"理论解释这些现象,实则是他们没有意识到这是生活政治在中国基层社会发展的表现。与其他领域相比,城市新型商品房小区业主为维护自己生活权益、房产权益而与物业服务企业、当地行政主管部门的博弈最为典型,甚至在一些城市还出现了居民小区的业主自治。

3. 生活政治的中观层次

政治实践的中观层次介于宏观层次和微观层次之间,也可以称为中观政治。政治的中观层次以组织机构、政策及政策的运行为中心,是连接宏观层次与微观层次的中间环节。在生活政治的实践中,宏观性价值观念、方针路线、制度设计转换为具体的公共政策,分配社会资源,自上而下地影响个

---

① 郝宇青、张弓:《当下中国社会焦虑的类型探析》,《齐鲁师范学院学报》2013 年第 1 期。
② 卢春龙:《英格尔哈特:政治文化复兴运动的主要推动者》,罗纳德·英格尔哈特:《发达工业社会的文化转型》,张秀琴译,社会科学文献出版社,2013 年,序言第 39 页。

体生活诉求的实现。而个体通过其生活政治行为向政府机构表达利益诉求,又可以影响公共政策的制定。因此,生活政治的中观层次是宏观层次和微观层次的交汇地带,也是具体的政府行动领域。

在生活政治的中观层次中,有两类政策要素与生活质量的提高关系非常密切。一类是衡量生活质量的社会指标体系设计,第二类是具体的公共政策。社会指标体系设计往往反映了一个社会,尤其是国家的管理者对于"好生活"的想象。从国际范围看,在上世纪 60 年代以前,对生活质量的衡量主要依靠物质财富标准,说明在那个时候人们所认为的"好生活"是物质富足的生活,因此在政策路线上,主要关注国民财富的整体提升就可以了。而到了 60 年代以后,人们发现在国民经济发展到一定程度后,物质财富的增长和幸福程度的增长并不是同步的,甚至呈现反向的关系,这就是后来所谓的"伊斯特林悖论",即对于个体来说,虽然更高的收入可能意味着更多的幸福,但人均国内生产总值的增长并不会必然导致国民平均幸福水平的提升。[①] 后来,许多国家采用包括主客观指标在内的综合社会指标体系来衡量生活质量的高低,说明人们对于"好生活"的理解已经发生了变化,在政策价值的选择上变得更加全面。在公共政策上,与生活相关的政策是非常庞杂的,涉及社会保障、教育、健康、住房、就业、环境保护、社会扶助、文化体育、食品安全、基础设施等诸多方面。因为国情的不同,围绕这些政策的制定和变迁的生活政治实践呈现出明显的国别差异。

需要提出的是,一个国家,尤其是地方政府的公共治理水平也可以在生活政治的中观层次上考察,因为公共治理的水平与生活质量具有紧密的相关性。因此在一些国家,公共治理的水平也是衡量生活质量的一个指标维度。比如,在 2009 年,法国"经济绩效与社会进步测量委员会"发布的《经济绩效与社会进步测量委员会报告》,把"政治表达与治理"列为测量幸福生活的一个维度,英国国家统计局也把公共治理视为影响生活质量的一个重要因素。经济合作与发展组织从 2011 年起创造和使用"美好生活指数"(Better Life Index),其中"民主参与和治理"一直是一个重要的观测维度。

①　R. A. Easterlin, "Does Economic Growth Improve the HumanLot?" In P. A. David, M. W. Reder, Eds. *Nations and Households in Economic Growth*. New York: Academic Press, 1974.

联合国从 2012 年开始发布"世界幸福报告"（World Happiness Report），该报告也把公共治理当作实现人类幸福与可持续发展目标的重要支柱。[①]

生活政治的三个层次及其内容见下表。

表 3　生活政治的三个层次

生活政治的内容 生活政治的层次	主要内容
宏观层次	对待国民生活的价值观念、改进国民生活水平的总体路线、基本的制度设计
中观层次	具体的社会福利政策或者社会保障政策、政策运行与变迁、相关的组织机构设计、社会指标体系、公共治理的状况
微观层次	个体的生活政治行动、群体性生活政治行动、基层行政组织的治理行为

三个层次的内容并不是孤立的。首先，自上而下地看，宏观层次的基本价值观念对于中观的政策行为具有指导和约束作用，宏观价值观念的变迁也是导致中观政策变迁的一个动因。宏观层次的价值观念对于微观个体生活诉求的形成及行动也有着指导、规范的作用。其次，自下而上地看，微观个体对生活的认知会影响一个国家整体性价值观的形成，是宏观政治的压力输入部分，同时，微观个体也是政策制定的压力输入者、政策效果的评估者以及政策变迁的推动者。中观政策是宏观价值观念、政策路线的具体落实，其执行情况对基本价值的实现具有决定性的影响，对于个体生活的状况具有实质性影响。所以，一个国家国民生活的改进要依赖具体的政策行动，需要公平、合理的政策体系，政策的制定和执行构成了良好治理的主干部分。

---

① 关于国际范围内对生活质量和公共治理关系的研究，参见笔者的论文《治理让生活更美好：生活质量与公共治理关系的学术史梳理》（发表于《甘肃行政学院学报》2021 年第 5 期），该文对生活质量研究的发展历程以及公共治理与生活质量关系的研究均作了较系统的梳理。

下篇　中国的生活政治及其发展

　　中国从不缺少生活政治,在中国的情境下,生活政治主要体现为中国共产党领导全国人民为实现幸福生活所作的努力和奋斗。这又集中表现在两次社会主要矛盾的提出和随之展开的发展实践上。如果以标志性事件为界进行划分,新中国成立后的生活政治实践和发展可以分为三个阶段:新中国成立后生活政治路线的提出和确立阶段、1978 至2017 年改革开放后的发展阶段、新社会主要矛盾提出后的新发展阶段。新社会主要矛盾的提出标志着中国的生活政治从小康社会时代进入美好生活时代。

第五章　社会主要矛盾的提出与生活政治路线的确立

　　中国共产党向来把提高人民群众的生活水平,让老百姓过上"好日子"视为自己努力奋斗的目标。中共中央宣传部 2021 年 8 月发布的《中国共产党的历史使命与行动价值》指出,中国共产党干革命、搞建设、谋发展,都是为了让人民过上幸福生活①,由此可见解决人民群众的生活问题在中国共产党百年奋斗史中的重要地位。新中国建立后不久,在毛泽东等开国者的领导下,中国共产党对中国的社会主要矛盾作出了重大的历史判断,提出了中国发展与现代化建设的历史任务,生活政治的路线也随之正式确立。当然,这一生活政治路线的确立,和毛泽东关于生活和发展的思考是分不开的。

一、 毛泽东的生活政治思想

　　一个政党的政治路线往往取决于政治领导核心的系统设计。作为社会主义中国的伟大缔造者,毛泽东关于新中国建立后经济、社会发展的主要目标与矛盾的判断,以及解决路径的设想为中国共产党政治路线的选择明确了方向,他的生活政治思想也具体地转化为执政纲领和相关的路线设计。

(一)新民主主义革命时期的毛泽东生活政治思想

　　在新民主主义革命早期,毛泽东就非常关心群众的生存和生活问题。

---

① 中共中央宣传部:《中国共产党的历史使命与行动价值》,新华网,http://www.xin-huanet.com/politics/2021 - 08/26/c_1127795937.htm? channel＝weixin,引用日期,2024 年 2 月 16 日。

1922 年 5 月 1 日,毛泽东在湖南《大公报》上发表了一篇《更宜注意的问题》的文章,提醒大家注意劳工的生存权和劳动权问题。文中谈到:

除开那些重利盘剥的人,坐拥遗产的人和挟资经营产业的人以外,大概都是用手或用脑做事的劳工。这些劳工从他们身上所产生一面他们自己恃以得食一面资本家又恃以获利的唯一东西的"劳力",一定靠着一件东西,就是工人本身的"生存"。不能"生存",自然就不能有"劳力"。这样的结果,工人自然得一个"死"字,但资本家又岂能独得一个"生"字? 依这个理由,所以准备做十八岁以上的大劳工的那些十八岁以下的小劳工,不可不予以相当的食物使保存生命,慢慢有力可卖,这实在是聪明的资本家应该注意的。在世上卖过力的劳工,当他到了六十岁以上力卖尽了再不能卖力的时候,依照秋天的草木也可以得点雨露尽其天年的例,也应该使这些劳工尽其天年。依这个理由,那些六十以上不能卖力的人,应该给与他一点救命的食物。一个人在"老""少"两段不能做工的时候应该都有一种取得保存他生命的食物的权利,这就是生存权。

一个人在十八以上六十以下有气有力的时候,除开他自己发懒不做工可以让他饿死不算数外,在理都应该把工给他们做,工人就有种要求做工的权利。若是工人有力而社会无事可以买他的力事实上工人不得不"赋闲"时,社会就应该本着罪不在工人的理由而给与他们平常的工资,这就是劳动权。①

毛泽东在这篇文章里提出了劳工的两种权利,一是"劳动"的权利或工作的权利,二是保障的权利,即在 18 岁之前和 60 岁以后可以保障生存的权利。这两种权利事实上都可以归结为基本的生存权。在那个时期的中国社会提出保障权是非常超前的。在当时的毛泽东看来,这些权利不仅是个人的问题,更是一个社会问题,是要求社会尤其是要求资本家予以解决的问题。

───────────────

① 中共中央文献研究室编:《毛泽东文集》第一卷,人民出版社,1993 年,第 8 页。

　　毛泽东一直关心农民的生活问题,他对农村调查时经常会去了解农民的实际生活状况。在1930年5月的寻乌调查中,毛泽东发现40%的佃农在交过租以后就没有饭吃了。就像当时寻乌附近的南半县流传的一首民歌所唱的:"月光光,光灼灼。埃跌苦,你快乐。食也毛好食,着也毛好着。年年项起做,总住烂屋壳。"①在1933年11月的兴国县长冈乡调查中,群众的生活是重点了解的对象之一。长冈乡是当时苏维埃政府工作的模范乡,由于实行了土地制度改革,群众的生活得到了一定的改善。经过调查发现,尽管当年发生了饥荒,有80%的群众缺粮,但通过苏维埃政府的调配,没有"饿饭"的。调查还发现:油有多余;豆子收成好;吃肉,贫农增一倍,工人增两倍;鸡鸭多数自己吃,过去则多数卖出;生活好起来,柴火少出卖;衣增一倍,雇农的生活改善了;中农的生活和过去差不多。② 福建才溪乡的调查也是非常具有代表性的一个调查。在1930年6月、1932年6月和1933年11月,毛泽东先后三次在苏区的模范乡才溪乡调查,他对当地群众的经济生活和日常生活做了详细的了解。在经济生活中,劳动合作社、消费合作社、粮食合作社与犁牛合作社在劳动力调剂、消费品调剂、粮食调剂与生产工具的调剂上发挥了重要的作用,显示了苏区生产体制的优越性。在日常生活中,米、肉、盐、油、衣的消费量和保障较暴动前都获得了长足的改善。③

　　毛泽东把关心群众的生活提高到革命战争的一个重要组成部分的高度来看待,因此他在1934年1月21日开始举行的中华苏维埃第二次全国代表大会所作的《中央执行委员会报告的结论》(后题为《关心群众生活,注意工作方法》)的报告中指出,因为革命战争是群众的革命战争,只有动员群众才能进行革命战争,所以,对于广大群众的切身利益问题和生活问题一点也不能疏忽,一点也不能看轻。毛泽东要求同志们着重注意群众的生活问题,而这个问题是大家在会议讨论中没有得到重视的问题。他提出:

　　　　如果我们单单动员人民进行战争,一点别的工作也不做,能不能达

---

① "埃"是"我"的意思,"毛"是"没有"的意思,"项"是"继续"的意思。转引自中共中央文献研究室编《毛泽东文集》第一卷,第205—206页。

② 中共中央文献研究室编:《毛泽东文集》第一卷,第294—296页。

③ 中共中央文献研究室编:《毛泽东文集》第一卷,第330—336页。

到战胜敌人的目的呢？当然不能。我们要胜利，一定还要做很多的工作。领导农民的土地斗争，分土地给农民；提高农民的劳动热情，增加农业生产；保障工人的利益；建立合作社；发展对外贸易；解决群众的穿衣问题，吃饭问题，住房问题，柴米油盐问题，疾病卫生问题，婚姻问题。总之，一切群众的实际生活问题，都是我们应当注意的问题。假如我们对这些问题注意了，解决了，满足了群众的需要，我们就真正成了群众生活的组织者，群众就会真正围绕在我们的周围，热烈地拥护我们。同志们，那时候，我们号召群众参加革命战争，能够不能够呢？能够的，完全能够的。

......

我郑重向大会提出，我们应该深刻地注意群众生活的问题，从土地、劳动问题，到柴米油盐问题。妇女群众要学习犁耙，找什么人去教她们呢？小孩子要求读书，小学办起了没有呢？对面的木桥太小会跌倒行人，要不要修理一下呢？许多人生疮害病，想个什么办法呢？一切这些群众生活上的问题，都应该把它提到自己的议事日程上。应该讨论，应该决定，应该实行，应该检查。要使广大群众认识我们是代表他们的利益的，是和他们呼吸相通的。要使他们从这些事情出发，了解我们提出来的更高的任务，革命战争的任务，拥护革命，把革命推到全国去，接受我们的政治号召，为革命的胜利斗争到底。长冈乡的群众说："共产党真正好，什么事情都替我们想到了。"模范的长冈乡工作人员，可尊敬的长冈乡工作人员！他们得到了广大群众的真心实意的爱戴，他们的战争动员的号召得到广大群众的拥护。要得到群众的拥护吗？要群众拿出他们的全力放到战线上去吗？那末，就得和群众在一起，就得去发动群众的积极性，就得关心群众的痛痒，就得真心实意地为群众谋利益，解决群众的生产和生活的问题，盐的问题，米的问题，房子的问题，衣的问题，生小孩子的问题，解决群众的一切问题。[①]

在抗日战争期间，陕甘宁边区及其他抗日革命根据地遭遇了经济与财

---

① 毛泽东:《毛泽东选集》第一卷，人民出版社，1991年，第136—139页。

政困难,严重困扰了抗日与革命事业的发展。1941 年至 1942 年是抗日根据地的财政和经济最困难的时期,在这种情况之下,毛泽东依然十分重视边区群众的生活问题,要求避免损害群众的利益。在 1942 年 12 月的陕甘宁边区高级干部会议上,毛泽东告诫大家不能"不顾人民困难,只顾政府和军队需要,竭泽而渔,诛求无已","这是国民党的思想,我们决不能承袭"。① 因此在发展经济、保障供给的同时,要做到"公私兼顾"或者"军民兼顾"。毛泽东还指出,虽然在困难时期,仍要注意赋税的限度,使"负担虽重而民不伤",而一经有了办法,就要减轻人民负担,"借以休养民力"。② 1943 年 10 月 1日,毛泽东为中共中央写下"开展根据地的减租、生产和拥政爱民运动"的党内指示,要求:

> 秋收已到,各根据地的领导机关必须责成各级党政机关检查减租政策的实行情况。凡未认真实行减租的,必须于今年一律减租。减而不彻底的,必须于今年彻底减租。党委应即根据中央土地政策和当地情况发出指示,并亲手检查几个乡村,发现模范,推动他处。同时,应在报纸上发表关于减租的社论和关于减租的模范经验的报道。减租是农民的群众斗争,党的指示和政府的法令是领导和帮助这个群众斗争,而不是给群众以恩赐。凡不发动群众积极性的恩赐减租,是不正确的,其结果是不巩固的。在减租斗争中应当成立农民团体,或改造农民团体。政府应当站在执行减租法令和调节东佃利益的立场上。现在根据地已经缩小,我党在根据地内细心地认真地彻底地争取群众、和群众同生死共存亡的任务,较之过去六年有更加迫切的意义。今秋如能检查减租政策的实施程度,并实行彻底减租,就能发扬农民群众的积极性,加强明年的对敌斗争,推动明年的生产运动。③

减租减息是中国共产党在抗日根据地执行的基本土地政策,对于减轻群众的生活负担和改善群众的生活状况具有重要的意义。由此可见,毛泽

---

① 毛泽东:《毛泽东选集》第三卷,人民出版社,1991 年,第 894 页。
② 毛泽东:《毛泽东选集》第三卷,第 895 页。
③ 毛泽东:《毛泽东选集》第三卷,第 910 页。

东从两个方面着手解决群众的生活困难,一是在保障革命事业的供给上做到公私兼顾,二是要求地主减轻地租的负担。毛泽东着重强调,开展根据地的减租运动不是给群众的恩赐,而是领导和帮助群众的斗争。

减租的政策一直延续到解放战争时期。在 1945 年 11 月 7 日为中共中央起草的党内指示"减租和生产是保卫解放区的两件大事"中,毛泽东指出,我党的当前任务是动员一切力量,粉碎国民党的进攻,保卫解放区,争取和平局面的出现。为了达到此目的,使解放区农民普遍取得减租利益,使工人和其他劳动人民取得酌量增加工资和改善待遇的利益,并于明年发展大规模的生产运动,增加粮食和日用必需品的生产,改善人民的生活,救济饥民、难民,供给军队的需要,成为非常迫切的任务。只有减租和生产两件大事办好了,才能克服困难,援助战争,取得胜利。毛泽东还告诫党员同志坚决和人民一道,关心人民的经济困难,实行减租和发展大生产是帮助解决人民困难的关键。① 在 1945 年 12 月 15 日制定的"1946 年解放区的工作方针中",他把减租和生产规定为两条方针,希望广大群众在减租运动中成为解放区的主人翁。此外,救济解放区的灾民、难民、失业者和半失业者是一条重要的工作方针。②

毛泽东关心群众生活的言谈、事例比比皆是,他在众多场合表达了对群众生活的关切,对于他来说,让群众过上好日子是中国革命事业的宗旨。根据上述一些代表性的文献,我们可以发现毛泽东的生活政治思想具有如下几个显著特征:

首先,毛泽东的生活政治思想是基于唯物史观的生活政治思想。作为一个马克思主义者,毛泽东并不抽象地谈论群众的生活问题,也不是单纯地从人道主义立场表达对群众生活疾苦的关心,而是在社会结构和社会需要的基础上看待群众的生活问题。他充分认识到群众的生活疾苦是剥削阶级和帝国主义压迫的结果,是落后的社会制度使然,因而只有通过新民主主义革命推翻剥削阶级的压迫和统治,赶走帝国主义,改变半封建半殖民地社会的状况,继而建立社会主义制度,才能在根本上解决人民群众的生活问题,

① 毛泽东:《毛泽东选集》第四卷,人民出版社,1991 年,第 1172—1173 页。
② 毛泽东:《毛泽东选集》第四卷,第 1175—1176 页。

让中国百姓过上好日子。

其次，人民群众的生活问题不仅是个人的问题，更是社会的问题，是要求通过社会变革去解决的问题，因此群众的生活问题从一开始就是一个政治问题。比如，毛泽东在 1922 年 5 月的文章《更宜注意的问题》中提到的劳工的劳动权和生存权，就是要求资本家和整个社会去解决的。如果按照吉登斯的说法，从 1921 年 7 月中国共产党的建立到 1949 年 10 月新中国的成立之间的政治是解放政治，正是通过解放政治，才为中国人民群众生活的改善提供了机遇。所以，在这个角度上，中国的解放政治也是人民群众的生活机遇的政治，是消灭剥削消灭压迫的政治，而毛泽东无疑是中国生活机遇政治的伟大领导者。

再次，毛泽东把人民群众的生活问题与中国的革命事业紧密地结合在一起，解决人民群众的生活问题，让他们过上好日子是中国共产党领导的革命事业的重要组成部分。不论在三次国内革命战争期间，还是在抗日战争期间，我们都可以清晰地看到存在于改善群众的生活和革命事业之间的内在相辅相成关系。一方面，不论在苏区还是在抗日革命根据地，还是在后来的解放区，改善群众的生活都是中国共产党努力完成的任务；另一方面，为群众谋利益又使得群众忠诚于革命，紧紧追随中国共产党，为中国共产党领导的革命斗争提供了强有力的支持。

最后，毛泽东总是把其生活政治思想付诸实施，转化为具体的政策措施。对于毛泽东及其领导的中国革命来说，关心群众的生活，让他们过上好日子不只是宣传的需要，而是付诸实施的真抓实干。其中土地改革和各种类型的互助社、合作社，以及后来的减租、减息和大生产运动是最典型的政策措施。通过这些政策措施的坚定执行，人民群众切实得到了利益，生活得到了改善，进而又强化了跟随中国共产党的决心。

因此，在新民主主义革命期间，毛泽东的生活政治思想及其实践是中国革命事业的一部分，是特定时代背景之下的产物。毛泽东深刻地认识到，只有与中国的革命事业结合起来，推翻三座大山的统治，人民群众才能真正摆脱压迫和贫困，过上幸福的日子。所以，人民群众的生活问题是和民族、民权的问题结合在一起的，没有民族和民权问题的解决，人民群众的生活问题也解决不了。这就是当时的时代背景。这种结合被毛泽东称为革命的三民主义。1937 年 3 月 1 日,毛泽东在与史沫特莱的谈话中指出,现在的任务是必须为真正实现革命的三民主义而奋斗,也就是说,以对外抗战求得中华民族独立解放的民族主义,以对内斗争求得民主共和国的民权主义,以改善人民生活求得解除大多数人民痛苦的民生主义。[1] 1940 年 1 月,毛泽东又在《新民主主义论》中阐述了新三民主义或者革命的三民主义。他说:"我们共产党人承认'三民主义为抗日民族统一战线的政治基础',承认'三民主义为中国今日之必需,本党愿为其彻底实现而奋斗',承认共产主义的最低纲领和三民主义的政治原则基本上相同。但是这种三民主义是什么三民主义呢……是新民主主义的三民主义,是新三民主义。只有这种三民主义,才是新时期的革命的三民主义。这种新时期的革命的三民主义,新三民主义或真三民主义,是联俄、联共、扶助农工三大政策的三民主义,没有三大政策,或三大政策缺一,在新时期中,就都是伪三民主义,或半三民主义。"[2]这三大政策中,扶助农工和民权、民生关系紧密。毛泽东指出,中国的革命在本质上是农民的革命,现在的抗日,本质上是农民的抗日,新民主主义政治,在实质上是授权给农民,农民的问题成了中国革命的基本问题。农民之外,中国人口的第二个部分是工人,工人阶级是中国革命的领导者。因此,三民主义必须是农工的三民主义。[3] 当然,不论是革命的三民主义,还是新三民主义,在中国的革命过程中,最终都要汇入以无产阶级为领导、共产党为先锋队的新民主主义革命中去。由此可见,不能孤立地看待中国群众的生活问题,更不能孤立地看待毛泽东的生活政治思想及其实践,必须将其置于中国当时的社会背景和革命背景之中。这也说明,生活问题是一个社会的结构性问题,而不只是个人的问题或者某一个群体的问题,生活的改善必须与社会的系统完善结合在一起。

(二)新中国建立后毛泽东的生活政治思想

新中国建立后接着就进入了社会主义改造时期,毛泽东把这一时期称为过渡时期。在过渡时期,毛泽东一如既往地关心全国各族人民和各个阶

---

① 中共中央文献研究室编:《毛泽东文集》第一卷,第 491 页。
② 毛泽东:《毛泽东选集》第二卷,人民出版社,1991 年,第 689—690 页。
③ 毛泽东:《毛泽东选集》第二卷,第 691—692 页。

层人民的生活,所不同的是,与新民主主义革命时期相比,时代背景已经发生了天翻地覆的变化。在新民主主义革命时期,解决人民群众的生活问题是革命事业的一部分,在过渡时期,解决人民群众的生活问题则是社会主义改造和未来社会主义建设的目标,因此,从这个时候开始,人民群众的生活问题就和社会主义事业紧密地结合在一起,成为社会主义事业的一个重要组成部分。人民群众生活水平的提高要以社会主义制度的建立为基础,生活政治也开始成为社会主义的生活政治。

在过渡时期,毛泽东的生活政治思想集中体现在该时期的总路线中。毛泽东指出:

> 党在过渡时期的总路线的实质,就是使生产资料的社会主义所有制成为我国国家和社会的唯一的经济基础。我们所以必须这样做,是因为只有完成了由生产资料的私人所有制到社会主义所有制的过渡,才利于社会生产力的迅速向前发展,才利于在技术上起一个革命,把在我国绝大部分社会经济中使用简单的落后的工具农具去工作的情况,改变为使用各类机器直至最先进的机器去工作的情况,借以达到大规模地出产各种工业和农业产品,满足人民日益增长着的需要,提高人民的生活水平,确有把握地增强国防力量,反对帝国主义的侵略,以及最后地巩固人民政权,防止反革命复辟这些目的。[①]

可见,人民群众生活水平的提高是以生产资料的社会主义所有制的建立为基础的。社会主义改造的核心是对生产资料所有制的改造,并使得社会主义的所有制成为中国的唯一经济基础,实现国家的社会主义工业化以及对农业、手工业和资本主义工商业的社会主义改造。在此基础之上,旧中国的剥削和压迫体系不再存在,社会生产力迅速发展,生产出大量的工业产品和农业产品以满足人民日益增长的生活需要。1953年12月,中共中央在《关于发展农业生产合作社的决议》中指出:"党在农村中工作的最根本的任务,就是要善于用明白易懂而为农民所能够接受的道理和办法去教育和

---

① 中共中央文献研究室编:《毛泽东文集》第六卷,人民出版社,1999年,第316页。

促进农民群众逐步联合组织起来,逐步实行农业的社会主义改造,使农业能够由落后的小规模生产的个体经济变为先进的大规模生产的合作经济,以便逐步克服工业和农业这两个经济部门发展不相适应的矛盾,并使农民能够逐步完全摆脱贫困的状况而取得共同富裕和普遍繁荣的生活。"①在后来(1955年7月)谈到农业合作化的问题时,毛泽东又指出,"全国大多数农民,为了摆脱贫困,改善生活,为了抵御灾荒,只有联合起来,向社会主义大道前进,才能达到目的"②。

而对于工商业者和地主、富农来说,他们未来生活水平的整体提高也要依赖于社会主义的改造。在1955年10月的一次与工商界代表的谈话中,毛泽东指出:"民族资产阶级同官僚资产阶级、地主阶级不同。对地主,在一定时期要剥夺他们的政治权利,改变成分后才可恢复公民权,加入合作社,那时就不叫地主而叫农民。对地主来说,这事实上是解放了他们。他们在全国总共三千万人,以后要同大家一起共同富裕起来。将来农民的生活要超过现在的富农。资本家如果将来饿肚子,这个制度就不好。如果大家生活不提高,革命就没有必要,因此生活福利都要逐步提高。总之,要逐行逐业安排好。社会主义改造完成了,大家都领薪水,资产阶级不见了,都成了工人阶级,我看这是好事。"③

毛泽东的生活政治思想不是孤立的,而是其社会主义思想体系的一部分,与社会主义事业紧密结合在一起。到了1956年,社会主义改造基本完成,毛泽东着重把提高人民的生活水平置于发展生产力的大局之中。1956年1月26日,毛泽东在《人民日报》发表《社会主义革命的目的是解放生产力》一文,文中指出,"社会主义革命的目的是为了解放生产力。农业和手工业由个体的所有制变为社会主义的集体所有制,私营工商业由资本主义所有制变为社会主义所有制,必然使生产力大大地获得解放。这样就为大大地发展工业和农业的生产创造了社会条件"④。在接下来4月的《论十大关

① 中共中央文献研究室编:《建国以来重要文献选编》第四册,中央文献出版社,1993年,第661—662页。
② 中共中央文献研究室编:《毛泽东文集》第六卷,第429页。
③ 中共中央文献研究室编:《毛泽东文集》第六卷,第490页。
④ 中共中央文献研究室编:《毛泽东文集》第七卷,人民出版社,1999年,第1页。

系》中,毛泽东把人民群众的生活与重工业、轻工业和农业的关系结合起来,指出虽然重工业是建设的重点,但也不能长久忽视生活资料尤其是粮食的生产,"如果没有足够的粮食和其他的生活必需品,首先就不能养活工人,还谈什么发展重工业",所以,重工业、轻工业和农业的关系必须处理好。毛泽东还谈到,中国比苏联和一些东欧国家做得好一些的地方是没有片面重视重工业而忽视农业和轻工业,民生日用商品比较丰富,物价和货币是稳定的。毛泽东提出轻工业和农业的比重要加大一点,这样一来就可以更好地满足人民生活的需要,还可以更快地增加资金的积累,可以更多更好地发展重工业 。另外,在国家、集体和个人的利益分配上要做到三者兼顾,这样才能更好地满足人民群众的生活需要,解决他们的生活问题。① 1956 年 11 月13 日,毛泽东又在一次发言中强调,国家预算既要保证重点建设,又要照顾人民生活。发言指出,1956 年的人民生活有所改善,就业有所增加,但是,人民生活的改善必须是渐进的,过高的要求和暂时办不到的事情,要向人民公开地反复地解释。1957 年的年度计划在某些方面比 1956 年作适当压缩,要既能保证重点建设,又能照顾人民的生活需要。②

　　毛泽东关于人民群众的生活和发展生产力的关系,继而体现为生活水平和重工业、轻工业以及农业的关系的生活政治思想,可以称为"综合平衡"的生活政治思想。这一生活政治思想可以概括为三个方面:其一,社会主义事业需要提高人民群众的生活水平;其二,生活水平的提高要依赖生产力的发展;其三,要权衡提高生活水平和发展生产力的关系。这一生活政治思想是毛泽东在社会主义改造和建设过程中发现和总结出来的,这一思想在后来的社会主义建设过程中一直得到了坚持。1959 年 6 月底,在庐山会议期间,毛泽东谈到:"大跃进的重要教训之一、主要缺点是没有搞平衡。说了两条腿走路,并举,实际上还是没有兼顾。在整个经济中,平衡是个根本问题,有了综合平衡,才能有群众路线。有三种平衡:农业内部农、林、牧、副、渔的平衡;工业内部各个部门、各个环节的平衡;工业和农业的平衡。整个国民经济的比例关系是在这些基础上的综合平衡。"③1959 年 12 月至 1960 年 2

---

① 中共中央文献研究室编:《毛泽东文集》第七卷,第 24—31 页。
② 中共中央文献研究室编:《毛泽东文集》第七卷,第 159—160 页。
③ 中共中央文献研究室编:《毛泽东文集》第八卷,人民出版社,1999 年,第 80 页。

月,在读苏联《政治经济学教科书》的谈话中,毛泽东又谈到综合平衡的问题。毛泽东认为,只要农业、轻工业、重工业同时高速发展,就可以保证在迅速发展重工业的同时,适当改善人民的生活。谈话还涉及到城乡的均衡问题,毛泽东指出,在社会主义工业化过程中,随着农业机械化的发展,农业人口会减少。但如果减少下来的农业人口都拥到城市里来,使城市人口过分膨胀,那就不好,因此,从现在起就要注意这个问题,为防止这一点,就要使农村的生活水平和城市的生活水平大致一样,或者还好一些。①

由上可见,新中国成立后毛泽东的生活政治思想与新民主主义革命时期具有前后相承之处,它们都是特定时代背景下的产物。在新民主主义革命时期,毛泽东的生活政治思想是和革命斗争紧密结合在一起的,是革命事业的一部分,提高人民群众生活的需要和革命斗争的需要紧密结合在一起。新中国成立以后,则成为社会主义建设事业的一部分,呈现出与新民主主义革命时期不同的内容和特征。

在社会主义改造完成以后,毛泽东把提高人民群众的生活水平和发展生产力结合起来。这是由新中国成立后的国家状况与历史任务决定的。新中国成立后的中国国家状况,毛泽东称之为"一穷二白"。在《论十大关系》中,毛泽东说,中国一为穷,二为白。穷就是没有多少工业,农业也不发达;白就是一张白纸,文化水平、科学水平都不高。② 后来在 1960 年 10 月同斯诺的谈话中又提到:"我们的基本情况就是一穷二白。所谓穷就是生活水平低。为什么生活水平低呢? 因为生产力水平低。什么是生产力呢? 除人力以外就是机器。工业、农业都要机械化,工业、农业要同时发展。所谓'白',就是文盲还没有完全消灭,不但是识字的问题,还有提高科学水平的问题。有很多科学项目,我们还没有着手进行。因此,我们说我们是一个一穷二白的国家。"③

新中国落后的状况就是"一穷二白"。穷即国家穷和老百姓穷,生活水平低,日子不好过。穷的原因是生产力水平低。"白"既是生产力水平低的问题,因为科学技术水平低,也是生活水平低的问题,因为识字水平低。因

---

① 中共中央文献研究室编:《毛泽东文集》第八卷,第103—140 页。

② 中共中央文献研究室编:《毛泽东文集》第七卷,第43—44 页。

③ 中共中央文献研究室编:《毛泽东文集》第八卷,第216 页。

此,改变这种贫穷落后的状况就成为新中国成立初期的历史任务。所以,新中国成立后的政治路线,如果从着重解决的问题的导向出发,实际上包含了发展的政治路线和生活的政治路线,发展生产力和提高人民群众的生活水平都是新中国成立后迫切解决的问题,而后者一定是从属于前者的,前者是因,是条件,后者是结果,没有生产力的发展,则不会有生活水平的整体提高,但二者又相辅相成。因此,在总体上看,新中国成立后毛泽东的生活政治思想不是单纯地表达对全国各界人民群众生活的关心,谈论提高人民生活水平的重要性及其对于社会主义中国的先进性意义,而是从中国的实际情况出发,内在地包含了解决生产力问题和人民生活问题的战略设计和规划,而在实施上,发展生产力和提高生活水平这两种价值则需要具体地综合平衡。

二、 社会主要矛盾中的生活政治

新中国成立后生活政治路线的确立是以毛泽东为核心的新中国领导集体对社会主要矛盾作出历史性判断的结果,也是新中国成立后毛泽东生活政治思想的集中体现。社会主要矛盾的提出标志着生活政治路线的正式确立,自此,生活和发展成为中国社会主义建设的两条主线。同时,社会主义矛盾及其确立的生活政治路线也成为中国生活政治及其相关实践的宏观指导原则。

(一)社会主要矛盾中的"发展政治"和"生活政治"

毛泽东指出,"在复杂的事物的发展过程中,有许多矛盾存在,其中必有一种是主要的矛盾",主要矛盾是在事物运动过程中"起着领导的、决定的作用,其他则处于次要和服从的地位",主要矛盾的存在和发展规定或影响着其他矛盾的存在和发展。[①] 如果离开抽象的哲学层面,回到中国共产党的执政实践,社会的主要矛盾是中国共产党领导全国人民的奋斗目标及其实现条件之间的对立统一[②],中国共产党即是在这一意义上认识中国的社会主要

---

① 毛泽东:《毛泽东选集》第一卷,第320—322页。
② 张敏、赵娟:《美好生活与良好治理——社会主要矛盾转换及其治理蕴意》,《南京社会科学》2018年第12期。

矛盾的。改变一穷二白的面貌,让人民过上幸福生活是中国共产党执政的历史使命,这一使命确立了中国社会主要矛盾的基本坐标。

社会主要矛盾来自于中国共产党对社会主要历史任务及其困难的认识和理解,一方面,它来自中国的社会现实,另一方面,它又对中国的社会现实进行了高度凝练和概括。薄一波在《若干重大决策与事件的回顾》一文中说:"按照唯物辩证法的原理,不断分析社会矛盾,并全力捉住主要的社会矛盾,把自己工作的着重点摆在解决主要社会矛盾上;主要社会矛盾转变了,工作的着重点也跟着转变,这是我们党的传统工作方法,也是领导革命和建设不断夺取胜利的一大诀窍。"①因此,首先,社会主要矛盾是由中国共产党根据中国的社会现实所建构的矛盾;其次,社会主要矛盾是中国社会发展过程中的主导性矛盾,也是最迫切需要解决的全局性问题;再次,社会主要矛盾是动态变化的,随着社会的变化、中国共产党执政理念和任务的变化以及人民群众主观认知的变化而发生变化;最后,社会主要矛盾规定了中国社会发展的历史方位与路线、方针与政策制定的基本方向。

中国社会主要矛盾的提出,存在一个新中国成立前后的探索过程。1949年3月5日至13日,中国共产党在西柏坡村举行了第七届中央委员会第二次全体会议,这是在全国革命胜利的前夜召开的一次非常重要的会议。根据毛泽东的报告,会议认为,在革命胜利后,党的工作重心将由农村转移到城市,城市工作要以经济建设为中心,指出中国由农业国转变为工业国,由新民主主义社会转变为社会主义社会的发展方向。中国的基本矛盾还是斗争的矛盾,在国内是工农与剥削阶级的矛盾,在国际上是新中国同帝国主义的矛盾。② 可以看出,虽然七届二中全会没有提出社会主要矛盾的说法,但对全国胜利后的社会主要矛盾已经有所酝酿,在国家发展的中心问题上已经提出经济建设的议题。革命胜利后,经过数年的社会主义改造,社会主义的经济、政治和社会制度基本建成,在这样的背景下,中国的社会主要矛盾在1956年9月召开的中国共产党第八次全国代表大会上得到了第一次明确阐述。《中国共产党第八次全国代表大会关于政治报告的决议》指出:

---

① 薄一波:《若干重大决策与事件的回顾》上卷,中共中央党校出版社,1991年,第549页。
② 毛泽东:《毛泽东选集》第四卷,第1424—1425页。

我们党领导中国人民,已经完成了资产阶级民主革命,并且基本上取得了社会主义革命的胜利。这就使我国出现了一种完全新的社会面貌。在旧中国社会中的主要矛盾,即中国人民同帝国主义、封建主义、官僚资本主义的统治的矛盾,由于资产阶级民主革命的胜利而解决了。在解决了这种矛盾以后,我国除了对外还有同帝国主义的矛盾以外,在国内的主要矛盾是无产阶级同资产阶级之间的矛盾,这是社会主义革命所要解决的矛盾。我们对农业、手工业和资本主义工商业的社会主义改造,就是要变革资产阶级所有制,变革产生资本主义的根源的小私有制。现在这种社会主义改造已经取得决定性的胜利,这就表明,我国的无产阶级同资产阶级之间的矛盾已经基本上解决,几千年来的阶级剥削制度的历史已经基本上结束,社会主义的社会制度在我国已经基本上建立起来了……毫无疑问,我国人民还必须为解放台湾而斗争,还必须为彻底完成社会主义改造、最后消灭剥削制度而斗争,还必须为继续肃清反革命残余势力而斗争。不坚决进行这些斗争,是决不许可的。但是,我们国内的主要矛盾,已经是人民对于建立先进的工业国的要求同落后的农业国的现实之间的矛盾,已经是人民对于经济文化迅速发展的需要同当前经济文化不能满足人民需要的状况之间的矛盾。这一矛盾的实质,在我国社会主义制度已经建立的情况下,也就是先进的社会主义制度同落后的社会生产力之间的矛盾。党和全国人民的当前的主要任务,就是要集中力量来解决这个矛盾,把我国尽快地从落后的农业国变为先进的工业国。这个任务是很艰巨的,我们必须在经济、政治、文化等方面采取正确的政策,团结国内外一切可能团结的力量,利用一切有利的条件,来完成这个伟大的任务。①

应该说,《中国共产党第八次全国代表大会关于政治报告的决议》(以下简称《决议》)首次完整地阐述了中国社会主要矛盾及其变迁的过程。该《决议》提到,在旧中国,社会的主要矛盾为中国人民同帝国主义、封建主义、官

---

① 中共中央文献研究室编:《建国以来重要文献选编》第九册,中央文献出版社,2011年,第292—293页。

僚资本主义的统治的矛盾；在社会主义改造时期，也即社会主义革命时期，除了对外与帝国主义的矛盾，国内的社会主要矛盾为无产阶级同资产阶级之间的矛盾；在社会主义改造完成以后，也即社会主义制度建立以后，中国的社会主要矛盾为"人民对于建立先进的工业国的要求同落后的农业国的现实之间的矛盾"与"人民对于经济文化迅速发展的需要同当前经济文化不能满足人民需要的状况之间的矛盾"，这两种矛盾的实质又被概括为"先进的社会主义制度同落后的社会生产力之间的矛盾"。因此，自新民主主义革命以来到社会主义制度的建立，中国总共有三种社会主要矛盾，历经了两次社会主要矛盾的转型。第一次是中国人民同一切剥削主义统治的矛盾向无产阶级与资产阶级矛盾的转型，第二次是无产阶级与资产阶级的矛盾向建设先进的工业国同落后的农业国，以及人民对于经济文化迅速发展的需要同当前经济文化不能满足人民需要的矛盾的转型。重点在于，社会主义制度建立后，也即从 1956 年起，中国的社会主要矛盾已经转化为人民对于建立先进的工业国的要求同落后的农业国的现实之间的矛盾与人民对于经济文化迅速发展的需要同当前经济文化不能满足人民需要的状况之间的矛盾。人民对于经济文化迅速发展的需要也是人民的生活需要。该《决议》还提出，在实现社会主义工业化的过程中，必须注意国家建设和人民生活改善适当结合的问题，也就是"使国民收入中积累和消费的比例关系得到正确的处理"①。

中国共产党第八次全国代表大会对于社会主要矛盾的判断是从国家建设的角度提出的，这些矛盾是建设先进的工业国和提高人民生活水平的过程中所需要解决的问题，也是改变"一穷二白"现状所迫切需要解决的问题。这是一个正确的判断。一些党史研究者指出，毛泽东虽然对社会主义制度建立后的社会主要矛盾的理解经历了一些变化，但他当时对第八次全国代表大会《决议》关于社会主义制度建立后社会主要矛盾的判断是赞同的，很多第八次全国代表大会前后的文献资料证明了这一点。② 事实上也是如此，在第八次全国代表大会之前和之后一段时间的各种讲话里，毛泽东一直在

① 中共中央文献研究室编：《建国以来重要文献选编》第九册，第 297 页。
② 参见施肇成：《毛泽东与"八大"对我国社会主要矛盾理解的异同》，《中国社会科学》1991 年第 6 期。

强调经济建设的重要性,强调发展生产力和工业化的重要性。经历了社会主义建设的曲折探索之后,第八次全国代表大会及其确定的社会主要矛盾在 1981 年 6 月召开的中国共产党第十一届六中全会上得到了肯定。首先,十一届六中全会通过的《关于建国以来党的若干历史问题的决议》肯定了和重申了第八次全国代表大会的内容:指出一九五六年九月党的第八次全国代表大会开得很成功;八大对社会主要矛盾的理解也是正确的,认为当时虽然还必须为解放台湾、为彻底完成社会主义改造、最后消灭剥削制度和继续肃清反革命残余势力而斗争,但是国内主要矛盾"已经不再是工人阶级和资产阶级的矛盾,而是人民对于经济文化迅速发展的需要同当前经济文化不能满足人民需要的状况之间的矛盾",因此全国人民的主要任务是"集中力量发展社会生产力,实现国家工业化,逐步满足人民日益增长的物质和文化需要",根本任务"已经是在新的生产关系下保护和发展生产力";所以,"八大的路线是正确的,它为新时期社会主义事业的发展和党的建设指明了方向"。① 其次,《关于建国以来党的若干历史问题的决议》把八大提出的社会主要矛盾进行了重新阐述,指出"在社会主义改造基本完成以后,我国所要解决的主要矛盾,是人民日益增长的物质文化需要同落后的社会生产之间的矛盾","党和国家工作的重点必须转移到以经济建设为中心的社会主义现代化建设上来,大大发展社会生产力,并在这个基础上逐步改善人民的物质文化生活"。② 十一届六中全会关于社会主要矛盾的阐述是对八大《决议》的延续,并没有本质上的差异,但在表述上更加科学化:把"对于经济文化迅速发展的需要"更准确地表述为"日益增长的物质文化需要";把"对于建立先进的工业国的要求"及其"同落后的农业国的现实之间的矛盾"更准确地概括为"落后的社会生产"问题,而"当前经济文化不能满足人民需要"也是由"落后的社会生产"造成的。因此,社会主义改造完成后的矛盾就转化为"人民日益增长的物质文化需要"同"落后的社会生产"之间的矛盾。"人民日益增长的物质文化需要"也是"人民的物质文化生活"问题,所以,社会主

① 中国共产党中央委员会:《〈关于若干历史问题的决议〉和〈建国以来党的若干历史问题和决议〉》,中共党史出版社,2011 年,第 50—51 页。
② 中国共产党中央委员会:《〈关于若干历史问题的决议〉和〈建国以来党的若干历史问题和决议〉》,第 78 页。

要矛盾也就进一步体现为人民日益增长的物质文化生活的需要同落后的社会生产之间的矛盾。之所以文化的需要与落后的社会生产也能够成为一对矛盾,这是因为,在"一穷二白"的条件下,日益增长的文化生活需要,比如对广播、电影等文化作品和文化设施的需要之所以不能满足,也是由经济发展的落后,也即社会生产力总体低下造成的。因此,尽管物质生活和文化生活是不同类型的生活,但其需要的满足都要依赖于社会生产的长足进步。在后来中国共产党第十三次全国代表大会上,社会主要矛盾又被进一步阐述为"社会主义初级阶段的主要矛盾","我们在现阶段所面临的主要矛盾,是人民日益增长的物质文化需要同落后的社会生产之间的矛盾","为了解决现阶段的主要矛盾,就必须大力发展商品经济,提高劳动生产率,逐步实现工业、农业、国防和科学技术的现代化,并且为此而改革生产关系和上层建筑中不适应生产力发展的部分"。[①] 至此,传统社会主要矛盾[②]的通行表述得以完成。

中国共产党的十一届六中全会和第十三次全国代表大会对社会主要矛盾的阐述均是对八大《决议》关于社会主要矛盾判断的延续,因此,八大实际上就已经提出了人民日益增长的物质文化需要与落后的社会生产之间的矛盾,也即日益增长的物质文化生活需要与落后的社会生产之间的矛盾。所以,如前文所述,八大《决议》基于中国的社会现实和国家建设的任务提出了两条基本的政治路线:生活政治路线和发展政治路线,前者以提高人民群众的生活水平为执政目标,后者以发展生产力为执政目标。当然,从这个时期的社会主要矛盾的判断也可以看出中国共产党的两个最主要的执政价值选择,即提高人民的生活水平和发展生产力。虽然生活水平的提高以生产力的发展为前提条件,但生活政治路线仍不失为一条单独的政治路线。

八大《决议》关于中国社会主要矛盾的判断和阐述标志着生活政治路线的正式确立,此前虽然有关于提高人民生活水平的讲话、意见和政策举措,

---

① 中共中央文献研究室编:《改革开放三十年重要文献选编》(上),中央文献出版社,2008年,第476页。

② 2017年10月,中国共产党第十九次全国代表大会提出了新时期的社会主要矛盾,因此,可以把十九大之前的社会主要矛盾称为"传统的社会主要矛盾",十九大提出的社会主要矛盾称为"新社会主要矛盾"。

但没有上升到社会主要矛盾的高度，并由中国共产党全国代表大会的《决议》如此权威的文件来提出。这说明生活政治的路线是中国顶层设计的产物，因此八大《决议》关于社会主要矛盾的提出在中国生活政治的发展上具有里程碑的意义。

　　当然，生活政治路线的确立是以毛泽东为集中体现的国家领导集体生活政治思想转化为顶层决策的结果。如前面所梳理的，毛泽东一直强调提高人民生活水平及其与发展生产力的关系，他关于"一穷二白"的表述实际已经表明提高生活水平和发展生产力是对立统一的关系。在八大会议中，毛泽东的系列设想转化为大会报告的内容。刘少奇在八届二中全会的报告中回忆指出："党中央委员会向第八届全国代表大会第一次会议的工作报告，就是根据毛泽东同志关于处理十大关系的方针政策而提出的。"①

　　生活政治路线也同样体现在周恩来在八大会议上所做的《关于发展国民经济的第二个五年计划的建议的报告》中，报告提出，要在工业农业发展的基础之上，增强国防力量，提高人民的物质和文化生活的水平。② 报告指出，在根本上，中国所进行的一切建设，都是为了人民群众的福利。但是，在建设的过程中，一定要处理好长远利益和当前利益、集体利益和个人利益之间的关系，因此，必须安排好国民收入中积累和消费的比例关系，在保证国家建设规模逐步扩大的同时，使人民生活得到逐步的改善。在周恩来的报告中，改善人民的生活涉及改善职工的物质生活、改善农民的物质生活、提高人民文化生活水平和增进人民健康四个方面。③ 薄一波在此次会议所做的《正确处理积累和消费的比例关系》报告中也提出，"合理地解决积累和消费关系的意义，就是要将集体的、长远的利益和个人的、当前的利益正确地结合起来，使之既有利于国家经济的建设，特别是工业建设的迅速发展，又有利于人民消费水平的逐步提高"，之所以如此，是因为"实现我国的工业化，只有和人民消费水平的逐步提高密切结合起来，才能发挥广大群众建设社会主义的积极性，才能在新的物质基础上进一步巩固工农联盟，才能使社会主义建设事业顺利地健康地进行"，因此，"在社会主义工业化过程中，用

---

① 薄一波：《若干重大决策与事件的回顾》上卷，第 548 页。
② 中共中央文献研究室编：《建国以来重要文献选编》第九册，第 156 页。
③ 中共中央文献研究室编：《建国以来重要文献选编》第九册，第 180—183 页。

来进行工农业及其他方面建设的积累,只能随着社会生产的发展、劳动生产率的提高和国民收入的增大而逐步地增加。这样,才不会因积累的增加而影响人民生活的逐步改善。同时,由于我国经济比较落后,人口众多,增殖较快,人民生活水平还较低,因而积累部分也不可能过多地和过快地增加"。①

社会主要矛盾和生活政治的路线也写在了八大通过的《中国共产党章程》上:"党的一切工作的根本目的,是最大限度地满足人民的物质生活和文化生活的需要,因此,必须在生产发展的基础上,逐步地和不断地改善人民的生活状况,而这也是提高人民生产积极性的必要条件。"②

中国共产党的第八次全国代表大会无疑是一次伟大的会议。会议抓住了当时中国最需要解决的问题,作出了关于社会主要矛盾的正确判断,确立了社会主义建设中的发展政治和生活政治两条政治路线,显示了中国共产党的主要执政价值选择。尽管在以后的一段时期里,中国经历了较为曲折的社会主义建设的探索路程,但生活政治的路线已然被确立下来,并且取得了卓著的建设成效。在中国共产党十一届三中全会以后至现在,生活政治路线不断得到丰富和创新,成为我国社会主义事业发展过程中的一条历史悠久的政治路线。

(二)新中国成立后生活政治的主要政策实践

社会主要矛盾的确立以及生活政治路线的形成为中国生活政治的发展确定了历史方位和基本原则。社会保障制度的建立及相关政策的执行则是生活政治路线的具体展开,构成了生活政治实践的宏观和中观层次。

中国社会保障制度的建立是围绕社会权利的保障展开的,所以即使在国际范围内,新中国也是较早进行社会保障探索和实践的国家之一。秉着为人民服务的宗旨,中国建国伊始就把保障人民群众的基本社会权利当作自己的责任。一般认为,新中国社会保障制度的创建始于1951年政务院颁布的《中华人民共和国劳动保险条例》,也有人认为,新中国社会保障制度的创建应从1949年9月中国人民政治协商会议通过的《中华人民共和国政治

---

① 中共中央文献研究室编:《建国以来重要文献选编》第九册,第210—211页。
② 中共中央文献研究室编:《建国以来重要文献选编》第九册,第270—271页。

协商会议共同纲领》算起。《共同纲领》起着中华人民共和国临时宪法的作用，这部临时宪法明确规定，革命烈士家属和革命军人家属中的生活困难者应得到国家和社会的优待，参加革命战争的残废军人和退伍军人，应由人民政府适当安置以能够谋生自立。该临时宪法还要求逐步实行劳动保险制度等。因此，新中国社会保障制度的创立应以《共同纲领》的颁布为起始标志，到 1956 年结束。[①]

　　虽然在创立的时间上有不同的看法，但通常认为，在实践上，新中国社会保障的展开是从最为紧迫的一些社会问题开始的，其中对失业工人的救济尤为典型。中国共产党关于失业救济的设想和探索始于新中国成立前后。1949年 3 月，在中国共产党第七届中央委员会第二次会议上（也即西柏坡会议），毛泽东就富有先见地指出，在"接管城市的第一天起，我们的眼睛就要向着这个城市的生产事业的恢复和发展。务须避免盲目地乱抓乱碰，把中心任务忘记了，以至于占领一个城市好几个月，生产建设的工作还没有上轨道，甚至许多工业陷于停顿状态，引起工人失业，工人生活降低，不满意共产党。这种状态是完全不能容许的"[②]。新中国建立后，在多种原因的交织下，城市的失业问题是一个比较严重而且普遍存在的问题。根据一位研究者的描述，1949 年，全国大中城市失业人口大约 470 万人，失业率高达 23%，尤以上海、南京、广州、武汉、重庆五大城市为严重。[③] 就连参加过革命行动的上海老工人也存在着就业的困难。根据时任劳动部副部长毛齐华的回忆，上海解放后，他在上海总工会担任秘书长工作，上海总工会的牌子一挂出来，就有不少参加过工人运动和大革命的老工人来找他要求安排工作。调到劳动部后，就听闻全国许多城市纷纷反映失业问题，有几百万失业工人要求人民政府安排就业。据当时的初步统计，全国大中城市失业工人约有 300 万，可见失业问题相当严重。报请中央批准同意后，当时劳动部的做法有：由劳动部门介绍安排就业、组织和支持来自农村的失业工人回乡务农、通过"以工代账"的方式临时性解决部分失业人员的生活困难问题、对一些失业工人组织职业技能培训、由民政部门和

① 郑功成：《中国社会保障论》，中国劳动社会保障出版社，2009 年，第 52—53 页。

② 毛泽东：《毛泽东选集》第四卷，第 1428 页注释。

③ 胡晓义：《新中国社会保障发展史》，中国劳动社会保障出版社、中国人事出版社，2019年，第 6 页。

城市街道居民组织适当安置一些零星的闲散无业人员等。①

对失业工人及其他人员救济问题的政策意见集中体现在毛泽东于1950年6月中共七届三中全会的书面报告《为争取国家财政经济状况的基本好转而斗争》里。毛泽东指出,由于"帝国主义和国民党反动派的长期统治,造成了社会经济的不正常状态,造成了广大的失业群。革命胜利以后,整个旧的社会经济结构在各种不同的程度上正在重新改组,失业人员又有增多。这是一件大事,人民政府业已开始着手采取救济和安置失业人员的办法,以期有步骤地解决这个问题";为此,"必须认真地进行对于失业工人和失业知识分子的救济工作,有步骤地帮助失业者就业。必须继续认真地进行对于灾民的救济工作"。② 同样在这次会议的讲话中,毛泽东还谈到"要合理地调整工商业,使工厂开工,解决失业问题,并且拿出20亿斤粮食解决失业工人的吃饭问题"③。

根据胡晓义的梳理,在"三年恢复时期",党和中央政府密集制定发布了多项解决城市失业问题的政策文件,采取了系列措施,努力解决失业以及由其带来的救济问题。④ 这些政策文件见下表:

表4　1949—1952年有关失业和救济工作的重要政策举例

发文时间	政策文件名称	发文机关
1950年4月	关于举行全国救济失业工人运动和筹措救济失业工人基金办法的指示	中共中央
1950年6月	关于救济失业工人的指示	政务院
	救济失业工人暂行办法	劳动部
1950年7月	关于救济失业教师与处理学生失业问题的指示	政务院
1950年11月	关于失业救济问题的总结及指示	中共中央

---

① 毛齐华:《风雨征程七十春——毛齐华回忆录》,当代中国出版社,1997年,第222—227页。
② 中共中央文献研究室编:《毛泽东选集》第六卷,第67—72页。
③ 中共中央文献研究室编:《毛泽东选集》第六卷,第74页。
④ 胡晓义:《新中国社会保障发展史》,第7—8页。

续　表

发文时间	政策文件名称	发文机关
1951 年 1 月	关于处理失业知识分子的补充指示	政务院
1952 年 7 月	关于劳动就业问题的决定	政务院
1952 年 8 月	关于失业人员统一登记办法	劳动就业委员会
1952 年 10 月	关于处理失业人员办法	政务院

资料来源:胡晓义:《新中国社会保障发展史》,中国劳动社会保障出版社、中国人事出版社,2019 年,第 8 页。

经过三年的努力,失业工人的救济工作取得了卓著的成绩。根据《中国劳动人事年鉴(1949.10—1987)》,在 1952 年,全国城镇就职工数达 1603 万人,个体劳动者为 883 万人,失业人数 376.6 万人,失业率为 13.2%。失业率较建国之初的 23.6% 下降了十多个百分点,正在趋向正常的失业率水平。而到了 1956 年社会主义改造基本完成,城镇职工人数几乎成倍增长,已经达到 2977 万人,失业人口为 212.9 万人,失业率为 6.6%,失业率基本趋于正常。[1]

1951 年《中华人民共和国劳动保险条例》的出台也是一个标志性事件。这一条例的出台是为了落实《中华人民共和国政治协商会议共同纲领》关于"逐步实行劳动保险制度"的规定。实际上,中国共产党在新民主主义革命期间就已经有了劳动保险的实践和探索,比如在苏区时期,就曾经制定和修改了《中华苏维埃共和国劳动法》,东北解放战争结束之后于 1948 年 12 月颁布了《东北公营企业战时暂行劳动保险条例》。新中国建立后,1949 年 11 月成立了劳动部,在革命战争时期实行的社会保险基础之上,劳动部于 1949 年 11 月 26 日拟定《中华人民共和国劳动保险条例(草案)》,经中国人民政治协商会议审查批准后,政务院 1950 年 10 月 27 日决定予以公布,并组织全国职工讨论。在经过 20 多次修改之后,政务院在 1951 年 2 月 23 日通过《中华人民共和国劳动保险条例》,2 月 26 日颁布该条例,并于 1951 年

---

[1]《中国劳动人事年鉴》编辑部:《中国劳动人事年鉴(1949.10—1987)》,劳动人事出版社,1989 年。

3月1日开始正式实施。① 该条例规定了职工的伤残待遇、疾病和非因工伤残待遇、死亡待遇、养老待遇和生育待遇五项待遇。

与此同时,其他各项社会保障制度也都开始全面创立。在社会救济上,除了失业工人的救济,新中国还于1950年2月和4月相继成立了中央救灾委员会和中国人民救济总会,并通过《中国人民救济总会章程》。在优抚保障上,新中国在1950年12月集中公布了《革命军人牺牲病故褒恤暂行条例》《革命残废军人优待抚恤暂行条例》《革命工作人员伤亡褒恤暂行条例》《革命烈士家属、革命军人家属优待暂行条例》和《民兵、民工伤亡抚恤暂行条例》等系列政策,形成了一个较为完整的优抚保障体系。在社会福利上,新中国除了接收、改造旧社会的慈善机构,还设立新的福利单位,大部分省还开始建立专业的精神病人疗养院。②

三年恢复时期创立的社会保障制度无疑具有过渡性,随着社会主义改造的完成,社会主义制度得以建立,经济与社会条件均发生了很大的变化,中国的社会主义事业开始进入一个新阶段,社会保障制度也因此进入到一个新发展时期。但是,由于一系列运动的影响,中国一直处于社会主义建设的曲折探索之中,社会保障也一直处于调整状态。因此,1957年至1968年既是社会保障的新发展时期,也是一个社会保障的调整时期。而调整时期可能是一个更切合实际的说法,对于这一时期,有人以1957年国务院颁发《关于工人、职员退休处理的暂行规定》等法规为起始的标志,以1968年内务部撤消为终止。③ 以劳动保险为例,1957年9月,周恩来在中国共产党第八届中央委员会第三次全体会议上所作的《关于劳动工资和劳保福利问题的报告》,较为详细地阐述了制度不健全、管理不完善、工资水平偏高、一些劳保待遇不切合实际、公费医疗浪费等问题。他提出,在劳保福利问题上的

---

① 刘翠霄编著:《中华人民共和国社会保障法治史(1949—2011年)》,商务印书馆,2014年,第8页。

② 关于建国头几年中国社会保障事业的实践及其发展,可以参见郑功成《中国社会保障论》,中国劳动社会保障出版社,2009年;刘翠霄编著:《中华人民共和国社会保障法治史(1949—2011年)》,商务印书馆,2014年;胡晓义:《新中国社会保障发展史》,中国劳动社会保障出版社、中国人事出版社,2019年;林雪贞:《中国社会保障演进的历史维度和世界视野》,法律出版社,2018年。

③ 郑功成:《中国社会保障论》,中国劳动社会保障出版社,2009年,第57页。

整顿方针是"简化项目,加强管理,克服浪费;改进不合理的制度,适当降低过高的福利待遇;同时提倡少花钱、多办事;提倡依靠群众集体的力量,举办福利事业;提倡用互助互济的办法,解决职工生活中的某些困难问题";卫生医疗的工作方向是"降低医院和疗养院的设备标准;适当降低药品价格。劳保医疗和公费医疗实行少量收费,取消一切陋规,节约经费开支"以及"改革医疗制度,便利人民就医"等。① 事实上的调整在 1957 年 3 月就开始了。当月,国务院颁发了《关于工人、职员退休处理的暂行规定》。1958 年 2 月,国务院颁发了《关于国营、公私合营、合作社营、个体经营的企业和事业单位的学徒的学习期限和生活补贴的暂行规定》。同年 3 月,国务院颁发了《关于工人、职员退职处理的暂行规定》。1962 年 6 月,国务院颁发了《关于精简职工安置办法的若干规定》。为了改进公费医疗制度,1965 年 2 月,卫生部和财政部联合颁发《关于改进公费医疗管理问题的通知》,对公费医疗制度进行了适当调整。1966 年 4 月,劳动部和中华全国总工会联合发布《关于改进企业职工劳保医疗制度几个问题的通知》,对企业职工的医疗保险问题进行了完善。而对于城镇集体经济组织的社会保险,当时的第二轻工业部和全国手工业合作社于 1966 年 4 月颁发了《关于轻、手工业集体所有制企业职工、社员退休统筹暂行办法》和《关于轻、手工业集体所有制企业职工、社员退职处理暂行办法》。② 其他领域,比如社会救济、优抚保障和社会福利方面都作了全面的调整。

非常值得注意的是,从 1956 年开始,我国在农村建立了针对特别困难群体的"五保供养"制度。毛泽东早在 1953 年 10 月和 11 月的《关于农业互助合作的两次谈话》中就初步提出了五保供养的设想。他指出,对于"鳏寡孤独,没有劳动力"的困难人群,"互助组、合作社可以给他们帮点忙"。③ 1955 年 9 至 10 月,他在《中国农村的社会主义高潮》一书的按语中又比较详尽地提出这个问题:"一切合作社有责任帮助鳏寡孤独缺乏劳动力的社员

① 中共中央文献研究室编:《建国以来重要文献选编》第十册,中央文献出版社,2011年,第 505—520 页。
② 郑功成对这一时期的政策调整作了较为详细的梳理。参见其《中国社会保障论》,第57—59 页。
③ 中共中央文献研究室编:《毛泽东文集》第六卷,第 304 页。

(应当吸收他们入社)和虽然有劳动力但是生活上十分困难的社员,解决他们的困难。目前,有许多合作社,缺乏帮助困难户的社会主义的精神,甚至根本排斥贫农,这是完全错误的。目前,政府已经设立了贫农基金,可以帮助贫农解决耕牛农具的困难,但是还不能解决贫农中有些户缺乏劳动力的困难,也不能完全解决有些户在青黄不接时期缺乏生活资料的困难,这只有依靠合作社广大群众的力量才能解决。"①1956 年 1 月,由中央政治局提出的《一九五六年到一九六七年全国农业发展纲要(草案)》第三条提出:"农业生产合作社对于社内缺乏劳动力,生活无依靠的鳏寡孤独的农户和残废军人,应当在生产上和生活上给以适当的安排,做到保吃、保穿、保烧(燃料)、保教(儿童和少年)、保葬,使这些人的生养死葬都有指靠。"②这是对五保供养制度的第一次明确的政策阐述。同年 6 月 30 日,第一届全国人民代表大会第三次会议通过了《高级农业生产合作社示范章程》,其中第七条规定要"吸收老、弱、孤、寡、残疾人入社",第五十三条规定"农业生产合作社对于缺乏劳动力或者完全丧失劳动力、生活没有依靠的老、弱、孤、寡、残疾的社员,在生产上和生活上给以适当的安排和照顾,保证他们的吃、穿和柴火的供应,保证年幼的受到教育和年老的死后安葬,使他们生养死葬都有依靠"③。至此,通过 1956 年的两个法律性文件,五保供养制度正式得以建立。

五保供养制度为农村的五类困难群体提供了基本的生存和生活保障,该制度也构成了中国社会保障事业的一个传统和特色。1956 年农业合作化以后,五保群体由合作社照顾生活,1958 年人民公社建立后,生产大队或生产队取代合作社而成为主要的照顾单位。即便在调整时期,供养的相关政策会有所起伏变化,但该制度依然发挥着重要的保障作用。

(三) 集体化时期的个体微观生活政治

在社会主义改造完成后,中国的城乡社会进入一个集体化时期。在马克思列宁主义的指导下,中国共产党的集体化思想早就产生了,并且在第二

---

① 中共中央文献研究室编:《毛泽东文集》第六卷,第 465 页。

② 中共中央文献研究室编:《建国以来重要文献选编》第八册,中央文献出版社,2011年,第 40 页。

③ 中共中央文献研究室编:《建国以来重要文献选编》第八册,第 345—365 页。

次国内革命战争时期和抗日战争时期的革命根据地都有着丰富的实践和经验。1943年10月底,毛泽东在中共中央招待陕甘宁边区劳动英雄大会上的讲话《组织起来》中说:"在农民群众方面,几千年来都是个体经济,一家一户就是一个生产单位,这种分散的个体生产,就是封建统治的经济基础,而使农民自己陷于永远的穷苦。克服这种状况的唯一办法,就是逐渐地集体化;而达到集体化的唯一道路,依据列宁所说,就是经过合作社。在边区,我们现在已经组织了许多的农民合作社,不过这些在目前还是一种初级形式的合作社,还要经过若干发展阶段,才会在将来发展为苏联式的被称为集体农庄的那种合作社。"[1]

新中国建立后,集体化的思想和路线在全国范围内得以贯彻实施。众所周知,中国城乡社会的集体化是通过社会主义改造完成的。社会主义改造不但在生产资料的所有制上建立了社会主义的公有制,而且还在整个政治、经济和社会的运行上建立了一种集体化的组织体系。那么,什么又叫做集体呢?集体是一种非常模糊的存在,对于"部分的总和"这一人类社会的独特现象,在学术上目前尚缺乏有效的理论化方式。但如果从中国的历史与实践的实际出发,我们所言的"集体化时期"中的"集体"不是抽象的,而是一个一个客观的实体性存在。这些集体是由中国共产党与国家缔造、设立的具有不同社会功能的组织,在城市里主要表现为各种党政机关和企事业单位,在农村则主要是人民公社及其管辖的生产大队与生产小队以及其他的企事业单位,这就是我们所言的日常生活中真实的集体。其中,又以城市的单位与农村的人民公社及其两级生产组织为典型。事实上,国家本身也是一个集体,是各种集体之上的统领性集体,国家与城市单位、人民公社共同组成了中国的集体体系,国家与城市单位、人民公社形成了一个集体的三足架构。

中国集体体系的构建是中国共产党建设社会主义社会与整合其自身与人民群众关系的需要。新中国成立以后,中国共产党把建设与管理国家的任务提上了日程。那么,如何建设与管理这个国家?按照对社会主义的理解,结合中国的国情,采取了"集体化"的新型国家组织与管理方式。在中

---

① 毛泽东:《毛泽东选集》第三卷,第931页。

国,集体既是一种制度,规定了国家的社会主义性质、集体的社会主义意识形态、集体及其成员的行为模式以及国家、集体与个人的关系,同时又是一个一个的实体组织和行政管理的单元,党与国家凭借集体进行资源的配置与社会的整合,集体发挥着经济、政治与社会的全面功能,因此集体又是党与国家对社会进行统合的工具。

人民群众被整合进集体的社会可以称为集体化社会。在城市和乡村,分别通过单位制与人民公社制度,个人成为集体的人,继而成为国家的人,个人被集体化与国家化。国家与社会的关系也被塑造为"国家—集体—个人"的三位一体关系,国家与社会合二为一。在集体中,个体"归属"于单位或者人民公社,个体处于依附地位,通过依附集体继而依附国家。不论在城市的单位还是在农村的人民公社、生产大队及生产小队,个体的利益分配、行为选择要遵从集体的安排,个人要服从集体,集体主义是集体成员的行为准则,而集体的各种制度安排如工资和福利的分配、人事安排都主导着集体成员的工作与生活。个人的身份也由集体确定,不同性质的集体意味着身份、地位与待遇的不同。在集体中,人与组织的契约关系也被行政关系所取代。

个体对集体以及国家有深刻的依附性。首先是物质的依附。以城市的单位为例,"单位对于我国每一位就业公民具有异乎寻常的重要意义:不仅工资收入来自单位,而且诸如住房、副食补贴、退休金等社会福利保障也来自单位;单位中的就业者不会失业,但也不能随意流动,他们的生老病死都仰赖单位的照料"①。物质的依附说明个人的基本生活资料来源并依赖于集体,离开集体就难以生活,因此物质的依附也是生活的依附。在农村也是如此,农民参加集体劳动是维持生计的基本途径。"农民必须参加集体生产劳动,获得工分,以便从生产队得到较多的按劳分配的粮食",而那些劳力少、负担重的农户又进一步依赖生产队的"照顾粮"②。当然,城乡物质依附的纽带也不相同,社会主义改造完成之后,城市是基于人事关系的依附,农村则是基于集体产权的依附。民以食为天,物质的依附是最重要的依附,其他还

① 路风:《单位:一种特殊的社会组织形式》,《中国社会科学》1989年第1期。
② 张乐天:《告别理想:人民公社制度研究》,上海人民出版社,2005年,第80页。

有身份的依附、政治意识与行为的依附、就业与生活地域的依附等等。以身份依附为例,在城市的单位,干部和工人是被国家计划与行政管理所固定下来的身份,造成身份关系的计划是由单位来执行的,因此身份实际上也是"单位身份",而未经许可的流动则会使单位的成员失去身份,进而失去工资、编制等工作的权利。①

因此,在集体化时期,在微观政治的意义上,个体性的生活政治行为是少见的现象,在更多的情况下,个体的政治行为是集体主导下的政治行为,在本质上是国家政治向基层社会延伸的结果和体现。虽然生活政治是面向个体的政治,但当其与国家政治和集体政治紧密结合在一起时,其个体性就会受到国家性和集体性的抑制而不能充分地展现出来。这是因为,首先,在微观政治的一般层次上,只有个人成为具有自主选择性的相对独立的个体时,一个国家的政治生活才会发生国家政治与个体微观政治的分离,个人成为相对独立的个体是微观政治得以发生和发展的前提。当个人依附于某个人、某个组织或者被国家所统合时,这个人很难有自己独立的政治行动,即使发生了微观层面上的政治行为,这些行为也难以构成微观政治,因为这些行为是从属于国家政治,是国家政治向社会基层的延伸,并没有发生国家政治与个体微观政治的分离。因而,在"国家—集体—个人"三位一体的国家对社会统合的关系格局中,个人的政治行为从属于集体政治和国家政治,是国家意志在社会末梢得到贯彻执行的结果与体现,并不具备事实上的独立性。比如,这样的评论对于当时农民的政治语言是适用的:"伴随着公社而来的有一整套革命的国家话语,这些话语通过会议、广播、标语等等方式频繁地重复,着实构成了人民公社的一大景观。革命的话语是国家的、来自外部的,却一度成为村落语言的一部分,被无数村民所述说。"②其次,在个体性的生活政治层面上,尽管存在一些农民为了实现个体的或者群体的诉求会采取与领导接触、写信、请愿、写大字报、示威甚至贿赂和暴力等政治行动方式,但是在缺乏个体自主性和民主传统的农村,即使在国家和农村社会的利益冲突最严重的上世纪 50 年代末和 60 年代初,这些自发的政治行为也不

① 路风:《单位:一种特殊的社会组织形式》,《中国社会科学》1989 年第 1 期。
② 张乐天:《国家话语的接受与消解——公社视野中的"阶级"与"阶级斗争"》,《社会学研究》2001 年第 6 期。

算普遍。① 在农村,"退社"是比较典型的农民抵制集体化的生活政治行动,不少省份出现了农民退社的风潮,对建立合作社的集体化运动造成了一定的冲击。然而,农民的退社风潮在全国来看也是小范围和短暂的,对农村的集体化运动并没有造成实质性的影响。后来的历史表明,到人民公社建立时,"不仅来自农村社会的抵制已十分鲜见""人民公社从出现到全国范围内普遍建成仅仅用了三个月的时间"。②

可见,在"国家—集体—个人"三位一体的关系格局下,由于个人对集体与国家自下而上的依附以及国家、集体对个体自上而下的统合,难以分离出一个相对独立的微观的生活政治领域。尽管个人有微观层次的生活政治行为,甚至是散发的有悖于集体化的政治行为,也很容易被国家教育和改造。结果是,在集体化的大背景之下,个人的生活被整合进国家政治之中,在总体上不存在一个相对独立的微观生活政治领域。

---

①② 周晓虹:《中国农民的政治参与——毛泽东和后毛泽东时代的比较》,《香港社会科学学报》2000 年秋季刊(第 17 卷)。

第六章 改革开放后的生活政治发展
（1978—2017）

以中国共产党十一届三中全会为标志,中国进入到社会主义建设的新阶段,中国的生活政治也随之进入到一个新发展阶段。在这一阶段,中国生活政治的宏观指导原则与制度实践均得到了重新设计,个体的微观生活政治领域也开始形成,伴随着社会转型,生活政治得以全面展开,呈现出蓬勃的生机和持续的创造力。

一、小康社会理论中的生活政治

如果说毛泽东是新中国成立后生活政治思想最主要的阐发者,那么,邓小平就是改革开放后生活政治思想最主要的阐发者。邓小平的生活政治思想可以概括为"小康社会理论",该理论不仅是一种生活政治理论,而且也是一种发展理论和现代化理论,为中国经济社会的健康发展谋划了方向,设计了蓝图,是中国社会主义初级阶段发展模式和现代化模式的集中体现。

（一）邓小平小康社会理论的提出与形成

小康社会理论主要是由邓小平提出、形成的。在十一届三中全会重新确立实事求是路线和把全党的工作重点以及全国人民的注意力转移到社会主义现代化建设之后,十一届六中全会又把社会主要矛盾阐述为"人民日益增长的物质文化需要同落后的社会生产之间的矛盾",自此,生活和发展又被重新确立到社会主义建设的中心位置上来,生活政治和发展政治又成为两条重要的政治路线。小康社会理论就是在这样的背景下形成的。小康社会理论既是一种生活政治理论,也是一种现代化理论,是随着邓小平对中国现代化的思考不断深入而产生的。历史地看,邓小平小康社会理论提出、形成的过程有如下几个阶段。

1. 对中国现代化的反思与"中国式现代化"的提出

社会主义的现代化建设是新中国的历史任务,但是,鉴于历史的经验和教训,建设什么样的现代化,或者中国的现代化是什么样的现代化,是一个以邓小平为核心的新领导集体需要审慎思考的问题。本着实事求是的基本立场和原则,邓小平从中国的现实出发,放弃以前不切实际的现代化目标,提出了切合中国实际的现代化设想。所谓不切实际的现代化目标,也即在短期内实现对英美两国的赶超,这样的现代化也可以称为"赶超型现代化"。

早在 1955 年 3 月中国共产党第八次全国代表大会的时候,出于社会主义建设的急切感和使命感以及早日让国家强大起来的需要,大会就提出了"大约几十年内追上或赶过世界上最强大的资本主义国家"的初步想法。[①]同年 10 月 29 日,在资本主义工商业社会主义改造问题的座谈会上,毛泽东谈到:"我们的目标是要赶上美国,并且要超过美国。美国只有一亿多人口,我国有六亿多人口,我们应该赶上美国……究竟要几十年,看大家努力,至少是五十年吧,也许七十五年,七十五年就是十五个五年计划。哪一天赶上美国,超过美国,我们才吐一口气。"[②]1957 年 11 月,在莫斯科共产党和工人党代表会议上的讲话中,作为对赫鲁晓夫"十五年后超过美国"的回应,毛泽东提出中国的钢铁产量在十五年后"可能赶上或者超过英国"。[③] 1958 年 1 月 1 日,《人民日报》发表《乘风破浪》的社论,号召全国人民"要在十五年左右的时间内,在钢铁和其它重工业产品的产量方面赶上和超过英国,在这以后,还要进一步发展生产力,准备要用二十年到三十年的时间,在经济上赶上并且超过美国"[④]。1958 年 1 月底,毛泽东在《工作方法六十条(草案)》中

---

① 中共中央文献研究室编:《建国以来重要文献选编》第六册,中央文献出版社,2011年,第 91 页。

② 中共中央文献研究室编:《毛泽东文集》第六卷,人民出版社,1999 年,第 500 页。

③ 中共中央文献研究室编:《毛泽东文集》第七卷,第 326 页。

④ 中共中央文献研究室编:《建国以来重要文献选编》第十一册,中央文献出版社,2011年,第 6 页。

又提出在十五年或更多一点时间内在钢铁及其他主要工业生产品方面赶上或者超过英国。① 1958 年 4 月，毛泽东曾在《介绍一个合作社》的批语中写道，"由此看来，我国在工农业生产方面赶上资本主义大国，可能不需要从前所想的那样长的时间了"，"十年可以赶上英国，再有十年可以赶上美国，说'二十五年或者更多一点时间赶上英美'是留了五年到七年的余地的"②。1958 年 5 月的中共八大二次会议正式通过了"鼓足干劲、力争上游、多快好省地建设社会主义"的总路线。在此次会议的一些讲话中，毛泽东在解释"鼓足干劲、力争上游"时，又一次强调了在重要工业品的产量上七年赶过英国、十五年赶过美国的观点和要求。李富春还作了《赶上英国，再赶上美国，第二个五年计划是关键》的发言，毛泽东采纳了李富春的意见，稍加变通后明确提出："七年赶上英国，再加八年或者十年赶上美国。"③此次会议的《关于中央委员会的工作报告的决议》指出，"会议一致同意党中央根据毛泽东同志的创议而提出的鼓足干劲、力争上游、多快好省地建设社会主义的总路线……争取在十五年，或者在更短的时间内，在主要的工业品产量方面赶上和超过英国……为尽快地把我国建成一个具有现代工业、现代农业和现代科学文化的伟大社会主义国家而奋斗"④。可以说，至此，"赶超型现代化"的模式正式形成。随后，随着"大跃进"的大范围展开，"赶超型现代化"不断升温。比如，1958 年 6 月 21 日在军委扩大会议的讲话里，毛泽东称三年基本超过英国，十年超过美国是有充分把握的。次日，他在对冶金部《一九六二年主要冶金产品生产水平规划》的批示中指出，"只要一九六二年达到六千万吨钢，超过美国就不难了。必须力争在钢产量上在一九五九年达到二千五百万吨，首先超过英国"⑤。

在 1958 年至 1960 年底这段时期的"赶超型现代化"典型地体现为大跃进运动，因此也可以称为"跃进式现代化"。因为违背经济运行的客观规律和脱离中国的实际，再叠加自然灾害和国际关系等因素，中国的社会主义事

---

① 中共中央文献研究室编：《建国以来重要文献选编》第十一册，第 34 页。
② 中共中央文献研究室编：《建国以来重要文献选编》第十一册，第 228—240 页。
③ 薄一波：《若干重大决策与事件的回顾》下卷，中共中央党校出版社，1991 年，第 695—696 页。
④ 薄一波：《若干重大决策与事件的回顾》下卷，第 671—672 页。
⑤ 薄一波：《若干重大决策与事件的回顾》下卷，第 702 页。

业遭受了重大损害。毛泽东开始冷静思考中国的社会主义建设问题,逐渐放弃了快速"赶超"的想法,大跃进也随之逐渐平息并终止。比如,毛泽东1961年1月13日,在中共中央工作会议上反思说,"现在看来,搞社会主义建设不要那么十分急。十分急了办不成事,越急就越办不成,不如缓一点,波浪式地向前发展""今天看了一条消息,说西德去年搞了三千四百万吨钢,英国去年钢产量是两千四百万吨,法国前年搞了一千六百万吨,去年是一千七百万吨。他们都是搞了很多年才达到的。我看我们搞几年慢腾腾的,然后再说。今年、明年、后年搞扎实一点。不要图虚名而招实祸"。① 再如,在1962年1月30日扩大的中央工作会议上的讲话中,毛泽东又谈道,"建设强大的社会主义经济,在中国,五十年不行,会要一百年,或者更多的时间""中国的人口多、底子薄,经济落后,要使生产力很大地发展起来,要赶上和超过世界上最先进的资本主义国家,没有一百多年的时间,我看是不行的……三百几十年建设了强大的资本主义经济,在我国,五十年内外到一百年内外,建设起强大的社会主义经济,那又有什么不好呢"。②

赶超思想和大跃进的做法一方面反映了当时急切建设社会主义的想法和需要,但另一方面也违背了实事求是的原则,故尔在社会主义建设的道路上经历了曲折。正如薄一波后来评论的:

> 党的十一届六中全会通过的《关于建国以来党的若干历史问题的决议》指出:"一九五八年,党的八大二次会议通过的社会主义建设总路线及其基本点,其正确的一面是反映了广大人民群众迫切要求改变我国经济文化落后状况的普遍愿望,其缺点是忽视了客观的经济规律。"这种一分为二、实事求是的分析态度,是完全正确的。③

大跃进结束后,快速赶超的路线在一定程度上惯性延续,只是把赶超时间调整得长了一些。1964年12月的第三届全国人大一次会议《政府工作报告》提出,今后发展国民经济的主要任务是要在不太长的历史时期内,把

①② 中共中央文献研究室编:《毛泽东文集》第八卷,人民出版社,1999年,第236—237页。
③ 薄一波:《若干重大决策与事件的回顾》下卷,第672页。

中国建设成为一个具有现代农业、现代工业、现代国防和现代科学技术的社会主义强国，赶上和超过世界先进水平。为了实现这个历史目标，从第三个五年计划开始，可以采取"两步走"的战略：第一步，建立一个独立的比较完整的工业体系和国民经济体系；第二步，全面实现农业、工业、国防和科学技术的现代化，使中国经济走在世界前列。[①] 这个"不太长的历史时期"为到20世纪末的35年，时间比大跃进时期的设想拉长了一些，但从现在的角度看，这个时间跨度依然是过于乐观的。在"文革"后期，1975年1月的第四届全国人大一次会议重申了第三届全国人大一次会议提出的两步走设想，提出在20世纪内全面实现四个现代化，中国的国民经济走在世界前列。1978年2月的第五届全国人大一次会议事实上延续了第四届全国人大一次会议提出的设想。直到1979年4月的中央工作会议提出"调整、改革、整顿、提高"的新八字方针，要求坚决纠正前期经济工作中的失误，认真清理过去在这方面长期存在的'左'倾错误影响[②]，才标志着当时急于求成的"赶超型现代化"模式的正式结束。

　　"赶超型现代化"反映了以毛泽东为主导的党与国家领导集体对社会主义建设的认知和设想，也是中共八大确立的社会主要矛盾的体现，反映了中国人民对经济社会发展的迫切需要，也反映了新中国第一代领导人带领全国人民建设社会主义国家的信心和勇气。对西方发达国家的赶超本身没有错误，这是社会主义国家发展的题中之意，也是发展生产力的社会主义本质的内在规定。在特定的历史背景和国际背景下，提出对西方发达国家的赶超有其历史合理性，而且，在21世纪的今天和未来时期，对西方发达国家的赶超依然是中国发展的历史任务和目标。但另一方面，在社会主义改造之后不久就提出赶超设想，并继而发动大跃进运动，显然脱离了中国的实际，背离了实事求是的原则，并因此引发了不恰当的国家举措，从而导致了社会主义建设中的波折。不过，这些经验和教训为后来的现代化探索提供了启示，并促使中国走上正确的现代化道路。邓小平关于中国式现代化的设想和小康社会的提出，正是建立在对既往实践反思基础之上的。

[①] 中共中央文献研究室编：《建国以来重要文献选编》第十九册，中央文献出版社，2011年，第423—424页。

[②] 中共中央文献研究室编：《改革开放三十年重要文献选编》（上），第202页。

在"文革"后期复出工作后,邓小平就开始思考中国的现代化问题。邓小平首先放弃了快速赶超的想法,并动态地看待西方发达国家的现代化发展问题。1975 年 4 月 1 日,他在会见美国众议院议长卡尔·艾伯特、众议院共和党领袖约翰·罗兹时指出:我们这个国家还很落后,我们也有一些雄心壮志,看能不能在 20 世纪末达到比较发展的水平。所谓比较发展的水平,比你们、比欧洲的许多国家来说,还是落后的。我们的人口多,有 8 亿人,人均国民收入还是很低的。钢要达到你们和欧洲、日本的水平,至少要 50 年的时间,而到那时候,你们又发展了。所以,我们现在需要一个和平的国际环境来建设我们的国家。① 在这段谈话中,邓小平提出了一个"比较发展"的说法,而且这个"比较发展"相对于美国、欧洲一些国家和日本来说还是比较落后的。而随着中国的发展,西方发达国家也在发展,因此,快速赶超是不现实的。在同年 6 月和 8 月接见美国访问团的时候,邓小平表达了同样的看法。1975 年 10 月,在会见英国访问团时,邓小平指出,即使中国的生产力和总产值达到美国的水平,中国人民的生活水平与西方发达国家的水平还有很大的差距,就算比较接近西方,至少也要 50 年。他还说,这不是客气话,而是一种清醒的估计。② 在这个谈话中,邓小平没有使用以前的钢铁产量的标准,而是以生产力和总产值以及人民的生活水平为标准来衡量与西方发达国家的差距。这也是邓小平对现代化的内容和关键衡量要素的思考更加深入的体现。在 1978 年 5 月接见阿尔及利亚总统特使时,又一次谈到了与西方的差距问题。邓小平指出,在工业方面,虽然具有一些基础,但技术落后,管理水平低,现有的设备没有发挥应有的作用。由于"四人帮"的干扰,关起门来搞建设,连世界是个什么样子都不清楚。经过十年的"文革",与西方的差距拉得很大。③

　　基于对中西差距的客观认知,邓小平正确地认识到中国的现代化必须立足于中国的现实,要实事求是地思考中国的现代化模式与目标。而在"小

---

① 中共中央文献研究室编:《邓小平思想年谱(1975—1997)》,中央文献出版社,1998 年,第 5 页。

② 中共中央文献研究室编:《邓小平年谱(1975—1997)》(上),中央文献出版社,2004 年,第 114 页。

③ 中共中央文献研究室编:《邓小平年谱(1975—1997)》(上),第 316 页。

康"的说法提出之前,对法国、日本和美国等国家的访问也使他对中西发展水平的差距有了更为客观和清醒的认识,意识到对西方发达国家的赶超是一个长期的历史任务。在1979年1月29日至2月5日访美期间,邓小平曾在不同的场合表示访美的目的之一是参观和学习美国在现代化方面的经验。比如,在1月31日下午接受美国广播电视界评论员的采访时指出,这次访问美国肩负着三项使命:第一是向美国人民转达中国人民的情谊,第二是了解美国人民,了解美国人民的生活,了解美国的建设经验,学习一切对中国有用的东西;第三是同美国的领导人就发展两国关系和维护世界和平和安全问题广泛地交换意见。又如,2月4日出席美国联合航空公司总经理爱德华·卡尔森和波音飞机公司董事长桑顿·威尔逊举行的午宴致答词时指出,中国人民有许多方面要向创造先进工业文明的美国人民请教,这也是此次访问的目的之一,这次访问很有收获。①

可以说,从"文革"后期复出工作到1979年的头几个月,是邓小平坚持实事求是和解放思想的原则对中国现代化的认识不断深化的几年,通过这段时期的观察和思考,邓小平对中国的现代化已经有了比较成熟的设想。1979年3月21日,他在会见"英中文化协会"执委会代表团时第一次使用了"中国式的四个现代化"的说法,这个说法在本质上也是关于"中国式现代化"的说法。邓小平说:"我们的概念与西方不同,我姑且用个新说法,叫做'中国式的四个现代化'。现在我们的技术水平还是你们五十年代的水平。如果本世纪末能达到你们七十年代的水平那就很了不起。就是达到这个水平,也还要做许多努力。由于缺乏经验,实现四个现代化可能比想象的还要困难些。我们的方针是大量吸收、引进西方先进技术甚至资金,这样做可能快一些。而且,我们还要善于吸收,善于使用,善于管理。但这一切都需要学习,我们有信心,我们可以学会。"②应该说,在这段话中,邓小平首次明确地表明和阐述了中国的现代化与西方的现代化的不同,因此把中国的现代化称为"中国式"的四个现代化。中西现代化之所以不同,是因为西方的现代化已经具有两三百年的历史,是发达的现代化,而中国的现代化起步晚、

---

① 中共中央文献研究室编:《邓小平年谱(1975—1997)》(上),第481—485页。
② 中共中央文献研究室编:《邓小平思想年谱(1975—1997)》,第111页。

底子薄,缺乏经验,目前处于落后的状态,是落后的现代化,是探索中和发展中的现代化,与西方的现代化有很大的差距,因此需要向西方国家学习先进的经验和技术。所以说,邓小平深刻认识到了中西的现代化是两个处于不同阶段的现代化,这是中国的现代化与西方的现代化最大的不同。所以,我们可以认为邓小平提出的"中国式的四个现代化"的"中国式"主要是建立在不同的现代化阶段基础之上的。那么,由此也可以得出一个结论:在短期内实现现代化的阶段式跨越是不切实际的。

随后,在3月23日的中共中央政治局会议上,他又重申了"中国式的现代化"的提法和观点。邓小平指出,"过去提以粮为纲、以钢为纲,现在到该总结的时候了。一个国家的工业水平,不光决定于钢。钢的水平,也不光是由数量决定的,还要看质量、品种、规格"①。这是邓小平又一次没有使用钢铁产量的标准,说明他对生产力发展和现代化的理解已经非常全面。他还说,"我同外国人谈话,用个新名词:中国式的现代化。到本世纪末,我们大概只能达到发达国家七十年代的水平,人均收入不可能很高"②。这里的变化是,他没有使用"中国式的四个现代化"的说法,而是使用"中国式的现代化",但两个说法的内容指向是一致的。当然,这也说明,新中国成立以来的很长一段时期内,我们对现代化的理解是"四个现代化"式的,即工业、农业、国防和科学技术的现代化,采取的是生产力标准。因此,在很长一段时期内,我们所理解的现代化是生产力的现代化。在同年3月30日党的理论工作务虚会上,邓小平重申了中国式现代化的现实依据。他谈到,搞建设要适合中国情况,走出一条中国式的现代化道路,有两个重要特点是必须看到的,一个是底子薄,第二是人口多、耕地少,中国式的现代化,必须从中国的特点出发。③ 10月4日,在中共中央召开的各省、市、自治区第一书记座谈会上,他明确指出中国式的现代化就是标准放低一点的现代化,特别在国民生产总值上,按人口平均来说不会很高。④

"中国式的现代化"是基于中国现实国情和发展阶段的思考。其核心要点在于,一是放弃了过去"赶超型现代化"不切实际的设想,二是现代化的标

---

① ② 中共中央文献研究室编:《邓小平思想年谱(1975—1997)》,第112页。
③ 中共中央文献研究室编:《邓小平思想年谱(1975—1997)》,第115—116页。
④ 中共中央文献研究室编:《邓小平年谱(1975—1997)》(上),第563页。

准暂时放低了，三是达到发达的现代化的水平有一个长期的努力过程。那么，如果需要通俗明了地表达，"中国式的现代化"又是什么样的现代化呢？到这时，"小康"的概念就呼之欲出了。

2."小康"概念的提出

通常认为，"小康"概念的提出是邓小平对中国式现代化的一个形象概括。之所以使用"小康"一词，因为这个词汇非常适合中国的现代化实际。如下的场景具有划时代意义。根据《邓小平年谱》的记载，1979年12月6日上午，邓小平会见日本首相大平正芳。当大平正芳询问"中国将来会是什么样的情况，整个现代化的蓝图是如何构思"的问题时，邓小平提出了"小康"的概念。邓小平指出：

> 我们要实现的四个现代化，是中国式的四个现代化。我们的四个现代化的概念，不是像你们那样的现代化的概念，而是"小康之家"。到本世纪末，中国的四个现代化即使达到了某种目标，我们的国民生产总值人均水平也还是很低的。要达到第三世界中比较富裕一点的国家的水平，比如国民生产总值人均一千美元，也还得付出很大的努力。就算达到那样的水平，同西方来比，也还是落后的。所以，我只能说，中国到那时也还是一个小康的状态。①

可见，在这段谈话中，"小康"实乃"小康之家"的代称。"小康之家"是立基于中国式的现代化之上的，它的含义指向是中国式的现代化及其特征。中国式的现代化是相对落后的现代化，如果从国民生产总值人均水平的角度来看，其现代化水平是比较低的，反映在人民的生活水平上，也是比较低的，而从目标来看，中国式现代化所要实现的是先让人民群众过上小康生活。所以说，"小康之家"是对中国式现代化及其当时蓝图构思的一个通俗而又形象的表达，是以生活话语表达的一种现代化模式和现代化理论，它既表达了中国式现代化的模式特征，也表达了在贫穷落后的情况下让中国人民过上好日子的初衷。按照邓小平的设想，所谓小康，也就是"人均收入达

---

① 邓小平:《邓小平文选》第二卷，人民出版社，1994年，第237页。

到一千美元,就很不错,可以吃得好,穿得好,用得好,还可以增加外援"①。再者,"小康"的概念也是建立在对中西差距的客观认知之上的,与 20 世纪末西方发达国家将达到的现代化水平相比,中国只能达到"小康"状态。这也是在贫穷落后的情况下进行现代化的一个特征。所以,"小康"表达了三层含义,首先表达了中国式的现代化的特征,其次表达了中国的现代化水平或经济发展水平,再次是希望达到的生活水平,后两个含义是对现代化目标的说明。

此后,"小康"就成为邓小平谈论中国式现代化时经常使用的一个概念。在 1979 年 12 月 29 日会见新加坡政府代表团时,邓小平向他们介绍说,中国的四个现代化,只能"搞个'小康之家',比如说国民生产总值人均一千美元",虽然是"小康之家","肯定日子比较好过,社会存在的问题能比较顺利地解决""目标放低一点好,可以超过它"。② 1980 年 1 月 16 日,邓小平出席中共中央召集的干部会议,作了《目前的形势和任务》的报告。在报告中,他向与会干部比较详细地阐述了"小康"提法的由来和依据,这可能是邓小平首次在重要的会议场合介绍他的"小康"设想。邓小平说道:"我在跟外国人谈话的时候就说,我们的四个现代化是中国式的。前不久一位外宾同我会谈,他问,你们那个四个现代化究竟意味着什么? 我跟他讲,到本世纪末,争取国民生产总值每人平均达到一千美元,算个小康水平。这个回答当然不准确,但也不是随意说的。现在我们只有二百几十美元,如果达到一千美元,就要增加三倍。新加坡、香港都是三千多。我们达到那样的水平不容易,因为地广人多,条件很不一样。但是应该说,如果我们的国民生产总值真正达到每人平均一千美元,那我们的日子比他们要好过得多,比他们两千美元的还要好过。因为我们这里没有剥削阶级,没有剥削制度,国民总收入完全用之于整个社会,相当大一部分直接分配给人民。"③在这次会议上,邓小平在较大的范围内谈论了他对中国式现代化的设想和未来蓝图,"小康"的说法也开始在全国范围内扩散。

---

① 中共中央文献研究室编:《邓小平年谱(1975—1997)》(上),第 540 页。
② 中共中央文献研究室编:《邓小平年谱(1975—1997)》(上),第 586 页。
③ 邓小平:《邓小平文选》第二卷,第 259 页。

　　据多方资料和一些研究显示，虽然邓小平在 1979 年 12 月 6 会见大平正芳时就提出"小康"的概念，但"小康"一词并未见诸主要媒体的报道。邓小平所说的"小康"概念首次在媒体出现是在 1980 年 6 月 3 日《人民日报》第七版登载的一篇通讯报道上。该报道写道，中国人民正在争取在本世纪末实现中国式的现代化，到那时生活可以达到一个"小康"的水平。至此，作为邓小平小康社会理论的核心命题，"中国式的现代化"和"小康"都在这里向全国人民展现出来了。[①]

　　如果回顾"小康"概念的提出，可以发现，"小康"的现代化观念是邓小平立足中国实际，解放思想、实事求是地分析中国的现代化的产物。它首先是对"赶超型现代化"的经验和教训进行反思的结果，然后是对中国式现代化的特征的形象化表达，以及对中国现代化阶段性目标的设想。在 1981 年 11 月 17 日会见美国当时的财政部长时，邓小平的一段谈话较为完整地说明了"小康"观念产生的逻辑和历程。在谈到中国实现现代化的进程时，邓小平说："我们冷静地考虑了这个问题。根据现在的情况到本世纪末，可以实现一个'小康之家'的现代化，我们不能主观地求快。一九七八年我们设想可以搞快一点，但我们想错了。因为中国底子薄，人口太多。所以，我们紧接着总结了经验，提出搞中国式的现代化，中国式的现代化，这个基础不能同西方比。日本大平首相一九七九年访问中国时向我提出，你们搞的四个现代化是个什么样的现代化。我想了一下，说，到本世纪末，人均国民生产总值达到一千美元。这对中国来讲是一个雄心勃勃的计划。我们要实现这个目标，国民生产总值就要超过一万一千亿美元，因为到那时我们人口至少有十二亿。现在我们经过摸索、计算和研究各种条件，包括国际合作的条件，争取人均达到一千美元，最低达到八百美元。"

　　综上可见，"小康"理论在起初主要是一个中国特色的现代化理论，其次才是一个生活政治理论。或者说，它是一个以生活语言来表达的现代化理论。"小康"的本义是一种生活状态，如果以收入水平衡量，就是邓小平所说的人均 1000 美元，这个人均 1000 美元也是 20 世纪末中国要达到的现代化

---

① 蒋永清：《邓小平小康社会理论：产生过程、主要内容及深远影响》，《邓小平研究》2020年第 4 期。

水平与经济发展水平。当然，在上段谈话里，人均收入的最低水平设置在800美元，说明邓小平的现代化设想更加实际了。

3. 邓小平小康社会理论的形成

综合现有公开的文献资料，邓小平对"小康"概念的进一步深入阐述主要是从1982年下半年开始的，在此之前，他主要是重申1979年底会见大平正芳时的观点。1982年8月21日，邓小平会见联合国秘书长德奎利亚尔，在谈论中国的对外政策时指出，中国摆在第一位的任务是在20世纪末实现现代化的一个初步目标，即达到小康的水平，然后再花30到50年时间接近发达国家的水平。[①] 此处的不同是，邓小平初步酝酿了中国式现代化两步走的战略，即第一步到20世纪末实现小康的水平，第二步在接近21世纪中期的时候接近发达国家的水平。接下来9月1日至11日的中国共产党第十二次全国代表大会是具有里程碑式的大会，大会开创了建设具有中国特色社会主义的新局面，制定了全面社会主义现代化建设的纲领，确定了到20世纪末工农业年总产值翻两番的战略目标，也就是第一步走的目标。

1983年2月6日至14日，邓小平在江苏和浙江两地视察，苏州的人均工农业总产值接近800美元，人民群众的生活水平得到了很大的提高，给邓小平留下了深刻的印象，也丰富了邓小平关于小康生活的直观认识。回北京后，邓小平在3月2日同几位中央的负责同志举行了谈话。在谈话中，他结合苏州的情况提出六点关于小康生活的看法：第一，人民的吃穿用问题得以解决，基本生活有保障；第二，住房问题得以解决，人均达到20平方米；第三，解决就业问题，城镇基本没有待业劳动者；第四，人员不再外流，农村的人总想往大城市跑的情况已经改变；第五，普及中小学教育，有能力安排教育、文化、体育和其他公共福利事业；第六，人们的精神面貌提高，犯罪率大大降低。[②] 可以看到，此时邓小平关于小康生活的衡量已经超出了以前的"吃""穿""用"的物质维度，在物质维度之外又增加了教育和精神面貌的维度，是一个物质生活和精神生活兼具的小康生活。

"小康社会"的概念是在1984年3月25日会见日本首相中曾根康弘时提

① 邓小平:《邓小平文选》第二卷，第416—417页。
② 邓小平:《邓小平文选》第三卷，第24—25页。

出的。邓小平说："翻两番，国民生产总值人均达到八百美元，就是到本世纪末在中国建立一个小康社会。这个小康社会，叫做中国式的现代化。翻两番、小康社会、中国式的现代化，这些都是我们的新概念。"①这里的变化是"小康之家"变成了"小康社会"，后者相较于前者，对中国式的现代化的概括更加全面和准确。根据现有的文献资料，这可能是邓小平首次提出"小康社会"的概念。自此以后，"小康社会"成为对中国式现代化更为常见和更为成熟的表达。在接下来的 6 月 30 日，邓小平在会见第二次中日民间人士会议日方委员会代表团时，阐述了中国小康社会的构想。他说："我们的政治路线，是把四个现代化建设作为重点，坚持发展生产力……我们提出四个现代化的最低目标，是到本世纪末达到小康水平。这是一九七九年十二月日本前首相大平正芳来访时我同他首次谈到的。所谓小康，从国民生产总值来说，就是年人均达到八百美元。这同你们相比还是低水平的，但对我们来说是雄心壮志。中国现在有十亿人口，到那时候十二亿人口，国民生产总值可以达到一万亿美元。如果按资本主义的分配方法，绝大多数人还摆脱不了贫穷落后状态，按社会主义的分配原则，就可以使全国人民普遍过上小康生活。这就是我们为什么要坚持社会主义的道理。不坚持社会主义，中国的小康社会形成不了。"②可以看到，邓小平此时所谈的小康社会是一个更为全面的小康社会，不仅是关于中国特色社会主义现代化及其道路的构思，而且也是基于小康生活水平之上的社会主义社会的状态，是一种社会主义生活政治的发展目标。所以，小康社会既是中国的发展政治，也是中国的生活政治。

　　之所以如此，是因为邓小平对人民群众怀有真挚的感情，一直关心人民群众的生活问题，切实提高人民的生活水平是其小康社会思想的题中之意。在 1984 年 10 月 22 日的中央顾问委员会第三次全体会议上，邓小平指出："人民生活确实好起来了，国家兴旺发达起来了，国际信誉高起来了，这是最大的事情。"③可见，在邓小平的思想里，对于一个国家来说，人民的生活、国家的繁荣和国际的信誉是最重要的事情，对内要有宏观上国家的兴旺发达以及微观上百姓的丰衣足食，对外要有好的国家信誉，而对内又是对外的保

---

①　邓小平：《邓小平文选》第三卷，第 54 页。
②　邓小平：《邓小平文选》第三卷，第 64 页。
③　邓小平：《邓小平文选》第三卷，第 83 页。

证。他还强调,现有的政策不能变,否则,国家要受损失,人民要受损失,8亿农民不会赞成,农村的政策一变,他们的生活水平马上就会降低。① 邓小平还把人民生活水平能否提高当作判断经济体制改革是否成功的一个依据和维度。他多次强调这样的观点:经济体制改革是一场革命,其正确与否,归根结底要看生产力能不能得到发展,人民生活能不能得到提高。只要这条能得到证实,就说明经济体制改革的决定是正确的。② 而随着对社会主义认识的深入和成熟,提高人民的生活水平也成为社会主义的本质规定之一。邓小平对内对外多次强调这样的观点:社会主义的首要任务是发展生产力,逐步提高人民的物质和文化生活水平;不发展生产力,不提高人民的生活水平,是不符合社会主义的要求的。③ 而在约两年后接见非洲客人时,邓小平又提出评价一个国家政治体制正确与否的三条标准:"第一是看国家的政局是否稳定;第二是看能否增进人民的团结,改善人民的生活;第三是看生产力能否得到持续发展。"④从中可见,提高人民生活水平具有崇高的政治地位,所以,建设小康社会,努力提高人民的生活水平是中国最大的生活政治。

在 1986 年 6 月 18 日会见荣氏亲属回国观光团部分成员和内在荣氏亲属时,邓小平对小康社会的内涵赋予了新解释。他说:"所谓小康社会,就是虽不富裕,但日子好过。我们是社会主义国家,国民收入分配要使所有的人都得益,没有太富的人,也没有太穷的人,所以日子普遍好过。"⑤此处的"小康",除了以前人均 800 到 1000 美元的国民生产总值的量化描述之外,还增加了"虽不富裕,但日子好过"以及"所有的人都得益,没有太富,也没有太穷""日子普遍好过"的定性描述。因此,这样的小康社会是没有过分贫富悬殊之下共同富裕的小康社会。

在 1987 年 4 月 30 日会见西班牙工人社会党副总书记时,邓小平完整地提出三步走的发展战略:第一步,在 80 年代人均国民生产总值翻一番,达

---

① 邓小平:《邓小平文选》第三卷,第 83 页。
② 比如,在 1984 年 11 月会见意大利共产党书记处书记巴叶塔时,邓小平就谈论到这个问题。参见《邓小平思想年谱(1975—1997)》第 303 页。
③ 比如,在 1985 年 4 月会见坦桑尼亚副总统姆维尼时,邓小平就有这样的谈话。参见《邓小平思想年谱(1975—1997)》第 314 页。
④ 邓小平:《邓小平文选》第三卷,第 161—162 页。
⑤ 邓小平:《邓小平文选》第三卷,第 213 页。

到 500 美元；第二步，在 20 世纪末再翻一番，达到人均 1000 美元，中国进入小康社会，把贫困的中国变成小康的中国；第三步，在 21 世纪用 30 年到 50 年再翻两番，大体上达到人均 4000 美元，中国进入中等发达国家行列。[1] 可以看到，在三步走战略中，进入小康社会属于第二步，建设小康社会是三步走战略中的重要一环。

1987 年 10 月 25 日，中国共产党第十三次全国代表大会召开，"三步走"发展战略被写入大会报告。大会提出：第一步，实现国民生产总值比 1980 年翻一番，解决人民的温饱问题，这个任务已经基本实现。第二步，到本世纪末，使国民生产总值再增长一倍，人民生活达到小康水平。第三步，到下个世纪中叶，人均国民生产总值达到中等发达国家水平，人民生活比较富裕，基本实现现代化。然后，在这个基础上继续前进。[2] 中共十三大正式地把实现小康社会纳入经济建设的战略部署，标志着小康社会理论的形成。而此后，根据公开的文献资料，邓小平很少专门谈论小康社会的问题。1989 年 9 月 4 日，邓小平向中共中央政治局提出辞去中央军委主席的申请，11 月 6 日至 9 日，中共十三届五中全会通过了《关于同意邓小平同志辞去中共中央军事委员会主席职务的决定》，邓小平退休。[3]

之所以说中国共产党第十三次全国代表大会提出的"三步走"发展战略标志着邓小平小康社会理论的形成，是因为此时的小康社会已经不再是关于中国式现代化的初步酝酿和想象了，而是关于中国式现代化的体系性理论和实践设计。首先，小康社会是对快速赶超型现代化路线反思和批判的产物，是基于中国的现实，解放思想、实事求是地思考中国现代化道路的思想成果。其次，小康社会的概念科学地揭示和表达了在贫穷落后的中国进行现代化建设的道路特征，并说明了相关道路选择的依据。再次，人民生活达到小康水平本身成为中国现代化的一个阶段性任务，思想转化为实践，这是深思熟虑的科学决策的结果。复次，小康社会的建设有其量化设计，不是凭空的想象，而是可以测量的实践。最后，十三大"三步走"发展战略的形成

---

[1] 中共中央文献研究室编：《邓小平思想年谱(1975—1997)》，第 385 页。

[2] 中共中央文献研究室编：《十三大以来重要文献选编》(上)，中央文献出版社，2011 年，第 14 页。

[3] 中共中央文献研究室编：《邓小平思想年谱(1975—1997)》，第 441 页。

表明中国共产党对社会主义建设规律的探索趋于成熟,也意味着小康社会理论趋于成熟。基于这些事实的判断,邓小平提出的小康社会理论形成了。

(二) 小康社会理论的丰富和发展

邓小平退休以后,小康社会理论的丰富与发展主要是由江泽民、胡锦涛和习近平等三代党和国家领导人完成的。这三代领导人根据中国社会主义建设不同时期的阶段特征,与时俱进地提出不同时期小康社会的建设蓝图,完成小康社会的建设目标,不断丰富和发展了小康社会的理论和实践。

1. 江泽民对小康社会理论的丰富和发展

1989 年 6 月 23 日至 24 日,江泽民在中共十三届四中全会上当选为中共中央政治局常委、中共中央委员会总书记,开始成为党与国家第三代领导集体的核心。江泽民在其工作期间,一直关心人民群众的生活问题。在他1987 年任上海市委副书记、上海市市长时,曾在《行政与人事》杂志上发表一篇《人民政府为人民,扎扎实实办事情》的文章,谈及上海群众生活的一些问题。他那时指出,上海长期以来过多强调发挥工业基地的作用而忽视了城市建设,忽视了改善人民群众的生活环境和提高人民群众的生活质量,从而导致城市基础设施十分薄弱,影响了市民生活感受的提升。他细致地发现,"上海职工住房条件很差,人均居住面积在三平方米以下或三代同堂、两对夫妻共居一室等各类困难户有四十六万九千户,占全市一百九十七万户的百分之二十三点八,此外,还有临时过渡户约五万户;交通拥挤,市中心车速每小时只有十五公里,道路经常堵塞;环境污染严重,黄浦江、苏州河的黑臭期逐年延长,工业布局不合理,厂房同居民住房混杂,噪音、废气影响居民休息和身心健康",因此,尽快改变上海的城市面貌和市民生活环境是上海人民的强烈愿望,也是人民政府的神圣使命,"对于一个市长来说,更是责无旁贷"①。

1990 年 12 月 31 日,在江泽民主持下制定的《中共中央关于制定国民经济和社会发展十年规划和"八五"计划的建议》(以下简称《建议》)中,"小康"的内涵进一步具体化和丰富化。该《建议》把"小康"规定为:"人民生活从温

---

① 江泽民:《江泽民文选》第一卷,人民出版社,2006 年,第 12—13 页。

饱达到小康,生活资料更加丰裕,消费结构趋于合理,居住条件明显改善,文化生活进一步丰富,健康水平继续提高,社会服务设施不断完善。"①所以,这里的"小康"包含了六个方面的内容,在生活资料、消费结构、居住条件、文化生活四个方面之外,增加了健康水平和社会服务两个方面。这说明,经过了改革开放以来十多年的经济社会发展,人们的生活需求日趋全面,对生活的理解也日趋全面和科学。所以在该《建议》的"改善人民生活和健全社会保障"部分,除了给出小康水平是指在温饱的基础上,生活质量进一步提高,达到丰衣足食"的一个明确的定义,还进一步做出对小康水平的内在规定:既包括物质生活的改善,也包括精神生活的充实;既包括居民个人消费水平的提高,也包括社会福利和劳动环境的改善。而为了实现这些目标,则要求在收入分配、消费结构、环境保护、劳动就业、养老保险和行业保险、卫生健康等社会福利和公共事业上采取有效的政策措施。② 从公开的文献资料上看,该《建议》应该是首次把小康社会与系统的社会保障体系联系起来,说明党与国家对小康社会的理解也更加全面和科学了。

在 1992 年 10 月 12 日中国共产党第十四次全国代表大会的报告中,作为邓小平提出的"三个有利于"标准的构成,提高人民的生活水平被写进了中国特色社会主义理论的主要内容,小康社会成为中国特色社会主义理论的内容。③ 与人民的生活相关,该报告把深化分配制度和社会保障制度改革部署为上世纪 90 年代十个关系全局的主要任务,提出积极建立待业、养老、医疗等社会保障制度,努力推进城镇住房制度改革。这意味着小康社会建设紧密地与以市场经济为导向的系列改革关联起来。

---

① 中共中央文献研究室编:《十三大以来重要文献选编》(中),中央文献出版社,2011年,第 731 页。

② 中共中央文献研究室编:《十三大以来重要文献选编》(中),第 754—756 页。

③ 会议报告提出,"在社会主义的根本任务问题上,指出社会主义的本质是解放生产力,发展生产力,消灭剥削,消除两极分化,最终达到共同富裕。强调现阶段我国社会的主要矛盾是人民日益增长的物质文化需要同落后的社会生产之间的矛盾,必须把发展生产力摆在首要位置,以经济建设为中心,推动社会全面进步。判断各方面工作的是非得失,归根到底,要以是否有利于发展社会主义社会的生产力,是否有利于增强社会主义国家的综合国力,是否有利于提高人民的生活水平为标准"。参见中共中央文献研究室编:《十四大以来重要文献选编》上,中央文献出版社,2011年,第 9 页。

随着改革开放的快速推进,在农村中出现了一些不当的措施,不仅不利于农业的发展,也损害了农民的利益,以至于农业、农村、农民的"三农问题"开始严重起来。1992年12月25日,江泽民在武汉主持召开安徽、江西、河南、湖南、湖北和四川六省的农村工作座谈会,发表了"高度重视农业、农村、农民问题"的讲话。他谈到了三农问题和小康社会的关系,指出没有农村的稳定,就不会有整个社会的稳定,没有农民的小康,就不会有全国人民的小康,因此"三农问题"的解决对于建设小康社会具有基础性的地位。江泽民指出,改革开放以来,虽然农业和农村发展很快,成绩巨大,但对农业和农村经济的实力,对农民群众的富裕程度和承受能力不能估计过高,一定要看到地区之间、农户之间存在的差别。江泽民还告诫大家,如果忽视了农民的利益,放松农业和农村工作,农业和农村经济形势不好,国民经济全局就不会稳定,国家和人民的日子就会不好过。① 江泽民也非常重视扶贫工作。1994年4月,国务院印发《国家八七扶贫攻坚计划》,提出用7年时间基本解决当时全国农村8000万贫困人口的温饱问题。1996年9月23日,江泽民在中央扶贫开发工作会议上的《全党全社会动员起来,为实现八七扶贫攻坚计划而奋斗》讲话中指出:"实现小康目标,不仅要看全国的人均收入,还要看是否基本消除了贫困现象。这就必须促进各个地区经济协调发展。如果不能基本消除贫困现象,进一步拉大地区发展差距,就会影响全国小康目标的实现,影响整个社会主义现代化建设的进程。"②这说明,随着改革开放的不断深入和经济社会的快速发展,"三农问题"与贫困问题越发突显出来,成为经济发展以及建设小康社会过程中需要重点解决的问题和领域,这两个问题的解决直接决定了小康社会的建成。这两个问题也是长期以来城乡二元格局不平衡发展的产物,也为以后乡村振兴战略的提出留下了伏笔。

江泽民在1997年9月12日中国共产党第十五次全国代表大会上所作的《高举邓小平理论伟大旗帜,把建设有中国特色社会主义事业全面推向二十一世纪》报告,提出了"全面小康"的初步展望。江泽民提出,在2010年要实现"国民生产总值比2000年翻一番,人民的小康生活更加宽裕",要求"在

---

① 江泽民:《江泽民文选》第一卷,第259—261页。
② 江泽民:《江泽民文选》第一卷,第549页。

经济发展的基础上,使全国人民过上小康生活,并逐步向更高的水平前进。努力增加城乡居民实际收入,拓宽消费领域,引导合理消费。在改善物质生活的同时,充实精神生活,美化生活环境,提高生活质量。特别要改善居住、卫生、交通和通信条件,扩大服务性消费。逐步增加公共设施和社会福利设施,提高教育和医疗保健水平,实行保障城镇困难居民基本生活的政策。采取措施,加大扶贫攻坚力度,到本世纪末基本解决农村贫困人口的温饱问题"①。从"小康社会"的提出到"全国人民过上小康生活"是一个理论的跨越,而且,此时的"小康"是从生活的意义上而言的,与作为"中国式的现代化"的"小康"相比,在内容的指向上发生了很大的变化。

2001 年是新世纪的第一年。在 5 月 25 日的中央扶贫开发工作会议上,江泽民再次强调了扶贫工作对于实现小康社会的重要性,指出,进入新世纪后,中国的扶贫开发事业进入一个新阶段。在 21 世纪第一个十年,扶贫开发工作的奋斗目标是"尽快解决少数贫困人口的温饱问题,进一步改善贫困地区的基本生产生活条件,巩固温饱成果,提高贫困人口的生活质量和综合素质,加强贫困乡村的基础设施建设,逐步改变贫困地区社会、经济、文化的落后状态,为达到小康水平创造条件"②。因此,从多次对扶贫工作的强调中可以看到,江泽民充分认识到贫困人口的脱贫对于实现小康社会,尤其对于实现全面小康的重要性。对于中国来说,贫困人口不脱贫,就不能说中国实现了全面小康。

当然,2001 年也是小康社会实践及其理论丰富和发展的标志性的一年。2001 年 7 月 1 日,中国共产党迎来了 80 岁生日。在庆祝中国共产党成立 80 周年大会的"七一讲话"里,江泽民指出,"我国已进入了全面建设小康社会、加快推进社会主义现代化的新的发展阶段"③。从"小康之家""小康""小康社会"到"进入全面建设小康社会",这样的判断是对邓小平提出的小康社会理论的一个巨大的发展。当然,这样的"进入"是在改革开放以来中国的社会主义建设取得巨大成就的条件下发生的,是在中国社会主义建设进入新阶段的条件下发生的,是由社会主义的伟大实践推动的,正是这种实

---

① 江泽民:《江泽民文选》第二卷,人民出版社,2006 年,第 4—28 页。
② 江泽民:《江泽民文选》第二卷,第 249 页。
③ 江泽民:《江泽民文选》第三卷,人民出版社,2006 年,第 292 页。

践的推动,小康社会的理论才得以丰富和发展,江泽民敏锐地捕捉和提炼了时代的变迁,作出中国进入全面建设小康社会阶段的论断。江泽民进一步指出:要尽快使全国人民都过上"殷实的小康生活",并不断向更高水平前进;要努力增加城乡居民的收入,不断改善人们的吃、穿、住、行、用的条件,完善社会保障体系,改进医疗卫生条件,提高生活质量;要通过一部分地区、一部分人先富起来,先富带动后富,逐步实现全体人民共同富裕。[①] "七一讲话"中,江泽民提出"人的全面发展"的理念,指出,"既要着眼于人民现实的物质文化生活需要,同时又要着眼于促进人民素质的提高……要在发展社会主义社会物质文明和精神文明的基础上,不断推进人的全面发展"[②]。"人的全面发展"理念的提出,其意义在于,中国共产党创造性地把建设小康社会置于"人的全面发展"的视域和框架之下,从而使建设小康社会成为促进人的全面发展的内在构成部分。江泽民还提出了"生态的小康社会理论",指出小康社会是人与自然协调和谐的小康社会,小康生活是人们"在优美的生态环境中工作和生活",要求"坚持实施可持续发展战略,正确处理经济发展同人口、资源、环境的关系,改善生态环境和美化生活环境,改善公共设施和社会福利设施",努力开创生产发展、生活富裕和生态良好的文明发展道路。[③] 因此,综合观之,江泽民在"七一讲话"中所说的小康社会是"人的全面发展"和"可持续发展"双重框架下的小康社会。

2002年1月14日,在中国共产党第十六次全国代表大会起草组会议上,江泽民作了《明确提出全面建设小康社会的目标》的讲话。因为全面小康社会建设的快速推进和取得的成就,江泽民在讲话中要求"明确提出全面建设小康社会的目标"并说明了原因。首先,明确提出全面建设小康社会的目标符合邓小平同志关于中国现代化进程的战略思想,既同邓小平同志的战略构想相衔接,也体现了邓小平同志关于分阶段实现现代化的重要设计;其次,明确提出全面建设小康社会的目标与党的十五大对新世纪的展望、党的十五届五中全会提出的我国进入新的发展阶段的要求相一致,党的十六大进一步提出全面建设小康社会的目标并加以具体化,是我们党和国家的

①② 江泽民:《江泽民文选》第三卷,第294页。
③ 江泽民:《江泽民文选》第三卷,第295页。

事业不断向前发展的必然要求；再次，明确提出全面建设小康社会的目标符合党心民意，也有利于中国进一步树立和展示良好的国际形象，也同邓小平关于集中力量把事情办好的战略思想相一致。最后，明确提出全面建设小康社会的目标符合我国国情和现代化建设的实际，同我们实现社会全面发展和共同富裕的目标互相吻合。中国人民生活总体上达到小康水平，是中华民族发展史上一座新的里程碑。江泽民就全面建设小康社会的内涵也进行了阐述。所谓全面建设小康社会，也即要进一步巩固和发展我国初步建成的小康社会，使全体人民都能够更加充分、更加稳定地享受小康生活。同时，全面建设小康社会是经济、政治与文化全面发展的目标，与加快推进工业化和经济的社会化、市场化、信息化是统一的。再者，全面建设小康社会也是就全国发展水平而言的，有条件的地方可以发展得快一些，率先基本实现现代化。①

此后，江泽民就中共十六大报告的起草问题进行了多次沟通，其全面建设小康社会的思想集中体现在 2002 年 11 月 8 日的《全面建设小康社会，开创中国特色社会主义事业新局面》的大会报告上。江泽民开宗明义地提出，大会的主题是"高举邓小平理论伟大旗帜，全面贯彻'三个代表'重要思想，继往开来，与时俱进，全面建设小康社会，加快推进社会主义现代化，为开创中国特色社会主义事业新局面而奋斗"②。江泽民指出，经过党与全国人民的努力，中国的现代化建设实现了"三步走"的第一步，人民生活总体上已经达到小康水平，实现了由温饱向小康的历史性跨越，但也存在农民和城镇部分居民收入增长缓慢，失业人员增多，有些群众生活困难的问题。要注意到，中国正处于并将长期处于社会主义初级阶段，目前达到的小康还是低水平的、不全面的、发展很不平衡的小康，人民日益增长的物质文化需要同落后的社会生产之间的矛盾仍然是中国社会的主要矛盾。因此要抓住机遇，在 21 世纪头 20 年里集中力量，全面建设更高水平的小康社会，使经济更加发展、民主更加健全、科教更加进步、文化更加繁荣、社会更加和谐、人民生活更加殷实。江泽民指出，全面建设小康社会的目标是：在优化结构和提高

① 江泽民：《江泽民文选》第三卷，第 414—416 页。
② 中共中央文献研究室编：《十六大以来重要文献选编》（上），中央文献出版社，2011 年，第 1 页。

效益的基础上,国内生产总值到 2020 年力争比 2000 年翻两番,综合国力和国际竞争力明显增强,社会保障体系比较健全,社会就业比较充分,家庭财产普遍增加,人民过上更加富足的生活。社会主义民主更加完善,社会主义法制更加完备,依法治国基本方略得到全面落实,人民的政治、经济和文化权益得到切实尊重和保障。基层民主更加健全,社会秩序良好,人民安居乐业。全民族的思想道德素质、科学文化素质和健康素质明显提高,形成比较完善的现代国民教育体系、科技和文化创新体系、全民健身和医疗卫生体系,形成全民学习、终身学习的学习型社会,促进人的全面发展。可持续发展能力不断增强,生态环境得到改善,促进人与自然的和谐,推动整个社会走上生产发展、生活富裕、生态良好的文明发展道路。[①]

江泽民的大会报告全面发展了小康社会的理论和实践。江泽民"全面建设小康社会"理论的内涵非常丰富。可以看到,江泽民在大会报告中所说的全面建设小康社会,首先是中国现代化的目标,是政治、经济、社会和文化全面发展的结果。其次,全面建设小康社会是 21 世纪头 20 年中国现代化建设的目标,具有阶段性特征,是"新三步走"的关键环节。再次,此处的小康社会是人民生活普遍富裕、更为殷实的社会。复次,此处的小康社会是更加全面的小康社会,满足了人民群众物质文化需要和政治、经济需要,政治权益、经济权益和文化权益得到充分实现。最后,此处的小康社会还是可持续发展的小康社会,是人与自然和谐相处的生态型小康社会。所以,在江泽民的全面建设小康社会思想中,人的生活需要是全面的,涉及到物质和非物质需要的基本方面,呈现了江泽民的系统性生活政治观,是在邓小平之后,生活政治理论的又一次飞越。

2. 胡锦涛对小康社会理论的丰富和发展

在中国共产党的第十六届全国代表大上,胡锦涛当选为中共中央总书记。胡锦涛对小康社会理论的丰富和发展主要体现于他的发展理念上。2003 年上半年,中国爆发了"非典"疫情,在抗击"非典"的斗争中,一些发展中的结构性问题也呈现出来,经济和社会协调发展成为重要的政策议题。胡锦涛指出,虽然近些年来,中国的经济、社会发展迅速,但经济社会发展不

---

① 中共中央文献研究室编:《十六大以来重要文献选编》(上),第 3—16 页。

协调的问题也日益突出出来，因此要进一步加强经济社会协调发展工作。他说："促进经济社会协调发展，是建设中国特色社会主义的必然要求，也是全面建设小康社会的必然要求……这里的发展绝不只是指经济增长，而是要坚持以经济建设为中心，在经济发展的基础上实现社会全面发展。我们要更好坚持全面发展、协调发展、可持续发展的发展观，更加自觉地坚持推动社会主义物质文明、政治文明、精神文明协调发展，坚持在经济社会发展的基础上促进人的全面发展，坚持促进人与自然的和谐。在促进发展的进程中，我们不仅要关注经济指标，而且要关注人文指标、资源指标、环境指标；不仅要增加促进经济增长的投入，而且要增加促进社会发展的投入，增加保护资源和环境的投入。"[①]

胡锦涛在这段话中，除了协调发展，还谈到了全面发展、可持续发展，因此，他的发展观是一种系统性的发展观，而这些发展，都是全面建设小康社会的要求。也就是说，中国的小康社会是建立在整个社会系统的合理发展基础之上的，也是建立在物质文明、政治文明、精神文明协调发展的基础之上的。这样的小康社会将是一个高质量的小康社会。这也说明，经过改革开放以来社会主义建设的多年探索，党与国家的发展观更加科学了。讲话中，胡锦涛还谈到了统筹城乡发展的问题。他指出，没有农民的小康，就没有全国人民的小康，全面建设小康社会最繁重的任务在农村。

在 2003 年 10 月 14 日的中共十六届三中全会第二次全体会议上，胡锦涛在全面发展、协调发展、可持续发展的基础上提出了科学发展观的理念，从而把建设小康社会与科学发展观有机地联接起来。胡锦涛指出：

> 树立和落实全面发展、协调发展、可持续发展的科学发展观，对于我们更好坚持发展才是硬道理的战略思想具有重大意义。树立和落实科学发展观，这是二十多年改革开放实践的经验总结，是战胜非典疫情给我们的重要启示，也是推进全面建设小康社会的迫切要求。
>
> 实现全面建设小康社会宏伟目标，就是要使经济更加发展、民主更

---

① 这是胡锦涛在 2003 年 7 月 28 日全国防治非典工作会议上讲话的部分内容。参见胡锦涛《胡锦涛文选》第二卷，人民出版社，2016 年，第 67 页。

加健全、科教更加进步、文化更加繁荣、社会更加和谐、人民生活更加殷实。要全面实现这个目标，必须促进社会主义物质文明、政治文明、精神文明协调发展，坚持在经济发展的基础上促进社会全面进步和人的全面发展，坚持在开发利用自然中实现人与自然的和谐相处，实现经济社会可持续发展。①

文中可见，科学发展观是全面发展、协调发展和可持续发展的有机统一。全面建设小康社会的目标，就是建成一个"经济更加发展、民主更加健全、科教更加进步、文化更加繁荣、社会更加和谐、人民生活更加殷实"的社会，而这样的社会是社会全面进步与人全面发展的社会。由此，科学发展观又是一种现代化观，是对邓小平提出的"中国式的现代化"的进一步发展，回答了中国式现代化的未来道路如何走的问题，也即要走全面发展、协调发展和可持续发展有机统一的科学发展之路。而只有走科学发展之路，才能做到物质文明、政治文明、精神文明的协调发展，促进社会的全面进步和人的全面发展，以及实现人与自然和谐相处的可持续发展。只有这样，才能全面建成一个优良的小康社会。

因此，科学发展和小康社会的关系是互为表里的关系。一方面，科学发展是路径，小康社会是目标和结果，科学发展又构成小康社会的内在规定，小康社会为"表"，科学发展为"里"。另一方面，科学发展是全面发展、协调发展与可持续发展的有机统一，构成了一种发展的路径和形态，其目的在于建设三种文明统一、社会全面进步和人的全面发展统一以及人与自然和谐的可持续发展的小康社会，小康社会又成为科学发展的内在规定，也成为发展是否科学的衡量依据。

2004 年 3 月 10 日，胡锦涛在中央人口资源环境工作座谈会上，阐述了科学发展观的内涵。首先，在原有的表述上增加了"以人为本"，科学发展观是"坚持以人为本、全面协调可持续的发展观，是我们以邓小平理论和'三个代表'重要思想为指导，从新世纪新阶段党和国家事业发展全局出发提出的重大战略思想"。因此，科学发展观既是一种发展观，也是邓小平理论和"三

---

① 胡锦涛：《胡锦涛文选》第二卷，第 104 页。

个代表"重要思想指导下新世纪新阶段具有全局性的重大战略思想。而"以人为本"，就是"要以实现人的全面发展为目标，从人民群众根本利益出发谋发展、促发展，不断满足人民群众日益增长的物质文化需要，切实保障人民群众经济、政治、文化权益，让发展成果惠及全体人民"。其次，科学发展观是总结20多年来改革开放和现代化建设的经验和教训的产物，是中国共产党对社会主义建设认识的新发展。再次，科学发展观对全面发展、协调发展和可持续发展的阐述更加全面。全面发展是"以经济建设为中心，全面推进经济、政治、文化建设，实现经济发展和社会全面进步"，协调发展是"统筹城乡发展、统筹区域发展、统筹经济社会发展、统筹人与自然和谐发展、统筹国内发展和对外开放，推进生产力和生产关系、经济基础和上层建筑相协调，推进经济、政治、文化建设各个环节各个方面相协调"；可持续发展是"促进人与自然的和谐，实现经济发展和人口、资源、环境相协调，坚持走生产发展、生活富裕、生态良好的文明发展道路，保证一代接一代永续发展"。[①]

上述科学发展观的阐述为小康社会提供了更为详尽的规定，全面建设小康社会的宏伟目标是建立一个在科学发展观指导之下，符合科学发展要求的社会，具有充分的社会合理性的社会。在这样的社会下，人得到了全面发展，也即人的物质性需求和非物质性需求得到有效满足，人的存在性问题得到合理的解决。

2004年9月19日，中国共产党第十六届四中全会正式提出"构建社会主义和谐社会"伟大论断。2005年2月19日，胡锦涛在一次省部级主要领导干部的专题研讨班上作了一个"构建社会主义和谐社会"的讲话，指出社会主义和谐社会是"民主法治、公平正义、诚信友爱、充满活力、安定有序、人与自然和谐相处的社会"，构建社会主义和谐社会是全面建设小康社会的重大任务，要求全党更加自觉地加强社会主义和谐社会建设，实现社会主义事业经济建设、政治建设、文化建设和社会建设"四位一体"式的发展。[②] 因此，和谐社会的理念又给小康社会增加了一个内在规定，即小康社会是一个和谐社会。

---

① 胡锦涛：《胡锦涛文选》第二卷，第166—167页。
② 胡锦涛：《胡锦涛文选》第二卷，第273—299页。

2007 年 10 月 15 日,中国共产党第十七次全国代表大会隆重开幕。胡锦涛所作的《高举中国特色社会主义伟大旗帜,为夺取全面建设小康社会新胜利而奋斗》的报告,进一步丰富和发展了小康社会理论。十七大描绘的小康社会是有着更高要求的小康社会,主要体现在:第一,中国的发展更加协调;第二,社会主义民主更加扩大,人民权益和社会公平正义得到更好保障,依法治国深入落实,基层民主制度更加完善,政府公共服务能力显著增强;第三,文化建设更加加强,人民文明素质显著提高;第四,社会事业更加发展,人民生活全面改善;第五,生态更加文明,生态文明观念普遍确立。总之,2020 年的小康社会将是工业化基本实现、综合国力显著增强、国内市场总体规模位居世界前列、人民富裕程度普遍提高、生活质量明显改善、生态环境良好,人民享有更加充分民主权利、具有更高文明素质和精神追求的社会。①

在 2012 年 11 月 8 日的中国共产党第十八届全国代表大会上,胡锦涛所作的《坚定不移沿着中国特色社会主义道路前进,为全面建成小康社会而奋斗》的大会报告,吹响了全面建成小康社会的冲锋号。大会报告指出,根据中国经济社会发展实际,要在十六大、十七大确立的全面建设小康社会目标的基础上努力实现新的要求:第一,经济持续健康发展;第二,人民民主不断扩大;第三,文化软实力显著增强,社会主义核心价值体系深入人心,公民文明素质和社会文明程度明显提高;第四,人民生活水平全面提高,基本公共服务均等化总体实现;第五,资源节约型、环境友好型社会建设取得重大进展。大会报告进一步提出,全面建成小康社会,必须以更大的政治勇气和智慧,不失时机深化重要领域改革,坚决破除一切妨碍科学发展的思想观念和体制机制弊端,构建系统完备、科学规范、运行有效的制度体系,使各方面制度更加成熟更加定型。②

可以看到,胡锦涛阐述的小康社会理论不仅是一种现代化观和发展观,而且也是一种社会观,也即小康社会应该是和谐社会。所以,小康社会不仅代表了中国现代化的阶段性水平,而且也代表了一种社会形态。当然,这样

---

① 胡锦涛:《胡锦涛文选》第二卷,第 627—629 页。
② 中共中央文献研究室编:《十八大以来重要文献选编》(上),中央文献出版社,2014 年,第 13—14 页。

的和谐社会是建立在科学发展的基础之上的。因此，小康社会为中国的社会发展提供了"双质性"的规定，一方面，中国的社会是一个具有一定发展水平的现代化社会；另一方面，中国的社会还应该是一个和谐的社会。从生活政治的角度看，这样的小康社会不仅提供了有保障的物质条件，也提供了可以舒心生活的社会条件。在这样的小康社会里，人们的生活是幸福的。

3. 习近平对小康社会理论的丰富和发展

在中国共产党第十八届全国代表大会上，习近平当选为中央委员会总书记。自此，以习近平为核心的第五代党与国家的领导集体肩负起全面建成小康社会的历史重任，也把小康社会理论推向了全新的高度。

2012 年 11 月 15 日，习近平在十八届中央政治局常委同中外记者见面会上指出，"人民对美好生活的向往，就是我们的奋斗目标"，他说：

> 我们的人民是伟大的人民。在漫长的历史进程中，中国人民依靠自己的勤劳、勇敢、智慧，开创了各民族和睦共处的美好家园，培育了历久弥新的优秀文化。我们的人民热爱生活，期盼有更好的教育、更稳定的工作、更满意的收入、更可靠的社会保障、更高水平的医疗卫生服务、更舒适的居住条件、更优美的环境，期盼孩子们能成长得更好、工作得更好、生活得更好。人民对美好生活的向往，就是我们的奋斗目标。人世间的一切幸福都需要靠辛勤的劳动来创造。我们的责任，就是要团结带领全党全国各族人民，继续解放思想，坚持改革开放，不断解放和发展社会生产力，努力解决群众的生产生活困难，坚定不移走共同富裕的道路。[①]

在这段话中，习近平把小康社会与"美好生活"联系在一起，或许可以视作他新时代社会主要矛盾思想的早期发端。同时，"人民对美好生活的向往"也成为习近平丰富和发展小康社会理论的起点。

2015 年 10 月 29 日，习近平在中共十八届五中全会第二次全体会议上创造性地发展了"全面小康"的内涵。习近平指出：

---

① 习近平：《习近平谈治国理政》第一卷，外文出版社，2018 年，第 4 页。

全面建成小康社会,强调的不仅是"小康",而且更重要的也是更难做到的是"全面"。"小康"讲的是发展水平,"全面"讲的是发展的平衡性、协调性、可持续性。如果到 2020 年我们在总量和速度上完成了目标,但发展不平衡、不协调、不可持续问题更加严重,短板更加突出,就算不上真正实现了目标,即使最后宣布实现了,也无法得到人民群众和国际社会认可。全面小康,覆盖的领域要全面,是五位一体全面进步。

全面小康社会要求经济更加发展、民主更加健全、科教更加进步、文化更加繁荣、社会更加和谐、人民生活更加殷实。要在坚持以经济建设为中心的同时,全面推进经济建设、政治建设、文化建设、社会建设、生态文明建设,促进现代化建设各个环节、各个方面协调发展,不能长的很长、短的很短。①

习近平关于"全面小康"的论断具有继往开来的意义。他富有洞见地指出,"全面建成小康社会"的关键不仅在于"小康",而且更在于"全面"。对于"全面"来说,不仅要看经济建设、政治建设、文化建设、社会建设和生态文明建设"五位一体"式的全面进步,而且更要看其发展的平衡性、协调性和可持续性。因此,这里的"全面"是由平衡性、协调性和可持续性规定的"全面",或者换言之,"全面"是平衡性、协调性与可持续性有机统一的"全面性",是更加科学、合理,高质量的"全面"。相较于"小康","全面"是更难实现的任务,因为存在发展的"短板",而"短板"即是由发展的不平衡、不协调和不可持续所导致的。由此,全面建设成小康社会的关键在于实现"全面"。

对于"全面",习近平又赋予它更为明确和具体的含义。除了覆盖领域的全面,还包括覆盖人口的全面,全面小康是惠及全体人民的小康;以及覆盖区域的全面,全面小康是城乡区域共同的小康。因此,习近平提出的全面小康是覆盖领域全面、覆盖人口全面、覆盖区域全面的全面小康,三个全面缺一不可。全面建成小康社会,也就是建成全面覆盖的小康社会。

然而,由于发展的不平衡、不协调和不可持续,在全面建成小康社会的进程中出现了一些短板。习近平指出,生态文明建设就是一块突出的短板。

---

① 习近平:《习近平谈治国理政》第二卷,外文出版社,2017 年,第78—79 页。

虽然中国生产各种产品的能力在迅速扩大，但生产优质生态产品的能力却在减弱，一些地方的生态环境在恶化。民生领域也是一块突出的短板，而且是一块主要的短板，发展不全面的问题很大程度上表现在不同社会群体的民生保障上面。习近平进一步指出，农村贫困人口脱贫是突出的短板，如果7000多万农村贫困人口生活水平没有明显提高，全面小康则不能让人信服。因此可以把农村贫困人口脱贫作为全面建成小康社会的基本标志。①

因此，习近平非常强调农村贫困人口的扶贫、脱贫问题，特别是精准扶贫和精准脱贫，要求扶贫工作要落到实处，起到实效。习近平指出，"要坚持精准扶贫、精准脱贫，重在提高脱贫攻坚成效"。所谓"精准"，也即"在精准施策上出实招、在精准推进上下实功、在精准落地上见实效"，解决好"扶持谁""谁来扶""如何扶"的问题。② 在民生领域，习近平在多个领域强调"民生工作离老百姓最近，同老百姓生活最密切"，要持之以恒把民生工作抓好，做到"件件有着落、事事有回音，让群众看到变化、得到实惠"。③ 而在经济下行压力增大时，政府要履行好"保基本、保底线、保民生的兜底责任"；解决好人民群众"最关心最直接最现实"的就业问题、教育公平问题、安全生产、社会治安、社会福利、公共服务、房地产等问题。④ 在收入分配改革上，习近平重视扩大中等收入群体，指出"扩大中等收入群体，关系全面建成小康社会目标的实现"，是社会和谐稳定、国家长治久安的必然要求。⑤ 在卫生事业上，习近平提出"推进健康中国建设"战略，指出"没有全民健康，就没有全面小康"⑥。

习近平非常重视生态文明建设。对于生态文明，习近平在2016年11月28日创造性地提出了"绿水青山就是金山银山"的生态观。他说：

---

① 习近平关于全面小康和"短板"的阐述，参见《习近平谈治国理政》第二卷，第78—82页。另外，作为全面建成小康社会过程中的突出矛盾，习近平在多个场合谈论过"全面"和"短板"的关系，本研究不再赘述。

② 中共中央党史和文献研究院编：《十八大以来重要文献选编》（下），中央文献出版社，2018年，第38—46页。

③ 习近平：《习近平谈治国理政》第二卷，第361页。

④ 习近平：《习近平谈治国理政》第二卷，第361—368页。

⑤ 习近平：《习近平谈治国理政》第二卷，第369页。

⑥ 习近平：《习近平谈治国理政》第二卷，第370页。

生态文明建设是"五位一体"总体布局和"四个全面"战略布局的重要内容。各地区各部门要切实贯彻新发展理念，树立"绿水青山就是金山银山"的强烈意识，努力走向社会主义生态文明新时代。

要深化生态文明体制改革，尽快把生态文明制度的"四梁八柱"建立起来，把生态文明建设纳入制度化、法治化轨道。要结合推进供给侧结构性改革，加快推动绿色、循环、低碳发展，形成节约资源、保护环境的生产生活方式。要加大环境督查工作力度，严肃查处违纪违法行为，着力解决生态环境方面突出问题，让人民群众不断感受到生态环境的改善。各级党委、政府及各有关方面要把生态文明建设作为一项重要任务，扎实工作、合力攻坚，坚持不懈、务求实效，切实把党中央关于生态文明建设的决策部署落到实处，为建设美丽中国、维护全球生态安全作出更大贡献。①

"绿水青山就是金山银山"形象地说明了一个良好的生态环境对于全面小康以及美丽中国的重要意义。这样的生态观可以说是之前"天蓝、地绿、水清"生态观的延续和深化。2013 年 7 月 18 日，习近平在一次生态文明的国际论坛上发出了"为子孙后代留下天蓝、地绿、水清的生产生活环境"的号召。他指出："走向生态文明新时代，建设美丽中国，是实现中华民族伟大复兴的中国梦的重要内容。中国将按照尊重自然、顺应自然、保护自然的理念，贯彻节约资源和保护环境的基本国策，更加自觉地推动绿色发展、循环发展、低碳发展，把生态文明建设融入经济建设、政治建设、文化建设、社会建设各方面和全过程，形成节约资源、保护环境的空间格局、产业结构、生产方式、生活方式，为子孙后代留下天蓝、地绿、水清的生产生活环境。"②从"天蓝、地绿、水清"到"绿水青山就是金山银山"，习近平以接近自然和贴切生活的方式讲述了中国人民对良好生态环境的需要，使人们一目了然地看到生态文明建设的意义、任务和实践指向，对相关的政策制定和实施具有准确地指导意义。

---

① 习近平：《习近平谈治国理政》第二卷，外文出版社，2017 年，第 393 页。
② 习近平：《习近平谈治国理政》第一卷，第 211—212 页。

习近平以上对小康社会理论的丰富和发展可以称为"全面小康论"和"补齐短板论"，准确地指明了完成全面建成小康社会任务的过程中需要重点攻坚的方向，对于在 2020 年全面建成小康社会具有科学的指导意义。习近平对小康社会理论的另一个重要丰富和发展集中体现在他把全面建成小康社会和民族复兴结合起来，把全面建成小康社会视为中华民族伟大复兴的重要体现和构成部分，从而把全面建成小康社会提高到中华民族伟大复兴的政治站位上来。

2012 年 11 月 29 日，习近平在参观《复兴之路》展览时的讲话中指出：

> 每个人都有理想和追求，都有自己的梦想。现在，大家都在讨论中国梦，我以为，实现中华民族伟大复兴，就是中华民族近代以来最伟大的梦想。这个梦想，凝聚了几代中国人的夙愿，体现了中华民族和中国人民的整体利益，是每一个中华儿女的共同期盼……我们这一代共产党人一定要承前启后、继往开来，把我们的党建设好，团结全体中华儿女把我们国家建设好，把我们民族发展好，继续朝着中华民族伟大复兴的目标奋勇前进。
>
> 我坚信，到中国共产党成立一百年时全面建成小康社会的目标一定能实现，到新中国成立一百年时建成富强民主文明和谐的社会主义现代化国家的目标一定能实现，中华民族伟大复兴的梦想一定能实现。[①]

可见，全面建成小康社会对于中国具有伟大的象征意义，这一历史壮举不仅是中国共产党建党一百周年时的伟大成绩，而且也是实现中华民族伟大复兴的中国梦的重要一环。后来，习近平在多个场合中谈及全面建成小康社会与中华民族伟大复兴的关系。比如，2013 年 3 月 17 日，他在第十二届全国人民代表大会上当选为中华人民共和国主席时的讲话中指出，"实现全面建成小康社会、建成富强民主文明和谐的社会主义现代化国家的奋斗

---

① 中共中央文献研究室编：《十八大以来重要文献选编》（上），中央文献出版社，2014年，第 84 页。

目标,实现中华民族伟大复兴的中国梦,就是要实现国家富强、民族振兴、人民幸福"[①]。再比如,2015 年 9 月 22 日,习近平在访美时的一次欢迎宴会上的演讲中指出:中国人民要过上美好生活,还要继续付出艰苦努力。中国执政者的首要使命是努力提高人民的生活水平,逐步实现共同富裕,到 2020 年全面建成小康社会,到本世纪中叶建成富强民主文明和谐的社会主义现代化国家,实现中华民族的伟大复兴。[②]

综观习近平关于小康社会的阐述,可以发现,他以"全面小康论"进一步回答了"全面建成小康社会"之后的小康社会是什么样的小康社会的问题,也即如何更好地理解"全面"的问题;以"补齐短板论"说明了全面建成小康社会过程中的重点施策方向的问题。这两者为全面建成小康社会的实践提供了科学的政策指南,对于成功完成全面建成小康社会的历史任务具有重大的指导意义。而且,习近平不仅把全面建成小康社会当作中国现代化进程的一个阶段性任务,以及把一个全面的小康社会当作一种社会主义的社会形态,而且也把全面建成小康社会当作中华民族伟大复兴的一个环节和复兴进程中的政治象征,这就为全面建成小康社会赋予了更高的政治和历史意义。

(三)小康社会理论与生活政治

小康社会理论是一个复合理论,在邓小平提出"小康"概念之初,就已经奠立了这一理论的理论特征。经过上面的梳理可以发现,由邓小平提出和形成的小康社会理论,既是一个现代化理论,也是一个发展理论,同时也是一个生活政治的理论。在实践指向上也具有发展政治和生活政治两种取向。在小康概念提出的时候,小康社会理论主要是一种现代化理论或发展理论,是对中国式现代化的一种形象化概括。在后来的发展中,小康社会越发呈现出生活政治理论的面貌特征。因此,在中国的现实之下,结合发展与生活的关系,小康社会理论融合了发展与生活两个议题与价值取向,发展是为了国家的强大,也是为了人民的生活幸福,而生活则是发展的目标和衡量

---

① 习近平:《习近平谈治国理政》第一卷,第 39 页。
② 习近平:《习近平谈治国理政》第二卷,第 30 页。

依据。由之，小康社会理论既是一种具有中国特色的社会主义现代化理论，也是一种具有中国特色的社会主义生活政治理论。由江泽民丰富和发展的小康社会理论，其理论属性又多了一个社会形态理论，认为小康社会是人民生活普遍富裕、更为殷实的社会，以及发展更为全面而且是可持续发展的社会。此时的小康社会理论是现代化理论、发展理论、生活政治理论和社会形态理论的复合体，小康社会对社会形态作出了质的规定。胡锦涛丰富和发展的小康社会理论同样也是现代化理论、发展理论、生活政治理论和社会形态理论的复合体，不同的是，胡锦涛提出了小康社会是一个和谐社会。习近平推进的小康社会理论，除了现代化理论、发展理论、生活政治理论和社会形态理论，还发展了一个政治价值理论，把全面建成小康社会提升到中华民族伟大复兴的政治高度。

可见，小康社会理论承载了中华民族的多种期望，这是由改革开放以来中国发展的现实所决定的。这一现实也决定了中国的生活政治及其理论与西方国家的不同，中国的生活政治总是与中国的制度选择以及现代化进程牢固地结合在一起的，或者换言之，如前文所说，中国的生活政治总是与中国的发展政治紧密结合在一起的。这就决定了中国的生活政治有其特定的发生逻辑。

这一特定的发生逻辑首要体现在生活议题的选择上。生活政治是生活议题的政治化所形成的政治。中国生活政治的议题选择是由中国共产党自上而下地作出的。在国家和社会主义事业中的领导地位决定了中国共产党是生活政治议题最主要的选择者和创设者。本着立党为公、执政为民，让老百姓过上好日子的初心，中国共产党把人民群众过上小康生活当作国家发展的首要任务，并由此展开了建设小康社会的伟大进程，建设小康社会也成为中国最重要的生活政治议题。这就是小康社会理论及其实践中所包含的生活政治逻辑，当然也是具有中国特色的生活政治逻辑。即，中国共产党是中国生活政治最主要的发起者、设计者和推动者。作为中国生活政治最主要的议题，小康社会在不同的时期也会有不同的主题。我们发现，从邓小平到习近平，小康社会建设的主题是有差别的，随着现代化的推进而不断演进，具有鲜明的阶段性特征。但这种阶段性不是断裂的，而是连续的，是随着经济社会的发展而渐进地递进的，这也构成了中国生活政治发展的连续性特征。

中国共产党对小康生活的政治化不仅体现为对它的公共议题化,而且还把它政治化为判断社会主义本质的一个标准。我们谈论最多的是社会主义的生产力标准,但实际上,提高人民的生活水平也是社会主义的一个标准,我们可以称之为社会主义的"生活标准"。这是因为,社会主义的首要任务除了发展生产力,还要逐步提高人民的物质和文化生活水平。当然,"生活标准"是掩盖在生产力标准之下的一个标准。小康社会即是这一"生活标准"的具体体现。邓小平曾经指出,判断经济体制改革是否成功以及一个国家政治体制的好坏,除了要看生产力是否得到发展,还要看人民的生活水平能否持续得到提高。[①] 1992 年初,邓小平在"南巡讲话"中指出:"社会主义的本质,是解放生产力,发展生产力,消灭剥削,消除两极分化,最终达到共同富裕。"[②]同时,邓小平在"南巡讲话"中还提出,衡量一切工作是非得失的"三个有利于"标准,即"是否有利于发展社会主义社会的生产力、是否有利于增强社会主义国家的综合国力、是否有利于提高人民的生活水平"[③]。由此可见,邓小平实际上也是把"生活标准"当成社会主义的一个标准的。

在小康社会的理论和实践中,我们不仅把提高人民的物质生活和非物质生活水平作为重要的生活政治议题,而且也把改善人民的生活方式提上了生活政治的议程。从上世纪 80 年代起,党和国家开始重视人与自然的关系问题,生态文明建设逐渐成为建设小康社会的重要组成部分,倡导与鼓励人民的绿色生活方式。这说明,在中国共产党创设的生活政治中,生活方式的政治也出现了。

二、 生活政治的制度实践

邓小平提出和形成的小康社会思想和理论为转型期中国生活政治的实践确立了宏观指导思想,也为后来的生活政治发展奠立了基本的战略路线。而随着小康社会理论的不断丰富和发展,中国的生活政治实践也日趋全面

① 邓小平:《邓小平文选》第三卷,第 213 页。
② 邓小平:《邓小平文选》第三卷,第 373 页。
③ 邓小平:《邓小平文选》第三卷,第 372 页。

与合理,并取得全世界瞩目的成绩,显著地改善了中国人民的生活状态。这些成绩是通过系列的制度实践取得的,这些制度实践构成了中国生活政治的宏观和中观层次。

（一）经济体制改革与生活机遇的政治

回首改革开放以来的社会历程,中国的生活政治实践与发展是与改革的展开同频共振的。尤其是经济体制改革,不仅为经济发展加注了动力,也为生活政治的实践与发展打开了前所未有的空间。

中国的经济体制改革以农村家庭联产承包责任制的实行为起始标志。家庭联产承包责任制是对原来人民公社体制下集体经济制度的一次变革,也是社会主义生产关系的一次重组,经过几年的探索与实践,最终以1983年1月2日的中央一号文件《中共中央关于印发〈当前农村经济政策的若干问题〉的通知》而得以正式宣告确立。该文件指出:自党的十一届三中全会以来,在农村普遍实行了多种形式的农业生产责任制,而联产承包制又越来越成为主要形式。联产承包责任制打破了我国农业生产长期停滞不前的局面,促进农业从自给半自给经济向着较大规模的商品生产转化,从传统农业向着现代农业转化。联产承包责任制以农户或小组为承包单位,扩大了农民的自主权,发挥了小规模经营的长处,克服了管理过分集中、劳动"大呼隆"和平均主义的弊病。这种分散经营和统一经营相结合的经营方式具有广泛的适应性,是一种新型的家庭经济。[①] 在1983年,全国农村实行家庭联产承包责任制的生产队已达到总数的97％以上[②],该制度在全国得以全面落实,意味着中国农村对传统集体经济时代的全面告别。

家庭联产承包责任制的推行导致了人民公社体制的解体。1983年的中央一号文件同样对人民公社制度的改革作了安排。该文件提出,人民公社体制要进行政社分离的改革,政社合一的体制要有准备、有步骤地改为政社分设。在政社尚未分设以前,社队要认真地担负起应负的行政职能,保证政权工作的正常进行。在政社分设后,基层政权组织,

---

① 中共中央文献研究室编:《十二大以来重要文献选编》(上),中央文献出版社,2011年,第215—230页。

② 董辅礽主编:《中华人民共和国经济史》下卷,经济科学出版社,1999年,第56页。

依照宪法建立。① 同年 10 月 12 日,中共中央、国务院发布《关于实行政社分开,建立乡政府的通知》,提出改变政社合一体制的首要任务是把政社分开,建立乡政府,建立乡党委和其他的经济组织,并要求在 1984 年底以前完成。1984 年,在全国全面完成了乡政府对人民公社的替代,人民公社时代结束了。

以家庭联产承包责任制为中心的农村经济体制改革不能简单地理解为一种发展政治,也要理解为一种生活政治。虽然家庭联产承包责任制确立了更合理的生产关系,显著地提高了农业生产效率,促进了生产力的发展,是一个发展意义上的政治,但这个新型的经济体制同时又把农民从传统集体经济的束缚中解放出来,使他们获得了更多的自主生产经营的时间、机会和自主选择的权利以及收益分配的权利,因此,对于广大的农民来说,家庭联产承包责任制也是一个生活机遇的政治。当然,此时的生活机遇政治不同于新中国成立初期的生活机遇政治。新中国成立初期的生活机遇政治把广大的农民从地主阶级的封建统治之下解放出来,使其获得平等的权利,不再遭受封建地主的剥削和压迫,而改革开放时期的家庭联产承包责任制以及人民公社的解体则是把农民从传统集体经济的束缚下脱离出来,使其获得更多的经济权利,成为一个能够相对自主选择的农民。此时所谓的生活机遇,乃是建基于经济权利之上的机遇,是把农民从传统集体经济的束缚中脱离出来的结果。

农村经济体制改革之后,农业的生产力水平和农民的收入、消费水平均得到了大幅度提高。1984 年和 1978 年相比,农业生产总值增长了 125%,1978 至 1984 年年均增长 7.3%。② 粮食生产增长 33.6%,年均增长 4.95%。棉花、油类、糖类和肉禽蛋等副食的产量均有大幅增长。③ 农民的消费水平从 1978 年的年人均消费 132 元增长至 1984 年的 324 元,农村居民家庭人均纯收入从 1978 年的 133.6 元增长至 1985 年的 397.6 元。④

农民收入水平和生活水平的提高,既是生产力发展的结果,更是有了更

---

① 中共中央文献研究室编:《十二大以来重要文献选编》(上),第 221 页。
② 国家统计局编:《中国统计年鉴(1993)》,中国统计出版社,1993 年,第 31 页。
③ 国家统计局编:《中国统计年鉴(1993)》,第 364—367 页。
④ 国家统计局编:《中国统计年鉴(1993)》,第 280—282 页。

多经济权利的结果。家庭联产承包责任制一方面给农民带来生产经营的自主权,他们不必被限制在土地之上,在粮食生产之外,他们还可以自主从事其他的经营活动;另一方面,家庭联产承包责任制还给农民带来了更多的收益分配权,使农民在"国家—集体—个人"的分配格局中获得了更多的分配权重,从而可以更多地占有自己的劳动成果。因此,在家庭联产承包责任制之下,农民不但获得了自主生产经营的权利,也获得了支配自己劳动成果的权利。所以,家庭联产承包责任制是农村的一次深刻的产权制度变革,为农民带来了更多的生产经营机遇。正是在此种产权激励之下,农业的生产效率实现了质的飞跃。

家庭联产承包责任制的生活机遇政治具体表现在拓宽了农民获得生活资料、提高生活水平的机会和渠道,在分田到户后广泛涌现并被提倡的"专业户"就是一个典型的写照。"专业户"是农村经济体制改革之后出现的一个具有本土特色的专有词汇,根据一些词典的解释,是指在联产承包责任制基础上发展起来的、从事专业化生产和经营的农户。"专业户"的"专"体现在农民生产经营渠道上的多样性和专门性。总体上,它们可以分为两类,一类是以家庭副业为主的自营性专业户,一类是以承包集体某项生产或经营项目为主的承包性专业户。当时专业户的一般划分标准为家庭中的主要劳动力以从事专业生产或经营为主,而且专业生产或经营的收入是家庭收入的主要来源,经营规模、劳动生产率和商品率较多地超出当地一般农户的水平。因此,专业户是处在商品经济前沿的农业家庭。1983 年底,全国的专业户总数就已经达到了农户总数的 13.6%。① 与"专业户"同期广泛涌现而且紧密相关的流行语是"万元户"。尽管"万元户"这个词被认为最早出现于 1980 年 4 月 18 日新华社一篇《雁滩的春天》的报道,但"万元户"在全国范围的兴起是在实行家庭联产承包责任制之后。有些学者对《人民日报》数据库检索后发现,"万元户"一词在 1980 年还是特例,而到了 1984 年就迅速到达峰值,仅仅《人民日报》一年使用量就达 113 词/次,平均每三天就会有 1 词/

---

① 张首吉、杨源新、孙志武等编著:《党的十一届三中全会以来新名词术语辞典》,济南出版社,1992 年,第 73 页。

次,是 1983 年的 4 倍。① 这充分说明了万元户的大量涌现是在实行联产承包责任制以后。所谓"万元户",顾名思义,是指家庭年收入达到或超过 1 万元的农户,在日常用语中,多数是指年收入超过 1 万元的专业户。因此,"万元户"基本上是专业户或者个体户的代名词。对于普通家庭来说,1 万元在 20 世纪 80 年代可谓一笔巨额财富,因此,"万元户"也是发家致富的符号,代表了改革开放初期首先富起来的一批人。

"专业户"和"万元户"的出现不是偶然,而是家庭联产承包责任制作为一种生活机遇的政治得以推行后的历史必然,尽管这两个词汇在上个世纪 90 年代就逐渐退出了日常用语的舞台。"专业户"代表着实行家庭联产承包责任制后人们获取生活资料途径的多样化,在本质上是农民生活权利扩大的体现和结果。"万元户"则是"专业户"的结果,也即农民生活权利扩大的结果,说明在农民获得更多的生活权利之后,他们的经济收入和生活水平提高了。因此,"万元户"作为"专业户"的结果,也是生活水平提高、生活富裕的符号象征物。所以,总体上可以这样认为,"专业户"表征的是扩大后的生活机遇,"万元户"表征的是生活机遇扩大后的结果,显然,生活机遇的扩大更为重要。

"农民工"也是家庭联产承包责任制的生活机遇政治的典型体现。相较于"专业户"和"万元户","农民工"是一个早被使用但含义比较模糊的概念和词汇,在新中国成立以后经常用来指代那些户籍在农村而工作在城市(镇)单位的计划外农民用工,实际上是一种用工类型。到了家庭联产承包责任制后,也会有一些富余的农村劳动力到本地的一些集体企业或者国有企业做合同制的产业工人,这个群体也被称为农民工,实际上也是计划外用工或者灵活用工的类型。因为身份的缘故,这些农民工经常面临被清退的局面。全面推行家庭联产承包责任制后,随着大量农村富余劳动力的出现,一种新型的农民工群体出现了,这种新型的农民工已经不再是那种计划外用工类型,而是指跨地区外出务工就业的农村人口,俗称"打工人"。这一新型的农民工群体出现后很快吸引了广泛的关注并成为热点现象,人们日常

---

① 胡范铸、胡亦名:《"十字架身份体系"的崩裂——从流行语"万元户"看改革开放 40 年》,《社会科学文摘》2018 年第 11 期。

中所说的农民工主要指的就是这类农民工群体，作为社会话题和社会问题以及社会流行语的农民工也是指这一类型的农民工群体，农民工这个词汇也因此逐渐成为外出务工就业农民的专指，农民工成为一个约定俗成的群体。到了1989年，农民工的规模增长迅速，从改革开放初期的不到200万人快速增长到3000万人。[①] 根据一些语料库的检索，"民工潮"这个词汇大概也是出现并开始流行于1989年。此后，每到春节前后，数量巨大的外出务工就业的农民在家乡和就业地之间来回流动，形成了壮观的春运"民工潮"现象。

　　农民工之所以是家庭联产承包责任制生活机遇政治的体现，是因为后者为前者提供了外出务工就业的富余时间。富余劳动力首先是生产力的富余，农民不必把所有的时间和精力投入到土地上去，然后必然导致时间上的富余。因此，富余劳动力既是生产力上的富余，也是生产时间上的富余。时间上的富余为农民外出务工就业提供了时间上的机会。当然，农村经济体制改革只是形成农民工群体的一个基本条件，另一个基本条件则取决于外部世界可以提供的就业机会。随着改革开放步伐的加快，经济与社会的快速发展产生了大量的用工需求，在用工的供需条件都具备的情况下，农民工以及民工潮的出现就水到渠成了。

　　在家庭联产承包责任制外，乡镇企业的崛起对于广大的农民来说也是一次深刻的生活机遇政治变革。1984年3月，中共中央、国务院在转发农牧渔业部和部党组《关于开创社队企业新局面的报告》的通知中，将原来的"社队企业"更名为"乡镇企业"，把乡镇企业的范围扩大为乡或村举办的企业、部分农民联营的合作企业、其他形式的合作工业和个体企业，并把乡镇企业定性为"多种经营的重要组成部分，是农业生产的重要支柱，是广大农民群众走向共同富裕的重要途径，是国家财政收入新的重要来源"，要求大力发展乡镇企业。[②] 在1985年1月1日的《中共中央、国务院关于进一步活跃农村经济的十项政策》中，又提出对乡镇企业实行信贷

---

① 国务院研究室课题组：《中国农民工调研报告》，中国言实出版社，2006年，第3页。
② 中共中央文献研究室编：《十二大以来重要文献选编》（上），第375—377页。

和税收的优惠,同时还鼓励农民发展采矿和其他开发性事业。① 回首过去的经济发展历程,1984 年至 1988 年通常被称为乡镇企业发展的黄金时期。根据一些研究,在全国范围内,乡办企业增加了 2 万多个,个体和联户企业 5 年增加了近 1600 万个,占到乡镇企业总数的 91.58%。② 乡镇企业的发展不断升级换代,促进了乡村经济的快速发展,对于国民经济和解决就业问题贡献甚伟,其中出现的"苏南模式""温州模式"以及"珠三角模式",对于这些地区成为全国经济发达地区作出了奠基性贡献。乡镇企业的崛起给农民带来的生活机遇是两方面的,一方面给那些乡村的"能人"提供了先富起来的机会、渠道和政策支持;另一方面,给农村富余劳动力提供了"离土不离乡"的就业机会和渠道,对于他们家庭收入的提高和生活水平的改善具有重要的作用。同时,乡镇企业的发达地区也成为农民工的主要流入地,不仅为本地富余劳动力提供了就业机会,也为全国的富余农村劳动力提供了就业机会。

此外,对乡村个体商业经济的鼓励和发展也是一个生活机遇的政治。十一届三中全会以来,乡村个体商业和服务业开始起步发展,由于其本身的灵活性、便利性、对乡村经济运行的补充性和对群众生活的服务作用,不断得当国家的重视和鼓励。中共中央在 1983 年 1 月印发的《当前农村经济政策的若干问题》的通知中提出,对农村个体商业和各种服务业应当适当加以发展并给予必要扶持。③ 中共中央、国务院在 3 月份又出台了一个《关于发展城乡零售商业、服务业的指示》,该"指示"指出,在办好国营和供销社商业、服务业的同时,应把积极发展城乡个体零售商业、服务业作为发展社会主义商业、服务业的一个基本指导思想,因此要积极发展个体零售商业、服务业,做到大、中、小型固定网点和走街串巷流动服务相结合。④ 其后,每一年的农村经济政策都会提及并鼓励乡村个体商业经济的发展。1987 年 8 月,国务院发布《城乡个体工商户管理暂行条例》,此条例为第一个发展和管理城乡个体经济专门的政策和法规依据。该条例第二条规定,具有经营能

---

① 中共中央文献研究室编:《十二大以来重要文献选编》(中),中央文献出版社,2011 年,第 94—95 页。
② 董辅礽主编:《中华人民共和国经济史》下卷,第 212 页。
③ 中共中央文献研究室编:《十二大以来重要文献选编》(上),第 224 页。
④ 中共中央文献研究室编:《十二大以来重要文献选编》(上),第 241—243 页。

力的农村村民可以申请从事个体工商业经营,依法核准登记后为个体工商户。第三条规定,个体工商户可以在国家法律和政策允许的范围内,经营工业、手工业、建筑业、交通运输业、商业、饮食业、服务业、修理业及其他行业。第四条规定,个体工商户可以个人经营,也可以家庭经营。该条例第五条规定,个体工商户的合法权益受国家法律保护,任何单位和个人不得侵害。可见,乡村个体商业经济的发展也为农民获得家庭与个人收入、提高生活水平提供了法定的机会和众多渠道。

由上可见,如果全面审视农村的经济体制改革,可以发现其是一种经济权利的放权改革,通过对农民的经济放权,去改变传统集体经济机械僵化的运行机制和低效的状态。这种经济的放权改革,既释放了农村经济发展应有的活力,又赋予了农民从外界获取生活和发展资料的诸多机会和渠道。因此,对于广大的农民来说,农村的经济体制改革为他们带来了一次生活机遇的巨大变迁。机遇即权利,权利即机遇,权利越多,机遇则越多。经济体制改革以后,农民既可以专注于粮食生产,也可以从事副业经营,既可以在本地进厂,也可以外出务工;既可以兴办企业,也可以从事商品经营,"讨生活"的渠道日趋多元化,选择哪种渠道取决于自己的能力禀赋与不同地区经济发展状态的比较。农民日趋成为与自己的能力禀赋以及与市场接近的人,也成为一个积极寻找机遇以及倾向于功利谋算的"经济人",农民的人之主体性被激发出来,农民的生活也日趋个体化和多元化。

与农村相比,城市的经济体制改革起步相对晚一些,但在本质上也是激活经济活力的改革,因此城市的经济体制改革是围绕"国家—集体—个人"经济权利的分配与部分企业的重组展开的。不过,对于城市的职工而言,经济体制改革的生活政治意义与农民有所不同。总体上看,1984年至1992年的经济体制改革是以城市为重点推进的,而在此时期不同阶段改革的生活政治意义又有所不同。众所周知,在城乡二元化格局之下,城市职工的生活有着比较全面的保障和比较固定的工资收入,生活水平普遍高于农民,因此城市经济体制改革对于他们生活际遇的改善没有农村经济体制改革给农民带来的际遇改善明显。所以,对于大多数城市职工来说,在经济体制没有发生实质性转型的情况下,这些改革安排所含有的生活机遇政治色彩并不那么强烈。当然,经济体制改革所带来的生活际遇变化也并非不明显。

　　首先,对于那些没有稳定工作的城市居民来说,对个体经济的鼓励为他们发家致富带来了巨大的机遇。如上文所提,中共中央、国务院于 1983 年 3 月出台的《关于发展城乡零售商业、服务业的指示》同样也为城市个体经济的兴起打开了政策的大门。其次,个体经济也吸引了部分有稳定工作的职工加入其中,"下海经商"成为这批不安于现状的人的选择。据统计,1978 年,城镇个体从业者仅有 15 万人,1981 年快速发展到 113 万人,1984 年膨胀到 339 万人,到了 1992 年则发展到 838 万人。① 再次,对于一些破产企业职工来说,他们的生活际遇的改变是巨大的。1985 年,中国在武汉和沈阳市进行了企业破产的试点。同年 2 月 9 日,沈阳市颁布了《沈阳市关于城市集体所有制工业企业破产倒闭试行规定》,1986 年 8 月,沈阳市防爆器械厂宣布破产,成为改革开放以来第一个企业破产的案例。该企业破产后,原企业职工由劳动部门按待业人员进行管理、培训和组织就业,同时鼓励他们自谋职业。职工待业后,半年内每月领取原基本工资的 75%,第七个月起两年半内每月领取 30 元破产社会救济金,待业人员重新就业或自谋职业后,救济金停止发放。② 1986 年 12 月,《中华人民共和国企业破产法(试行)》颁布,并于 1988 年 8 月《中华人民共和国全民所有制工业企业法》实施后生效试行。尽管"破产法"执行起来困难重重,而且至 1991 年底全国宣布破产的只有 6 家集体所有制企业③,但也的确改变了少数职工的生活际遇,也预示了将来可能发生的变化。复次,工资制度的改革使国有企业职工的工资收入得到稳步上升的保障。1985 年 1 月,国务院发布的《关于国营企业工资改革问题的通知》规定,企业工资总额与经济效益挂钩按比例浮动,既一定程度地激发了企业职工的生产积极性,也一定程度地保证了企业职工共享经济增长的通道。最后,以按劳分配为主的多种分配方式共存,也使得城市职工获得了更多的收入来源和渠道。

　　1992 年和 1993 年是中国的经济体制改革具有转折意义的两年。1992 年年初的邓小平南巡讲话,结束了"姓资""姓社"的争论,提出"三个有利于"的标准,提出中国经济体制改革的目标是建立社会主义市场经济。同年 10

---

① 国家统计局编:《中国统计年鉴(1993)》,第 97 页。

② 董辅礽主编:《中华人民共和国经济史》下卷,第 204 页。

③ 董辅礽主编:《中华人民共和国经济史》下卷,第 206 页。

月,中共十四大召开,大会明确提出中国经济体制改革的目标是建立社会主义市场经济体制,以利于进一步解放和发展生产力。1993 年 11 月,十四届三中全会召开,通过了《中共中央关于建立社会主义市场经济体制若干问题的决定》,这是一个在中国的改革开放史上具有历史意义的文件,拉开了中国建立和发展社会主义市场经济的大幕,结束了计划经济和商品经济的相互撕扯,中国的经济体制改革、经济发展和社会转型进入了快车道。

人们通常在经济发展和社会转型的意义上讨论市场经济体所带来的深刻社会变革,但从生活政治的意义上看,对于广大的人民群众来说,这也是一次深刻的生活机遇政治变革。相较于家庭联产承包责任制和此前的城市经济体制改革,此次生活机遇政治变革的影响无疑更为久远和全面。首先,市场经济赋予每一个正常的行为人更为全面的经济权利,每一个正常的行为人都成为市场主体和自己劳动力的支配者,在职业、行业、工作地域的选择上享有充分的自主权,是自我生活机遇的发现者和创造者。其次,市场经济的快速发展创造了巨大的财富和广泛的选择机会,为每一个市场主体提供了多种从外界获取生活和发展资料的途径和渠道,人们满足自己生活需要和提升生活水平的可能性被近乎无限地扩大了。再次,经过多年的市场经济发展,人们拥有和可以支配的财富快速增长,收入水平和生活水平均发生了质的飞跃,小康生活和小康社会在 21 世纪的第二个十年基本实现。最后,市场经济体制为那些善于经营的人群创造了宽广的制度空间,带来了千载难逢的市场机遇,并从中涌出一批杰出的有代表性的企业家,激励了人们创新创业的雄心壮志。因此,总体上,相较于家庭联产承包责任制,市场经济给人们带来的生活机遇变革虽然不是首创的,但其打开的生活机遇空间却是空前广阔的,人们的生活权利也被空前扩大了。

但是,也应该注意到,建立市场经济体制并非使所有人的生活际遇都得到了改善。其中最有代表性的是在改革过程及市场经济的运行中,出现的国有企业"体制性劳动力冗员"问题。根据有关研究,在 1993 年底,全国城镇国有企业职工总计 1.09 亿人,而"冗员"就有 3000 万左右,其中下岗职工约为 1500 万人,隐性待业职工约 1500 万人,停工停产企业长期在职无业者超过 500 万人。从国有工业企业的情况来看,1994 年底全国国有及国有控股企业 11 万家,职工共计 4600 万人,"冗员"有 1500 万人左右,比重约占

1/3。另外,根据对 100 家大型现代企业制度试点企业的调查,这些企业中的富余人员都在 50％以上。1994 年,根据对 2756 个样本企业的调查,国有企业无冗员的比例只有 6.2％。[①] 这些所谓的"冗员",为了减轻国有企业的负担,大多被剥离出所在企业,实际上成为无业群体,继而走上自谋职业或帮助下岗就业的道路。有研究发现,从 1996 年到 2001 年,中国累计的下岗职工有 2500 多万人。如果叠加失业人员,到 2002 年,失业和下岗两类人员约有近 1400 万人。下岗和失业职工带来的生活问题遍及几千万城市家庭人口。[②] 而此时与市场经济相适应的社会保障体系还没有建立起来,下岗和失业职工的生活成为一个严重的民生问题。

回顾中国经济体制改革的历程,从家庭联产承包责任制到市场经济体制的建成及其后来的发展,打破了计划体制对人的束缚,使个体逐步获得了较为全面的经济权利和社会权利,成为可以自主选择的社会主体,获得了更多的生活机遇,改善了自己的生活际遇,对于个人来说,经济体制改革也是一个生活机遇的政治。但是,市场经济也重新定义了生活风险的产生机制并带来新的社会保障问题,因此,另外一种生活政治的制度实践——生活保障的政治,也即社会保障体系的改革和重建应势而生了。

(二)社会保障体制改革与生活保障的政治

如果说经济体制改革是生活机遇的政治,那么,社会保障体制的改革则可以称为生活保障的政治,这是基于社会保障固有含义的理解,社会保障的实质是保障人的生活。中国社会保障的改革是与经济体制改革和社会转型相配套的改革,因此在总体上可以 1993 年为界划分为两个基本的阶段,1993 年之前是缓慢起步的阶段,1993 年之后是快速变革与定型阶段,重点是第二个阶段。不论哪个阶段,其改革的宗旨都是探索在经济体制发生转

---

① 转引自董辅礽主编:《中华人民共和国经济史》下卷,第 384—385 页。原研究请参考郑海航主编:《国有企业亏损研究》,第 65 页,经济管理出版社,1998 年版,以及林毅夫:《充分信息与国有企业改革》,第 101—102 页,上海三联书店和上海人民出版社,1997 年版。

② 李培林、张翼:《走出生活逆境的阴影——失业下岗职工再就业中的"人力资本失灵"研究》,《中国社会科学》2003 年第 5 期。

型的情况下如何保障人们的生活。

　　1993 年之前的改革又可以分为两个阶段。1978 年至 1985 年为第一个阶段，在这个阶段里，以工作单位为保障主体的传统社会主义保障体系开始出现了松动，但在整体上实行的依然是"单位制"的保障方式与保障模式。所谓单位制的社会保障，是指由工作单位组织和实施的社会保障，是单位制社会的体现和组成部分。在单位制的社会体制里，国家的功能由每一个单位具体承担，社会保障也不例外，形成了国家负责、单位包办的"国家—单位保障制"的社会保障格局。① 单位制的保障模式也是通常所说的单位办社会，单位承担职工的社会保障责任，一切保障资金都由单位组织和承担，职工没有被分配筹集保障资金的责任和义务。在 1978 年及之后的几年，国家在社会保障上主要采取了恢复和维护原有模式的政策取向，因此，这几年实际上处于社会保障的恢复阶段，制度性的转型并没有发生。比如，国务院于 1978 年 6 月颁布了《关于安置老弱病残干部的暂行办法》和《关于工人退休、退职的暂行办法》，恢复了因"文革"而中断多年的干部与国营企业职工退休退职制度，企业单位干部、工人退休金、退职生活费仍由所在企业支付，党政机关、群众团体和事业单位干部的退休金和退职生活费由原工作单位负责。② 进入上世纪 80 年代以后，由于社会保障的支出负担过于沉重而难以承担，一些国有企业开始尝试让职工分担部分保障费用或者进行跨单位的统筹，单位制的保障模式开始发生松动。1984 年 10 月，十二届三中全会通过的《中共中央关于经济体制改革的决定》吹响了国有企业改革的号角，要求国有企业"真正成为相对独立的经济实体，成为自主经营、自负盈亏的社会主义商品生产者和经营者，具有自我改造和自我发展的能力，成为具有

---

① 郑功成是"国家—单位保障制"的主要提出者和阐述者，参见其《中国社会保障概论》（中国劳动社会保障出版社，2009 年）、《中国社会保障制度变迁与评估》（与人合著，中国人民大学出版社，2002 年）等著作，以及《中国社会保障 40 年变迁（1978—2018）》（《教学与研究》2018 年第 11 期）、《中国社会保障 70 年发展（1949—2019）：回顾与展望》（《中国人民大学学报》2019 年年第 5 期）等文。

② 郑功成：《中国社会保障 70 年发展（1949—2019）：回顾与展望》，（《中国人民大学学报》2019 年年第 5 期。

一定权利和义务的法人"①。这样的改革目标实际上产生了诸多的理论和实践问题,一是企业经济实体角色和其社会保障包办者的角色是否协调一致?二是如果企业亏损乃至破产,又如何担负社会保障的全部责任?因此,在经济体制改革的大背景下,原来的单位制保障模式也需要作出相应的改变,探索社会保障的社会化模式。

研究者通常把 1986 年视作社会保障制度改革的标志性年份,这一年较为密集地出台了系列文件,拉开了社会保障社会化改革的大幕。首先,1986年 4 月 12 日第六届全国人民代表大会第四次会议,原则上批准了《中华人民共和国国民经济和社会发展第七个五年计划》,该计划明确提出社会保障社会化的改革方向和目标,并要求在"七五"期间有步骤地建立具有中国特色的社会主义社会保障雏形。该计划指出,要建立健全社会保险制度,通过多种渠道筹集社会保障基金,改革社会保障管理体制,坚持社会化管理与单位管理相结合,以社会化管理为主,同时还要发扬我国家庭、亲友和邻里间互助互济的优良传统。② 接下来的 4 月 18 日,国务院下发了发布施行《国营企业实行劳动合同制暂行规定》和《国营企业职工待业保险暂行规定》的通知。《国营企业实行劳动合同制暂行规定》第五章第二十六条规定,国家对劳动合同制工人的退休养老实行社会保险制度,退休养老基金的来源,由企业和劳动合同制工人共同缴纳,退休养老金不敷使用时,国家给予适当补助。企业缴纳的退休养老基金,在缴纳所得税前列支,缴纳的数额为劳动合同制工人工资总额的 15% 左右。由企业开户银行按月代为扣缴,转入当地劳动行政主管部门所属的社会保险专门机构在银行开设的"退休养老基金"专户。③《国营企业实行劳动合同制暂行规定》虽然不是专门针对社会养老保险制度改革的政策文件,但该文件已经表明,在经济体制改革的新形势下,"国家将放弃计划经济时期的养老保险制度,转而实行国家、企业和职工个人三方共同承担责任的社会化的现代养老保险制度,并由劳动合同制工

---

① 中共中央文献研究室编:《十二大以来重要文献选编》(中),中央文献出版社,2011
　年,第 53 页。
② 中共中央文献研究室编:《十二大以来重要文献选编》(中),第 459 页。
③ 中共中央文献研究室编:《十二大以来重要文献选编》(下),中央文献出版社,2011
　年,第 32 页。

人推广到全国所有国有企业职工"①。《国营企业职工待业保险暂行规定》第三条规定,职工待业保险基金的来源为企业按照其全部职工标准工资总额的 1‰ 缴纳的待业保险基金以及职工待业保险基金存入银行后,由银行按照国家规定支付的利息,以及在入不敷使用的地方财政补贴。②

到了上世纪 80 年代后期,随着企业发放退休金的压力增大,而沉重的退休金压力也制约了企业的发展,1991 年 6 月 26 日,国务院出台了《国务院关于企业职工养老保险制度改革的决定》,其要点在于提出逐步建立基本养老保险与企业补充养老保险以及职工个人储蓄性养老保险相结合的制度,改变养老保险完全由国家、企业包办的模式,养老保险费用由国家、企业、个人三方共同承担。但是,这个规定主要是针对城镇国有企业的,城镇集体所有制企业可以参照执行,其他类型的企业,如外商投资企业的中方职工、城镇私营企业职工和个体劳动者,也要逐步建立养老保险制度。1992 年 5 月 19 日,针对养老保险基金以市县为单位统筹存在的社会化程度不高、管理分散、调剂功能不强、抵御各种风险和自然灾害的能力较弱等问题,当时的劳动部出台了《关于全民所有制企业职工实行基本养老保险基金省级统筹的意见的通知》,要求养老保险基金由市县统筹向省级统筹过渡,指出实行基本养老保险基金省级统筹,既是社会保险事业发展的必然阶段,也是深化企业改革、转换企业经营机制的当务之急。

应该说,1986 年至 1992 年的社会保障制度改革虽然迈出了社会化的一步,但其在社会保障改革的整体进程上是过渡性的,而且在实践上依然以传统的社会保障模式为主,只是针对在企业改革中出现的社会保障负担过重问题提出了方向性的政策设计,并没有打破传统的社会保障格局。中国社会保障制度的真正转型是从 1993 年 11 月十四届三中全会把社会主义市场经济体制确立为改革目标之后发生的,因此,十四届三中全会构成了中国社会保障改革从单位制的保障模式走向社会化保障模式的分水岭。

---

① 刘翠霄编著:《中华人民共和国社会保障法治史 1949—2011》,商务印书馆,2014 年,第 97 页。
② 中共中央文献研究室编:《十二大以来重要文献选编》(下),第 40 页。

在十四届三中全会通过的《中共中央关于建立社会主义市场经济体制若干问题的决定》中,社会保障制度改革是经济体制改革的配套改革,目的是建立适应市场经济的社会保障体系。该决定指出,建立多层次的社会保障体系对于保持社会稳定和建立社会主义市场经济体制具有重大意义。社会保障体系包括社会保险、社会救济、社会福利、优抚安置和社会互助、个人储蓄积累保障,以及发展商业性保险业作为社会保险的补充。还指出要重点完善企业养老和失业保险制度,强化社会服务功能以减轻企业负担,促进企业组织结构调整,提高企业的经济效益和竞争能力。城镇职工养老和医疗保险金由单位和个人共同负担,实行社会统筹和个人账户相结合,失业保险费由企业按职工工资总额一定比例统一筹缴,普遍建立企业工伤保险制度。农民养老以家庭保障为主,与社区扶持相结合,有条件的地方,根据农民自愿,也可以实行个人储蓄积累养老保险。发展和完善农村合作医疗制度。[①]

从这条规定可以看出,未来一段时期内社会保障制度的改革目标是改变单位制的保障模式,建立社会化的保障模式,而且这一模式是配套和服务于市场经济体制的建立与市场经济的运行的,因此其价值取向是效率优先的。另外,对农村社会保障的社会化改革没有作系统设计,这说明改革的重点在城市。因此,总体上看,十四届三中全会关于社会保障制度改革的设计也是阶段性的。

十四届三中全会后,中国的社会保障制度开始了大幅度转型。1993年至2002年,社会保障的主要领域均围绕保障基金的社会统筹和管理方式进行社会化改革,出台了系列政策文件,与市场经济相适应的社会保障体系框架得到了初步构建。在养老保险领域,相继出台了《关于深化企业职工养老保险制度改革的通知》(1995年)、《关于建立统一的企业职工基本养老保险制度的决定》(1997年)、《关于城镇社会保障体系改革的试点意见》(2000年)。在医疗保险领域,相继出台了《关于职工医疗制度改革的试点意见》(1994年)、《关于建立城镇职工基本医疗保险制度的决定》(1998年)。在失

---

① 中共中央文献研究室编:《十四大以来重要文献选编》(上),中央文献出版社,2011年,第53页。

业保险领域,相继出台了《国营企业职工待业保险规定》(1993 年)、《失业保险条例》(1999 年)。在工伤保险方面,出台了《企业职工工伤保险试行办法》(1996)。在生育保险领域,出台了《企业职工生育保险试行办法》(1994年)。在社会救助领域,相继出台了《关于在全国建立城市居民最低生活保障制度的通知》(1997 年)、《城市居民最低生活保障条例》(1999 年)。同时,农村的社会保障制度改革也开始启动,"五保供养制度"得到了进一步完善,农村的社会养老保险得以整顿。非常关键的一项改革是 2002 年 10 月出台的《关于进一步加强农村卫生工作的决定》,提出建立新型农村合作医疗制度,并在一些省市进行试点。①

1993 年至 2002 年是中国新型社会保障制度的奠基时期,这一时期的改革不仅打破了传统的单位制保障模式,而且还建立了市场经济时代社会保障体系的基本框架,社会统筹的保障观念和保障方式逐渐为公众接受和认可,为市场经济体制的建成和国民经济的发展作出了重大的贡献。但是,由于是初建时期,社会保障的水平、覆盖的范围、管理的方式还不够完善,最为重要的是,这一时期的改革,以政府和企业的减负为政策取向,重城镇而轻农村,重效率而轻公平,对于一些弱势群体一度出现了保障的衔接问题,甚至出现了保障的真空,因此,还需要进一步的深化和完善。

2003 年以来,中国的社会保障体系建设逐渐趋向成熟和定型。这一阶段与前一阶段相比,有五处主要的变化:一是社会保障体系建设的经济社会背景发生了变化,从之前市场经济体制的配套性改革转变为全面建设小康社会的需要,强调保障水平与经济发展水平相适应。二是在价值取向上更加关注社会公平,回归到社会保障的本有价值上来,城乡居民的社会保障体系也得以全面建立。三是建立起了农村的社会保障体系,实现了城乡社会保障的全覆盖。四是改变了机关事业单位工作人员和城镇企业职工的基本

---

① 十四届三中全会以后的中国社会保障制度改革的时期划分及其改革内容的梳理,主要参考了董克用、沈国权《党指引下的我国社会保障制度百年变迁》一文(载《行政管理改革》2021 年第 5 期)。关于十四届三中全会以后的中国社会保障制度改革的时期划分有许多代表性的研究,本研究比较认可董克用 1993 年至 2002 年社会保障制度框架初步构建的划分方式。另外还参考了郑功成《中国社会保障 70 年发展(1949—2019):回顾与展望》(《中国人民大学学报》2019 年年第 5 期)、《中国社会保障40 年变迁(1978—2018)》(《教学与研究》2018 年第 11 期)等文章。

养老保险"双轨制"的格局,基本完成了两类人员社会保障制度的统一。五是将城乡养老保险与医疗保险并轨,实现了城乡统筹。

2003 年以来,在城镇企业职工和居民社会保障水平和制度化水平不断提高的同时,农村的社会保障体系建设得到了全面、快速的发展。[①] 在养老保险领域,国务院于 2009 年 9 月出台了《关于开展新型农村社会养老保险试点的指导意见》,决定从 2009 年开展新型农村社会养老保险试点。该决定指出,新农保试点的基本原则是"保基本、广覆盖、有弹性、可持续",要求从农村实际出发低水平起步,个人(家庭)、集体、政府合理分担责任,引导农民自愿普遍参保。2014 年 2 月,国务院又出台了《关于建立统一的城乡居民基本养老保险制度的意见》,指出按照党的十八大精神和十八届三中全会关于整合城乡居民基本养老保险制度的要求,以及《中华人民共和国社会保险法》有关规定,在总结新型农村社会养老保险和城镇居民社会养老保险试点经验的基础上,将两类养老保险制度合并实施,建立统一的城乡居民基本养老保险制度。[②] 在医疗保险领域,国务院于 2003 年 1 月转发了卫生部、农业部和财政部制定的《关于建立新型农村合作医疗制度的意见》,该意见提出,新型农村合作医疗制度是政府组织、引导、支持,农民自愿参加,个人、集体和政府多方筹资,以大病统筹为主的农民医疗互助共济制度。"新农合"从 2003 年开始试点,取得经验后逐步推开,到 2010 年实现在全国建立基本覆盖农村居民的新型农村合作医疗制度。该意见对"新农合"的筹资标准、资金管理、医疗服务管理、组织实施作出了明确的规定。[③] 接下来,卫生部等七部门于 2006 年 1 月联合下发《关于加快推进新型农村合作医疗试点工作的通知》,提出决定加大力度、加快进度扩大新型农村合作医疗试点。2012 年 8 月,国家发改委等六部门联合制定《关于开展城乡居民大病保险工作的指导意见》,探索建立重特大疾病保险制度。经过几年的农村"新农合"与城

---

① 鉴于农村社会保障体系的建立是 2003 年以来中国社会保障制度改革中最大的变化,所以本研究重点对它进行了梳理,城镇企业职工和居民的相关保障制度改革不再赘述。

② 中共中央文献研究室编:《十八大以来重要文献选编》(上),第 806 页。

③ 中华人民共和国中央人民政府网:国务院办公厅转发卫生部等部门关于建立新型农村合作医疗制度意见的通知,2005 - 08 - 12,https://www.gov.cn/zwgk/2005-08/12/content_21850.htm,引用日期,2024 年 4 月 5 日。

镇居民合作医疗几年的探索，二者合并的时机已经成熟，国务院决定将二者并轨，在 2016 年 1 月了颁发《关于整合城乡居民基本医疗保险制度的意见》，将"新农合"与城镇居民基本医疗保险制度合并，建立起统一的城乡居民基本医疗保险制度。在社会救助领域，相继出台了《关于实施农村医疗救助的意见》（2003 年）、《关于在全国建立农村最低生活保障制度的通知》（2007 年）。①

自 2003 年以来年，经过十余年的努力，在全国范围内逐步建立了城乡统筹的多层次的社会保障体系，其中有两个事件具有历史性的标志意义。第一个事件是 2010 年颁布了《中华人民共和国社会保险法》，该法于 2018 年得到进一步修订。《中华人民共和国社会保险法》的制定标志着经过多年的探索和努力，一个城乡统筹、覆盖全面的社会保险体系正在趋于成熟和定型。第二个事件是国务院于 2015 年 1 月发布了《关于机关事业单位工作人员养老保险制度改革的决定》，该决定规定，基本养老保险费由单位和个人共同承担。该决定标志着退休养老金的"双轨制"在制度上的终结，社会保障的公平性得到进一步的提升。

回顾中国社会保障制度改革 40 年的历程，国家经历了如何保障群众生活的方式上的转变，发生了从城市的单位制保障模式以及农村的集体互助保障模式到现在全国性的社会统筹型保障模式的转型。在计划经济体制时期，中国的社会保障以单位制模式为主导，社会保障几乎是城镇居民的"专利"，农村人口只有非常有限的国家救济，主要依靠农村集体组织内部成员之间的互助共济②，城乡二元分割的格局非常严重，社会保障资源在城镇人口和农村人口的分配上不合理，社会公平性严重不足。转型之后，国家以社会化的方式保障群众的生活，这既是市场经济健康运行的必然要求，也是与国际社会接轨的一种做法。在新模式之下，社会保障的城乡二元化格局发生了改变，保障的社会公平性问题得到很大的改善，个人也成为自己社会保障责任的承担者，兼顾了公平与效率的双重需要。

---

① 董克用、沈国权：《党指引下的我国社会保障制度百年变迁》，《行政管理改革》2021 年第 5 期。

② 郑功成：《中国社会保障 40 年变迁（1978—2018）—制度转型、路径选择、中国经验》，《教学与研究》2018 年第 11 期。

截至 2016 年,全国参加基本养老保险人数为 88777 万人,参加城镇基本医疗保险人数为 74392 万人,全国参加失业保险人数为 18089 万人,参加工伤保险人数为 21889 万人,参加生育保险人数为 18451 万人,保障范围空前扩大。① 到 2022 年,社会保障的覆盖范围进一步扩大,年末全国参加基本养老保险人数为 105307 万人,参加失业保险人数 23807 万人,参加工伤保险人数 29117 万人。② 根据《2022 年全国医疗保障事业发展统计公报》,截至 2022 年底,全国基本医疗保险参保人数 134592 万人,参保率稳定在 95% 以上。其中职工基本医疗保险参保人数 36243 万人,城乡居民基本医疗保险参保人数 98349 万人。尤其值得提出的是,2022 年,全国普通门急诊、门诊慢特病及住院异地就医 11050 万人次,其中,职工医保异地就医 7299 万人次,居民医保异地就医 3751 万人次,方便了群众的异地就医。③

三、 城乡社会的个体化与微观生活政治的发展

在农村,以家庭联产承包责任制的推行和人民公社的解体为标志,在城市,以市场经济体制改革目标的确立以及单位制的解体为标志,中国社会传统的集体化组织方式开始解体,城乡社会开始了个体化的进程。在此过程中,中国的公众从传统集体的人逐渐转变为市场社会个体的人,他们为了自己生活的权益也会采取个体的或群体的政治行动,一个相对独立的微观政治领域从国家政治中分离出来,作为其中的主要构成部分,微观生活政治领域也由此发展起来。

---

① 中华人民共和国人力资源和社会保障部:《2016 年度人力资源和社会保障事业发展统计公报》http://www.mohrss.gov.cn/ghcws/BHCSWgongzuodongtai/201705/W02018 0521568816106756.pdf,引用日期,2024 年 4 月 5 日。
② 中华人民共和国人力资源和社会保障部:《2016 年度人力资源和社会保障 事业发展统计公报》,http://www.mohrss.gov.cn/SYrlzyhshbzb/zwgk/szrs/tjgb/202306/W0 2023063050516037377667.pdf,引用日期,2024 年 4 月 5 日。
③ 国家医疗保障局:《2022 年全国医疗保障事业发展统计公报》,http://www.nhsa.gov.cn/art/2023/7/10/art_7_10995.html,引用日期,2024 年 4 月 5 日。

（一）城乡社会的个体化

在个体崛起的意义上，社会的个体化是一个全球性现象。自改革开放以来，中国的城乡社会也迎来了个体化的进程。但中国的社会个体化不是西方意义的个人主义化，也不同于贝克笔下欧洲的社会个体化。贝克在谈及个体化时强调了对个体化的误解：它不等于个人主义，也不等于个性化，它与撒切尔式的"市场自我主义"毫不相干，与哈贝马斯所说的"解放"也有所不同。[1] 在直观的历史背景上，欧洲或者西方社会的个体化是西方工业国家经济高度发展、福利国家制度建立以及以自我实现为核心特征的后物质主义价值观兴起共同驱使的产物。物质生活水准的提高与相应的社会保障使人们在经济上可以脱离家庭等传统纽带的庇护而独立出来并追求自身的选择，个体自我实现的伦理在社会的价值体系中占据重要的地位。因此，也可以把欧洲的社会个体化看作一种文化意义上的个体化。

中国城乡社会的个体化是使个体从传统的集体化状态下脱离出来的个体化，是政治、经济与社会多重意义上的个体化，是对传统集体化社会的一种反向运动，是与单位制社会向后单位制社会、"总体性社会"[2]向分化性社会转型相并行的社会运动，揭示了社会转型的另外一种线索。当然，中国的社会个体化也呈现出与欧洲的社会个体化类似的外在特征。从 1989 年到 2008 年，中国社会个体化研究的一位重要先驱，华裔学者阎云翔在中国东北的下岬村做了近 20 年的田野调查，他发现，随着经济体制改革对农民的"松绑"以及以村干部为代表的国家权力的淡出，村民的个体意识与私人生活都发生了

---

① 乌尔里希·贝克、伊丽沙白·贝克-格恩斯海姆：《个体化》，第 235 页。

② "总体性社会"是由孙立平、王汉生、王思斌、林彬、杨善华等学者提出的一个概念，他们在描述中国的社会结构形态时使用了这一概念，指的是一种"社会的政治中心、意识形态中心、经济中心重合为一，国家与社会合为一体以及资源和权力的高度集中，使国家具有很强的动员与组织能力，但结构较为僵硬凝滞"的社会结构形态，他们把这种社会结构形态称为"总体性社会"。参见其《改革以来中国社会结构的变迁》一文，载《中国社会科学》1994 年第 2 期。虽然"总体性社会"指的是一个国家的权力结构形态，但也可以用来指一种社会形态，因此也有一些学者在社会形态的意义上使用"总体性社会"这一概念。

深刻的变革。这些变革意味着由于改革时代的制度变迁,个体在中国"迅速崛起"①。阎云翔认为,中国社会的个体化在 20 世纪 90 年代末即已成形,其标志是公共权力对家庭的影响力相对削弱,个人对自己的生活具有更大的控制力,夫妻关系居于核心地位,以及对个人幸福和情感关系的强调等。②这些类似的外在特征还表现在中国的劳动力市场、教育、职业规划、家庭关系、权利意识、自由意识、身份认同、个人选择、风险承担、与集体的关系等诸多现象之上。

不过,需要指出的是,包括阎云翔的研究在内的对中国社会个体化的观察,很大程度上受到了以贝克为代表的西方视角的影响。③ 如阎云翔所言:"我的顿悟发生在 2007 年。当我参照第二现代性或自反现代性理论——尤其是个体化命题——去理解中国社会变革的模式和趋势时,一切都豁然开朗……虽然中国仍在现代化进程中,但与此同时中国社会展现出第二现代性时代的许多个体化特征以及西方应当属于现代化时期甚至前现代化时期的其他特点。"④可是,这样一来就难免陷入西方视角的窠臼,观察对象虽然是中国的,但叙事逻辑却是西方的。所以,许多研究观察到了中国社会个体化的表现,却没有抓住中国社会个体化最为核心的逻辑以及影响更为深远的一面。对于这些观察者来说,他们一直把社会个体化置于现代性的叙事之下,而没有从中国的历史与现实出发去把握中国社会个体化本身的脉络。

从实际的进程看,中国的社会个体化是党与国家主导之下的一种社会个体化,这构成了与西方社会的个体化最大的区别。为了改变生产关系与

---

① 阎云翔对中国社会个体化的研究与理论建构可以参见其三本著作:《礼物的流动》、《私人生活的变革》与《中国社会的个体化》,这三本著作均以下岬村为田野调查对象,历时约 20 年之久。这三本著作可以称为阎云翔研究中国农村社会个体化进程的"三部曲"。本研究参考的主要是《中国社会的个体化》中的描述与观点。

② 阎云翔:《自相矛盾的个体现象,纷争不已的个体化进程》,[挪威]贺美德、鲁纳编著《"自我"中国——现代中国社会中个体的崛起》,上海译文出版社,2011 年,导论第 3 页。

③ 以贝克为主的一些外国学者奠定了观察个体化的基本框架,这些框架为后来者所遵循。国内学者对社会个体化的研究起步较晚,不仅采用了贝克提出的"个体化"概念,而且在描述和分析中国社会的个体化现象时也借鉴了贝克的观察视角。

④ 阎云翔:《中国社会的个体化》,陆洋等译,上海译文出版社,2016 年,第 3 页。

生产力不相适应的部分以更好地发展社会主义经济,党与国家对计划经济进行了体制改革,从而在客观上开启了"去集体化"的进程。这个过程已经为人熟知。在农村,家庭联产承包责任制的推行与人民公社的解体是去集体化的标志性事件,虽然在所有制的性质上仍然是集体所有,但农民在事实上占有土地和大部分劳动成果。随着商品经济的发展,农民也有了更多的生产和生活活资料的替代来源与就业途径,对乡镇政府与村集体的依赖得以解除。在城市,随着计划经济向市场经济的转型以及单位制的解体,城市居民也获得了选择的自主权,对单位的依附也解除了。作为去集体化的后果,"国家—单位—人民公社"的传统三角集体体系得以解体,单位组织也不再具有传统集体的功能和性质。许多词汇是这一变迁的缩影,专业户、个体户、万元户、盲流、农民工、民工潮、农民企业家、下海、炒股、人才市场、双向选择、下岗、跳槽、自主创业、民营企业、春运等社会流行词汇,都讲述了城乡社会的个体化变迁,说明人的自主性与流动性得到了空前的增长。现在,中国的个体是已经脱离了传统集体的束缚,具有高度自主性与流动性的个体,作为集体化社会反向运动的结果,一个相对独立的个体化城乡社会已经初步形成。

当然,个体化社会并非意味着个体对工作单位没有依赖性,尤其在城市,由于绝大多数的个体缺乏生产资料而不得不投身于各种工作单位,在资本雇佣劳动之外,国家机构也在雇佣劳动,因此,众多的个体不得不依赖企业和国家机关事业单位的工资、福利收入。研究者发现,在改革开放之后,单位组织依然可以依靠自己的资源优势,通过资源交换性权力对个人形成一种支配关系,而个人利益需求的满足也在很大程度上依赖于单位。[1] 但是,这种依赖关系和传统集体化时期有着本质的区别。首先,依赖不是依附,个体对工作单位虽然有资源上的依赖性,却不是传统集体化时期的依附。其次,现在的依赖主要是一种契约性的依赖,而不是基于组织体系的强制性依赖,契约关系取代了行政关系。最后,现在的依赖是一种基于自主选择的依赖,是否依赖主要取决于个体的自主选择,不论对于哪种类型的工作单位,当个体选择不依赖时也可以不依赖。这种不依赖取决于个体获得资

---

① 李汉林、李路路:《单位成员的满意度和相对剥夺感——单位组织中依赖结构的主观层面》,《社会学研究》2000 年第 2 期。

源、摆脱依赖的能力,也取决于个体对工作单位的归属感和满意度①,还取决于个人的生活价值观和生活方式的选择。"世界那么大,我想去看看",这封非常具有情怀而又非常简短的辞职信,表达了当代个体看待自己与工作单位关系的一种新态度。②

对应于集体化时期个人对传统集体的依附性"绑定"③关系,社会的个体化使这种"绑定"关系发生了变化,从对集体的绑定转化为对劳动力市场的绑定。与集体化时期个人的生活与发展资料来源于传统集体不同,个体化的人则依赖于自己的劳动力在市场上的表现,在解除了与传统集体的绑定之后,个人又与市场绑定起来,实际上也是与自己的绑定,一切生活与发展资料的获得都要依赖自己的努力奋斗。经济体制转型以后,不论在农村还是在城市,各行各业的劳动人口都在为获得更好的生活与发展而认真经营着自己的劳动力,个体已经被市场化了。这种个体非常类似于心理学家尼古拉斯·罗斯(Nicolas Rose)所说的"进取的自我"④,以至于一些外国的研究者借用"进取的自我"来分析中国的个体化形象。比如,年轻的大学生是典型的"进取的自我"群体,他们毕业后需要在人才市场上努力地寻找工作,推销自己。阎云翔曾经使用过"奋斗的个体"这种说法,认为中国"奋斗的个体"是自我驱动的、深谋远虑的、坚定的主体,他们希望遵照个人计划改善生活,想方设法过上属于自己的生活,或者追求自主的人生。⑤ 当下,"创客""大众创业、万众创新""极客"等新词汇都代

---

① 李汉林、李路路:《单位成员的满意度和相对剥夺感——单位组织中依赖结构的主观层面》,《社会学研究》2000 年第 2 期。

② 2015 年 4 月 14 日早晨,河南省实验中学一名已经入职 11 年的女心理教师顾少强老师向单位提交了一封只有十个字的辞职信:"世界那么大,我想去看看",并获得批准。2016 年 5 月 31 日,在教育部、国家语委发布的《中国语言生活状况报告(2016)》中,"世界那么大,我想去看看"入选"2015 年度十大网络用语"。

③ "绑定"是近几年兴起的流行词语,通常是指在"app 时代",一些数字化商业平台与客户的紧密服务关系,如绑定银行卡等。在这里,我们使用"绑定"是用来指集体化时期,个人对于传统集体的紧密的依附关系,个人被"绑定"在集体之上。

④ N . Rose, "Governing Enterprising Individuals", In N. Rose (Ed.), *Inventing Our Selves*:*Psychology*,*Power and Personhood*. Cambridge:Cambridge University Press,1998, pp.150 - 168.

⑤ 转引自乌尔里希·贝克:《个体化探索:一种普世主义视角》,乌尔里希·贝克、伊丽沙白·贝克-格恩斯海姆:《个体化》,中文版序第 9 页。

表了"进取的自我"或者"奋斗的个体"在新时代的形象,说明个人与市场的关系以及与自己劳动力的关系越来越紧密并焕发着蓬勃的活力。个人与传统集体的绑定向个人与市场的绑定转化,说明"个人—集体—国家"的关系链条已经被"个人—市场—国家"的关系链条所替代,个人与传统集体的行政关系也被个人与单位组织的契约关系所替代。

对中国来说,社会个体化的驱动机制是个体的市场化。党与国家通过经济体制改革的去集体化机制把人塑造为市场经济的要素,把人推向市场也是中国改革进程中一以贯之的政策导向。个体市场化的结果必然是经济的个体化。经济的个体化是首要的个体化,由此也导致了社会关系领域的重大变革,个人对传统、集体与国家的依附性经济关系转变为个人对现代单位组织与国家的独立性经济关系。经济的个体化又是一种产权关系的变革,体现为原来集体产权的构成部分转变为一个具有独立性的个体产权。这种社会个体化最直接的后果就是把人塑造为自己人力资本的市场经营者,人的经济理性被激发甚至压榨出来,市场活力得到充分释放,中国的经济高效运转起来。

中国去集体化改革的目的是为经济转型和发展输入各种市场要素,因此经济的个体化成为中国社会个体化的首要方面。随着总体性的集体化国家管理方式的解除与国家权力的淡出,中国的个体与社会在许多领域都快速生长起来。从上世纪 80 年代起,人们越来越按照自己喜欢的方式生活与交往,各种社会与文化空间被创造出来。在经济个体之外,人们在许多方面都成为个体——自己为自己选择的个体。其中,思想领域的个体化是社会个体化的另外一个标志,传统的集体主义价值观一直是集体化时期的主导性价值观念,而改革开放以来,传统集体主义价值观得到了个体价值观的改造。有学者把这种改造过的集体主义价值观称为"新集体主义",认为在新中国成立以来的不同历史时期,个体的价值定位经历了从个体依赖到个体独立的演变,集体主义也随着个体价值地位的演变,开始由传统集体主义向新集体主义过渡。新集体主义是以对个体价值的肯定为标志的,并以实现个体价值为目的,是一种集体价值与个体价值的到辩证统一。[1] 也有人把这

---

[1] 邹佰峰:《从个体价值定位看集体主义的时代演变》,《甘肃理论学刊》2008 年第 3 期。

种变迁称为从整体价值观向个体价值观的转变。① 在社会公众中发生的集体价值观向个体价值观的转变是大家较为认可的一种社会现实,而且这种转变也呈现出明显的代际转移特征。

人们的价值观可以从日常的语言生活中得到体现,一个基于 1949—2010 年《人民日报》语料库的个体/集体主义的词汇词频分析,就揭示了中国公众价值观念代际变迁的事实。他们发现,突出个体地位的词汇总词频、第一人称代词单数存在代际差异,突出个体地位的词汇词频呈先下降后上升趋势,而表达传统集体主义相关词汇的词频则呈相反的运动态势。具体地看,诸如"选择""竞争""改革""创新""公平""努力"等表示个体崛起的词汇词频呈上升趋势,而"分配""分派""遵守""服从"等表达集体主义的词汇词频则呈下降趋势。② 这说明,改革开放以来,在日常生活中,个体的价值观不断增强,个体的地位不断得到强化,而政治性的集体主义价值观则逐渐弱化。

回顾 1978 年以来的社会发展,改革的历程也是一个社会个体化的历程,去集体化的改革与社会的个体化是相互统一的两个过程。从整个进程来看,经济的个体化是中国社会个体化的首要方面,与此同时,人们的价值观念也日益多元化。中国社会的个体化表现在许多方面,也呈现出许多与西方社会个体化相似的特征,虽然二者的核心逻辑不一样。社会个体化的结果是个体化社会,现在,中国已经初步形成了个体化社会。当然,中国的个体化社会不是西方意义上的个体化社会,而是与集体化社会相对的个体化社会,是脱离了传统集体的组织体系而成为能够自我选择的个体的个体化社会。虽然有人认为中国的个体化同时呈现了前现代、现代与后现代的特征,但摆脱对传统集体的依附继而依赖自己才是中国社会个体化的本质特征。因此,与西方社会的个体化是一种现代性的自反性过程不同,中国社会个体化的主要方面是集体化社会的反向运动。个体化社会与集体化社会具有本质的不同,也为当下中国的国家治理提供了新的社会背景,如何面对社会个体化带来的政治与社会影响也就成为国家治理的重要任务和挑战。

---

① 廖小平:《改革开放以来价值观变迁与核心价值的建构》,《天津社会科学》2013 年第 6 期。

② 刘琳琳、朱廷劭、任孝鹏:《个体主义/集体主义的代际变迁 1949—2010:来自〈人民日报〉的证据》,《中国临床心理学杂志》2020 年第 3 期。

（二）个体化社会中的个体

在城乡社会个体化的过程中，中国的个体的"个体性"的确生长出来，而且在表现上与西方社会个体性具有相似性，尽管二者个体化的逻辑不一致。如阎云翔所观察的，在农村，个体的个体性在上世纪八九十年代就已经生长起来了。这些生长是多方面的，比如，在日常生活中，传统的父权结构一定程度上得以解体，家庭成员的个体权力得到突出；农村的青年文化开始发展；注重夫妻家庭生活的独立性；青年女性开始崛起；个体能动性加强；等等。在其观察中，青年人个体性的发展是令人印象深刻的。这样的调查所见可能是青年人生活中的常态，而其中青年人与长辈在生活观念上的冲突也颇为常见。

> 观念更为开放、活跃的年轻人往往有自己的小圈子，大部分时间都和朋友待在一起，看电视、听流行音乐、打篮球或是打新近流行的台球。我第一次见到村庄的年轻人打台球是 1989 年在河北省罗侯村做调查的时候，当时陪同我的还有两位村干部，但我们的出现并未引起那些专心于台球的年轻人丝毫关注。尤其让我印象深刻的是，台球案旁边还站着两个女孩子，但是除我之外似乎根本没人关心这个。在之后的三个村庄调查中，我不断见到类似的场面，也就不再大惊小怪。北门村有个中年乐手，他对子女的同龄朋友们特别和善。几乎每天都有十来个年轻人待在他家，他家也因此被戏称为"青年俱乐部"。当这位乐手的一个老友听闻女孩儿和男孩儿常在这个非正式的"青年俱乐部"一起玩耍时，断然阻止自己的小儿子前往，最终造成这两位多年老友间的嫌隙。[①]

另外，青年人不喜欢做农活，想方设法避开繁重的体力劳动，但喜欢在街上闲逛，购买和炫耀时髦的新衣服和皮鞋，花钱购买昂贵的洗发水、流行音乐磁带。尽管这些行为经常引起长辈的抱怨，甚至引发家庭冲突，但青年人并不认为自己的行为有什么不当，经常抱怨自己父母的专横，更是讨厌长

---

① 阎云翔：《中国社会的个体化》，第 139—140 页。

辈们的教训。阎云翔特别提及一位男青年的一段话,这段话在青年人中非常具有代表性:

> 我父母总是教训我应该做这做那,要怎么跟人打交道,将来应该娶什么样的媳妇。这些都是废话。他们根本不知道自己的一辈子有多可怜,不知道他们的眼皮子有多浅。我爹从来没去过 200 公里以外的地方,我妈只去过两次县城。他们在村外认识的人可能不超过 30 个,还都是我们家的亲戚。我承认我还太年轻,翅膀还不够硬;但我三年里已经到过 5 个城市打工,还去过北京。我认识上百号人。昨天我妈还教我怎么跟姑娘说话,她想在她娘家给我找个媳妇。可她不知道我在北京打工的时候已经有个女朋友,我太懂女人了。真搞笑![1]

引用阎云翔的观察是想说明青年人的个体化是一个事实。实际上,阎的观察并不是少数现象,农村青年的个体化在全国乡村非常普遍,而且青年人也是个体化的先行者。经历过上世纪八九十年代农村生活的人对阎的观察并不会感到新奇,因为这些现象都是发生在身边的事情。如果你是成长于上世纪八九十年代的农村青年,那么,这些个体化很可能就曾经发生在你的身上,每一位当时的农村青年都是个体化的亲历者。

当然,农村青年的个体化也是一个文化现象,表现为不同于传统集体化时期的青年文化的形成。或者换言之,青年文化的形成也是青年个体化的一个重要构成。在文化社会学的意义上,农村青年文化在很大程度上是农村青年学习城市青年文化的结果。与农村不同,城市青年个体化及其文化的早期形成是相对独立于经济体制改革的,因此,虽然城市不是经济体制改革的先行者,但在青年的个体化与青年文化的形成上却是先行者。在上世纪 80 年代,伴随对外开放的开启,具有个体性的青年文化也开始形成并快速发展起来。城市青年具有鲜明的个体意识,富有生活的激情,追求自己的个性和生活,喜欢时尚和娱乐,对于当时的社会观念和社会氛围具有强烈的冲击力。为我们所熟知的是,在那个时代,诗歌文学、流行音乐、时装、流行

---

① 阎云翔:《中国社会的个体化》,陆洋等译,第 140—141 页。

舞蹈等是青年生活和青年文化的符号象征,彰显个性的青年消费日新月异,在创造新潮的同时也在制造"落伍",牛仔服、喇叭裤、摇滚乐、烫头发更是成为新潮青年的标志。

以喇叭裤为例。喇叭裤是一种比较夸张的服装,据说为西方水手发明,在1960年代成为美国社会的时尚,后来流传于日本、香港和台湾地区,改革开放后,随着港台影视作品在大陆的流行,一时成为大陆青年的时尚。这样一种服装不仅是青年个体化和青年文化的一种稍嫌夸张的体现,而且也承载了新老两代人的生活观念冲突。一位生于1963年的作家曾经这样写道:

> 穿喇叭裤的人,常常是长发披肩的,是蛤蟆镜横挡在眼前或竖挂在胸前的,是花格衬衫且将下摆系在腰间的,是红色皮鞋且鞋跟很高的。这样的一个人或者一群人,嘴叼香烟,手提着录音机,嘣嚓嘣嚓地远远地舞过来,你都不好意思迎面相遇,你会赶紧像躲避汽车一样速速闪开。这是上个世纪七十年代末八十年代初的场景了。日本电影《望乡》中栗原小卷的打扮,《追捕》中高仓健和中原良子的打扮,港产片里流氓阿飞的打扮,都可以很快出现在我居住的那座土里土气的小城。那也正是朦胧诗流行的年代。我当记者不久,某日,编辑部来了一位投稿的人,其穿着打扮是标准的"流氓配置":红皮鞋,喇叭裤,花衬衫,蛤蟆镜。副刊老编辑似乎和他很熟,打招呼的第一句话就是:"看你这流氓样,先在办公室走几圈。"那人不解,问:"老师,什么意思?"老编辑说:"地板脏了,你来回走走省得我们拖地板了。"那人看看自己的裤管,开心地笑了几声,说:"老师,我又写了几首诗,朦胧的。"老编辑说:"什么朦胧,我看你就是蒙人。"那是百年一遇的诗歌年代,谁都想成为诗人。我一直没勇气穿喇叭裤,只退而求其次,穿过一阵筒裤。有次我问诗人:"穿正经点不行吗?为什么非要穿这惹是生非的喇叭裤?"他仰头吐了几口烟圈,一字一顿地说:"我、愿、意! 这、是、我、的、宣、言! 我、就、是、要、让、老、家、伙、们、难、受!"①

---

① 参见杨照、马家辉、胡洪侠:《我们仨@1963》,北京三联书店,2012年,第34—35页。为了表述的需要,本书在忠于原作的情况下,对原文的叙事适当做了一些调整。

城市的青年文化很快被农村青年所学习。事实上,青年文化是一个普遍现象,不单独地存在于城市或者乡村,只是城市距离流行文化更近罢了。在城市出现喇叭裤后,农村很快也有喇叭裤了,农村的喇叭裤青年虽然数量不多,但也不是什么"稀有动物"。

城乡的青年文化在本质上反映的是青年人生活观念和生活方式的变化,他们更愿接受新鲜事物,接受新生活方式,注重自己的生活体验,强调为自己而活。应该说,相较于其他世代,青年人是个体化最具代表性的一代。尤其经济体制全面改革以后,他们不仅仅是经济的个体化者,也是生活观念上的个体化者,青年人是最先被个体化的人群。随着社会的发展,上世纪八九十年代的青年人在 21 世纪第三个十年的今天已经成为中年人和老年人,他们的下一代也成为青年人和中年人,生活方式和生活观念的社会性迭代已经基本完成。当然,现阶段个体化的表现更为丰富多元,尤其是青年群体,他们永远走在个体化的前列,更加强调为自己而活,而不是为他人而活。具有代表性的是,近几年在青年群体中流行的"躺平""佛系"的网络流行新词,实际上代表了一部分青年人生活态度与生活方式的选择。按照网络流行的解释,所谓"躺平",意指"在面对压力时,内心再无波澜,主动放弃,不做任何反抗"[1]的心理和行为。"佛系"一词的流行稍早几年,最早来源于日本流行的"佛系男子"的说法,指爱独处、专注于自己的兴趣、不想花时间与异性交往的男人。在中国社交平台流行后,泛指不争不抢、不较输赢的人,表达了一种按自己方式生活的人生态度,并衍生出"佛系青年""佛系女子"等一系列词语。[2]"躺平""佛系"是近来出现的社会心态,表明了部分青年人在与日俱增的社会压力之下所作的看似消极的生活态度和生活方式调适,与前文提及的"奋斗的个体""进取的自我"的积极青年形象形成了鲜明的反差和对比。这说明,经过十几年的社会发展,青年的个体性和青年文化又发生了更深刻的变化。此外,近几年在青年群体中也出现了婚育需求的下降,甘愿成为"剩男""剩女"或者"丁克"一族,这同样也说明青年人的生活态度和

---

① 澎湃网:《觉醒年代、双减、元宇宙……2021 年度十大网络用语发布》,https://www.thepaper.cn/newsDetail_forward_15720664,引用日期,2024 年 4 月 12 日。
② 国家语言文字工作委员会组编:《中国语言生活状况报告》,商务印书馆,2019 年,第 238 页。

生活方式选择发生了世代性的变化。另外，强调个体主观价值的后物质主义价值观在中国也有所发展。

一些调研报告可以更具体地说明当代青年人的个体性。根据"JUST SO Soul 研究院"发布的《2024 年社交趋势洞察报告》，"当代年轻人正在重建自我秩序，以及与这个世界的边界"。他们在关注自我的同时，更能够接受不完美的自己。他们注重具有性价比的生活，"反向消费"成为一种新趋势，也代表着他们对"消费主义"的再思考。① 同样根据"JUST SO Soul 研究院"的观察，青年人在工作的选择上也更有自主性和流动性，超七成的年轻人不担心"裸辞"，近八成的年轻人有转行的想法，超四成的年轻人已经准备好改变赛道，开启人生新旅程，95 后的职业与专业相符度不到三成，近三成年轻人毕业后更换过三个城市工作和生活，其中家人与爱情成为更换城市的首要因素。扎根乡镇成为工作新潮流，过半年轻人考虑前往乡镇发展，二成年轻人向往成为"新农人"②。

对于绝大多数公众来说，个体化的个人首要关心的是在市场化的环境下如何解决自己的生活问题，既包括物质性的生活问题，也包括非物质性的生活问题。尤其在进入 21 世纪之后，人们在住房、教育和医疗上面投入了他们的主要精力，住房、教育和医疗也因此成为人们的主要生活负担，当然，解决这三大问题也成为基本的生活目标，甚至当成人生成功的标志。在 21 世纪的头几年，社会上流传的对"五子登科"的"新解"大致上说明了这样的心态，也即拥有"房子、车子、票子、妻子、孩子"，或者"房子、车子、位子、妻子、孩子"，方为幸福生活或者成功人生。因此，人们对物质生活的满足依然是主要的生活追求，这与我国的发展阶段，与小康生活的基本构成是一致的。前面所说的"躺平""佛系"在一定程度上是这些生活问题的负向体验，并不是真正意义上的后物质主义价值观的表现，而是一种"负物质主义价值观"的表现，也即在物质压力之下的一种妥协甚至逃避的观念和行为。

人们对生活的关注也侧面反映在自媒体语言的使用上。以 2011 年的

---

① JUST SO Soul 研究院：《2024 年社交趋势洞察报告》，https://official-cdn.soulapp.cn/uploads/2024_a1aeb4c771.pdf，引用日期，2024 年 4 月 14 日。

② JUST SO Soul 研究院：《Z 世代工作生活态度洞察》，https://official-cdn.soulapp.cn/uploads/Z_f6770726bf.pdf，引用日期，2024 年 4 月 14 日。

博客语言为例,2011 年是一个具有代表性的年份,这一年,中国的 GDP 已经稳居世界第二,转型后的社会格局已经基本定型,经济社会发展繁荣稳定,以博客为代表的自媒体得到了快速发展,讨论的话题五花八门。博客的语言与讨论的话题具有鲜明的民间色彩,能够反映普通百姓的问题取向。在《中国语言生活绿皮书》所做的 2011 年博客标签调查中,在用户数最多的前 20 名标签中,娱乐、文化、旅游、教育、房产、美食、时尚、休闲、健康等生活相关话题几乎占据了一半的比例。如果再把"财经""股票"等标签算上则超过了一半。在用户数最多的前 150 名标签中,生活相关话题则占到接近 1/3。①再以"西瓜视频"平台为例,2024 年 1 月至 4 月发布的视频作品中,其中总播放量占前两百名的视频,生活、娱乐类占八成以上,时政类占比不到一成。② "快手"平台的视频主题也大致类似。

在个体化社会,传统的阶级语言也从个体的日常生活中退出,政治色彩逐渐淡化,说明人们的政治属性削弱了。一份 1978 年至 2008 年的年度社会流行词语的梳理,可以说明这一社会和个人生活的变迁,如下表所示。

表 5　1978—2008 年年度流行词语

年份	流行词语
1978	哥德巴赫猜想,科学的春天,实践是检验真理的唯一标准,拨乱反正,平反,恢复高考,伤痕文学,十一届三中全会,小岗村,望乡
1979	中美建交,对越自卫反击战,可口可乐,Follow Me,张志新,特区,戴雷达闯天下,邓丽君,《第二次握手》,高仓健
1980	新《婚姻法》,潘晓,"味道好极了",倒爷,新三大件,审判"四人帮",佐罗,麦克,阿信,罗大佑
1981	《父亲》,葛洲坝,托福,女排夺冠,五讲四美三热爱,少林寺,琼瑶,《加里林敢死队》《牧马人》《读者》
1982	中国特色社会主义,人口普查,《血疑》,李宁,《武松》,个体户,《人到中年》,喇叭裤,《蹉跎岁月》,下海

---

① 教育部语言文字信息管理司组编:《中国语言生活状况报告 2012》,商务印书馆,2012 年,第 273—275 页。根据编者的解释,博客标签通常体现了博客关注的主题,标签用户数是指使用这个标签的用户人数,体现了用户对该标签对应话题的关注程度。

② 该数据为本书作者根据"西瓜视频数据工具"——"新瓜"分析而得。

续　表

年份	流行词语
1983	春晚,中关村,张海迪,严打,霍元甲,《火烧圆明园》,演讲与口才,步鑫生,"燕舞！燕舞！一曲歌来一片情",桑塔纳
1984	《黄土地》,《我的中国心》,青歌赛,健美操,股份制企业,小平您好,《红衣少女》,《星球大战》,录像厅,"拿手术刀不如拿剃头刀,搞导弹不如卖茶叶蛋"

年份	流行词语
1985	寻呼机,《超人》,中国大裁军,长漂,5·19事件,《上海滩》,教师节,反对资产阶级"自由化",《男人的一半是女人》,皮包公司
1986	一号文件,走向未来丛书,夏时制,崔健,回扣,安乐死,世界和平年,铁饭碗,朦胧诗,按揭
1987	费翔,彩票,"一个中心、两个基本点",厂长负责制,马胜利,大哥大,肯德基,《红高粱》,霹雳舞,西北风
1988	甲肝,蛇口风波,杨百万,住房制度改革,赖宁,海南建省,科学技术是第一生产力,呼啦圈,魂斗罗,王朔
1989	希望工程,海子,华西村,稳定压倒一切,中原商战,席慕蓉,居民身份证,气功大师,柏林墙,小虎队
1990	浦东开发,《渴望》,汪国真,三角债,杰出青年评选,股市,《围城》,亚运会,Internet联想
1991	三毛之死,海湾战争,姓"社"还是姓"资",民工潮,3·15,金庸,厉股份,牟其中,苏联解体,直销·传销
1992	邓小平南方谈话,《编辑部的故事》,傻子瓜子,施拉普纳,中国质量万里行,认购证,《秋菊打官司》,邱满囤,四大天王,校园民谣
1993	《北京人在纽约》,禁放烟花爆竹,劫机,马家军,徐洪刚,顾城杀妻,《霸王别姬》,新东方,浮躁,大邱庄
1994	五天工作制,超市,焦点访谈,招考公务员,公房出售,MBA,蹦迪,《过把瘾》,进口大片,下岗
1995	Windows95,孔繁森,疯狂英语,《文化苦旅》,世界妇女大会,反腐倡廉,《廊桥遗梦》,张爱玲,史玉柱,标王
1996	彩电价格战,新马泰,中国可以说不,三讲,SOHO,网吧,京九铁路,大话西游,疯牛病,农家乐
1997	香港回归,邓小平去世,重庆直辖,王小波,亚洲金融危机,飞黄,戴安娜,禽流感,膳食宝,塔克隆羊多利
1998	贺岁片,《相约九八》,门户网站,桑兰特,大洪灾,《一个都不能少》,自驾游,《泰坦尼克号》,柯云路,《还珠格格》

年份	流行词语
1999	西部大开发,澳门回归,腾讯,QQ,海归,《学习的革命》,VCD和DVD,纯净水,《第一次的亲密接触》,房奴,小龙女
2000	千禧之年,切·格瓦拉,阿里巴巴,伟哥,托普,哈利·波特,美女作家,《花样年华》《富爸爸,穷爸爸》,五元票价
2001	北京申奥成功,APEC峰会,白骨精,《卧虎藏龙》,"翠花,上酸菜!",9.11,WTO,核酸风波,《流星花园》,撞了不白撞
2002	博鳌论坛,沙尘暴,小康社会,个性化车牌,不做假账,姚明,黑哨,韩寒·郭敬明《英雄》,野蛮女友
2003	非典,孙志刚,博客·闪客·黑客,《粉红女郎》,基金,张国荣,周杰伦,人造美女,做人要厚道,百年,巴金
2004	刀郎,审计风暴,刘翔,驴友,陈丹青辞职,病态人格,芙蓉姐姐,环球嘉年华,《老鼠爱大米》,《天下无贼》
2005	保先教育,和谐社会,连、宋大陆行,农业免税,神五、神六,超女,粉丝,《亮剑》,高考移民,千手观音
2006	限房令,青藏铁路,长征纪念,百家讲坛,黄健翔,非著名相声演员,苏丹红,《大长今》,馒头血案,《疯狂的石头》
2007	你太有才了,人民币升值,物权法,史上最牛钉子户,《士兵突击》,嫦娥奔月,牙防组,《色·戒》,周老虎,《中国崛起》
2008	抗击冰雪,改革开放30年,以人为本,火炬传递,3·14拉萨事件,5·12汶川大地震,限塑令,房价拐点,北京奥运会,神七

资料来源:根据高虹著《流行词语看中国(1978—2008)》(四川文艺出版社,2008年)编制。

　　表中可见,除了焦点性的政治社会以及自然事件,这些词语的流行主要是因社会和个人生活的变迁而产生的,说明整个社会的思维图式与传统集体社会相比已经发生了范式性的转变,人们关注和谈论最多的是社会的发展和生活的问题。尤其那些中外影视文学作品,直接或间接地说明了人们文化需求和生活观念的变化。这与1978年之前充满革命性和阶级性色彩的流行语言构成了鲜明的对比。政治属性的削弱并不说明人们不关心政治问题,相反,人们依然关注国内和国际的政治问题,尤其在当下,中国公众关心国家大事,爱国主义、国家与民族自豪感、制度自信感得到了极大的提升。只是相较于生活问题,政治问题的关注度相对较低。

　　关心自己的生活是个体化社会中个体的一个非常重要的公民属性,"为了生活"经常是中国公众挂在嘴边的一句话。随着信息社会的快速发展,中国个体的另一个属性也快速成长起来,即信息能力的增长,这与传统集体社会,也与上世纪八九十年代的社会构成了一个很大的区别。中国个体信息能力的增长主要体现在信息的来源日益广泛上,尤其在当下,每一个具有正常行为能力的个体都可以从多处接收信息,甚至成为信息的制造者和传播者。值得提出的是,智能手机的广泛使用与众多的自媒体平台在个体信息能力的增长上发挥了至关重要的作用。以中国人使用最多的"微信"为例,截至2023年12月31日,根据腾讯控股的财报,微信及WeChat合并月活跃账户数达13.43亿,很多人从微信的各种群聊、公众号、视频号和朋友圈获取信息。另外,人们还可以从一些大的视频平台以及主要的网站获得信息。在信息社会,个人获得信息的速度更快、效率更高,信息的内容更全面,基于这些信息,人们可以对社会动态获得及时的了解。信息能力的增强,也赋予了个人更强的行动能力,这样的效应通常被称作信息社会对个人的"赋能"。

　　个体化社会中的个体还具有高流动性。根据中国第七次人口普查公告,全国人口中,人户分离人口为492762506人,其中,市辖区内人户分离人口为116945747人,流动人口为375816759人。流动人口中,跨省流动人口为124837153人,省内流动人口为250979606人。与2010年第六次全国人口普查相比,人户分离人口增加231376431人,增长88.52%;市辖区内人户分离人口增加76986324人,增长192.66%;流动人口增加154390107人,增长69.73%。[1] 这说明,个体化叠加市场化的今天,人口的流动性空前增加。在区域流动之外,职场的流动也是个体流动的重要方面。根据一项中国职场流动趋势年度报告,在2020年,34.4%的受访者表示换了工作,10.5%的受访者选择自主创业,9.8%的受访者选择勇敢裸辞,4.4%的受访者不幸被裁员。[2] 这两项基本的流动说明,个体化社会是具有高度流动性的社会,高度的社会流动性又进一步为人的个体化提供了条件,人的自主性、独立性得

---

[1]　国家统计局:《第七次全国人口普查公报》,https://www.stats.gov.cn/sj/tjgb/rkpcgb/qgrkpcgb/202302/t20230206_1902007.html,引用日期,2024年4月15日。

[2]　脉脉数据研究院:《中国职场流动趋势年度报告2021》,https://finance.sina.com.cn/tech/2021-01-26/doc-ikftssap1007801.shtml,引用日期,2024年4月16日。

到提升,人日益成为对自己负责的人。

　　个体化社会中的个体是充满了多元性的个体。改革开放以来,随着社会的发展,中国社会已经从传统集体化时期的匀质性社会转型为个体化时期的异质性社会。异质性社会是一个分化的社会,也必然导致了人的多元化,人的多元化又反过来导致了社会的分化。这样的异质性社会在上世纪末就已经形成了,经过20余年的发展,当今社会的异质性和个体的多元性变得更加明显。现在个体的多元性不仅表现为地域、城乡、阶层、职业、性别、年龄、民族、文化、宗教等相对宏观或者中观元素上,而且也表现为生活观念、生活方式、利益诉求、个人偏好等微观元素上,而且这些微观元素的多元性及其更细微的要求在人们的生活选择上越来越起着重要的作用,甚至成为生活选择的决定性因素。因此,个体化社会中个体的多元性是愈发分化和细致的,这就要求更多的社会尊重和包容。

　　从上述分析我们可以发现,现在的中国个体是个体化、信息化与多元化等公民属性所复合的个体,这种个体的形成又进一步推动了个体意识与权利意识的形成和发展。因此,相较于改革开放之前与社会转型之初,人们更强调自己及权利的保护问题。社会观察家们发现,不同的群体都发出不同的权利诉求。比如,工人宣称他们的"劳动权和生存权",退休职工宣称有"不劳动的神圣权利",打工者则提出"成立工会的权利",农民认为有拒缴不合理税费的权利。他们不仅提出各种权利诉求,而且还诉诸不同的群体行动,以至于有人曾把某一年称为"公民权利年"[1]。类似的权益维护事件层出不穷,频频成为一些社会热点事件。国家对于不断增长的权利诉求给出积极回应,陆续出台了系列《国家人权行动计划》。比如2009—2010年的《国家人权行动计划》提出工作权利、基本生活水准权利、社会保障权利、健康权利、受教育权利、文化权利、环境权利等经济、社会与文化权利;以及人身权利、被羁押者的权利、获得公正审判的权利、宗教信仰自由、知情权、参与权、表达权、监督权等公民权利与政治权利;以及少数民族权利、妇女权利、儿童权利、老年人权利、残疾人权利等不同人群的权利保障,同时也强调农民权

----

[1] 转引自李连江:《当代中国的权利意识与规则意识》,收录于《中国社会公共安全研究报告(第4辑)》,中央编译出版社,2014年,第3—4页。

益的保障问题。① 再如 2021—2025 年的《国家人权行动计划》根据社会的最新发展，又提出了个人信息权、知情权、表达权与环境权等新型的公民权利。②

不过，我们需要注意的是，中国个体的权利意识与西方国家个体的权利意识是不同的。其主要的区别在于，西方国家个体的权利意识是以个人主义或者自由主义为基础的权利意识，强调政府的行为边界，避免公共权力对私人权利的侵害，视政府为必要之恶，要求对政府权力进行必要的约束。因此，在西方国家个体的权利意识中有一个核心的要素，那就是对政府的戒惕之心，也即台湾学者张灏所言的"幽暗意识"。而在中国，并不存在类似于西方国家那样的基于个人主义的近现代政治文化传统，相反，在总体上，人们对政府怀有信任感和依赖感，并不把政府视为潜在的对立方，公与私的边界感并不强烈，因此中国个体的权利意识主要是一种基于生活权益的权利意识，是从自己的生活关切出发的权利意识，而不主要是基于公共权力与私人权利边界或者政府与个人边界基础之上的权利意识。

鉴于这种中西个体权利意识的差异，一些中外研究者认为中国个体的权利意识实则为一种"规则意识"而非权利意识，而且这种规则意识是符合中国的历史传统的，比如于建嵘和裴宜理就持有这样的观点。为了对中国个体的权利意识到底为何种意识作出说明，李连江给出了一个符合中国本土特点的权利意识与规则意识的区分。他认为，"规则意识"具有两层含义，一是觉得必须保护自身利益不受地方政策执行者损害，二是愿意通过直接或间接参与政策执行过程实现这种保护。"权利意识"也有两层含义，一是觉得必须保护自身利益不受中央规则制定者损害，二是有意愿通过直接或间接参与政策制定实现这种保护。与于建嵘和裴宜理不同，李连江认为中国个体兼具这两种意识。③ 我们认为李连江的判断更符合中国个体权利意

① 中华人民共和国国务院新闻办公室：《国家人权行动计划（2009—2010 年）》，https://www.gov.cn/jrzg/2009-04/13/content_1283983.htm，引用日期，2024 年 4 月 16 日。

② 中华人民共和国国务院新闻办公室：《国家人权行动计划（2021—2025 年）》，https://www.hubpd.com/hubpd/rss/zaker/index.html? contentId=2017612633062694513，引用日期，2024 年 4 月 16 日。

③ 李连江：《当代中国的权利意识与规则意识》，收录于《中国社会公共安全研究报告（第 4 辑）》，中央编译出版社，2014 年，第 3—4 页。

识生长的实际情况,但这两种区分除了提供一个分析上的思维工具,并无实质性差异。所谓规则,指的是中央政府制定的政策,当地方的政策执行者违背中央政策时,就是破坏了规则,就可能侵害人们的生活利益。当然,中国的公众也会意识到自己的利益可能受到中央政策的侵害,因此对中央的政策也会产生质疑甚至抵制的行动。但不论是规则意识还是权利意识,尽管涉及的政府层级有所不同,却都是指向可能的公共权力的不当行使,因此都可以称为权利意识。只是在现实生活中,存在着从中央到地方的政府信任降序,人们习惯性地信任中央政府,不太信任地方政府,政治行动经常性地指向地方政府,尤其是基层政府,所以,中国公众的权利意识更多地表现为一种规则意识,而不是李连江等学者所说的权利意识。这种所谓权利意识与规则意识的区别只是表层上的区别,是权利意识在不同场域的体现,在本质上并无实质性的差别。不过,我们也必须注意到,中国个体的权利意识及其政治行为主要是出于生活上的关切,由此,中国的微观生活政治领域也因此开始呈现了。

(三)中国微观生活政治领域的初步形成

马克思曾经指出:"我们越往前追溯历史,个人,从而也是进行生产的个人,就越表现为不独立,从属于一个较大的整体……只有到 18 世纪,在'市民社会'中,社会联系的各种形式,对个人来说,才表现为只是达到他私人目的手段,才表现为外在的必然性。"①这表明,在个人还没有成为独立的个体的时候,其生产实践不是独立的,对于政治实践来说同样如此。只有在个人成为个体后,个人的政治行为才能够从国家政治的统合之下分离出来,形成相对独立的微观政治。因此,社会的转型与个体化社会的初步形成为中国微观政治的发展提供了前提条件,只有个人从传统的集体政治中脱离出来,他们的政治行为才能获得个体性,从而为微观政治的形成提供行动的基础。对于微观生活政治而言同样是如此。

微观生活政治是微观政治的一种,是以个体为行动的主体基础,围绕生活议题展开的政治,是个体或个体的联合把生活议题的解决推向公共议程

---

① 马克思、恩格斯:《马克思恩格斯选集》第二卷,人民出版社,1995 年,第 2 页。

的结果。微观生活政治的形成与展开方式可以有多种，但从转型以来的实践情况看，中国微观生活政治的形成与展开，最集中和最典型地体现在城乡个体维护和争取其生活权益的行动中。

在全国来看，微观生活政治的形成和发展，集中体现在频发的因生活权益而产生的群体性事件和上访行动中。在一般的表现上，群体性事件是多人聚集以向国家权力机关施压的事件，但在群体性事件的理解上却充满了争议。按照一个比较中性的说法，群体性事件可以界定为"由社会矛盾引发，由特定和不特定的某些具有共同利益的耦合群体，以一定的目的为基础，带有明显的利益诉求性质的体制外活动，是以合法的或非法的规模性聚集的形式，表达利益诉求和政策主张，对社会秩序和稳定造成一定影响的事件"[1]。对于群体性事件的形成，《党的建设辞典》把其原因归结为这样一些方面：一些基层政权和公共管理部门对群众的合理化要求搪塞推诿，能解决、该解决的问题不及时解决；一些部门和干部的腐败行为侵犯群众的利益，引发群体性事件；一些基层干部工作方法简单粗暴，不依法办事或执法不文明，导致一些小问题逐步升级，最终酿成群体性事件；少数群众法律意识淡薄，以为有理就该闹，出现过激行为。[2] 根据《社会蓝皮书》"中国社会形势分析与预测"课题组的长期观察，群体性事件是在社会转型的大背景下，主要对征地拆迁、失地农民、环境污染、社会保障等问题的不当处置引起的。这些群体性事件在一定程度上也可以理解为冲突行为，冲突的指向几乎都是部分地方政府的不当作为，在农村，还会指向村干部对农民利益的侵犯行为。

很多研究者认为，1993 年四川省仁寿县谢安乡农民抵制修路摊派的事件，是群体性事件在社会转型以来进入历史舞台的标志性事件。此后，全国的群体性事件进入频发期和高发期。根据一些可查的数据，1993 年发生 0.87 万起群体性事件，1994 年超过 1 万起，1994 年到 1996 年逐年增加 10% 左右，1999 年达到 3.2 万起，2003 年发生 5.85 万起，2004 年达 7.4 万起，2005 年超过了 8 万起，2006 年到 2008 年每年都要超过 9 万起，2009 年上升

---

① 宋宝安、于天琪：《我国群体性事件的根源与影响》，《吉林大学社会科学学报》2010 年第 5 期。

② 叶笃初、卢先福主编：《党的建设辞典》，中共中央党校出版社，2009 年，第 398 页。

到 10 万以上。在参与的人数上,在 2004 年就达到了 374 万人。① 而《社会蓝皮书:2013 年中国社会形势分析与预测》则指出,2012 年的前几年每年发生的群体性事件多达数万起甚至十余万起,2012 年的情况也不容乐观。2012 年 1 至 8 月,全国仅围绕工资纠纷的规模在百人以上的集体停工事件 120 多起,发生在 19 个省、规模在 30 人以上的 270 多起。② 2014、2015、2016 年的"社会蓝皮书:中国社会形势分析与预测"都显示群体性事件仍处于多发之中。

信访是表达诉求的另外一个具有数量大、涉及范围广、影响大的渠道。然而,信访的机构庞杂,归口众多,很难获得全面的整体性数据资料,但一些可查的资料足以反映城乡个体信访的活跃性。在信访的高发阶段,比如,"2008 年,信访量明显增加,仅全国民政部门,第一季度接受信访 14 万人次,第二季度 31.4 万人次,第三季度 44.6 万人次,总计 90 万人次,而 2007 年全年为 81 万人次"③。再如,据国家信访局统计,"2003 年国家信访局受理群众信访量上升 14%,国家信访局受理群众来信同比上升 10.7%,接待群众上访的批次、人次同比分别上升 20.6% 和 29.9%。2004 年第一季度,国家信访局受理群众来信同比上升 20.2%,接待群众上访批次、人次同比分别上升 99.4% 和 94.9%。中央和国家机关受理群众信访量上升 46%"④。又如,"国家信访局统计数据显示,我国信访总量自 2005 年以来呈现下降趋势,2009 年同比下降 2.7%,连续 5 年保持下降态势,且集体信访、初信初访总量下降。2010 年继续维持下降趋势,全国信访总量首次降到 1000 万件以下"⑤。还如,"以涉诉信访的数量为例,从 2002 年至 2009 年,涉诉信访总量从最高时 2004 年的 4220222 件、人下降到 1357602 件、人。虽然下降

① 宋宝安、于天琪:《我国群体性事件的根源与影响》,《吉林大学社会科学学报》2010 年第 5 期。

② 陆学艺、陈光金、李培林等主编:《社会蓝皮书:2013 年中国社会形势分析与预测》,社会科学文献出版,2012 年,第 13 页。

③ 汝信、陆学艺、李培林主编:《社会蓝皮书:2009 年中国社会形势分析与预测》,社会科学文献出版社,2008 年,第 10 页。

④ 汝信、陆学艺、李培林主编:《社会蓝皮书:2005 年中国社会形势分析与预测》,社会科学文献出版社,2004 年,第 212—213 页。

⑤ 张海波、童星:《社会管理创新与信访制度改革》,《天津社会科学》2012 年第 3 期。

速度较快,但仍远远高于行政复议和诉讼的案件总量"①。这些林林总总的数字虽然看起来混乱,但在客观上说明了信访量的庞大,相较群体性事件而言,信访是一个方便、灵活、成本低的表达诉求的方式。

群体性事件和信访主要是出于个体切身利益的考虑而产生的诉求表达行为,因此与其他政治行为相比,更为真实地反映了中国微观政治发展的情况,也即这些行为是出于个体利益的真实的政治行为,而非象征型或者敷衍型的行为。对于绝大多数群体性事件和信访行为来说,其目的是利益的表达和实现,在行为的政治性质上,并不针对政治体制,而是指向与其相关的问题的解决,因此,总体上,中国的群体性事件和信访行为属于"事务型"的或者"就事型"的政治行动类别。而在这些行动的诉求和要解决的问题中,"生活的关切"是最主要的驱动因素。

中国社会科学院"中国社会形势分析与预测"系列蓝皮书对群体性事件和信访行为作过连续的观察,发现这些行动的诉求大多和生活有关。比如,2005 年的社会蓝皮书指出,2004 年上访事件明显增多,增加的上访者中相当一部分是失去土地而又没有得到妥善安排、公正补偿的农民。在 2004 年约有 4000 万失地农民,其中有些农民"务农无地、上班无岗、低保无份",成为生活困难的群体。② 而纵观进入 21 世纪以来的这十几年,群体性事件和信访的多数原因无非就是征地、拆迁、劳动争议、社会保障、环境污染和企业改制等问题,这说明从城乡群众的角度出发,他们参与群体性事件或者进行信访的原因并不复杂,大多都与生活问题有关。就城镇企业职工和退休人员来说,他们所发生的群体性事件也主要是和生活问题有关。同样根据社会蓝皮书的观察,在 2002 年上半年,全国共发生百人以上企业职工及退休人员群体性事件 280 起,同比增长 53%,涉及 16.2 万人。其中,1000 人以上群体性事件 39 起,涉及 10.2 万人,是上年同期的 4.4 倍。2003 年,全国在岗职工、下岗职工及离退休人员参与群体性事件为 144 万人次,占全国各类群体性事件参与人次总数的 46.9%,位居第一。其中涉及的事项总共四项,

---

① 杨小军:《信访法治化改革与完善研究》,《中国法学》2013 年第 5 期。
② 汝信、陆学艺、李培林主编:《2005 年中国社会形势分析与预测》,社会科学文献出版社,2004 年,第 5—6 页。

一是退休职工要求提高养老保险待遇,二是被裁员的职工要求返岗或增加解除劳动关系的经济补偿金,以及要求续接社会保险关系,三是企业严重拖欠职工工资和工资水平过低,四是企业改制和破产企业的职工安置引发的纠纷。在第四类事项中,破产企业职工认为安置费过低,或者认为安置方案不完善损害了职工的权益。① 这些事项基本都与生活问题有关。2013 年的社会蓝皮书总结指出,群体性事件以征地拆迁冲突、环境污染冲突和劳动争议为主,征地拆迁引发的群体性事件占一半左右,环境污染和劳动争议引发的群体性事件占 30%左右,其他社会矛盾引发的群体性事件占 20%左右。② 征地拆迁、环境污染、劳动争议都涉及生活的问题,因此我们可以说,多数的群体性事件和信访行为是围绕生活议题展开的。

上述结论在一些学者的研究里同样也可以得到印证。比如,肖唐镖对 478 个群体性事件的分析表明,在可以明确分类的 13 个议题指向中,生活保障、征地及补偿、拖欠工资、拆迁、环境污染与保护、就业下岗、收费与负担等议题涉及的案例数量占据了第 2 至第 8 名,第 1 名为民间纠纷,9 至 13 名分别为产权或资源纠纷、干部腐败作风不良、医疗纠纷、国际争端、宗教纠纷。可见,生活相关议题是众多群体性事件中最为集中和突出的议题指向。③ 于建嵘在 2004 年对 632 名进京上访农民的调查中发现,73.2%的农民反映土地被征用的问题,71.5%的农民反映乱收费加重农民负担的问题,69.6%的农民反映乡镇政府用强制手段收取各种税费和集资的问题,这些问题都和农民的生活有关,也是上访农民最为关切的问题。④ 这样的议题指向也同样存在于来信上访中。赵树凯分析了 1997 年 11 月至 1998 年 4 月农民写给《农民日报》的 196 封来信,这些信件来自 25 个省(市、自治区),信件反映的问题多为乡镇干部和村干部对农民利益的侵犯行为,包括税费的不合理征收、摊派、罚款和财富的聚敛等,当然也有很多信件反映乡、村干部

---

① 汝信、陆学艺、李培林主编:《2005 年中国社会形势分析与预测》,第 301—302 页。
② 陆学艺、李培林、陈光金主编:《2013 年中国社会形势分析与预测》,第 13—14 页。
③ 肖唐镖:《当代中国的"群体性事件":概念、类型与性质辨析》,《人文杂志》2012 年第 4 期。
④ 汝信、陆学艺、李培林主编:《2005 年中国社会形势分析与预测》,第 215 页。

的腐败等。① 这些行为无疑加重了农民的经济负担和生活负担，也是农民负担过重的主要原因。

微观生活政治的生长除了集中体现在以农民、城镇职工为主的群体性事件和上访行动中，还集中体现在城市商品房住宅小区的业主维权行动上。尽管业主在维权过程中有时也会产生群体性事件和信访行为，但把业主维权行动当作一个单独的对象加以讨论还是有必要的，因此可以把它划分为一个单独的微观生活政治领域和类型。自1998年福利分房制度正式退出历史舞台后，中国进入了商品化住房时代，在随后的商品房住宅开发与建设中，封闭化商品房住宅小区成为城市居民小区的主导模式。商品房住宅小区是典型的个体化住宅小区，这些商品房住宅的拥有者被称为"业主"，也即"住宅置业者"。"业主"在本质上是一个法律概念，表达了住宅置业者与其住宅的产权关系，业主所拥有的住宅与住宅小区的共有部分又被称为"物业"。"业主大会"是小区的最高"权力机构"，业主经法定程序召开业主大会选举"业主委员会"并对小区的重大事务进行商讨和决策。业主经业主大会选聘物业服务企业，委托物业服务企业对小区物业进行管理。

在商品房住宅小区里，业主之间形成的社会是典型的个体化社会，也可以出于便利把商品房住宅小区称为个体化社会。之所以如此，一方面是因为在单位制解体以后，个体成为相对独立的个体，小区的业主是被个体化的个体。另一方面，与传统的单位住宅小区相比，商品房住宅小区的业主来自不同的地区和工作机构，彼此之间通常不存在工作联系，尤其不存在上下级的关系，而主要是邻里关系。再者，与传统单位住宅小区的"熟人社会"相比，商品房住宅小区更似一个"陌生人社会"，业主之间缺乏经常的联系，个体甚至成为"原子化"的个体。业主的分散性实际上预示了业主集体行动的复杂性和困难性。

小区业主的维权行动通常是由物业服务企业对业主物业权益的侵害导致的。据称，2002年《社区》杂志第9期发表了第一篇关于业主维权的文章，描述并评论了南宁市明秀二区一位居民与物业服务企业的纠纷和维权

---

① 赵树凯：《社区冲突和新型权力关系——关于196封农民来信的初步分析》，《中国农村观察》1999年第2期。

的事件,这样的事件并非孤例,因而有些人士把 2002 年称作"物业管理纠纷年"①。虽然是新出现的社会问题,但接下来的几年中,因物业侵犯而导致的业主维权运动如雨后春笋般涌现出来。比较著名的案例有 2003 年北京的"方舟苑"小区和"回龙观"小区的业主维权行动,前者将张贴着"方舟苑业主声讨奸商"标语的 500 米长的车队开到了长安大街上,向北京市规划委请愿;后者成立了"业主维权小组"和"维权办公室",制定了详细的维权计划,并多次上访;有 2003 年上海市"四季园"小区业主的维权行动,业主、业主委员会和物业服务企业上演了"三国演义";有 2003 年西安市"紫薇城市花园"小区业主的维权行动,出现了开发商保安在省政府大门前追打小区业主的暴力事件,导致西安市组建联合调查组进驻小区进行专项调查。此外还有广州市和深圳市发生于 2003 年针对不当市政道路建设的业主维权行动。②因为 2003 年集中出现了业主维权的行动,故这一年也可以称为"业主维权年"。

在本世纪初的几年,业主维权可谓是新生事物,因此具有不小的社会冲击力。但随着商品房住宅小区的普及以及物业管理制度一直以来存在的缺陷,物业侵权与业主维权日益成为普遍存在的社会现象和社会问题,并成为基层治理中的一个主要社会矛盾来源,影响着社会的和谐稳定以及广大业主的日常生活感受。法律途径是业主维权的一个主要途径,通过诉讼案件的数量就可以推知物业侵权和业主维权的普遍性。根据北京瀛和律师事务所发布的《中国物业管理纠纷大数据报告》(2013—2022),从 2013 年至 2022 年,全国物业纠纷案件数量共有 3679150 件,其中物业服务合同纠纷案由的案件 3520308 件,涉及侵权、赔偿类案件 419014 件,涉及解除合同、解聘物业公司、选聘新物业公司的纠纷案件 319677 件,涉及公示相关文件等纠纷案件 193426 件,涉及公共收益返还的案件数量 25416 件。③ 在全国,公共维修基金和公共收益侵占是常见的物业侵权行为,这两类侵占通常金额比较

---

① 吴晓林:《中国城市社区业主维权研究综论》,《城市问题》2013 年第 6 期。
② 以上典型事件请参见邹树彬:《城市业主维权运动的特点及其影响》,收录于《当代中国政治研究报告Ⅳ》,社会科学文献出版社,2005 年。
③ 北京瀛和律师事务所:《中国物业管理纠纷大数据报告》(2013—2022),https://roll.sohu.com/a/608433269_121308648,引用日期,2024 年 4 月 24 日。

大，涉及业主数量较多，业主被侵犯的感受也较深，因此投入维权行动的时间精力也较多。以公共收益为例，江苏省某市行政主管部门从 2020 年 10 月起，对该市市区范围内住宅小区公共收益管理与使用情况展开专项执法检查，通过对首批 100 家住宅小区执法检查情况的汇总分析，发现公共收益被侵占及违规使用达 4000 余万元。[①] 2023 年 1 月底，上海市"中远两湾城"所谓"最牛业委会"带领业主成功维权的事件引发了广泛的关注和讨论。"中远两湾城"建于 20 多年前，是上海内环以内最大的小区，共有 1.2 万多户、5 万多位居民。业主们认为小区物业管理混乱、账目不清，在小区业委会的筹划之下，成功解聘管理小区长达 20 年的物业公司，请来专业的律师和审计团队，倒查 20 年的公共水电费、停车费，结果发现物业费、停车费、公共收益业主分成等方面均存在物业公司的侵占行为，于是将物业服务公司告上法庭。2023 年 1 月底，上海市普陀区人民法院一审宣判前物业公司返还全体业主 4000 余万元。但是，时隔一年多的今天，业主们并未收到返还金，官司还在继续，前物业公司不服普陀区人民法院判决结果，向上海市第二中级人民法院提起上诉。该小区业主宣称，将继续以法律手段维护小区数万居民的合法权益。[②]

　　业主维权看似微观，实则涉及非常复杂的权力场域。在小区外部，业主维权首先要涉及与街道、社区居民委员会、物业服务企业的上级企业、行政主管部门的交往，有时还要与所在地公安部门发生关系，发生诉讼的，还要与法院打交道，甚至还会有信访行为，所以，在小区外部，业主维权会形成一个基层的公共权力场域。在小区内部，业主、业主委员会、物业服务企业、小区内民间组织等彼此之间，包括在业主内部，都会发生复杂的社会联系，继而在小区内部形成一个民间的权力场域。不仅如此，这两个权力场域也会彼此勾连，从而使业主维权陷入一个非常复杂的关系和行动网络中。因此，业主维权会涉及公私多方主体的博弈，业主维权成功与否往往取决于业主

---

① 笔者曾参与讨论该市行政主管部门发起的该项执法检查的结果分析，故有一定的了解。

② 上海新闻广播：《4000 万元不好拿，上海"最牛业委会追讨物业公司案"反转了！》，https://m.gmw.cn/2024-04/25/content_1303721667.htm，引用日期，2024 年 4 月 25 日。

及其行动代表的筹划、博弈能力,以及相关政府部门的公正性。所以,在多方因素的综合作用下,维权过程通常是一个充满艰辛的过程,其成功比失败更令人惊讶。但是,城市商品房住宅小区及其公共事务治理又天然地成为微观生活政治的训练场和生长母体,对于城市基层微观政治领域的形成和发展具有基础性的作用。

转型以来在城乡社会涌现的这些群体性事件和业主的维权行动,经常被研究者在"抗争"的框架下加以解释,从而形成了维权行为研究的"抗争政治"范式。研究者们对这些行为进行分析,概括出"依法抗争""依规则抗争""以法抗争""以气抗争""以理抗争""依势抗争""以身抗争""法权抗争""弱者武器""原始抵抗""英雄伦理""混合型抗争"等众多本土化的概念和行动模式①,从不同维度揭示群体抗争行为的发生机制、内在特质与行动逻辑。这些抗争行为的出现,说明基层群众的政治行为较改革开放之前发生了巨大的变迁,群众政治行动的原因、方式、资源与诉求也日趋多样化。围绕这些基层政治的变迁,又诞生了"村庄政治""邻里政治""社区政治""居住政治""房权政治"等诸多本土性叙事。②

"抗争政治"的范式固然为这些新兴政治变迁提供了一个重要的叙事结构,并给出富有启发性的解释,但是,并没有触碰到更为深刻的政治变迁实质。我们认为,这些多发的抗争性社会行为实际上说明了中国微观政治以及微观生活政治领域的形成,因此,在微观政治和微观生活政治的视角下,能够更好地把握这一新兴的政治发展趋势。首先,微观政治是个体出于自身的价值和利益关切,以个体的行为为基础而形成的政治,因此,微观政治的形成必须要有真正意义上的个体的政治行动。可以看到,不论是城乡个体的群体性事件,还是城市商品房住宅小区的业主维权行动,都是起因于个体自身的利益关切,正是基于这些群体或者个体的行为,中国的微观政治开

---

① 这些概念由多位学者提出和使用,也经常见诸各类研究回顾中,本研究不再一一作注。

② 比如郭于华和沈原在《居住的政治——B市业主维权与社区建设的实证研究》一文里提出"居住政治"的概念(《开放时代》2012年第2期);吴晓林提出"房权政治"的概念(《房权政治:中国城市社区的业主维权》,中央编译出版社,2016年);多位学者使用"村庄政治""社区政治"和"邻里政治",此处不一一举例。

始形成并有所发展。第二,从议题取向看,这些抗争性行动主要是围绕生活关切展开的,因此意味着中国的微观生活政治领域已经开始发育和发展。居住的政治、房权的政治,都是生活的政治。因此,有研究者先见性地把小区业主的政治称为"日常生活的政治":"日常生活的政治性主要从'特定事件'得到表达、以'公共问题'加以表现、由'普通百姓'亲身实践。作为一种社会政治现象,它区别于指涉价值抉择的'意识形态政治',也区别于以党—国家权力为目标的'权力分配政治',而是一种以公共问题为指向的邻里之间的日常关系政治。"[①]第三,生活政治是中国微观政治的主要部分,或者换言之,中国微观政治的主要内容是生活政治。微观政治涉及的政治行为与政治领域非常广泛,但在中国,微观政治的主要内容是生活政治,这也构成了中西微观政治的主要区别。最后,中国微观生活政治的发展也进一步促进了中国个体的形成和发展。生活政治是个体的训练场,可以促进个体意识的形成,并帮助个体提升政治行动的能力,生活政治成为个体政治社会化的一个重要途径。正如一位研究者早期所观察到的,在表达诉求的行动中,"农民的行动能力显著提高。首先是法制意识提高,更加注重利益诉求的法律政策依据。在我们分析的531封农民上访信中,有194封信引用了法律法规、政策文件、领导讲话等内容。如果进行年度比较,有直接明确法规政策依据的信从1998的20％提高到2001年的28％。其次是领导人物的知识水平和组织水平显著提高。调查发现,有的农民领袖式人物长年累月主要精力是从事上访的组织准备工作,花大量时间和钱财研究法律政策,有的与省内外几十甚至上百农民上访者有密切联系,有时甚至组织聚会"[②]。

回顾改革开放以来至中国共产党第十九次代表大会召开前夕的生活政治发展,微观生活政治的初步形成与发展成为这一阶段生活政治实践的一大特征和趋势。在这一阶段,微观生活政治得以奠基和快速发育,提出了较为全面的生活议题诉求,为新阶段生活政治的到来和实践提供了有力的基层动力,也为新阶段生活政治的设计提供了现实依据。

---

① 刘威:《"行动者"的缺席抑或复归——街区邻里政治研究的日常生活转向与方法论自觉》,《南京社会科学》2010年第7期。

② 汝信、陆学艺、李培林主编:《2004年中国社会形势分析与预测》,社会科学文献出版社,2004年,第222页。

第七章　社会主要矛盾转换与生活政治新时代的来临

2017 年 10 月召开的中国共产党第十九次全国代表大会,是中国生活政治发展史上具有里程碑意义的事件。此次大会作出的"我国社会主要矛盾已经转化为人民日益增长的美好生活需要和不平衡不充分的发展之间的矛盾"的论断,既标志着中国的社会主要矛盾发生了范式转换,也标志着中国的生活政治发展进入实现美好生活的时代。社会主要矛盾的转换为中国生活政治的发展提出了重大的理论和实践课题,为国家治理现代化设定了价值取向。

一、社会主要矛盾的范式转换

中国共产党第十九次全国代表大会报告指出:"我国社会主要矛盾已经转化为人民日益增长的美好生活需要和不平衡不充分的发展之间的矛盾。我国稳定解决了十几亿人的温饱问题,总体上实现小康,不久将全面建成小康社会,人民美好生活需要日益广泛,不仅对物质文化生活提出了更高要求,而且在民主、法治、公平、正义、安全、环境等方面的要求日益增长。同时,我国社会生产力水平总体上显著提高,社会生产能力在很多方面进入世界前列,更加突出的问题是发展不平衡不充分,这已经成为满足人民日益增长的美好生活需要的主要制约因素。"[①]中国共产党关于社会主要矛盾转化

---

① 中共中央党史和文献研究院编:《十九大以来重要文献选编》(上),中央文献出版社,2019 年,第 8 页。

的论断是建立在中国发展的现实基础之上的,标明了中国经济社会发展的新时代方位,经过改革开放以来 40 年的发展,中国的社会主要矛盾已经发生了时代性变革。

(一)社会主要矛盾的范式转换

十九大关于社会主要矛盾的最新阐述,说明了中国的社会主要矛盾已经发生了范式转换,即从传统的"人民日益增长的物质文化需要同落后的社会生产之间的矛盾"转换为"人民日益增长的美好生活需要和不平衡不充分的发展之间的矛盾",前者可以称为社会主要矛盾的"传统范式",后者可称为社会主要矛盾的"新范式"。

范式,在其库恩(Thomas Samuel Kuhn)意义上可以理解为科学发现过程中人们所遵循的一种世界观,一个范式即是一个公认的科学认知模型或模式。[①] 一个范式包括一个科学共同体所遵守的定律、理论和应用等核心要素,因此,一个范式代表了一个特定共同体成员所共有的信念、价值、技术等要素构成的整体。[②] 范式有多种引申含义,库恩发现,范式的观念可以应用于许多其他的领域,"文学史家、音乐史家、艺术史家、政治发展史家以及许多其他人类活动的历史学家,早就以同样的方式来描述他们的学科"[③]。因此,范式的含义具有广泛的延展性,范式作为专业术语的作用,"远远超出了库恩当初的意图",而转变为"'对事物的看法'或者'世界观'并加以广泛传播"[④]。

在人类的社会实践领域,我们同样也可以使用范式的概念。在范式的引申意义上,社会主要矛盾的范式是人们基于一定的世界观对社会主要矛盾具有领导地位的认知模式。在新中国建立以来的发展史以及中国共产党的执政实践中,社会主要矛盾是国家发展和人民群众的需要及其实现条件之间的对立统一,对于国家发展和人民群众的何种需要,和与之对应的何种

---

① 〔美〕托马斯·库恩:《科学革命的结构》,金吾伦、胡新和译,北京大学出版社,2003年,第 21 页。
② 〔美〕托马斯·库恩:《科学革命的结构》,第 157 页。
③ 〔美〕托马斯·库恩:《科学革命的结构》,第 187 页。
④ 〔日〕野家启一:《库恩范式》,毕小辉译,河北教育出版社,2001 年,绪论第 5—6 页。

实现条件,以及二者之间关系的具有统领性的认知,构成了社会主要矛盾的范式。社会主要矛盾的范式既是理论认知上的范式,是中国共产党对国家发展基本问题的高度凝练和概括,也是实践上的范式,规定了国家发展和社会主义建设的基本任务、路线、方针和政策。

在中国社会主义建设的实践中,国家发展和人民群众的需要及其实现条件之间的矛盾又可以进一步概括为"需求"和"供给"之间的矛盾,国家发展和人民群众的需要及其实现条件之间的关系在实践上也是一种"需求"与"供给"的关系,因此"需求"和"供给"是社会主要矛盾的两大核心范式要素。在现实生活中,"人民日益增长的物质文化需要同落后的社会生产之间的矛盾",其实质也是"人民日益增长的物质文化需求"与"落后的社会供给(条件)"之间的矛盾,"落后的社会生产"既是一种需求满足的实现条件,也是一种需求满足的供给条件。"日益增长的物质文化需求"是一种共性的社会需求,在新中国成立之后,提高物质文化生活水平既是人民群众的普遍需要,也是国家发展的迫切需要,当然也是中国共产党的历史任务和执政使命。但是,在新中国成立之初生产力落后的社会条件之下,并不具备满足人民群众日益增长的物质文化需求的能力,因此在需求和供给之间就形成了一个矛盾。恰如一位研究者所指出的,"人类社会存在着种种矛盾,但概括起来起决定作用的是需求与供给的矛盾"[①]。

"人民日益增长的物质文化需要同落后的社会生产之间的矛盾"这个社会主要矛盾范式的形成经历了一个认知不断深化的过程。前文已经提到,中国共产党第八次全国代表大会把国内的社会主要矛盾阐述为"人民对于建立先进的工业国的要求同落后的农业国的现实之间的矛盾"和"人民对于经济文化迅速发展的需要同当前经济文化不能满足人民需要的状况之间的矛盾",其中"人民对于建立先进的工业国的要求"和"落后的农业国的现实"之间的矛盾是人民的需要和现实的供给条件之间的矛盾,"人民对于经济文化迅速发展的需要"和"当前经济文化不能满足人民需要的状况"之间的矛盾也是需要和供给条件之间的矛盾。这两个矛盾实际上可以归纳为人民群众不断增长的生活需求与落后的社会生产之间的矛盾,因此,在社会主要矛

---

① 虞崇胜:《精准把握新时代社会主要矛盾的新变化》,《江汉论坛》2018年第1期。

盾的阐释之初,党与国家的领导集体已经在需求和供给的维度上思考和建构社会主要矛盾的问题了,这一思维方式也成为以后认知发展中一以贯之的思维方式。"文革"结束后不久,1979 年 3 月,邓小平在党的理论工作务虚会上指出,"我们的生产力发展水平很低,远远不能满足人民和国家的需要,这就是我们目前时期的主要矛盾,解决这个主要矛盾就是我们的中心任务"①。此后,在 1981 年 6 月召开的十一届六中全会上,社会主要矛盾被进一步阐述为"人民日益增长的物质文化需要同落后的社会生产之间的矛盾"②,至此,社会主要矛盾的传统范式正式形成,与"人民日益增长的物质文化需要"和"落后的社会生产"相对应的"需求"和"供给"两大范式要素也确立下来。

　　社会主要矛盾的传统范式一直持续到 2017 年中共十九大召开前夕。在中共十九大上,社会主要矛盾得到了最新阐述。此次阐述之所以标志社会主要矛盾发生了范式转换,是因为不论在人民群众的需求上,还是在需求满足的供给上,都发生了历史性的变化。首先在需求上,十九大将其规定为美好生活的需要,在美好生活的需要中,除了传统的物质文化生活要求之外,还提出了民主、法治、公平、正义、安全、环境等新的政治、社会和环境的生活要求。这是中国共产党在其执政经历中首次明确地把民主、法治、公平、正义、安全、环境作为生活的要求提出,尤其是把民主、法治、公平、正义作为生活的要求提出。这些新生活要求或者生活需求的明确提出具有里程碑意义,说明在中国共产党的执政理念中,已把民主、法治、公平、正义、安全与环境当作人民群众日常生活中不可或缺的部分。这样的认识具有范式性变革的意义,充分体现了中国共产党在自己的执政使命和人民群众的生活的认知上又发生了重大的阶段性跃迁。

　　然后在供给上,十九大将其规定为发展的不平衡不充分问题,相较于传统范式中的"落后的社会生产",也发生了历史性的变化。十九大的阐述明确指出,中国的生产力水平在总体上显著提高,社会生产能力在很多方面进入世界前列,由此可见,经过多年的经济社会发展,"落后的社会生产"已经

---

① 邓小平:《邓小平文选》,第 2 卷,第 182 页。
② 中国共产党中央委员会:《〈关于若干历史问题的决议〉和〈建国以来党的若干历史问题和决议〉》,第 78 页。

不再是突出的问题,很难构成社会主要矛盾的一个方面。事实上,中国的GDP 水平在 2010 年就上升至世界第二位,从 2011 年开始稳居世界第二的位置。从 2010 年开始,"落后的社会生产"的局面在总体上已经发生了大幅改变,十九大报告中不再把"落后的社会生产"当作社会主要矛盾的一面是符合中国发展的实际情况和整体水平的。所以,此时制约美好生活需要实现的主要因素不是落后的社会生产问题,而是发展的不平衡不充分问题。当然,不可否认的是,发展的不平衡不充分包含了生产力发展的不平衡不充分,但这种不平衡不充分是在生产力水平总体提高之下的不平衡不充分,并不能改变生产力总体水平不再落后的事实。我们应该看到,十九大报告里提出的不平衡不充分的发展,除了生产力发展的不平衡不充分,还主要包括政治、经济、社会和生态发展的不平衡不充分,政治、经济和社会发展的不平衡不充分又集中体现在国家治理发展的不平衡不充分之上,这些领域里的发展不平衡不充分制约了人民群众美好生活的实现,尤其是制约了民主、法治、公平、正义、安全、环境等生活需求的实现。

由上可见,虽然中共八大和十九大对社会主要矛盾的规定都是围绕需求和供给两大要素构建的,范式的框架没有发生变化,但是,需求和供给的内容却发生了历史性变化,因此,从传统社会主要矛盾到新社会主要矛盾是一次鲜明的范式变迁。虽然社会主要矛盾的变化没有改变中国社会主义所处历史阶段的判断以及长期处于社会主义初级阶段的基本国情[1],但不能否认的是,社会主要矛盾的范式转换表明中国的社会主义建设已然进入到一个新历史阶段。中国社会主义初级阶段的长期性与初级阶段内部的社会主要矛盾的阶段性范式变革并不矛盾。

(二)社会主要矛盾范式转换的推动因素

在理论上,一切矛盾都处于运动之中,社会主要矛盾自然也不能例外,因而就有了社会主要矛盾的范式转换。然而,社会主要矛盾的运动及其范式转换不是自动完成的,而是由社会实践推动的。社会实践不仅是检验真理的标准,而且在一切社会变革中都是最具革命性的力量。在中国社会主

---

[1] 中共中央党史和文献研究院编:《十九大以来重要文献选编》(上),第 9 页。

要矛盾的运动及范式转换中,生产力的实践、现代化的实践、执政的实践以及人民生活的实践是最主要的推动因素。

首先,生产力的发展是中国社会主要矛盾范式转换最强大的推动力。生产力的发展在社会主要矛盾的运动中具有决定性的地位。在中国,社会主要矛盾虽因需要而生,却最终由生产力的发展状况而成。也就是说,在社会主要矛盾的需求和供给两侧中,只要需求具有现实合理性,决定矛盾能够成为矛盾的是供给因素,也即生产力的发展状况。当供给条件能够满足需求时,需求和供给就不构成矛盾,只有在供给不能满足需求的情况下,双方的矛盾才能够成立。所以,供给一侧在社会主要矛盾的形成和运动中居于决定性地位。我们发现,在传统的社会主要矛盾范式中,"人民日益增长的物质文化需要"是由中国的发展现实决定的需要,具有充分的现实合理性,虽然由中国共产党领导全国人民提出,但也可以视为一种给定的需要。或者换言之,这样的需要是顺应国家发展和人民生活的基本要求,基于中国的实际,自然而然地产生的需要,不是那种不着边际的需要,具有先天的现实合理性。因此,提出"人民日益增长的物质文化需要"是顺理而为,本身并不构成矛盾的一方。但由于生产力的落后,并不具备满足需要的条件,因此二者就构成了一对矛盾。在矛盾的处理上,由于生产力的发展是实现人民日益增长的物质文化需要的条件,所以国家工作的重心就放在发展生产力之上,而不是在抑制人民的物质文化需要之上。而当生产力的发展总体上能够满足人民群众的物质文化需要,并且总体上实现小康时,传统的社会主要矛盾在事实上就不复存在了,寻找与构建新阶段的社会主要矛盾就成为国家发展的先导性任务。

众所周知,改革开放以来至中共十九大召开前夕,中国的生产力发展和经济建设取得了质的飞跃,中国经济发展的伟大成就令世界瞩目,获得了"中国奇迹""中国模式""中国速度"甚至"中国神话"的诸多赞誉。正如十九大报告指出的,中国的生产力水平总体上显著提高,社会生产能力在很多领域进入了世界前列。十八大之后的五年,国内生产总值从 54 万亿元增长到 80 万亿元,稳居世界第二,对世界经济增长贡献率超过 30％。[①] 根据中共二

[①] 中共中央党史和文献研究院编:《十九大以来重要文献选编》(上),第 2 页。

十大报告,经济发展的成绩则更令人瞩目。十八大以来的十年,国内生产总值从 54 万亿元增长到 114 万亿元,中国经济总量占世界经济的比重达 18.5%,稳居世界第二位,人均国内生产总值从 3.98 万元增加到 8.1 万元。[①]根据国际通行的标准,中国的人均收入水平已经进入中等收入国家行列。所以,中国的生产力与经济发展与改革开放之初,更与新中国成立之初相比,发生了天翻地覆的变化,中国不再是那个贫穷落后的国家,"一穷二白"的局面已经成为历史。生产力的快速发展和经济建设的巨大成就显著提高了人民群众的生活水平,不但解决了十几亿人的温饱问题,而且总体上实现小康,整体上完成了满足物质文化需要的历史任务。在经济发展的强大加持下,在中共十八大至十九大期间,脱贫攻坚领域也取得决定性进展,6000 多万贫困人口稳定脱贫,贫困发生率从 10.2% 下降到 4% 以下。[②]再根据二十大报告:"在幼有所育、学有所教、劳有所得、病有所医、老有所养、住有所居、弱有所扶上持续用力,人民生活全方位改善。人均预期寿命增长到七十八点二岁。居民人均可支配收入从一万六千五百元增加到三万五千一百元⋯⋯建成世界上规模最大的教育体系、社会保障体系、医疗卫生体系⋯⋯基本养老保险覆盖十亿四千万人,基本医疗保险参保率稳定在百分之九十五⋯⋯改造棚户区住房四千二百多万套,改造农村危房二千四百多万户,城乡居民住房条件明显改善⋯⋯人民群众获得感、幸福感、安全感更加充实、更有保障、更可持续,共同富裕取得新成效。"[③]可见,经过改革开放以来 40 年的经济建设,传统社会主要矛盾供需两侧都发生了历史性的转变,再把社会的主要矛盾规定为日益增长的物质文化需要与落后的社会生产之间的矛盾就背离了中国发展的实际状况,寻找和构建新条件之下的社会主要矛盾反而是实事求是之举。

其次,中国式现代化进程的演进推动了社会主要矛盾的范式转换。中国式现代化是中国共产党领导的社会主义现代化,虽然其概念和理论的明

---

① ③ 习近平:《高举中国特色社会主义伟大旗帜 为全面建设社会主义现代化国家而团结奋斗——在中国共产党第二十次全国代表大会上的报告》,中国政府网,2022 年 10 月 25 日,https://www.gov.cn/xinwen/2022 - 10/25/content_5721685.htm,引用日期,2024 年 5 月 6 日。

② 中共中央党史和文献研究院编:《十九大以来重要文献选编》(上),第 4 页。

确提出是在改革开放之后,但其进程自新中国成立以后就开始了。中共八大提出的传统社会主要矛盾范式既是上一时期中国现代化内容的集中体现,又为中国现代化建设标明了道路和工作方向。改革开放后,邓小平提出和使用了"中国式的四个现代化""中国式的现代化"等概念,并把"中国式的四个现代化"或者"中国式的现代化"形象地比喻为"小康之家","小康之家"的说法后来又被他以"小康社会"的概念替代。① 由此可见,社会主要矛盾、中国式的现代化和小康社会是具有内在紧密关联的理论和实践,解决社会主要矛盾是中国式现代化的任务,小康社会是中国式现代化的模式特征,同时,实现小康社会又是解决社会主要矛盾和中国式现代化的共同目标。尤其对于传统社会主要矛盾来说,小康社会是就物质文化需要的满足而言的,物质文化需要的总体满足也就意味着小康社会的总体实现,小康社会的实现程度决定了传统社会主要矛盾的存续期限。当然,小康社会的总体实现也意味着中国式现代化要迈入新的阶段。

新社会主要矛盾是与新时代及新时代的中国式现代化紧密关联在一起的。新时代由中共十八大开启,中共十九大作出了"中国特色社会主义进入了新时代,这是我国发展新的历史方位"的重大历史判断。十九大报告指出,新时代是在新历史条件下继续夺取中国特色社会主义伟大胜利的时代,是决胜全面建成小康社会、进而全面建设社会主义现代化强国的时代,是不断创造美好生活、逐步实现全体人民共同富裕的时代,是社会主要矛盾已经转化为人民日益增长的美好生活需要和不平衡不充分的发展之间的矛盾的时代。② 因此,在历史方位上,新社会主要矛盾是新时代的社会主要矛盾。新社会主要矛盾是由新时代中国式现代化的任务规定的,而新社会主要矛盾又反过来刻画了新时代中国式现代化的内容和道路特征。因此,尽管新社会主要矛盾的提出早于"中国特色社会主义进入了新时代"论断的提出,但这并不妨碍二者的内在关联性和一致性。

二十大报告指出,"在新中国成立特别是改革开放以来长期探索和实践基础上,经过十八大以来在理论和实践上的创新突破,我们党成功推进和拓

---

① 参见本书第六章第一部分《小康社会理论中的生活政治》,该部分对"中国式的现代化""小康之家""小康社会"等概念的提出作了较详尽的梳理。

② 中共中央党史和文献研究院编:《十九大以来重要文献选编》(上),第7—8页。

展了中国式现代化"①,因此,新时代的中国式现代化不是凭空产生的现代化,而是对上一时期中国式现代化的推进和拓展,两个时期的中国式现代化具有前后相继性。如果把上一时期中国式现代化的特性归纳为"小康社会",那么新时代中国式现代化的特性就可以归纳为"美好生活","美好生活"既是一种新时代中国式现代化的理论与实践,也是一种新时代中国式生活政治的理论与实践。美好生活是建立在小康社会基础之上的更为幸福的生活,是注重人的全面发展的生活。正如建设小康社会是上一时期现代化建设的任务一样,让人民群众过上美好生活则是新时代中国现代化建设的任务。二十大报告指出,要坚持把实现人民对美好生活的向往作为现代化建设的出发点和落脚点,所以,公平正义、共同富裕、物质文明和精神文明协调发展、人与自然和谐共生等中国式现代化的内在规定性,都是以美好生活为旨归的。

由上,与生产力的发展相适应,中国式现代化进程的演进必然会推动社会主要矛盾范式的历史性变革,要求在总体上把握和设定国家发展和人民群众在新时代的需要,并努力克服实现这些需要的主要阻碍。中国式现代化的阶段性演进,必然会推动社会主要矛盾范式的转换,这是不以人的意志为转移的。

再次,人民群众日益广泛的生活需要以及对美好生活的新要求设定了中国现代化建设的新任务。改革开放以来,伴随着经济社会的发展,人民群众的需要逐渐广泛起来,产生出物质需要之外的新生活需要,而且这些新生活需要在日常生活中的重要性也日益增长。根据《中国社会形势分析与预测》社会蓝皮书系列对城乡居民生活质量与生活满意度的长期观察,大致从2004年开始,财富的增长与幸福感的增长有时并不呈正相关关系,人们对生活的未来预期、与日俱增的生活压力、公平感以及社会治理的情况对人们生活质量和生活感受的影响日趋明显,甚至成为影响生活感受的重要因素。系列蓝皮书显示,在2008年,社会保障、社会治安、国家自豪感、政府管理信

---

① 习近平:《高举中国特色社会主义伟大旗帜 为全面建设社会主义现代化国家而团结奋斗——在中国共产党第二十次全国代表大会上的报告》,中国政府网,2022年10月25日,https://www.gov.cn/xinwen/2022-10/25/content_5721685.htm,引用日期,2024年5月6日。

心是提升生活满意度的主要因素；在 2009 年，治理因素的作用也在上升，此后的每年中，这些治理性因素对生活满意度的影响成为一种长期性趋势，而且其作用权重不容忽视。① 这样的观测结论符合生活中的日常感受，在本世纪第一个十年出现的"中产焦虑"很典型地印证了上述发现。在我国，如果以财富状况而论，按照日常的理解，所谓中产阶层是指那些"比上不足，比下有余"，有稳定的收入来源，物质相对宽裕，又没有实现"财富自由"的群体。对于这些群体来说，物质生活相对满足，但生活的满意度和幸福感却并不高，总是存在这样那样的焦虑。在本世纪初期发生的财富增长和生活满意度并不总是同步的现象，说明"伊斯特林悖论"在中国也出现了。这些现象都说明，中国城乡居民在物质需求总体上满足以后，会生发出更多的新生活需求，而这些新生活需求成为影响生活质量的重要的边际因素。

日常生活的经验和学术研究都在表明，权利性的要求和治理性的要求日益成为人民群众的生活要求。研究发现，伴随经济社会的发展，人们越来越重视获得感。谭旭运等人基于 2013 年的中国社会质量基础数据（CSS）发现，获得内容，即物质需求、成就需求和社会需求的满足；获得环境，即制度保障的公平公正情况以及社会信任氛围的良好程度；获得途径，即靠自己的主观努力满足基本需求的情况；获得体验感，即在获得环境和自主性获得途径的相互作用下的情绪情感体验，都显著影响了人们的生活满意感受。② 佟德志和刘琳基于 1990—2012 年世界价值观调查（WVS）数据中国部分的分析发现，城乡居民对民主治理均提出了更高的要求，对收入差距的态度逐步转向对于"公平"的更高要求，与经济增长相比，城乡群众对于环境保护的要求在逐步升级，人民对于美好生活的需要更为多元，甚至得出了经济需求趋弱，对于美丽城市和乡村等方面的要求逐渐加强，开始出现物质主义向后物质主义时代的转向。③ 李锋对全国多省及地市级政府网络问政平台 2006

---

① 参阅《中国社会形势分析与预测》社会蓝皮书系列，该系列对 2000 年以来的城乡居民生活质量或生活满意度进行了长期的观测。

② 谭旭运、董洪杰、张跃、王俊秀：《获得感的概念内涵、结构及其对生活满意度的影响》，《社会学研究》2020 年第 5 期。

③ 佟德志、刘琳：《美好生活需要与中国社会主要矛盾的变迁分析——基于 1990—2012 年世界价值观调查（WVS）数据的分析》，《理论与改革》2019 年第 2 期。

至 2015 年网民的发帖数量和内容进行了大数据分析,发现在涉及的所有需求类别中,环境类、民主法治类、公平正义类和安全类的发帖量分别占总发帖量的 9.9％、11.6％、4.6％和 7.9％。这说明人民群众的民主、法治、公平、正义、安全、环境的生活要求的确存在,而且真实地影响着人民群众的日常生活。① 这些新生活要求的满足则成为新时代国家现代化建设中需要完成的任务。

最后,社会主要矛盾的范式转换是中国共产党对人民群众的生活的认知不断深化以及对人民群众的生活要求作出回应的结果。社会主要矛盾是中国共产党,尤其是党与国家的领导集体在其执政实践中对国家与人民的需要及其实现条件之间的关系进行建构的产物。国家和人民的需要是具有一致性的需要,最终要落实在人民群众日益增长和丰富的生活要求上来,满足这些需要是中国共产党领导全国人民进行现代化建设的任务。中国共产党对人民群众的生活的认知不断深化并对人民群众的生活要求作出回应,是推动社会主要矛盾范式转换的直接决定因素,说明党与国家把实现人民群众日益增长的生活要求,尤其是新生活要求的实现,始终安放在新时代现代化议程的中心位置上。2012 年 11 月 15 日,习近平刚就任中共中央总书记时就郑重提出:"我们的人民热爱生活,期盼有更好的教育、更稳定的工作、更满意的收入、更可靠的社会保障、更高水平的医疗卫生服务、更舒适的居住条件、更优美的环境,期盼孩子们能成长得更好、工作得更好、生活得更好。人民对美好生活的向往,就是我们的奋斗目标。"②习近平多次强调人民群众的获得感问题,在论及改革的方向时,指出要"做到老百姓关心什么、期盼什么,改革就要抓住什么、推进什么,通过改革给人民群众带来更多获得感","多推有利于增添经济发展动力的改革,多推有利于促进社会公平正义的改革,多推有利于增强人民群众获得感的改革,多推有利于调动广大干部群众积极性的改革"。③ 习近平也多次强调法治和公平正义的问题,比如,他在 2014 年 1 月 7 日的中央政治工作会议上强调指出,法治工作要把促进社

---

① 李锋:《运用大数据提升国家治理现代化水平——以新时代人民对于美好生活需要的大数据分析为案例》,《电子政务》2018 年第 5 期。

② 习近平:《习近平谈治国理政》(第一卷),第 4 页。

③ 习近平:《习近平谈治国理政》(第二卷),外文出版社,2017 年,第 103 页。

会公平正义作为核心的价值追求,把保障人民安居乐业作为根本目标,坚持严格执法公正司法,维护人民群众切身利益。① 习近平对于人民群众的民主要求有着深刻的认识。习近平指出,有事好商量,众人的事情由众人商量,是人民民主的真谛。涉及人民利益的事情,要在人民内部商量好怎么办,不商量或者商量不够,要想把事情办成办好是很难的。我们要坚持有事多商量,遇事多商量,做事多商量,商量得越多越深入越好。他还指出,民主不是装饰品,是要用来解决人民要解决的问题的,中国共产党的一切执政活动和中华人民共和国的一切治理活动,都要尊重人民主体地位,尊重人民首创精神,拜人民为师,把政治智慧的增长、治国理政本领的增强深深扎根于人民的创造性实践之中。② 习近平的上述论断是中国共产党集体智慧的结晶,说明党与国家对人民生活的认识不断深化,掌握了人民群众生活要求的运动规律,在为民执政的宗旨下,根据中国发展的实际情况,科学地对人民群众的要求作出回应,把满足人民群众对美好生活的要求上升为国家战略。

综上,中国社会主要矛盾的范式转换是多种因素综合作用的结果。生产力的发展和现代化的阶段性演进以及人民群众生活要求的新近发展为社会主要矛盾的范式转换提供了现实依据,中国共产党准确把握了时代的脉动,与时俱进地作出了社会主要矛盾历史性变迁的战略决策,为国家的发展确定了新时代方位。当然,社会主要矛盾的范式转换也为国家的发展提出重大的理论课题和实践课题,指出了理论和实践探索的新方向。

二、 生活政治的美好生活时代

与传统社会主要矛盾既提出一种发展政治,也提出一种生活政治一样,新社会主要矛盾同样也兼具发展政治和生活政治两种属性。所不同的是,新社会主要矛盾对于“好生活”的需要和实现条件的规定均发生了历史性变迁。因此,在生活政治的意义上,新社会主要矛盾的提出也意味着生活政治的变迁,中国的生活政治实践开始进入一个新时代。

---

① 习近平:《习近平谈治国理政》(第一卷),第 147 页。
② 习近平:《习近平谈治国理政》(第二卷),第 292—296 页。

(一)"好生活"定义的新时代:从温饱、小康到美好生活

在中国,新社会主要矛盾关于美好生活的规定说明人们对于"好生活"的想象和要求进入到一个新发展阶段,对于"好生活"的定义也进入到一个新的时代。在什么是好的生活上,并不存在一个固定的标准,因此人们对于好生活的定义是随着时代的发展而变迁的。回顾新中国成立以来的历史可以发现,中国对"好生活"的定义经历了三个阶段。第一个阶段是在改革开放之前,在这一阶段,中国提出人民日益增长的物质文化需求与落后的社会生产之间的社会主要矛盾,把建设"好生活"设定为国家的战略性任务,但由于经济建设处于起步阶段,而且又经历了一些曲折的实践,对"好生活"的定义以及"好生活"的实现程度总体停留在满足温饱需求的低阶阶段。以1970年的营养与健康状况为例,人均食物供应量为1859千卡/天,人均蛋白供应量为46.2克/天,人均预期寿命为59.1年,婴儿死亡率高达80.6‰。而人均寿命在1960年则更低,仅有43.7年。这些指标与当时的西方发达国家存在着很大的差距,与世界平均水平也有一段距离。在人均寿命上,1970年中国为59.1年,美国为70.8年,德国为70.6年,英国与日本均为72.0年,世界平均寿命为58.7年。而在1960年的时候,世界平均寿命为52.6年,比中国多8.9年。① 所以,在改革开放之前,对于大多数人而言,对于"好生活"的定义主要是解决温饱问题,让基本的生活需求能够得到满足。不过,1970年的生活水平是经过一定时期的经济发展之后达到的生活水平,如果时间前移,广大群众的生活水平则要更低一些。而在当时的执政理念中,对于"好生活"的定义也是以基本温饱需求的满足为中心的。比如,周恩来在1955年2月一次《节约和改善生活》的报告中指出,中国建设社会主义,目的就是在发展生产力的基础之上,逐步改善人民的生活,但是必须遵循普及的原则,即不能在生产力没有得到快速发展的情况下把生活水准提得很高,在生产力的发展上要提出高要求,生活提高需要慢慢来。周恩来还谈到,中国的生活水准不能一下子达到苏联这样的发达社会主义国家的水

---

① 何传启主编:《中国现代化报告2019——生活质量现代化研究》,北京大学出版社,2019年,第143—144页。

准,不能把他们的生活水平搬过来。① 可见,普通群众对于"好生活"的定义和当时国家的定义是一致的,二者都建立在"一穷二白"面貌的国家发展现实之上。不同之处在于,国家对于生活水平的提高总是和生产力的发展状况联系在一起,在生产力发展和人民生活水平提高的执政价值序列中,发展处于优先位置。这也是国家对"好生活"进行定义时所遵循的主要原则,并成为一个传统。

第二个阶段从改革开放开始,到新社会主要矛盾的提出结束,历经了近40年之久。第二阶段对"好生活"的定义是邓小平提出的"小康之家"与"小康社会"中的"小康"。小康既是中国现代化建设要达到的水平,也是生活提高的水平。当然,"小康"也是邓小平基于中国人民生活的基本需要提出的目标。小康生活依然以物质需求的满足为中心,但是比第一阶段的温饱水平更为丰裕的生活。如前文所述,邓小平在改革开放早期曾经对小康生活作过设想,并提出相关的数字标准,这些标准在后来的发展中不断得到提高。进入21世纪之后,人们的生活水平随着经济的快速发展得到了显著的改善,对"好生活"的定义也实现了从"温饱"向"小康"的跨越。在21世纪之初,2002年11月召开的中国共产党第十六次全国代表大会上明确提出,"经过一九八九年以来的十余年发展,中国国内生产总值达到九万五千九百三十三亿元,比一九八九年增长近两倍,年均增长百分之九点三,经济总量已居世界第六位,人民生活总体上实现了由温饱到小康的历史性跨越"②。中共十六大还提出了全面建设小康社会的目标,涉及人们生活的经济、政治、文化、社会保障、道德素质、科学文化素质、健康素质与生态环境等诸多方面的需要。这说明在关于"好生活"的定义中,除了传统的物质文化需要的满足,人们还有许多社会性的需要,这些需要的满足共同决定了"好生活"的实现状态。在中国共产党的第十七次全国代表大会期间,"好生活"也即小康生活又增加了以人为本、公平正义、科学发展、和谐发展等新的规定。进入十八大阶段以后,习近平把人民群众关于"好生活"的想象和定义具体而又形象地表

---

① 中共中央文献研究室编:《周恩来经济文选》,中央文献出版社,1993年,第206—221页。
② 中共中央文献研究室编:《十六大以来重要文献选编》(上),中央文献出版社,2005年,第5页。

述为"更好的教育""更稳定的工作""更满意的收入""更可靠的社会保障""更高水平的医疗卫生服务""更舒适的居住条件""更优美的环境""期盼孩子们能成长得更好、工作得更好、生活得更好"等诸多因素①,并提出获得感、幸福感与安全感的主观生活定义。习近平在阐述全面小康时还初步提出了"美好生活"的设想,把全面建成小康社会与美好生活联系起来。因此,我们可以认为,中国共产党的十八大阶段为"好生活"的定义从"小康"迈向"美好生活"打下了坚实的基础,作了充分的准备,因此,十八大阶段也是"好生活"的定义从"小康"迈向"美好生活"的过渡阶段。

第三个阶段是自 2017 年 10 月中共十九大召开以来的阶段。十九大关于美好生活的规定不仅意味着社会主要矛盾的范式发生了转换,而且也意味着中国关于"好生活"的定义也发生了范式变迁,在新的发展阶段,美好生活成为人们对"好生活"的主导性想象和奋斗目标。美好生活的相关规定除了强调物质文化的传统需要,还强调了生活中民主、法治、公平、正义、安全和环境需求的满足,这六个新需求的满足构成了"好生活"的新规定。这六个新规定中,民主、法治、公平和正义是直接关于人受到何种社会对待的规定,关乎一个人作为一个社会存在物,应该如何受到社会对待,或者应该受到何种社会对待的问题。在规范的意义上,一个人应当有参与公共事务的权利,尤其在关乎自己切身利益的时候要能够表达自己的诉求并参与决策,只有这样,一个人才能更好地维护自己的生活权益。一个人也应该受到法律的保护,不应受到其他人和组织的无端侵害,在一个法治健全的社会,社会秩序是良好的,个人的生活才是安全的。一个人也应该受到公平的对待,并享受社会的正义。另外两个新的规定,说明人需要生活在良好的生态环境中,建立与自然界的和谐共生关系;同时,人也需要生活在安全的环境之中,不仅需要衣食住行的安全,也需要国家与社会的安全。这六个新生活要求以及对"好生活"的六个新规定,说明人只有生活在民主、法治、公平、正义、安全以及生态良好的环境中,生活才是美好的。因此,这六个新规定不仅关切一个人如何生活,而且也更为关切一个人的存在状态,也即关切人的存在本身,涉及更为深刻的存在主义主题。

---

① 习近平:《习近平谈治国理政》(第一卷),第 4 页。

关于民主、法治、公平、正义、安全和环境等美好生活要求的规定代表了关于"好生活"定义的时代更新,但是这些生活需求在小康社会的阐述中也曾经得到过表达,区别在于十九大关于新社会主要矛盾的论断把它们更明晰化、系统化了。这表明随着中国现代化进程的深入,党与国家对人民生活的认识也在不断深入,形成了对"好生活"的现代性认知。如果把"好生活"的温饱型定义称为传统型的定义,那么就可以认为十九大对于美好生活的阐述提供了一个关于"好生活"的现代型定义。这是因为,民主、法治、公平、正义、安全与环境是在现代社会形成的价值,当这些价值成为人们的生活需求时,也就构成了对生活的现代性界定。因此,我们可以这样认为,伴随中国的现代化,人民群众的生活也开始现代化,生活的现代化和国家的现代化亦步亦趋,生活的现代化成为观察中国现代化的一个线索和窗口。而当中国的现代化进入新的更高阶段时,人民群众的现代化生活建设也开始了,而且也成为中国式现代化在新发展阶段所拓展的一部分。

而在生活质量的意义上,美好生活也是更高质量的生活。[①] 因此,中国进入"好生活"定义的美好生活阶段,也意味着进入了建设现代型生活质量的阶段。同理,生活质量的现代化也是中国式现代化的一个部分。在中国,相较于传统的温饱型生活质量,现代型生活质量建设的关键取决于民主、法治、公平、正义、安全和环境等需求的实现。而这些需求在现代化先发国家的居民生活质量体系中已经得到体现。比如,英国的国民福祉计划由个人幸福、友爱关系、身心健康、居住条件、个人财务、经济、教育与技能、政府治理和自然环境等十个领域组成,其中政府治理包括选民投票和对政府的信任两个维度。加拿大的居民幸福指数涉及社区活力、民主参与、教育、环境、健康、休闲与文化、生活水平和时间利用八个领域。澳大利亚的国家发展指数涉及儿童和年轻人的幸福、社区和地区生活、文化娱乐和休闲、治理与民主、经济生活和繁荣、教育知识和创造力、环境和可持续性、公平正义和人权、健康、原住民福祉、主观幸福和生活满意度十二个方面。一些区域性的联盟,如欧盟层次的生活质量涵盖物质生活条件、生产和其他活动、健康、教

---

① 张敏、赵娟:《美好生活与良好治理——社会主要矛盾转换及其治理蕴意》,《南京社会科学》2018年第12期。

育、休闲和社会活动、经济和人身安全、治理和基本权利、自然和生活环境、总体生活体验九个领域。另外,以发达国家为主体的经合组织(OECD)国家的美好生活指数涉及收入、工作、住房、健康、工作与生活平衡、教育与技能、社会关系、公民参与和治理、环境质量、个人安全以及生活满意度等方面。① 在这些先发国家和国际组织的生活质量构成中,都包含了民主、法治、公平、正义等社会对待的因素,当然,生态环境也成为不可或缺的因素。这里并不是说传统的生活要素不是现代生活及其质量的组成部分,而是强调民主、法治等非传统因素,这些因素尤其突出了生活的现代特征。而且,从中外"好生活"的领域构成来看,生活的现代化在国际范围内具有趋同性,国外的实践可以为中国美好生活的实现提供一定的借鉴。

(二)"好生活"实现路径的新时代:从发展生产力到构建良好治理

社会主要矛盾的范式转换提出了系列重大的理论问题与实践问题:在新的发展阶段,如何实现人民群众的美好生活需要,尤其是民主、法治、公平、正义、安全与环境的需要? 在新社会主要矛盾的阐述中,把实现美好生活的制约因素规定为发展的不平衡不充分问题,那么,又如何解决发展的不平衡不充分问题? 在对发展的不平衡不充分问题的讨论上,许多人聚焦于生产力发展的不平衡不充分,那么,生产力路径在实现美好生活的诸多需要上有无局限性? 如果生产力路径具有局限性,美好生活的实现路径要如何构建?

在这些问题的解答上,认知的问题可能比实践的问题更重要。我们认为,首先需要肯定生产力路径的重要性,尤其对于实现更高的物质文化需要的基础性作用,但同时也要深刻地认识到生产力路径的局限性,尤其对于实现民主、法治、公平、正义、安全和环境需要的局限性,从而摒弃美好生活实现中片面的生产力中心主义的主张。然后,我们要意识到,民主、法治、公平、正义、安全和环境等需要的实现发生在公共治理领域,要依赖于国家治理现代化驱动之下的良好治理构建。因此,美好生活的实现是生产力路径和公共治理路径共同作用的结果,二者构成了实现美好生活的两大支柱。

---

① 关于这些国家的生活质量领域,具体参见何传启主编《中国现代化报告 2019——生活质量现代化研究》,第 103—121 页。

在新发展阶段,既要促进生产力的平衡充分发展,以满足更高的物质和文化需要,也要促进公共治理的平衡充分发展,通过构建良好治理以实现民主、法治、公平、正义、安全和环境的需要。生产力路径和公共治理路径的结合,标志着"好生活"的实现路径进入到一个新时代。

生产力路径是与温饱阶段和小康阶段的"好生活"相适应的路径,也是与传统的社会主要矛盾相适应的路径。为了解决人民日益增长的物质文化需要与落后的社会生产之间的矛盾,发展生产力就成为首要而且是基本的路径选择。而在新社会主要矛盾时期,更高的物质文化需要的满足仍然依赖于生产力的发展,因此,生产力路径的重要意义不言而喻。而且,生产力一直是讨论的重要话题,此处无须赘言。不过,在国际范围内,生产力路径及其体现的经济增长在提高人们主观生活感受上的局限性已被充分认识,著名的"伊斯特林悖论"是这一认识的典型体现,揭示了经济增长与主观生活质量的非协调性。在国内,政府与研究者也同样发现了上世纪 90 年代以来幸福感与经济增长的非协调性,因此有人指出,"中国政府开始认识到GDP 主义的弊端,并调整了发展战略和政策体系。同时,幸福问题也开始被政府重视"[①]。中国的现象也得到了国际社会的重视,2017 年的《世界幸福报告》指出了中国经济增长与国民幸福感的不协调现象,认为自 1990 以来,中国的国内生产总值经历了翻倍式增长,而生活幸福感却比 1990 年下降了。[②] 这种不协调被国外的一些研究者称为"中国困惑",即在中国这样的原低生活水平国家里,人们的平均幸福感和生活满意度没有随着经济增长和生活水准的提高而相应提升,与通常的想象存在着巨大的差异。[③]

关于生产力路径在美好生活实现上的局限性,笔者在以前的研究中曾经予以讨论,可以归纳为两个主要的原因。第一个是,对生产力发展的片面追求忽略了主观生活需要的满足,遮蔽了其他公共价值的意义与实现,经济中心主义又增加了人们的生活负担和焦虑感,总体上降低了人们生活的舒适感。第二个原因,也是更为主要的原因,与生产力路径本身的功能局限有

---

① 马骏:《治理、政策与美好生活:不丹经验》,《公共行政评论》2013 年第 1 期。

② J. Helliwell, R. Layard, J. Sachs, *World Happiness Report 2017*. New York: Sustainable Development Solutions Network, 2017.

③ H. Brockmann, J. Delhey, C. Welzel, H. Yuan, "The China Puzzle: Failing Happiness in a Rising Economy", *Journal of Happiness Studies*, 2009, vol.10, pp.387-405.

关。生产力路径不是万能的,生产力的发展可以满足物质性需要,但在非物质性需要的满足上却是不能胜任的。幸福感、获得感、安全感等主观生活感知的实现需要相应的社会制度设计,民主、法治、公平、正义、安全与环境等需要的满足更是如此。[①]

民主、法治、公平、正义、安全与环境等需要的满足要依赖良好治理的构建。这不仅因为这些非物质性的生活需要主要发生于公共治理领域,而且在国际范围内,通过良好治理提高现代生活质量也是一种普遍的做法和经验。在上文例举的英国、加拿大、澳大利亚以及欧盟、经合组织等国家和组织中,公共治理是其国民生活质量计划的一个重要方面,表明公共治理是提高生活质量的一个重要手段,这在一定程度上也说明了良好的治理是人们的实际生活需要。这样的做法较早起始于 20 世纪 70 年代不丹王国的国民幸福总值(Gross National Happiness)实践,在时任国王旺楚克四世的指引下,该国把国民幸福视为国家发展的目标,其中良好的治理、社会经济发展、环境保护以及文化保护和传承共同成为实现国民幸福的四大支柱。现在,不丹的国民幸福总值指数共涉及 9 大领域 33 个指标,公共治理是九大领域之一,包括基础权利、政府信任、政府绩效与政治参与四项二级指标。[②] 不丹的做法对国际社会具有启发性,后来,联合国从 2012 年开始发布"世界幸福报告"(World Happiness Report),也把良好治理视作实现人类幸福与可持续发展目标的重要支柱。[③]

良好治理与美好生活的关系在学术研究中也得到了揭示。笔者以前曾对这些研究进行过学术史的梳理,现在仅举几例来说明二者的关系。约翰·海利威尔(John F. Helliwell)与黄(Haifang Huang)在 2008 年构建了测量治理质量的"治理的民主指标"与"治理的技术指标"两个指标体

---

① 张敏、赵娟:《美好生活与良好治理——社会主要矛盾转换及其治理蕴意》,《南京社会科学》2018 年第 12 期。

② 转引自张敏、赵娟:《美好生活与良好治理——社会主要矛盾转换及其治理蕴意》,《南京社会科学》2018 年第 12 期。原文请见 Karma Ura, Sabina Alkore and Tshoki Zangmo: *GNH and GNH index*, Thimphu, The Centre for Bhutan Studies, 2012, p. 5, Downloaded on 21. 5/2024 from http://opendocs. ids. ac. uk/opendocs/handle/123456789/11798.

③ 张敏:《治理让生活更美好:生活质量与公共治理关系的学术史梳理》,《甘肃行政学院学报》2021 年第 5 期。

系,前者包括"表达与问责""政治稳定"两类影响民主质量的二级指标,后者包括"政府效率""规制质量""法治"和"抑制腐败"四类影响技术质量的二级指标。他们利用"世界价值观调查"(World Values Surveys)的调查方法,对 75 个国家 1981—2000 年的生活质量数据进行了比较分析,发现治理的技术因素在贫穷国家对生活满意度的提升发挥了更加重要的作用,在富裕国家,治理的民主因素则更为重要,但也只有当治理的技术质量满足一定的水平条件时,民主因素才能发挥重要作用。这个研究说明治理因素的确在影响生活质量,而且在不同类型国家里的作用也不同。在 2014 年,他们又进一步拓展了他们的研究发现。经过对 157 个国家 2005—2012 年间生活质量变化的分析,他们提出了改善国民生活质量的七个治理维度:公共治理的包容性机制、公民参与、公平竞争的社会环境、政府信任与法治、分权机制、政府责任和有效性、公民自由,认为治理质量的提升可以改善生活评价,人们在治理良好的环境中生活得更快乐。简·奥特(Jan Ott)的研究也很有代表性,他进一步印证了海利威尔与黄的发现。此外,奥特还发现,政府规模和政府质量的组合显著影响了生活感受,"大而好"的政府增加了国民的幸福感,"大而坏"的政府则起相反的作用。金秀勇(Seoyong Kim)与金东恩(Donggeun Kim)也有类似的发现,"好而小"的政府对于生活美好程度的改善是最佳选择,接下来依次是"好而大""坏而小"和"坏而大"的政府类型。[①]

　　国内的一些研究结论也同样值得关注。比如,陈刚与李树在 2012 年通

---

① 这几个代表的研究参见拙作《治理让生活更美好:生活质量与公共治理关系的学术史梳理》,《甘肃行政学院学报》2021 年第 5 期,以及张敏、赵娟《美好生活与良好治理——社会主要矛盾转换及其治理蕴意》,《南京社会科学》2018 年第 12 期。原文参见 J.Helliwell, H.Huang,"How's your government? international evidence linking good government and well-being",*British Journal of Political Science*,2008,Vol.38,No.4,pp595-619;J.Helliwell, H.Huang, S.Grover, S.Wang,"Good governance and national well-being: what are the linkages",2014, http://dx.doi.org/10.1787/5jxv9f651hvj-en,引用日期,2024 年 5 月 21 日;J.Ott,"Government and happiness in 130 nations: good governance fosters higher level and more equality of happiness",*Social Indicators Research*,2011,Vol.102,No.1,pp3 - 22;以及 Kim Seoyong, Kim Donggeun,"Does government make people happy: exploring new research directions for government's roles in happiness",*Happiness Stud*,2012,Vol.13,pp.875-899。

过对 23 个省 52 个城市 4036 位调查对象的分析发现,政府的质量显著影响了居民的幸福感,对居民幸福感的促进效应也远远高于经济增长。提高政府质量不仅可以增加居民的幸福感,而且还能缩小幸福差距,促进社会公平。① 在中国,人民非常关心腐败问题,因此,腐败及其治理也影响着公众的生活主观感受。近来的一些实证研究发现,反腐倡廉的力度和绩效对中国人民的主观幸福感有显著的正向影响,力度越大,绩效越高,民众的幸福感就越高。② 有研究者基于东南沿海某省份的实证分析进一步发现,公众在日常生活中形成的对基层公务人员的印象以及他们的民生服务满意度会影响反腐败绩效的感知,基层公务人员印象、民生满意度对公众反腐败绩效感知均呈现正向影响关系,而基层公务人员印象的正向影响更为显著。③ 这样的发现非常有趣,说明民众非常在意基层公务人员的工作作风,实际上是对基层治理的一种朴素的评价。这样的发现与日常经验是吻合的,给人们的启发是,树立正面的基层公务人员的形象是构建良好基层治理的一个有利的工作进路。

由上可见,新社会主要矛盾确立的时代方位,国家治理现代化的驱动,以及国际社会的实践经验,都证明了良好治理对于实现美好生活具有重要意义。概而论之,良好治理对于美好生活的实现具有重要的制度价值。一方面,在非微观的层次上,良好治理为人们的生活和存在提供了外部制度条件和社会条件;另一方面,在微观层次上,良好治理为社会成员影响公共决策,尤其在影响与自己的生活权益有切身关联的公共决策上提供了程序保障,为社会成员的决策参与提供了可以利用的制度通道。④ 因此,在实现美好生活的新时代,在认知上和实践上都要客观看待生产力路径的作用,放弃片面的生产力中心主义,高度重视公共治理对于实现美好生活的作用和意

---

① 陈刚、李树:《政府如何能够让人幸福? ——政府质量影响居民幸福感的实证研究》,《管理世界》2012 年第 8 期。

② 李涛、吉木拉衣、叶兴艺:《腐败治理能否促进人民幸福感和政府满意度? ——基于中国综合社会调查(CGSS)数据的研究》,《中共南京市委党校学报》2020 年第 3 期。

③ 钟伟军:《基层公务人员印象、民生满意度与反腐败绩效公众感知——基于 Z 省的实证分析》,《湖南师范大学社会科学学报》2019 年第 3 期。

④ 张敏、赵娟:《美好生活与良好治理——社会主要矛盾转换及其治理蕴意》,《南京社会科学》2018 年第 12 期。

义,把美好生活的实现与构建良好治理联系起来。

(三) 良好治理的构建

良好治理与民主、法治、公平、正义具有紧密的关联。良好治理,也即通常所谓的"善治",是以民主、法治、公平、正义、公开、透明、回应、服务、有效等特征为标识的治理。良好治理既以民主、法治、公平、正义为要求和原则,又以民主、法治、公平、正义为基本的属性,是讲求民主和法治的治理,并以公平和正义作为价值追求。因此,良好治理既实现了公共事务管理的职能,又为满足人民群众日常生活中的民主、法治、公平、正义诸要求创造了条件。同时,因为治理是良好的,安全和环境问题得到有效解决,人民群众的安全和环境的要求也得到了实现。

人民群众在日常生活中所需要的民主,主要是公共事务管理中的民主,尤其是与自身利益息息相关的公共事务管理的民主。他们希望通过民主参与对利益相关的公共决策施加影响和控制,以更好地保护和实现自己的生活权益。因此,良好的治理需要赋予人民群众广泛的参与权利,并设置常态性的制度通道和决策程序,以便真实、有效地把人民群众吸纳进公共事务的管理中来。这样既能更加有效地回应人民群众的诉求,以民主的方式吸纳和聚合民意,又能满足人民群众对民主的需要。所以,良好的治理,尤其是与人民群众的生活关联紧密的公共事务的治理,应该是民主的治理。

人民群众对法治的需要,在本质上是对安全的社会秩序与明确的行为预期的需要。只有在法治健全的社会,社会秩序才是安全的,人的生活和存在才是安全的,每一个人和组织的行为及其结果才是有明确预期的。法治要求每一个人和组织都在法律允许的范围内采取行动,并对其行动的后果负有责任,这样才能建立和维护一个安良的社会秩序,并提高各类主体的行为预期。所以,在一个常态社会里,法治的实现要求对政府主体、市场主体和社会主体进行必要的约束,把它们的行为规范在法律的框架之内。对于良好的治理来说,要求各类治理主体的行为符合法律的要求,要依法治理,尤其对于政府,要求其依法行政。所以,一个良好的治理,一定是遵循法治精神的治理。

民主和法治是构建良好治理的两个基本要求和原则,在满足民主、法治要求的前提下,公平、正义、安全和环境的生活要求才可以更好地实现。因此,在良好治理的构建过程中,在民主原则和法治精神的指引下,首先要构造"良政",建立协商型政府、法治型政府、生态型政府,为实现人民群众的民主、法治、公平、正义、安全、生态需求提供组织和制度保障,保障人民安居乐业。其次要运行"善治",推进基层民主,依法行政,促进公民有序参与,保障人民群众的知情权、参与权、表达权、监督权,为人民群众的美好生活提供行动保障。再次要完善基层社会自治体系,发展社会组织,促进基层社会自治及其参与渠道发育,保障居民的知情权、参与权、表达权、监督权。复次,进行服务型政府的理念和实践创新,把民主、法治、公平、正义、安全、环境等生活需要公共产品化,提供这些公共产品是基层政府的义务和责任,促进美好生活"落地生根"。最后,创新考核体系,把人民群众美好生活的实现设置为重要考核指标,创新考核方式,增加政治压力,打通实现美好生活的"最后一公里"。

第八章　构建以美好生活为价值导向的国家治理

实现美好生活是一项重大的国家治理议题，是国家治理的重要使命，通过国家治理及其现代化以实现人民群众的美好生活，是美好生活时代生活政治发展的主要内容。为此，需要构建以美好生活为价值导向的国家治理，强化国家治理中的公共价值管理，推进基层治理向公共价值创造型治理的转型。以美好生活为价值导向的国家治理构建，构成了生活政治在宏观与中观层次上的发展。

一、 社会主要矛盾转换后生活政治发展的主题指向

（一）不同时期的生活政治发展主题

社会主要矛盾规定了中国生活政治实践与发展的历史方位，新社会主要矛盾的提出决定了新时期生活政治发展的主题指向与传统社会主要矛盾时期的不同。当然，这些主题指向是由社会主要矛盾的供需两侧决定的。在传统社会主要矛盾之下，人民日益增长的物质文化需要和落后的社会生产之间的紧张关系决定了生活政治发展的主题是围绕这两者展开的，在发展的价值导向上，中国的生活政治以满足人民日益增长的物质文化需要为目标，在发展的实践导向上，则是以改变落后的生产力状况为主要目标，这二者共同构成了传统社会主要矛盾之下的生活政治发展主题。

在日益增长的物质文化需要和落后的社会生产之间，人们往往强调发展生产力对于实现物质文化需要的重要作用，而忽略了物质文化需要对于

发展生产力的规定作用。在社会主要矛盾的构成中,供给侧是由需求侧设定的,而不是相反。也就是说,有什么样的需求,则需要什么样的供给,供给是与需求相对应的。在关于中国社会主要矛盾的判定中,如果需求为另外一种需求,供给则会发生相应的变化。所以,在社会主要矛盾的供需双方中,需求是目标,供给是实现目标的方式和途径,有何种目标,则需要何种实现方式和途径,前者决定了后者。因此,虽然社会生产的状况决定了物质文化需要实现的状况,物质文化需要的满足依赖于生产力的发展,但作为供给侧的内容,是由需求侧来设定的。

传统社会主要矛盾持续了 60 年,在这 60 年中,生活政治的实践与发展主题具有阶段性的差异,但总体上可以分为温饱型和小康型两个阶段。在温饱型阶段,解决基本的生存问题是中国生活政治的主要目标,因此在实践上,发展生产力具有时间的紧迫性,生产力的发展也成为最重要和最突出的生活政治实践。这一阶段的生活政治在某种程度上可以称为"生存政治",即以解决生存问题为目标的生活政治。在小康型阶段,虽然在生活水平上有了更高的要求,但总体上依然以物质和文化需要的满足为基础,没有超出物质性需求的范畴,所以在生活政治的实践上,生产力的发展依然具有主导性的地位。不同的是,在这一时期,社会保障制度得到了更为全面和合理的建设,同时,生产力发展和社会发展以及人与自然的和谐问题也受到了高度重视。

社会主要矛盾发生范式转换以后,中国生活政治发展的主题也随之发生了历史性的转变。当然,这些转变也是由需求侧和供给侧的转变导致的。在需求侧上,人民的生活需要首次明确地超出了物质性需要,民主、法治、公平、正义、安全和环境被历史性地规定为人民的生活要求,从而在"好生活"的定义上发生了从温饱、小康的物质型生活到美好生活的全面幸福型生活的转变。美好生活更加重视人们的社会存在感受,涉及更深入的存在主义问题,所以在某种程度上,美好生活时代的生活政治也是一种"存在主义政治"。因此,我们或许可以说,随着经济社会的变迁,对应于温饱、小康和美好生活三个不同的阶段,中国的生活政治历经了"生存政治""生活政治(狭义)"到某种程度的"存在主义政治"的演变,生活政治的主题性质发生了深刻的变化。

当民主、法治、公平、正义、安全、环境成为人们的生活需求时，也就决定了美好生活实现路径的多元性，传统社会主要矛盾时期以生产力为中心的路径已经不再能够胜任。人民群众对于民主、法治、公平、正义、安全、环境的需要，在本质上是一个人的社会存在问题，涉及人们在日常生活中发生的各类社会关系，所以实现的路径必然包含在社会运行的管理和规范之中。从现实出发，中国把新社会主要矛盾的供给侧问题归结为发展的不充分不平衡问题，其中包含了生产力的发展，但又不限于生产力的发展，实际上已经超出了生产力中心主义的窠臼。因此，在新社会主要矛盾之下，生活政治发展的目标主题是美好生活各项需要的实现，其中社会性的需要与物质性需要一样，成为影响生活美好程度的重要因素；生活政治发展的实践主题为充分且平衡地发展生产力以及良好治理的能力。不同时期的生活政治发展主题表示如下：

表6　不同时期生活政治发展主题的比较

历史阶段 发展主题	传统社会主要矛盾时期		新社会主要矛盾时期（美好生活时期）
	温饱型阶段	小康型阶段	
目标主题	解决基本的生存问题（物质与文化需要为主）	较为宽裕的生活（物质文化需要为主、社会性需要为辅）	更高的物质文化生活，更好的社会存在（物质性需要与社会性需要并重）
实践主题	发展生产力为主导，社会保障制度初建	发展生产力为主导，社会保障制度的全面建立	发展生产力与规范化社会运行管理并重

表中可见，不同时期生活政治的发展主题是有差别的，但在传统社会主要矛盾时期内部，温饱型阶段和小康型阶段的发展主题差异不大，而到了新社会主要矛盾时期则发生了重大的变化。这就决定了在新社会主要矛盾时期，或者美好生活时期，生活政治的新实践将以社会运行的管理与规范为重要面向展开。

（二）国家治理在美好生活实现中的地位和作用

生活政治是关于生活议题的政治，因此生活政治主要发生在公共治理领域。生活政治又是面向个体的政治,个体性决定了生活政治中的参与性。有了充分的参与,才可能保障日常生活中民主、法治、公平、正义、安全与环境等需求的实现。所以,治理的设计对于实现美好生活具有重要的意义,良好的治理本身也由此成为一种生活的需要。对于个体来说,他们需要良好的治理,良好治理是生活美好的重要社会条件。

良好的治理是在对社会运行的管理进行规范后的结果与状态。在中国的语境下,良好的治理属于国家治理的实践范畴,被打上深刻的国家治理的烙印。自中共十八届三中全会以后,国家治理及其现代化成为国家战略,但对于何为国家治理,在学术界尚缺乏普遍认同的理论解释。以三位学者为例。一位代表性学者指出,现代中国场景中的国家治理,既区别于中国传统意义上的治理国家,又区别于国际上流行的治理理论及其主张,而是党的领导、人民当家作主和依法治国的有机结合,"党领导人民有效治理国家"是在国家治理意义上的典型体现和凝练表达。[①] 另一位代表性学者则认为,国家治理是现代国家所特有的一个概念,是在扬弃国家统治和国家管理概念基础上形成的一个概念,吸收了治理和善治理论与公司治理理论的合理内容,是国家政权的所有者、管理者和利益相关者等多元行动者对社会公共事务的合作管理,其目的是增进公共利益维护公共秩序。[②] 第三位学者给出了另外一种解释,他指出,国家治理就是国家公共权力机构治国理政的全部活动,从治理主体的角度观之,国家治理就是中国共产党及其领导的所有国家权力机构的公共管理活动,现代的国家治理体系是一个有机的、协调的、动态和整体的制度运行系统,中国政治语境中的国家治理体系,就是规范社会权力运行和维护公共秩序的一系列制度和程序,包括规范行政行为、市场行为和社会行为的一系列制度和程序。[③] 结合这些代表性的观点,我们认为,现实运行中的国家治理,是在中国共产党的领导之下、以各类权力机构为主导、各类主体参与为重要辅助的公共事务管理活动。现代化的国家治理,既要具备合理的治理体系和充分的治理能力,能够有效解决公共管理问

① 王浦劬:《国家治理、政府治理和社会治理的含义及其相互关系》,《国家行政学院学报》2014 年第 3 期。
② 何增科:《理解国家治理及其现代化》,《马克思主义与现实》2014 年第 1 期。
③ 俞可平:《国家治理的中国特色和普遍趋势》,《公共管理评论》2019 年第 1 期。

题,又要对行政行为、市场行为和社会行为作出有效的规范,把社会的运行和公共秩序确立在一个法治的轨道之上。

在中国的语境下,国家治理是中国生活政治发展的基本背景,又是生活政治发展的主要内容。所以,中国的生活政治是国家治理背景之下的生活政治,中国的生活政治发展是国家治理背景之下的政治发展,这也构成了与西方生活政治发展的本质区别。同时,在美好生活时代,不论是更高的物质性需求的实现,还是社会性需求的实现,都依赖于现代国家治理的构建。在国家治理现代化的战略提出以后,实现美好生活各类需求所涉及诸多领域的制度设计、政策实践和公共管理活动,都被纳入了相应的治理体系之中。这些体系包括制度体系、政策体系、主体体系和治理的方式体系等诸多体系。比如,就美好生活中的民主需求而言,其实现要依赖于治理主体体系的构建,要求把更多的群众吸纳进公共事务的管理之中,使他们能够对公共事务的管理发表意见,切实有效地表达诉求进而真正影响公共决策。尤其在与群众的生活紧密相关的公共事务上,更要如此。而要把群众吸纳进公共事务的管理之中,则需要进一步的制度体系设计,使公众的参与制度化、常态化。对于美好生活的其他需要来说,同样也需要相应的治理体系设计。所以,国家治理的体系设计和能力建设对于美好生活的实现具有至关重要的作用,通过国家治理的完善实现美好生活成为新时代生活政治发展的主题内容。

(三) 构建以实现美好生活为导向的国家治理

构建以实现美好生活为导向的国家治理是新时代生活政治发展的主题指向。之所以如此,是由两个重要的理由决定的。第一个基本理由是,让人民群众过上幸福的生活是中国共产党自建党以来的历史使命,新中国成立后,则成为中国共产党的执政价值选择。因此,以美好生活为价值导向是中国共产党领导之下的国家治理的应然选择,这一价值选择在两次社会矛盾的判断中均得到了集中的体现。所以,实现人民群众的美好生活是中国国家治理的题中之意。第二个重要的理由是,实现人民群众的美好生活本就是一个治理问题,只有通过良好国家治理的构建,才能够实现人民群众日常生活中的各类需求,这些需求的实现寓于国家治理的良好运转之中。

因此,美好生活时代的国家治理,应以实现美好生活为价值导向进行现代化的构建。这就要求在中国共产党的领导下,建设民主的国家治理、法治的国家治理、体现公平和正义的国家治理、生态的国家治理,在这些类型的国家治理之下,安全的需求自然就能够实现。所以,美好生活时代的生活政治发展主题包含在国家治理现代化实践的诸多领域之中,也是一个体系性的实践。

二、 以美好生活为中心强化国家治理中的公共价值管理

(一) 作为公共价值的美好生活

以实现美好生活为导向的国家治理构建的关键在于公共价值管理。公共价值是公共事务管理活动所追求的价值。在发生学的角度上,公共价值来源于公众的期望,是由集体协商确定的,因此对于公共部门来说,首要的任务就是确定这些价值,把它们作为公共管理的使命和目标。[①] 价值来自公众的需要,公共价值是公共需要的体现,对公共需要作出有效回应是公共管理部门的责任和义务。因此,在中国的国家治理过程中,强化对公共价值的管理是一项不可或缺的工作,只有这样,才能更好地生产和创造公共价值,更好地为人民服务。

在学术史上,公共价值管理主要是由美国学者马克·穆尔(Mark Moore)发展的一个研究领域。穆尔认为,企业管理和公共管理的最大区别是,后者的使命和作用是生产和创造公共价值。但对于何谓公共价值,穆尔并没有给出统一的界定,而是在不同的段落叙事中有不同的涉及。如果给出一个概括性的说明,公共价值可以理解为公众对政府期望的集合,是公众通过公共政策与服务所希望满足的需要,公共管理者的使命就是确认和回应公众的期望。[②]

---

① 张敏:《基层协商民主的公共价值管理:一个实践路径探索》,《探索》2018 年第 5 期。
② 参见〔美〕马克·穆尔:《创造公共价值:政府战略管理》,伍满桂译,商务印书馆,2016年。该书的第一篇第二章"界定公共价值"对公共价值有集中的讨论。另参见韩兆柱、郭红霞:《公共价值管理理论的研究进展与前瞻》,《河北大学学报(哲学社会科学版)》2017 年第 6 期;杨博、谢光远:《论公共价值管理:一种后新公共管理理论的超越与限度》,《政治学研究》2014 年第 6 期。

但对政府的期望又是非常庞杂的,这就引发了后继学者对公共价值的众多讨论。比如,巴里·波泽曼(Barry Bozeman)和托本·乔根森(Torben Beck Jorgensen)在 2002 年提出的公共价值有责任政府、法治国家、政权稳定、组织透明、专业标准、地方自治、平等对待、利益均衡、就业安全、利他主义、社会凝聚、公民参与和用户导向等,在公共服务的提供中,这些价值应该考虑其中。① 因为过于庞杂,2007 年,波泽曼又进一步把公共价值归纳为三个基本方面:(1) 公民应该(或者不应该)享有的权利、利益和特权;(2) 公民对社会和国家的义务;(3) 政府与政策的原则与基础。② 这些公共价值为公共管理和公共部门的战略管理提出了目标、原则和任务,一种新型的公共管理模式——公共价值管理出现了,公共价值管理模式的出现被视为公共管理的一个范式变迁。杰瑞·斯托克(Gerry Stoker)概括了公共价值管理的范式特征:公共价值管理以实现公共价值作为核心目标,公共价值是官员与利益相关者审慎协商的结果,在公共服务的精神、公共利益、管理者的作用以及民主过程的贡献的理解上,公共价值管理都不同于传统的公共行政和新公共管理。③

公共价值和公共价值管理的观念对于中国美好生活的实现和国家治理都具有重要的启发意义。一方面,美好生活是一种公共价值。美好生活源自中国人民群众的共同期望,也是中国共产党执政的价值选择,因此,实现美好生活是党、国家、政府与人民群众的共同期待,理应成为中国国家治理的公共价值追求。在美好生活的需要中,更高的物质和文化需求的满足,或者更高的物质生活水平,是国家治理良好运行的结果;民主、法治、公平、正义既是对国家治理的要求,也是国家治理的产出,是国家治理生产和创造的公共价值。也只有在民主、法治、公平和正义的国家治理中,人民群众日常生活中民主、法治、公平和正义的需求才能得到满足,才会有一个良好的社

---

① T.B .Jorgensen , B.Bozeman, "Public Values Lost? Comparing Cases on Contracting out from Denmark and the United States", *Public Management Review*,2002, Vol. 1, pp.63 - 81.

② B. Bozeman :*Public Values and Public Interest: Counterbalancing Economic Individualism*,Washington,D.C.: Georgetown University Press,2007.

③ G. Stoker: "Public Value Management: a New Narrative for Networked Governance?", *American Review of Public Administration*,2006, Vol.1,pp.41 - 57.

会存在。安全和良好的环境也是公共价值产出,是国家治理良好运行的结果。

另一方面,中国的国家治理始终要把实现人民群众的美好生活当作一种责任和义务。美好生活及其各项需求是在社会主要矛盾转换的论断中提出的,是党与国家对人民群众的庄严承诺。这就要求在国家治理的过程中,尤其在与人民群众的生活息息相关的公共事务的治理中,始终注意治理的民主性、法治性、公平性和正义性,把民主、法治、公平、正义、安全和良好的环境当作公共价值和公共产品生产出来,把民主、法治、公平、正义、安全和良好的环境当作新型的公共服务提供出来。同时,确立以美好生活为中心的公共价值管理观念,对于违背人民群众生活利益的治理行为要及时纠正。

美好生活的提出是公共价值研究与实践领域的一个创新。如上文所说,在西方的语境中,尽管把公民权利的实现以及对公共管理的要求理解为公共价值,但很少有人把生活本身视作一种公共价值。这或许是特定的政治文化导致的某种忽略。中国共产党从人最基本的存在需要出发,把实现人民群众的美好生活作为执政的价值选择和历史任务,说明中国的国家管理者对公共价值的思考非常深刻。

(二) 国家治理过程中公共价值管理的确立

国家治理和公共价值管理是相互嵌入、两位一体的关系。一方面,公共价值管理是国家治理的内在构成,是国家治理体系的一个组成部分,公共价值管理的能力也是国家治理能力的组成元素。另一方面,公共价值管理又是对国家治理的一种规范和约束行为,其管理的目的是保证国家的治理行为在公共价值生产和创造的轨道上展开,国家治理成为公共价值管理的管理对象。因此,公共价值管理是内含于国家治理之中的一种公共管理行为。

构建以美好生活为价值导向的国家治理需要对国家治理本身进行公共价值管理。当然,此时的公共价值管理是为了保障美好生活的实现,因此,是否有利于美好生活的实现就成为公共价值管理的标准和原则,也是国家治理所应遵循的一个标准和原则。对国家治理进行以美好生活为价值依止的公共价值管理也因此成为美好生活时代生活政治发展的一个话题。

为此,首先要把实现美好生活确立为国家治理的首要原则,把实现美好生活的价值导向贯彻于国家治理的制度设计、政策实践和各类公共管理的行动之中。我们可以把这一原则称为国家治理中的美好生活价值先定原则,也即一切国家治理的行动都要以促进美好生活的实现为目标。当然,也并不是要求在一项国家治理行动中满足美好生活的所有需求。在社会主要矛盾转换之后,美好生活的需求非常多,涉及物质文化、民主、法治、公平、正义、安全和环境七大类需求,在一项国家治理行动中同时实现这七大类需求是不现实的。但是,在一个个具体的问题领域中,都会有其相应的价值要求。比如,在收入分配的制度设计和政策实践中,要充分体现人民群众对公平和正义的需求。在涉及千家万户利益的问题上,除了公平、正义,还要考虑人民群众的民主需求,即参与需求。在产业的发展和布局上,要考虑人民群众的环境需求。因此,美好生活诸多需求的实现是因事制宜的,需要具体问题具体分析。但是,不论是何种领域的治理,人民群众都会有法治的需求,要求依法治理。

美好生活的价值先定原则是中国共产党的人民立场和群众路线的体现。习近平在多次讲话中指出,人民是历史的创造者,中国共产党人要坚持立党为公、执政为民,自觉践行全心全意为人民服务的根本宗旨,把党的群众路线贯彻到治国理政的全部活动之中,把人民对美好生活的向往作为奋斗目标,始终把人民安居乐业、安危冷暖放在心上,时刻把群众的困难和诉求记在心里,努力办好各项民生事业,让人民群众的获得感、幸福感、安全感更加充实、更有保障、更可持续。① 因此,国家治理中的美好生活价值先定原则与中国共产党的立党立国宗旨是一致的,以该原则作为国家治理中公共价值管理的首要原则,具有充分的合理合法性依据,在国家治理的过程中理应得到遵守。

其次,要对国家治理进行经常性的美好生活公共价值审计。所谓美好生活的公共价值审计,是对国家治理的相关制度设计、政策实践和公共管理行动进行的公共价值审查,以发现已经发生或者可能发生的侵害人民群众利益的治理行为,并要求予以及时纠正。对国家治理的行动进行公共价值审计是必要的管理举措。国家治理是一个非常庞杂的行动体系,难免会发

---

① 习近平:《习近平谈治国理政》第三卷,外文出版社,2020年,第135—138页。

生公共决策的失误以及一些不当的治理行为,经常性的公共价值审计就成为治国理政的内在需要。因此,要对国家治理行为的法治性、公平性、正义性进行审计,需要公众参与的,要对其民主性进行审计,当然也要审计国家治理行为对人民群众的生命财产安全与自然环境可能带来的不利影响。总之,要对国家治理行为对人民群众生活的影响进行审计,那些有背人民群众美好生活实现的治理行为要坚定地予以纠正。

再次,建立公平正义的政策体系。在一个常态国家里,公共政策是国家治理最为主要的工具。公共政策是对社会资源的权威分配,界定了一个社会的利益分配格局,决定了谁得到的多,谁得到的少,谁是受益者,谁是受损者。因此,公共政策及诸多政策形成的政策体系不仅影响了一国国民对物质财富的获取和拥有,也直接影响了一个国家利益分配的公平正义状况。对于中国来说,人民群众的公平感和正义感也主要来自于政策实践领域。所以,对中国的政策体系进行公平性和正义性的公共价值管理,建立一个公平正义的政策体系,对于提高人民群众的美好生活感受具有重要的促进意义。

政策体系的公平性和正义性问题源自公共政策的外部性效应。外部性效应是公共政策的客观后果,在一般的发生学意义上,公共政策外部性是某一政策主体或主体的联盟在政策输出时对其他社会成员的利益所产生的影响。① 公共政策的外部性有正负外部性之分,但人们一般关注和讨论的是公共政策的负外部性问题,尤其是那些为大多数社会成员所承担的负外部性,这些负外部性造就了巨大的社会成本,是影响社会公平和正义的重要因素。公共政策的负外部性对人们生活的影响非常大,不仅决定了谁是公共政策的受损者,而且也直接影响了人们的生活感受。在具体的后果上,一些公共政策的负外部性会转化为人们的生活成本。比如,在中国人民感受颇深的住房、教育和医疗三大领域,人们的生活负担比较沉重,和这三大领域广泛存在的公共政策负外部性有着紧密的联系,广大群众是这三大领域政策负外部性后果的承担者。

---

① 张敏:《公共政策外部性的理论探讨:内涵、发生机制及其治理》,《江海学刊》2009 年第 1 期。

公共政策的负外部性在本质上是利益分配的失衡问题,因此会导致利益分配上公平性和正义性的缺失。通常,一个社会的政策负外部性发生的领域越多,涉及的人群越广,这个社会遭受不公正对待的人就越多,一个社会的政策负外部性的强度越大,这个社会不公正的程度就越深。① 所以,对一个国家的公共政策进行公共价值的管理就尤为必要。

在中国,对政策体系进行公平性和正义性的公共价值管理,是国家治理中公共价值管理的重要组成部分。对政策体系的公共价值管理,既包括对单项政策的价值管理,也包括对整个政策体系的价值管理。管理的目的是对公共政策的公平性和正义性进行审查,尽可能消除政策体系中不合理的外部性因素,建立公平正义的政策体系,促进人民群众美好生活的实现。这就要求政府充当一个公正的利益仲裁者,尤其在社会阶层分化、社会群体分化和利益分化的当今社会,政府不代表任何特殊利益,不为任何利益群体所左右,牢记初心,不忘使命,正确处理各种利益关系,界定合理的利益分配格局。政府要把公平性和正义性原则贯彻于政策过程始终,保持政策过程的独立性,使公共政策普遍地、平等地对待每一个人。这样才能提高人民群众的获得感和安全感,消除剥夺感,促进社会和谐,改善人民群众的社会存在感受,提高生活的美好程度。

最后,建立制度化的美好生活公共价值管理。在实现美好生活的过程中,公共价值管理不是权宜之举,而是要把它制度化、常规化。第一,在认知上,要把美好生活的公共价值管理当作国家治理及其现代化的一个内在的必要构成,而不是可有可无的部分。要认识到公共价值管理对于国家治理及其现代化的重要价值,对于实现人民群众美好生活的重要意义。只有切实有效地做到制度化的公共价值管理,才能够保证美好生活的价值导向贯彻于国家治理行动的始终。第二,制度化的公共价值管理是一种全过程的价值管理。美好生活的公共价值管理并不限于某个环节,而是发生在制度设计、政策实践和公共管理行动的所有环节。只有保证公共价值管理的全过程性,才能保证美好生活价值导向在国家治理中的全过程性。第三,制度

---

① 张敏:《社会和谐的政策正义路径:一个公共政策外部性的分析视角》,《南京林业大学学报(人文社会科学版)》2011年第4期。

化的公共价值管理需要顶层设计与系统化推进。目前,公共价值管理在中国是一个新兴的研究领域,在实践上也缺乏明确的制度规划,尤其在美好生活实现的问题上,公共价值管理更是一个新理论问题和实践问题,这就要求中国在公共价值管理的制度化上进行相应的探索。比如,政策听证制度和政策审计制度是可以行使公共价值管理功能的制度,但是这两个制度的实践状况离公共价值管理的要求还有着不小的差距。在政策听证中,公众的有效参与没有普遍实现,因此,这样的评论依然有效:旨在增强公众话语权、扩展公众参与权的听证制度并未在实践过程中发挥它的理想效果,目前公共政策听证主要采用会议听证的形式,由于听证信息公开的有限性,"暗箱操作"的质疑不绝于耳,"凡听必涨"成为听证会的基本定律。① 而在政策审计上,中国目前的主要审计内容为财务收支的真实性、合法性和效益性,在实际的执行中,更多强调财政审计和财务审计,对于经济效益审计和社会效益审计涉及得比较少,审计的焦点是资金流向、项目推动情况,侧重于政策是否得到有效执行。② 从 2019 年开始,明确将重大经济社会政策的执行情况纳入法定的审计范围。可见,中国的政策审计目前还没有上升到公共价值审计与管理的高度。因此,在制度设计上,可以在政策听证和政策审计中增加公共价值管理的相关内容。同时,也需要探索更多的公共价值管理制度设计。

三、 推进基层治理转型

(一)基层治理功能与目标的再设定

基层是广大群众生活的"地方"。这个"地方"不仅是人们生活的物理空间,也是人们生活的社会空间,因此把它称为一个"场域"也许更为确切。"场域"是一个学术化表达,虽然不符合人们的日常表达习惯,但的确可以揭示"基层"这一称谓蕴含的丰富社会含义。按照法国社会学家皮埃尔·布迪

---

① 陈华平、董娟:《基于新媒体的公共政策听证平台构建》,《中国行政管理》2015 年第 11 期。
② 张军、晓芳等:《中美政策审计比较研究》,《审计研究》2017 年第 5 期。

厄(Pierre Bourdieu)的说法,"一个场域可以被定义为在各种位置之间存在的客观关系的一个网络,或一个构型。正是在这些位置的存在和它们强加于占据特定位置的行动者或机构之上的决定性因素之中,这些位置得到了客观的界定,其根据是这些位置在不同类型的权力的分配结构中实际的和潜在的处境"①。所以,场域的内核是关系网络,如果从空间的角度理解,场域是人们彼此之间的互动场。基层就是人们生活于其中的一个重要场域,是与人们的生活距离最近的场域,或者说是人们的日常生活实践发生于其中的场域。人们的社会活动与社会关系主要来自于基层这个场域,其中包括与政府主体的互动与关系,与市场主体的互动与关系,以及与社会主体的互动与关系。因此,人们的生活感受、受到何种对待、如何行动,以及由此产生的社会存在感主要来自于基层社会,基层是人们生活美好与否以及美好程度体验的一个直接来源。

基层是人们的生活场域这一事实本身,决定了基层治理与人们日常生活的关系最为紧密,或者换言之,基层治理是与人们的日常生活距离最近的治理。因此,基层治理也是与人们的美好生活实现关系最为紧密的治理。一方面,基层治理是国家治理的基石,国家治理的制度设计、政策实践与公共管理的行动最终都要落实到基层治理之上,党与国家关于人民群众美好生活设想的实现也要落实到基层治理之上。另一方面,基层治理是广大人民群众可以直接参与的治理,是广大群众的生活政治实践直接可及的治理。国家治理的宏观、中观层次固然重要,但距离人们的直接参与毕竟有些遥远。另外,基层治理的运行状况直接塑造了广大人民群众日常生活的"微社会条件",影响他们民主、法治、公平、正义、安全与环境需求的真实实现。

实际上,人们的日常生活和基层治理是紧密融合在一起的,二者是彼此嵌入的关系。一方面,基层治理嵌入人民群众的日常生活,成为影响人民群众生活的重要因素,甚至成为日常生活的一个部分;另一方面,人民群众的生活嵌入基层治理,成为基层治理的对象。② 鉴于人们日常生活与基层治理

---

① 〔法〕皮埃尔·布迪厄、〔美〕华康德:《实践与反思——反思社会学导引》,李猛、李康译,中央编译出版社,1998 年,第 133—134 页。
② 张敏:《美好生活的实现场域与基层治理的目标、功能设定——再议美好生活与良好治理的关系》,《行政论坛》2021 年第 6 期。

的这种直接关联,基层治理成为实现人民群众美好生活的基础领域,是以美好生活为价值导向的国家治理体系得以建成的最终体现。

人民群众的日常生活与基层的关系为基层治理的功能设定提供了事实依据。美好生活的提出为基层治理的目标和任务指明了方向。所以,在未来的实践与发展中,基层治理应该以实现人民群众的美好生活为其主要的功能与目标设定。2021 年 4 月,中共中央、国务院出台的《关于加强基层治理体系和治理能力现代化建设的意见》(以下简称《意见》)指出,增强人民群众的福祉是新时代基层治理体系和治理能力现代化建设的出发点和落脚点①,因此,我们关于基层治理的功能与目标设定是符合《意见》宗旨的。

回顾改革开放以来的基层治理实践,其功能与目标设定都是围绕"如何治理"展开的,我们可以把这种治理称为"问题导向型"治理,也即以解决问题为中心的治理。"问题"是社会转型过程中出现的问题,因此,随着社会的变迁以及问题的变迁,基层治理的方式也在变迁,其功能和目标设定也随着社会的发展而变迁。所以,基层治理实践与变革的基本逻辑是在不停出现的新社会条件下寻找新的基层治理体制和机制,其功能和目标是在新治理体制下有效地解决发展中的新老问题。应该说,这是改革开放以来的基层治理实践一以贯之的逻辑,只是在不同的发展时期,因问题的不同而呈现出动态的阶段性差异。在过去的 40 余年里,中国的基层治理以政权建设、社会动员与整合、城乡事务管理、公共服务提供以及村庄社区建设为工作重点,不断探索符合社会发展规律与社会条件的治理体制、机制、方式和技术,经历了制度探索、规范化建设、再提高完善等发展阶段后,逐步走向成熟。②十八届三中全会所作的国家治理现代化的决定,是对国家治理经验的总结与系统提升,从而把问题导向型的基层治理纳入到治理体系与治理能力现代化的路径上来。基层治理的现代化也是为了解决"如何治理"的问题,但此时的基层治理更注重体系和能力的建设,因此,包含基层治理在内的国家

---

① 中共中央、国务院:《关于加强基层治理体系和治理能力现代化建设的意见》,中国政府网,https://www.gov.cn/gongbao/content/2021/content_5627681.htm,引用日期,2024 年 6 月 1 日。

② 张敏:《美好生活的实现场域与基层治理的目标、功能设定——再议美好生活与良好治理的关系》,《行政论坛》2021 年第 6 期。

治理现代化的提出,标志着问题导向型的基层治理构建已经走向成熟。

但同时,中国基层治理的第一代使命也接近结束,在新的发展阶段,其功能与目标需要新的设定。这里的使命周期是以中国的社会发展阶段来划定的。回顾历史,中国基层治理的变革与发展是在社会转型的条件和背景下进行的,因此其使命也是由转型社会所赋予的,并且随着社会条件的变化而不断地调整。但总体上,都是为了有效地治理处于变化之中的基层社会。我们可以把社会转型时期基层治理的使命称为第一代使命。现在,中国的社会转型已经基本完成,主要表现在:国家与社会、个人与集体关系的基本格局已经确立,分化与多元化的社会形态已经基本成型,基层治理的社会条件与主要问题基本呈现,社会变迁趋于平稳,基层社会基本度过了转型期,社会属性趋于定型。① 因此,随着社会转型的基本完成,基层治理的第一代使命也行将完成。与此同时,经过多年的实践,党与国家已经掌握了中国社会发展的基本规律,对基层治理已经有了科学、成熟的认识②,也拥有了相应的治理能力,具备了对基层治理的功能和目标进行重新设定的主、客观条件。

所以,综合上面的分析,我们认为,对于基层治理来说,其功能和目标的设定需要进入新时代。实现人民群众的美好生活是党与国家在新时代或者新历史时期的目标和任务,因此,我们可以把实现广大人民群众的美好生活设定为基层治理在新时代的功能和目标,实现广大人民群众的美好生活是基层治理的新使命。当然,这并不代表放弃"如何治理"的功能和目标设定,相反,"如何治理"依然是一个重要的功能设定,但此时,在目标上,"如何治理"是为美好生活的实现服务的。

(二)构建以美好生活为中心的公共价值创造型基层治理

基层治理是和广大人民群众的日常生活紧密融合在一起的治理,直接

---

① 张敏:《美好生活的实现场域与基层治理的目标、功能设定——再议美好生活与良好治理的关系》,《行政论坛》2021 年第 6 期。

② 十八届三中全会关于国家治理现代化的决定,和后来相继出台的推进国家治理现代化的意见和做法,就是党与国家掌握中国社会发展规律和具备科学、成熟治理能力的体现。

影响人们日常生活中民主、法治、公平、正义、安全与环境需求的实现,因此,在基层治理现代化构建接近完成的情况下①,为了更好地实现人民群众的美好生活,我们要推进基层治理的转型,使之从问题导向性的治理走向以美好生活为中心的公共价值创造型治理。

为此,首先在基层治理的功能和目标的认知上,要认识到基层治理对于实现美好生活的直接意义,确立实现美好生活在基层治理中的中心位置。国家治理是系统性实践的有机结合,各个部分的国家治理应该有其适合的职能分工,这样的国家治理才能运行顺畅,取得良好的治理效果。对于基层社会的管理者来说,他们直接面对人民群众的日常生活,直接为广大人民群众提供服务,实现人民群众的美好生活才是他们的中心工作。因此,在国家治理的体系中,基层治理要把职能重心转移到人民群众的美好生活的实现上来。长期以来,基层治理把工作重心放在解决问题上,对公共价值的生产和创造有所忽视。而现在,随着社会条件的变化,美好生活的提出赋予了基层治理特定的价值使命,所以,基层治理从问题导向型向价值创造型的转变是时代所需。在基层治理的实践中,管理者要能够认识到这种转变的历史逻辑,把思想统一到实现美好生活的工作重心上来。

其次,构建服务型基层治理。服务是一种公共价值,为群众提供服务是公共价值的生产和创造。服务是基层治理的中心功能,优质的公共服务有助于提升生活的美好程度。所以,在美好生活时代向公共价值创造型治理转型的关键是构建服务型基层治理。《关于加强基层治理体系和治理能力现代化建设的意见》非常强调基层政权的服务能力建设,并把服务能力当作

① 2021 年 4 月出台的《关于加强基层治理体系和治理能力现代化建设的意见》指出,"力争用 5 年左右时间,建立起党组织统一领导、政府依法履责、各类组织积极协同、群众广泛参与,自治、法治、德治相结合的基层治理体系,健全常态化管理和应急管理动态衔接的基层治理机制,构建网格化管理、精细化服务、信息化支撑、开放共享的基层管理服务平台;党建引领基层治理机制全面完善,基层政权坚强有力,基层群众自治充满活力,基层公共服务精准高效,党的执政基础更加坚实,基层治理体系和治理能力现代化水平明显提高。在此基础上力争再用 10 年时间,基本实现基层治理体系和治理能力现代化,中国特色基层治理制度优势充分展现"。也就是说,在 2021 年之后的 5 年,也就是 2026 年,要求完成基层治理现代化格局的构建,到 2035 年,基本实现基层治理的现代化。因此,笔者所做的"基层治理现代化构建接近完成"的判断是成立的。

一种重要的治理能力。该《意见》指出,市、县级政府要规范乡镇、街道的政务服务、公共服务、公共安全等事项,乡镇要做好农业产业发展、人居环境建设及留守儿童、留守妇女、留守老人关爱服务等工作,街道要做好市政市容管理、物业管理、流动人口服务管理、社会组织培育引导等工作,同时要优化乡镇、街道的政务服务流程,全面推进一窗式受理、一站式办理,加快推行市域通办,逐步推行跨区域办理。① 该《意见》为服务型基层治理的建立提供了政策依据。

再次,构建自治、法治、德治相结合的基层治理体系。在基层治理中,人民群众的民主、法治、公平、正义、安全与环境需求的满足主要来自于自治、法治和德治相结合的基层治理的运转。自治、法治和德治的融合能够保证基层群众受到正确的社会对待,因此,自治、法治和德治的运行即是在生产和创造公共价值。在实践中,"三治"虽然各有侧重,但自治却居于中心位置。这是因为,自治是行动性的,法治和德治是保障性的。法治强调的是依法而治,只是规定了治理的法律边界,其本身并不提供具体行动方案;德治强调的是依德而治,只是规定了治理的道德边界,其本身也不提供行动方案。② 所以,就这三者的关系而论,自治是行动性的,法治与德治是对自治的规范。《意见》对于自治、法治和德治都有相应的规划。在自治上,《意见》提出要加强乡镇和街道的议事协商能力,健全基层群众的自治制度。在法治上,要求推进基层治理的法治建设,提升基层管理者的法治素养,引导群众依法支持和配合基层治理。在德治上,要求加强基层治理中的思想道德建设,健全农村和社区的道德评议机制。当然,在法治和德治的关系上,应该是法治优先,法主德辅。

最后,美好生活的实现和基层治理的转型离不开党与国家的整体推动。实现人民群众的美好生活是中国式现代化的一个目标,也是中国共产党的执政使命,基层治理的转型是国家治理现代化的内在构成,这二者都离不开

---

① 中共中央、国务院:《关于加强基层治理体系和治理能力现代化建设的意见》,中国政府网,https://www.gov.cn/gongbao/content/2021/content_5627681.htm,引用日期,2024 年 6 月 1 日。

② 张敏:《纽带与参与:寻找村治的当前基础——基于 DH 村"商治"实践的启示》,《党政研究》2023 年第 6 期。

党与国家的整体推动。党与国家是美好生活及其实现的顶层设计者,以及国家治理现代化与基层治理转型的推进者。根据中共十九大的设想,到2035年,国家治理现代化基本实现,现代社会治理格局基本形成,人民平等参与、平等发展的权利得到充分保障,法治国家、法治政府、法治社会基本建成,人民生活更为宽裕,区域发展差距和居民生活水平差距显著缩小,基本公共服务均等化基本实现,全体人民共同富裕迈出坚实步伐,生态环境根本好转,美丽中国目标基本实现。[1] 相信,在中国共产党的坚强领导下,美好生活一定能够实现。

---

① 中共中央党史和文献研究院编:《十九大以来重要文献选编》(上),第20页。

第九章 个体生活政治的制度化实践

生活政治是面向个体的政治,美好生活也是面向个体的生活,因此,美好生活时代生活政治的一个主要构成是个体的生活政治实践。个体生活政治的制度化实践是以民主参与为主要线索展开的,在新的历史阶段,人民群众在其日常生活中通过公共事务管理中的参与行动实现他们的民主、法治、公平、正义、安全和环境等要求。人民群众的参与状况直接决定了他们生活政治实践的状况,并进一步影响其美好生活诸社会性需求的实现状况以及对生活和社会的主观感知。所以,在生活政治的新发展阶段,必须重视人民群众的参与实践,为人民群众的民主参与创造有利条件。美好生活时代个体的生活政治制度化实践构成了生活政治在微观领域的发展。

一、 个体生活政治实践的行动框架:协商民主与全过程人民民主

在中国特色社会主义政治的发展过程中,协商民主与全过程人民民主是对中国社会主义民主形式和属性的最新概括,代表了中国社会主义民主政治的最新发展,这两种民主为人民群众在新发展阶段的生活政治实践提供了行动框架和制度保障。通过协商民主和全过程人民民主的参与行动,人民群众可以实现民主、法治等需要,可以在利益相关的事务上施加相应的影响和控制,从而更好地为自己的生活权益服务。因此,协商民主和全过程人民民主既构成了个体生活政治实践的行动框架,也代表了生活政治的最新发展方向。

（一）社会主义协商民主的提出和政治定位分析

1. 社会主义协商民主的提出

在中国,社会主义协商民主概念的提出及理论的形成有一个逐渐的发展过程。[①] 这个过程的起点可以追溯到中国人民政治协商会议在新中国成立之前的最初发端,即中国共产党和各民主党派、无党派民主人士、各人民团体、各界爱国人士之间的团结合作与协商。[②] 此处的协商为政治协商,通过协商而寻求政治团结与合作,团结与合作是目的。到了 1949 年 9 月 17 日,中国人民政治协商会议成立(以下简称"中国人民政协")。在 1954 年 9 月第一届全国人民代表大会召开之前,中国人民政协代行人民代表大会的职权,在第一届全国人民代表大会召开之后,中国人民政协就成为中国共产党领导民主党派、无党派人士、人民团体和各界爱国人士合作与商讨国家大事的重要组织。中国人民政协的这一功能在中共八大的政治决议中得到了明确的阐述:"必须按照长期共存、互相监督的方针,继续加强同各民主党派和无党派民主人士的合作,并且充分发挥人民政治协商会议和各级协商机构的作用。在一切政府机关、学校、企业和武装部队中,共产党员都必须负责建立起同党外工作人员合作共事的良好关系。"[③]不过,中国人民政治协商会议在"文革"期间遭受了破坏。"文革"结束以后,经过十余年的恢复,1989 年 12 月,中共中央颁布了《关于坚持和完善中国共产党领导的多党合作和政治协商制度的意见》,从中国社会主义政党制度的高度对中国共产党与各民主党派的关系进行了阐述,指出中国共产党与其他民主党派的关系是领导与合作的关系,并提出强化和发展中国共产党与民主党派的合作关系。而在此前 1987 年 10 月召开的中国共产党第十三次全国代表大会上,中国共产党又提出了社会协商的观念,在政治协商的基础之上增加了社会协商的内容,从而使中国的社会主义协商形成了政治协商与社会协商两大部分,

---

[①] 关于这个过程的脉络,在作者以前的一篇论文中已经作过较为详尽的梳理。参见张敏《中西协商民主的概念史考察:语义演变与要素辨同》,《探索》2015 年第 4 期。

[②] 张敏:《中西协商民主的概念史考察:语义演变与要素辨同》,《探索》2015 年第 4 期。

[③] 中共中央文献研究室编:《建国以来重要文献选编》(第九册),第 300 页。

构成了中国早期协商民主的基本构架。① 1995 年 1 月，中共中央转发《中国人民政治协商会议全国委员会关于政治协商、民主监督、参政议政的规定》，把人民政协的主要职能阐述为政治协商、民主监督和参政议政，中国政协的三大职能由此得以明确规定。

中国人民政协的发展给出了中国协商民主的传统内容，即基于中国人民政协的协商。不过，明确的"协商民主"概念的形成和提出是由以下两个文件完成的。2006 年 2 月，中国共产党在《中共中央关于加强人民政协工作的意见》中提出，"人民通过选举、投票行使权利和人民内部各方面在重大决策之前进行充分协商，尽可能就共同性问题取得一致意见，是我国社会主义民主的两种重要形式"②。协商被概括为社会主义民主的重要形式，这可能是第一次。在接下来的 2007 年 11 月，国务院新闻办公室发布了一份《中国的政党制度》白皮书，该白皮书明确提出："选举民主与协商民主相结合，是中国社会主义民主的一大特点。"③根据公开的文件，这是协商民主首次以一种专门的民主形式进入中国的权威文件。④

而在 21 世纪第一个十年的同一时期，以美国为主的西式协商民主（deliberative democracy）理论也被引介入中国。作为一个专门的名词，"协商民主"是由约瑟夫·毕塞特（Joseph M. Bessette）在 1980 年创造的一个词汇，旨在为美国政治制度的民主性作辩护。后来这一概念被其他的政治学家使用，创造并发展出一个协商民主的理论，用以观察相关的民主实践。总体上，西式协商民主作为一种民主模式，是对美国自由主义民主模式的缺陷进行反思和批判的产物，并试图以公共协商弥补美式民主的不足。它的主要策略是通过理性的民主参与以提高民主的真实性和公共理性，所以又可

---

① 黄国华等：《中国社会主义协商民主思想史稿》，西南交通大学出版社，2013 年，第 27 页。

② 中国政府网，https://www.gov.cn/jrzg/2006 - 03/01/content_215306.htm，引用日期，2024 年 5 月 26 日。

③ 中国政协网，http://www.cppcc.gov.cn/2011/09/14/ARTI1315981476297939.shtml，引用日期，2024 年 5 月 26 日。

④ 张敏：《中西协商民主的概念史考察：语义演变与要素辨同》，《探索》2015 年第 4 期。

以称为一种新型的参与式民主。①

　　西式协商民主概念和理论的进入可以通过几个代表性的学术事件加以阐述。第一个事件是，2002 年，中国出版了《哈贝马斯在华演讲集》，其中一篇《民主的三种规范模式》论及的"deliberativer politik"被译为"商议政治"②。第二个事件是，俞可平在 2002 年的一篇《当代西方政治理论的热点问题》文章中把"deliberative democracy"称为"协商民主"③。第三个事件是，上海三联书店在 2004 年出版了陈家刚主编的《协商民主》，该书编录了一些西方学者关于协商民主的文章，把"deliberative democracy"译为"协商民主"。第四个事件是，2006 年起，中央编译出版社相继出版了"协商民主译丛"系列丛书。同期还有一些引介西式协商民主的论文和著作，有的学者把"deliberative democracy"译为"审议民主"。在两种译名中，"协商民主"的译名传播更为广泛，取得了主导地位。西方协商民主概念和理论的引进，为协商民主概念在中国的出现提供了另外一个线索。同时，西式协商民主概念和理论的进入，也促进了中国学术界早期的协商民主研究，一些学者以西式协商民主为理论视角对中国一些地方的基层民主实践进行了观察和分析。

　　中国社会主义协商民主概念的正式提出是在 2012 年 11 月召开的中国共产党第十八届全国代表大会上。大会报告指出，社会主义协商民主是中国人民民主的重要形式，要健全社会主义协商民主制度，完善协商民主制度和工作机制，推进社会主义协商民主广泛、多层、制度化发展。④ 十八大在社

---

① 以美国为代表的西方协商民主理论有不同的面向。理卡多·布劳格按照规范性程度把协商民主分为共和主义的协商民主、后现代的协商民主和普遍主义的协商民主；迈克尔·萨沃德把协商民主分为正式的与非正式的协商民主；诺埃里·麦加菲把协商民主分为以偏好为基础的协商民主、理性的程序主义协商民主和综合的协商民主（参见谈火生《审议民主理论的基本理念和理论流派》，《教学与研究》2006 年第 11 期）在不同的协商民主理论中，以主张公民参与的共和主义激进主张的影响最大，讨论最多的通常是这类协商民主。

② 参阅中国社科哲学研究所编《哈贝马斯在华演讲集》（人民出版社，2002 年）相关章节。

③ 俞可平：《当代西方政治理论的热点问题》，载《学习时报》，2002 年 12 月 23 日。

④ 中共中央文献研究室编：《十八大以来重要文献选编》（上），第 21 页。

会主义协商民主概念和理论的提出上具有转折性的里程碑意义。首先,这是第一次在如此权威的中国共产党的代表大会上提出社会主义协商民主的概念;其次,把社会主义协商民主明确定位为中国人民民主的重要形式;再次,也是最具有转折意义的一点,十八大报告提出的社会主义协商民主不再局限于中国人民政协的协商民主范围,而是要在更加广泛和多层的范围内发展协商民主,因此,此时的协商民主是一个多层级、广范围的协商民主。对社会主义协商民主具体构成的规定是在 2013 年 11 月召开的十八届三中全会上作出的。十八届三中全会指出,协商民主是中国社会主义民主政治的特有形式和独特优势,是党的群众路线在政治领域的重要体现,要推进协商民主广泛多层制度化发展,构建程序合理、环节完整的协商民主体系,拓宽国家政权机关、政协组织、党派团体、基层组织、社会组织的协商渠道,深入开展立法协商、行政协商、民主协商、参政协商、社会协商。[①] 十八届三中全会对协商民主的规定也具有转折意义,一是因为这次会议提出了国家治理体系与治理能力现代化的战略任务和顶层设计,推进和发展社会主义协商民主是国家治理现代化的重要组成部分;二是因为这次会议提出了五大协商渠道和五个协商领域,对社会主义协商民主的广泛多层制度化发展进行了顶层设计;三是明确提出了政协协商以外的协商形式,使人们对于中国协商民主的理解走出政协协商的范式。为了落实十八届三中全会的顶层设计,推进社会主义协商民主的广泛多层制度化发展,2015 年 1 月,中共中央出台了《中共中央关于加强社会主义协商民主建设的意见》,对协商渠道作了更为具体的规定,提出"重点加强政党协商、政府协商、政协协商,积极开展人大协商、人民团体协商、基层协商,逐步探索社会组织协商"的指导性意见。[②] 与十八届三中全会相比,《中共中央关于加强社会主义协商民主建设的意见》没有进行协商渠道和协商领域的区分,而是把它们都整合在协商渠道之中。另外,该"意见"提出分层次推进的七个协商渠道,比十八届三中全会的划分更为具体和明确。

从中国社会主义协商民主概念的提出和构成的演化中可以发现几个突

---

① 中共中央文献研究室编:《十八大以来重要文献选编》(上),第 528 页。

② 中共中央文献研究室编:《十八大以来重要文献选编》(中),中央文献出版社,2016 年,第 293 页。

出特征:第一,中国社会主义协商民主的内涵与外延经历了从"小协商"到"大协商"的演变。所谓"小协商",是指基于人民政协系统的协商,所谓"大协商",是指包括政协协商在内的更大范围的协商。第二,中国的社会主义协商民主是一个体系性概念,是由多种形式的协商民主共同组成的一个协商民主体系。第三,中国的社会主义协商民主既包括政治协商,也包括治理协商。比如,中国共产党和其他民主党派就重要人事任命的协商就属于政治协商,公共事务管理的协商就属于治理协商,但总体上看,治理协商的内容更多。第四,各种形式的协商民主各有不同的内涵,所以很难用一个定义对所有形式的协商民主作出界定,各种形式的协商民主需要单独界定。

当然,我们也要注意到中西协商民主的区别和一致。概而观之,有三个明显的区别。第一,中西协商民主兴起的历史背景及目的不同。以美国为代表的西式协商民主是对自由主义民主模式进行反思和批判的产物,试图以协商民主弥补自由主义民主的缺陷。中国的协商民主经历了从新中国成立时的协商建国到中共十八大以来协商治国的转变,成为国家治理现代化的重要组成部分。第二,体制背景不同。总体上,西式协商民主是在正式制度体系之外的一种民主实践,而中国的协商民主则成为正式制度体系的组成部分,与国家的制度体系紧密结合在一起。第三,实践方式不同。与第二点区别相联系,西式的协商民主主要是一种自我演化和实践的民主,中国的协商民主则是由党与国家自上而下制度化推进的民主。二者的一致性在于,两种协商民主都是一种民主模式和治理模式,二者都强调公民参与及参与的理性和公共决策中的共识。

2. 社会主义协商民主的政治定位

中国共产党对社会主义协商民主作出了重要的政治定位。十八届三中全会把社会主义协商民主规定为"中国社会主义民主政治的特有形式和独特优势"与"党的群众路线在政治领域的重要体现"[1],中共十九大在十八届三中全会的政治定位上又增加了"实现党的领导的重要方式"[2]。从这些政治定位中可以看出,社会主义协商民主对于中国社会主义民主政治建设和

---

[1] 中共中央文献研究室编:《十八大以来重要文献选编》(上),第528页。

[2] 中共中央党史和文献研究院编:《十九大以来重要文献选编》(上),第27页。

国家治理现代化具有重要的意义,在中国的政治实践中具有重要的政治地位。那么,如何解读这些政治定位?

(1)协商民主是中国社会主义民主政治的特有形式和独特优势。"特有形势"和"独特优势"都是相较于以美国为代表的自由主义民主模式和西式协商民主而言的,是在对西方民主的认识不断深化的条件下得出的重要结论。首先,在"特有形式"上,协商民主在中国的形式和内容是西方的民主和协商民主都不具备的,中国的社会主义协商民主是一个体系性概念,包含了多种协商形式,可以满足多种协商需要,而西式协商民主在内容和形式上都比较单一。在这一点上,中国的协商民主也构成了对西式协商民主的独特形式。其次,在"独特优势"上,中国协商民主的独特优势既是针对西方民主而言的,也是针对西式协商民主而言的。中国的协商民主是中国社会主义民主的有机构成,体现了中国社会主义民主的公共性和共识性的本质,而公共性和共识性恰恰是以美国为代表的西方民主所缺乏的。这是因为,西方的民主在本质上是一种竞争性民主,是竞争性政治的体现。这种竞争性民主和竞争性政治既包括政党之间的竞争,也包括利益集团之间的竞争,以及不同种族和价值观念的竞争,这些竞争在客观上会导致利益和价值观念的撕裂,加大政治和社会分歧,民主政治应有的公共性和共识性得以流失。所以,西方国家的政治制度设计为公共性和共识性的缺失埋下了制度的根基,很难在本质上加以改变。而中国共产党和各民主党派之间的关系是中国共产党领导之下的多党合作与协商关系,党派之间不存在竞争关系,这在制度设计上决定了中国政治的本质不是竞争政治。而且,中国共产党代表全国人民的利益,没有自己的特殊利益,不代表任何利益集团的利益[1],因此,在制度的根源上不存在西方竞争政治的政治基础和社会基础。这两方面的原因共同决定了中国的社会主义民主是具有充分公共性和共识性的民主。也就是说,中国社会主义民主的公共性和共识性具有牢固的制度基础。在整体的协商结构上,中国的协商民主是政党、国家权力机关与各类社会主体彼此之间的协商,又进一步增强了社会主义民主的公共性、共识性以及公

---

① 习近平:《在庆祝中国共产党成立100周年大会上的讲话》,新华网,http://www.xin-huanet.com/2021 - 07/01/c_1127615334.htm,引用日期,2024 年 5 月 27 日。

共理性,这些制度优势是西方民主政治所不具备的。

此外,单就中西协商民主的比较而言,中国协商民主同样也具备独特的优势。首先,在协商的渠道与领域(内容)上,中国的协商民主是全方位多领域的协商,而西方的协商民主在内容和形式上则比较单一。中国协商民主的构成如下表所示:

表 7　中国协商民主的构成

协商主体	政党	协商领域		政党协商
	政府		立法协商	政府协商
	政协		行政协商	政协协商
	人大		民主协商	人大协商
	人民团体		参政协商	人民团体协商
	基层		社会协商	基层协商
	社会组织			社会组织协商

表中可见,中国协商民主的主体有七类,在协商领域(内容)上从十八届三中全会的五类变成了 2015 年《中共中央关于加强社会主义协商民主建设的意见》规定的七类,可谓"多主体、多领域的立体式全方位协商民主",而这恰是西式协商民主所缺乏的。另外,独特优势还体现在中国的协商民主是由党与国家通过制度化的途径自上而下推进的,这样的实践方式也是西式协商民主所不具备的。

(2)协商民主是党的群众路线在政治领域的重要体现。群众路线是由毛泽东提出和阐发的关于中国共产党、国家权力机关及其工作人员在处理与人民群众关系的问题上所应遵循的根本态度、工作方式和思想认识的路线。群众路线的提出和形成有一个逐渐发展的过程,关于此过程的研究非常丰富,此处不再赘述,而仅对一些关键事件作简略的回顾。1943 年 6 月,毛泽东在《关于领导方法的若干问题》一文中就群众路线作了系统的阐述:

在我党的一切实际工作中,凡属正确的领导,必须是从群众中来,到群众中去。这就是说,将群众的意见(分散的无系统的意见)集中起来(经过研究,化为集中的系统的意见),又到群众中去作宣传解释,化为群众的意见,使群众坚持下去,见之于行动,并在群众行动中考验这些意见是否正确。然后再从群众中集中起来,再到群众中坚持下去。如此无限循环,一次比一次地更正确、更生动、更丰富。这就是马克思主义的认识论。①

1945 年,中国共产党第七次全国代表大会把群众路线的基本精神写入党章,成为治党的重要原则。在党章的总论中写道:"中国共产党人必须具有全心全意为中国人民服务的精神,必须与工人群众、农民群众及其他革命人民建立广泛的联系,并经常注意巩固与扩大这种联系。每一个党员都必须理解党的利益与人民利益的一致性,对党负责与对人民负责的一致性。每一个党员都必须用心倾听人民群众的呼声和了解他们的需要,并帮助他们组织起来,为实现他们的需要而斗争。每一个党员都必须决心向人民群众学习,同时以革命精神不疲倦地去教育人民群众,启发与提高人民群众的觉悟。中国共产党必须经常警诫自己脱离人民群众的危险性,必须经常注意防止和清洗自己内部的尾巴主义、命令主义、官僚主义与军阀主义等脱离群众的错误倾向。"②1981 年 6 月,中共十一届六中全会通过的《中国共产党中央委员会关于建国以来党的若干历史问题的决议》,把实事求是、群众路线、独立自主确定为毛泽东思想的三个"活的灵魂",并把群众路线的基本内容表述为"一切为了群众,一切依靠群众,从群众中来,到群众中去"③。至此,中国共产党对群众路线的通行表述得以形成。

群众路线蕴含的内容非常丰富。首先,群众路线表达了对人民群众的根本态度,确立了一个基本的群众观,即一切为了群众,一切依靠群众。其次,群众路线也是一种工作方法,即一切从群众中来,一切到群众中去。再次,群众路线也是一种决策的方法和民意获取的方法,只有在群众中才能了解真正的民意。最后,群众路线也是一种认识论,只有遵循群众路线的要

① 毛泽东:《毛泽东选集》第三卷,第 899 页。
② 中共中央文献研究室、中央档案馆编:《建党以来重要文献选编》第二十二册,中央文献出版社,2011 年,第 535 页。
③ 中共中央文献研究室编:《三中全会以来重要文献选编》(下),中央文献出版社,2011 年,第 162—163 页。

求,才能获得理性的认知。

协商民主之所以是群众路线在政治领域的重要体现,不仅因为协商民主与群众路线的基本精神具有内在的一致性,而且也因为协商民主为群众路线提供了一个新实现方式,并且使群众路线成为群众的群众路线。首先,在基本的价值观上,协商民主以服务于人民群众为宗旨,与群众路线具有高度一致性。尤其基层协商是以群众参与为中心的协商,是群众路线的真实体现。其次,协商民主同样奉行群众路线的原则,是群众路线的新实现方式。基层协商以群众参与为基础,群众通过协商式参与,形成理性的公共意见并传递到决策环节。在此过程中,不仅决策意见从群众中来,到群众中去,而且在一定协商程序规导之下的群众参与是更具理性的参与,形成的公共意见也更具公共理性。因此,协商民主也提供了一个公共决策的新型方法论和认识论。

最后,在基层协商以及其他有群众参与的协商中,群众在决策中发挥着主体的作用,群众路线成为群众的群众路线。此时的协商民主已经不仅是群众路线的新实现方式,而且其本身也对群众路线的内涵进行了扩展。这是因为,如果对群众路线的提出与后来的表述进行仔细的探究,可以发现,群众路线的提法是针对领导干部的,是领导干部的群众路线。正如毛泽东在1943年文章的标题中指出的,群众路线是一种"领导方法",因此,群众路线是领导干部的群众路线,而非群众的群众路线,是领导干部如何对待群众及群众的意见以更好地解决问题的群众路线。在1945年中共七大通过的党章中,群众路线的基本精神和内容成为指导党员处理与群众关系的原则和指南,变成了党员和党员干部的群众路线。及至十一届六中全会的《中国共产党中央委员会关于建国以来党的若干历史问题的决议》,群众路线的固有内涵没有改变。我们现在谈及群众路线,通常指党与国家及其政权机关以及公务人员处理与人民群众关系的一个基本政治原则。而协商民主则使人民群众成为决策的主体,而不是单纯的被征求意见者,因此使群众路线成为群众的群众路线。所以,协商民主使群众路线在内涵上得到了进一步的发展。

(3)协商民主是实现党的领导的重要方式。中国共产党是社会主义事业的领导核心。如何实现党的领导是一个与时俱进的理论与实践课题。随着时代的发展和社会的进步,党的领导方式也需要创新。中国的协商民主是多主体、多领域、全方位的协商民主,中国共产党可以通过多种形式和多个领域的协商民主实现对社会主义事业的领导,协商民主为中国共产党领导全国人民群众实现和协调各种合理的利益提供了新的方式。因此,协商民主也是一种领导方式的创新。

党中央把协商民主规定为一种实现领导的重要方式,说明在新时代,党和国家越来越重视人民群众的权利和利益,是以人为本的重要体现。当然,更是一种领导理念和治理理念的创新。这说明,在领导理念上,中国共产党已经突破了传统的观念,认为创造民主条件,提供民主通道,让群众参与公共事务的管理,充分表达自己的诉求,也是一种领导方式。这是一种服务型的领导,通过制度的供给,让人民群众参与到协商过程中来,不仅不会弱化党的领导权力,反而会强化党的领导权力,强化公共决策的合法性,提高公共决策的执行力,增强党的领导能力,巩固党的执政基础。

把协商民主视作党的领导的重要方式也是群众路线的进一步发展。中国共产党把协商民主当作一种领导方式和工作方法,进一步优化了群众路线的领导方式。在此基础之上,我们也可以把协商民主当作一种新型的民主集中制,即通过协商民主,把民意更好地收集起来,为公共决策提供更为合理的民意基础。因此,协商民主也是一种以民意为基础的新型民主集中制。

领导方式的创新也是治理方式的创新。中国共产党在国家治理中居于领导核心地位,因此,中国共产党的领导方式决定了国家治理的方式,领导方式的创新往往导致治理方式的创新。当把协商民主当作一种领导方式时,一些新型的治理方式也被创造出来。这些治理方式既包括协同治理,也包括协商治理。比如,在政党协商中可以产生党际之间的协同治理,政党与社会的协商中可以产生党与社会之间的协同治理。政府与社会的协商可以产生政府与社会之间的协同治理。当然,在学术研究的意义上,这些协同治理与协商治理是高度重合的。当一些非政府类的主体参与协商过程时,可以产生一些新型的参与式治理,比如基层协商中人民群众的参与式治理。在学术研究的意义上,这些新型的参与式治理也被称为协商治理。因此,当社会主义协商民主在中国快速发展的时候,尤其把其广泛地应用于基层治理的时候,一种新型的治理形式——协商治理在中国就快速地成长起来。

(二)全过程人民民主的提出和政治定位分析

1. 全过程人民民主的提出

全过程人民民主是继协商民主之后中国提出的一个可以概念化的民主模式。全过程人民民主起初是习近平于 2019 年 11 月 2 日在上海市考察时提出的一个概念,当时使用的概念是"全过程的民主"。当日下午,习近平来到长宁区虹桥街道古北市民中心考察社区治理和服务情况。[①] 在和市民交谈的过程中,习近平指出:"我们走的是一条中国特色社会主义政治发展道路,人民民主是一种全过程的民主,所有的重大立法决策都是依照程序、经过民主酝酿,通过科学决策、民主决策产生的。"[②]在 2021 年 7 月 1 日庆祝中国共产党成立一百周年大会上的讲话中,习近平使用了"全过程人民民主"的概念。他说:"新的征程上,我们必须紧紧依靠人民创造历史,坚持全心全意为人民服务的根本宗旨,站稳人民立场,贯彻党的群众路线,尊重人民首创精神,践行以人民为中心的发展思想,发展全过程人民民主,维护社会公平正义,着力解决发展不平衡不充分问题和人民群众急难愁盼问题,推动人的全面发展、全体人民共同富裕取得更为明显的实质性进展!"[③]

在 2022 年 10 召开的中国共产党第二十次全国代表大会上,全过程人民民主被写入大会报告。报告指出,党与国家"坚持走中国特色社会主义政治发展道路,全面发展全过程人民民主,社会主义民主政治制度化、规范化、程序化全面推进,社会主义协商民主广泛开展,人民当家作主更为扎实,基层民主活力增强,爱国统一战线巩固拓展,民族团结进步呈现新气象,党的

---

① 相关新闻报道请参见中国政府网:《习近平:中国的民主是一种全过程的民主》https://www.gov.cn/xinwen/2019 - 11/03/content_5448083.htm,引用日期,2024 年 5 月 28 日。

② 习近平:《论坚持人民当家作主》,中央文献出版社,2021 年,第 303 页。

③ 习近平:《论坚持人民当家作主》,第 304 页。

宗教工作基本方针得到全面贯彻,人权得到更好保障"①。大会报告总共使用了九次"全过程人民民主",就全过程人民民主的政治定位、内容构成和发展目标作出了规定。

2. 全过程人民民主的政治定位

二十大报告把全过程人民民主规定为中国式现代化的本质要求、中国政治发展的道路选择以及社会主义民主政治的本质属性,并指出全过程人民民主是最广泛、最真实、最管用的民主。那么,如何解读这些政治定位?

(1) 全过程人民民主是中国式现代化的本质要求。二十大报告指出,"中国式现代化的本质要求是:坚持中国共产党领导,坚持中国特色社会主义,实现高质量发展,发展全过程人民民主,丰富人民精神世界,实现全体人民共同富裕,促进人与自然和谐共生,推动构建人类命运共同体,创造人类文明新形态"②。其中,发展全过程人民民主是对中国式现代化的一个本质要求。这说明,现代化的中国必须是实行全过程人民民主的中国。

对全过程人民民主的解读需要置放在中国式现代化的时代背景下进行。中国式现代化是新发展阶段的现代化,是在已有现代化成就基础之上的进一步发展,因此必须赋以更高的要求。二十大报告提出的本质要求既是对新阶段现代化目标的要求,也是对新阶段现代化的本质规定,只有符合这些要求和规定,才能是一个更高水平的现代化。中国式现代化是多个领域现代化综合作用的结果,是一个全面的现代化。把全过程人民民主作为一个本质要求,是在表明中国的政治发展或者政治现代化是以建立全过程人民民主为目标的,中国的政治现代化是以建立全过程人民民主来衡量的,全过程人民民主是对中国式现代政治的一个规定,全过程人民民主是中国式现代政治的一个本质特征。因此,全过程人民民主代表了中国共产党对中国政治发展和中国式现代政治的总体考量。

(2) 全过程人民民主是中国政治发展的道路选择。"全过程人民民主是中国政治发展的道路选择"的判断,是在中国共产党对于中国政治发展道

---

①② 习近平:《高举中国特色社会主义伟大旗帜 为全面建设社会主义现代化国家而团结奋斗——在中国共产党第二十次全国代表大会上的报告》,中国政府网,https://www.gov.cn/xinwen/2022 - 10/25/content_5721685.htm,引用日期,2024 年 5 月 28 日。

路的认识不断深化的条件下作出的。新中国成立以来,尤其是改革开放以来,中国共产党一直以社会主义民主政治作为中国特色社会主义政治发展的目标,提出民主是社会主义的生命,没有民主就没有社会主义的系列论断,同时也在持续推进社会主义民主政治的实践。在中国民主政治发展的道路选择上,曾经提出选举民主和协商民主是中国民主政治两个基本形式的命题,这两种民主是可以概念化与理论化的民主形式,说明中国共产党在中国民主政治发展的道路选择上已经形成了成熟的认识。

全过程人民民主是基于已有认识之上的进一步发展。与此前的认识不同,全过程人民民主更加清晰地突出了中国政治发展道路选择的内容特征,即人民性和全过程性。所谓人民性,是从人民群众的角度出发,强调了人民群众的主体性地位,是人民当家作主的本质要求和体现。从这个角度出发,中国的社会主义民主必须是人民群众在场的民主,则必然要求人民群众对国家治理的参与。所以,人民性又是以人民群众的切实参与为具体表现的。第二是全过程性。全过程性一方面是对中国民主政治总体外貌特征的概括,另一方面则强调人民群众的参与特征。所谓全过程,也是公共决策及其实施的全过程,要求人民群众的参与贯穿于决策前、决策中和决策后的实施。全过程性既说明了人民群众的参与特征,也说明了参与的内容特征,是人民性的真实体现。全过程参与是为了解决实际问题,只有能够解决问题的民主才是真实的民主。因此,人民性和全过程性的结合,决定了中国的民主是"最广泛、最真实和最管用"的民主。

作为一种政治发展的道路选择,全过程人民民主的目的是为了实现人民当家作主。全过程人民民主既是实现人民当家作主的基本途径,也是人民当家作主的真实体现。这是由人民当家作主的社会主义民主本质决定的。人民当家作主首先要求民主的人民性,然后要求当家作主的全过程性,只有二者紧密结合起来,人民当家作主才得以充分体现。所以,把全过程人民民主规定为中国政治发展的道路选择,充分满足了人民当家作主的社会主义民主政治的本质要求。需要指出的是,全过程人民民主作为中国民主政治发展的道路选择,并不是取代选举民主、协商民主以及其他的民主安排,而是要和这些民主安排紧密结合起来,以这些民主作为制度平台,共同推进中国社会主义民主政治的实践和发展。

（3）全过程人民民主是社会主义民主政治的本质属性。全过程人民民主的观念既是在对西方国家民主政治认识不断深化的基础之上形成的，也是在对中国社会主义民主政治认识不断深入的基础之上形成的。如果说自由主义的竞争性民主是西方民主政治的本质属性，那么，全过程人民民主就是中国社会主义民主政治的本质属性。作为社会主义民主政治的本质属性，全过程人民民主由人民性和全过程性组成，因此，也可以说，人民性和全过程性共同构成了中国社会主义民主政治的本质属性。人民性是由中国国家的社会主义性质决定的，表明了谁是国家的主人，所以社会主义民主必须是人民的民主。全过程性是社会主义民主政治的运行特征或者实践特征，表明人民群众参与了国家治理的全过程，始终是国家的主人，因此，全过程性也是人民性的进一步体现。人民性和全过程性有机结合，说明中国的社会主义民主政治是真实的民主。在逻辑上，也只有人民性和全过程性的结合，才能够说明社会主义民主是真实的民主。

全过程人民民主既是中国社会主义民主政治的本质属性，也是中国社会主义民主政治的制度优势。当然，这一制度优势也是与西方国家的民主政治相比较而言的。因为西方国家的民主政治是自由主义的竞争性民主，这就导致了其民主真实性的不足。在竞争性民主模式之下，虽然公众也会参与各种民主过程，但西方国家的民主过程总是"偏袒"那些有信息来源和有组织优势的"选民"，也即总是有利于利益集团的人，而对大多数的选民来说，他们是"沉默的大多数"。因此，公共选择学派的代表人物，1986年诺贝尔经济学奖获得者詹姆斯·布坎南（James M. Buchanan）把美国的政治称为具有歧视性的"利益政治"，而非"原则性政治"。所谓歧视性的利益政治，是指对少数人有利而对多数人不利的政治；所谓原则性政治，是指平等地对待每一个人的政治。①这种歧视性局面的形成是由美国民主的竞争性本质导致的，竞争性的民主总是对"有实力"的人群有利。所以虽然民主政治的基本原则是主权在民或者人民的主权，但由于竞争性的制度设计使得民主的人民性出现了"赤字"。竞争性政治也必然导致民主公平性的不足，正如著名美国政治学家戴维·

① 参见〔美〕詹姆斯·布坎南、罗杰·康格尔顿：《原则政治，而非利益政治》，社会科学文献出版社，2004年。

杜鲁门(David B. Truman)所评论的:"立法机关被漫画家描绘成受到那些凶神恶煞似的、抽着雪茄的胖子们控制的机构,这些胖子们身上印着'特殊利益'的标识,而身材弱小的被称为'约翰·公正'的某个人被挤到一边,既愤怒又无奈,即可怜又沮丧。"①歧视性民主的形成同样也与西方国家的政党以及公共官员的利益代表取向有关。西方国家的政党有其自己的利益代表取向,这种利益取向往往和社会公众的普遍利益不一致。公共官员尤其是议员,与利益集团有着千丝万缕的关系,所以他们真正代表和执行的是利益集团的利益,经常背离社会大众的需要。

从过程性的角度看,西方国家公民的民主功能主要体现在投票选举上,而在公共决策的参与上却是比较稀缺的,因此有政治学家把以美国为代表的自由主义民主称为"弱民主"②,也即排斥公民参与的民主。这种排斥在事实上表现为两种情况。其一是公共管理过程中的排斥。比如,在美国的公共管理实践中,主导性的传统是精英行政,并不重视公民参与的作用。在行政精英看来,"当公众评论直接关注政府的日常琐事和政府对日常工作方法的选择时,它当然会像是一个笨拙讨厌的家伙,像是一个乡下人在操作一部难以驾驶的机器"③,或者把公众参与视作对行政管理"不必要的干预"④。公民参与诉求的高涨与参与实践的发展则是上世纪最后十余年的事情,但主要局限于基层治理中的一些事务。排斥的第二个表现是公共政策制定或者立法中公众影响的稀缺。比如,美国国会的立法过程是一个政党竞争与利益集团竞争相互纠缠的过程,公共政策的制定或者输出往往是各种利益博弈和妥协的结果。而且在立法的过程中,经常会形成对某些政策领域的垄断,"铁三角"模型即是对这一现象的理论揭示。所谓铁三角,是指由利益集团、国会的某个组成部分以及某些行政机构组成的一个比较稳定的利益联盟,这些联盟垄断了某个问题领域的政策制定。尽管随着多元化社会力

---

① 〔美〕戴维·杜鲁门:《政治过程》,陈尧译,天津人民出版社,2005年,第3页。
② 参见〔美〕本杰明·巴伯:《强势民主》,彭斌、吴润洲译,吉林人民出版社,2006年。
③ 转引自彭和平、竹立家主编:《国外公共行政理论精选》,中共中央党校出版社,1997年,第19页。
④ 〔美〕约翰·克莱顿·托马斯:《公共决策中的公民参与:公共管理者的新技能与新策略》,孙柏瑛等译,中国人民大学出版社,2010年,第4页。

量的发展及对政策过程参与的增多,但依然改变不了政策领域被垄断的现实,公众作为沉默的大多数,被排斥在政策制定的过程之外。

基于这样的认知和现实,对于大多数公众来说,以美国为代表的自由主义民主政治的民主"链条"是较为短暂的,尤其在具体的公共政策制定过程中,民主的链条甚至是缺失的。因此,其民主的人民性和过程性均不具足。这是西方国家民主政治的制度设计使然,很难在根本上发生改变。而中国的社会主义民主政治,在制度的本质上不是竞争性的,因此也就不具备排斥性政治的制度基础,而又一直坚持人民当家作主在社会主义民主政治中的核心地位,在公共管理中的全过程参与也就成为实践使然。所以,人民性和全过程性,以及二者的有机结合,就构成了中国民主对西方国家民主的制度优势。

(三)协商民主和全过程人民民主的关系

关于协商民主和全过程人民民主的关系,在二十大报告中已经作了明确的规定。二十大报告指出,"协商民主是实践全过程人民民主的重要形式,要完善协商民主体系,统筹推进政党协商、人大协商、政府协商、政协协商、人民团体协商、基层协商以及社会组织协商,健全各种制度化协商平台,推进协商民主广泛多层制度化发展"[①]。这一规定说明协商民主与全过程人民民主具有非常紧密的关系。二者的紧密关系首先表现在全过程人民民主是在协商民主之后的中国民主理论和实践的进一步发展。中国一直在社会主义民主政治的认知上进行概念化和理论化的探索,协商民主的提出是对中国社会主义民主政治的形式进行概念化和理论化的产物,全过程人民民主则对中国社会主义民主政治的本质属性进行了概念化和理论化。两个概念的提出,使得中国社会主义民主政治的形式特征和属性特征清晰地呈现出来。第二,协商民主也是一种全过程人民民主。协商民主的宗旨和全过程人民民主的宗旨是一样的,都是为了实现人民当家作主,在实践特征上,协商民主也具备全过程性,二者的实践内容也是一致的。第三,因为二者的

---

① 习近平:《高举中国特色社会主义伟大旗帜　为全面建设社会主义现代化国家而团结奋斗——在中国共产党第二十次全国代表大会上的报告》,中国政府网,https://www.gov.cn/xinwen/2022 - 10/25/content_5721685.htm,引用日期,2024 年 5 月28 日。

内容和形式具有一致性,所以协商民主是全过程人民民主的实现形式。作为社会主义民主政治的本质属性,全过程人民民主不能自我实现,必须借助于一定的实现形式,协商民主恰好可以充当这一形式。第四,协商民主成为全过程人民民主理论与实践的重要组成部分。

(四) 个体生活政治实践与协商民主、全过程人民民主

个体的生活政治实践构成了生活政治的微观层面。生活政治的个体面向决定了生活政治的微观层面在整个生活政治体系中的基础地位,一个国家生活政治发育的真实状况是通过生活政治的微观层面来观测的。同时,就人民群众的每一个个体而言,其日常的生活政治实践直接影响了他们的生活状况。所以,关于生活政治的探讨最终都要回到个体的生活政治实践上来。

个体的生活政治实践,是个体或者个体的联合,为了某些生活议题(私人的或者公共的),或者是为了实现日常生活中的某些需要而采取的行动以形成的实践。个体的生活政治实践是以真实的行动为表现的,并不包括那些主观上的思想活动,思想活动只是为个体的行动提供了主观动机,其本身并不构成真正的行动。因为个体的生活政治行动必然涉及与其他个体、群体以及政府机构的关系,所以个体的生活政治行为必须置于一定的规则引导之下,这样的生活政治行动才可以是合法有序的。

在美好生活时代,个体的生活政治实践是为了实现日常生活中的民主、法治、公平、正义、安全和环境等需求展开的,主要体现为以意见表达为主的公众参与行为。依经验而论,公众参与的有效开展需要行动框架的设计,我们认为,全过程人民民主和协商民主恰为个体生活政治实践中的公众参与提供了一个重要的行动框架。

首先,全过程人民民主为个体生活政治实践中的公众参与确立了基本原则,也即人民群众的参与必须是全过程的。全过程参与一方面是社会主义民主政治本质属性的体现,另一方面也是美好生活实现的体现。对于后一要求,人民群众的民主、法治、公平、正义、安全、环境需求的满足也应该是全过程的,全过程构成了实现美好生活的一个内在规定。因此,只有通过全过程的参与,才能保证民主、法治、公平、正义、安全和环境需求的满足以及其他正当生活关切的实现是全过程的,才能保证人们对生活相关公共事务

的参与是全过程的。只对某个节点的参与,既不符合全过程人民民主的社会主义民主本性,也不符合建设美好生活时代的内在要求。此外,从个体的角度出发,全过程参与也是他们对相关公共事务施加必要影响的手段。所以,在行动框架的意义上,人民群众的参与是一种全过程参与。

协商民主体系中的基层协商为个体生活政治中的参与提供了制度框架。根据 2015 年 1 月出台的《中共中央关于加强社会主义协商民主建设的意见》,基层协商包括乡镇、街道的协商与行政村、社区的协商,以及企事业单位的协商。在乡镇和街道层面,城乡规划、工程项目、征地拆迁以及群众反映强烈的民生问题都要组织有关方面开展协商。在行政村和社区层面,要重视吸纳利益相关方参加协商。该"意见"还指出,与人民群众利益相关的大量决策和工作主要发生在基层,要本着协商于民、协商为民的要求,建立健全基层协商民主协调联动机制,稳步开展基层协商,更好解决人民群众的实际困难和问题。[①] 在 2015 年 7 月,中共中央办公厅和国务院办公厅印发了《关于加强城乡社区协商的意见》,对城乡社区协商给出了较为具体的指导意见,要求对涉及当地居民切身利益的公共事务和公益事业、当地居民迫切要求解决的实际困难问题和矛盾纠纷展开协商,并对协商主体、协商形式、协商程序、协商成果的运用和协商的组织领导作了较为具体的规定。[②]

这些政策文件为美好生活时代的个体生活政治实践提供了行动框架,既为公众参与提供了制度通道,又为公众参与提供了相关的程序规导,从而使个体的生活政治实践得以合法有序地展开。其中,协商是个体生活政治行动的基本方式和策略,在协商中寻求诸多美好生活需求的解决。正如中共十九大报告指出的,"有事好商量,众人的事情由众人商量,是人民民主的真谛"[③],协商民主和全过程人民民主构成了美好生活时代个体生活政治实践的主要行动框架。

---

① 中共中央文献研究室编:《十八大以来重要文献选编》(中),第 293 页。

② 中共中央办公厅、国务院办公厅:《关于加强城乡社区协商的意见》,中国政府网,https://www.gov.cn/zhengce/2015-07/22/content_2900883.htm,引用日期,2024 年 5 月 28 日。

③ 中共中央党史和文献研究院编:《十九大以来重要文献选编》(上),第 27 页。

二、 典型地区个体生活政治的制度化实践

基层是人们生活及发生社会关系的最主要场域,因此也是个体生活政治实践的主要发生地。个体生活政治实践的制度化对于美好生活的实现具有重要意义。进入 21 世纪以来,尤其是中共十八大以来,伴随微观生活政治的兴起以及现代基层治理体系的构建,个体生活政治的制度化实践也在基层治理现代化的进程中逐步展开,并形成了一些具有代表性的基层地区。对其中一些典型实践进行挖掘和揭示,对于中国生活政治的发展具有示范和促进作用。

(一)典型地区的选择及概述

个体生活政治的兴起是中国政治发展的一个重要趋势,但个体生活政治的兴起却是"默默"的兴起,几乎没有研究者在生活政治的名义下对这一新兴的政治现象表示关注并予以揭示,也不会有人意识到自己的行为是生活政治行为,更不会有专门的针对个体生活政治实践的制度设计。但在事实上,个体生活政治的制度化实践在一些地方已然出现了,只不过这些制度化实践并不是以生活政治的名目示人的,而是湮没在一些公共治理的行动之中。Z 省 W 市 Z 镇个体生活政治的制度化实践就属于这样的情况,其制度化方式和实践水平在全国都具有代表性。

Z 镇向以基层协商在学术界负有盛名。笔者自 2011 年以来对该地保持了密切关注,并多次赴该地实地调研,对该地的协商民主实践有比较全面的了解。自 2018 年以来,笔者开始研究生活政治,因为协商民主与生活政治的紧密关系,从那时起就开始留意隐藏在该地基层协商中的生活政治线索,发现该地群众的一些生活政治行为已经与基层协商融合在一起。

Z 镇地处东南沿海,在行政层级上,是 Z 省 T 市(地级市)下属 W 市(县级市)的一个乡镇。根据最新调研了解,Z 镇行政区划面积 63.35 平方公里,辖 4 个社区、57 个村,常住人口约 25 万。该镇处甬台温经济区腹地,是全国第一家股份合作制企业的诞生地,被列为全国发展改革试点城镇、国家建设部小城镇建设试点镇和全省首批小城市培育试点镇。先后获得国家卫生

镇、省文化强镇、省首批现代商贸特色镇、省十大宜居特色小城镇、省森林城镇、省美丽城镇（都市节点型）样板镇、省先进基层党组织、省非公企业产业工人队伍建设改革试点镇、省数字生活新服务特色镇、省农村文化礼堂建设示范乡镇、省和美乡村示范乡镇、省治违控违示范镇等省级以上荣誉。该镇以泵与电机、汽摩配件、机床工具、鞋帽服饰为四大支柱产业，目前全镇共有规模以上企业 226 家（其中亿元上企业 33 家），上市企业 4 家；培育国家级高新技术企业 82 家、国家级"专精特新"小巨人企业 6 家。Z 镇的区位条件优越，交通十分便捷。甬台温铁路、杭台铁路、104 国道、76 省道等交通干线穿境而过，距 W 市火车站 6 公里，距 T 市机场 11 公里，距沈海高速 W 西互通 15 公里，距沈海高速 T 南互通 17 公里。

　　Z 镇在基层治理上形成了协商民主的传统，在全国有着较大的影响。根据公开的资料，该镇的基层协商肇始于 1999 年 W 市的另外一个乡镇举办的"农业农村现代化教育论坛"，该论坛是一种以反映民意、解决问题为目的民主对话活动，后来这一做法在 W 市全市范围内得到推广，也被 T 市在全境范围内推广，并统一命名为"民主恳谈"①。民主恳谈是 Z 镇早期的做法，那时协商民主的概念还没有在学术界广泛传播，在基层的实践上也罕见有人使用。自 2005 年起，Z 镇的基层协商进入到一个新发展阶段，该镇是较早接触协商民主理论与方法的一个地方，也使该镇在中国大陆乡镇政府中成为协商民主实践的先行者之一。在 2005 年初，Z 镇使用协商民主的理论与方法开展了"协商式预算"，就该地当年度公共建设项目的财政预算进行公共协商。他们的主要做法是，第一步，根据多方的意见和建议编制当年的财政预算收支表；第二步，采用随机抽样的方法在全镇范围内抽取一定比例的协商民意代表，并提前为他们分发项目预算的材料以便先行了解相关信息；第三步，在预先确定的日期召开协商预算大会，就预算问题展开公共协商。协商会议采用分组协商和大会协商相结合的方式，协商民意代表被随机分配到协商小组进行协商。小组协商采取主持人制度，按程序规定，主持人在协商过程中须保持中立，其功能是引导协商代表均衡表达意见和讨论，其本人不能就协商议题发表倾向性意见。小组协商结束时，要形成本小

---

① 张敏：《政府供给与基层协商民主生长：基于三地实践的考察》，《学海》2016 年第 2 期。

组提交协商大会的小组意见。小组协商结束后进入大会协商。大会协商也是镇政府党政领导和全体协商民意代表之间的协商。因为人数的原因,大会协商通常在一个较大的场所内进行,党政领导作为一方,协商民意代表作为一方,双方就关心的预算问题进行沟通和辩论。大会协商也采取主持人制度,在主持人的主持之下,双方展开协商。最后,也就是第四步,协商会议形成的意见提交给镇人大讨论和决策。

2005 年确定的协商框架一直延续到现在,持续了近 20 周年。在协商内容上也由初期的公共建设项目预算扩展到年度一般性财政预算。协商的做法也在不断优化改进,并形成了系列制度性规定。首先,Z 镇所在的 W 市先后出台了一批制度性文件,在全市范围内推进协商民主的制度化实践。这些文件有《中共 W 市委关于进一步深化"民主恳谈"活动加强思想政治工作,推进基层民主政治建设的意见》《中共 W 市委关于进一步深化"民主恳谈"推进基层民主政治建设的意见》《中共 W 市委关于"民主恳谈"的若干规定》《关于印发〈W 市村级民主决策制度〉等十项制度的通知》《中共 W 市委关于全面深化民主恳谈,推进协商民主制度化发展的意见》《关于开展预算初审协商民主,加强镇级预算审查监督的指导意见》等。然后,在 W 市的指导之下,Z 镇结合本镇的具体情况也相继制定了《Z 镇预算审查监督试行办法》《Z 镇参与式预算民主恳谈工作规程》《代表工作站预算征询恳谈操作程序》以及《Z 镇参与式工程项目智库运作规程》等规范性文件。[①]

在中共二十大确立全过程人民民主的政治发展战略后,W 市又相继出台了《W 市镇(街道)综合考核实施办法(试行)》《W 市市直部门单位综合考核实施办法(试行)》《W 市人民代表大会代表建议、批评和意见办理的规定》《W 市践行全过程人民民主基层单元民情民意处理办法》《W 市人民代表大会代表建议、批评和意见办理以及践行全过程人民民主基层单元民情

---

① 张敏:《政府供给与基层协商民主生长:基于三地实践的考察》,《学海》2016 年第 2 期。也可以参见韩福国:《协商民主的基层实践程序与效能检验》,《西安交通大学学报(社会科学版)》2017 年第 9 期;朱圣明:《民主恳谈:中国基层协商民主的温岭实践》,复旦大学出版社,2017 年;韩福国:《我们如何具体操作协商民主复式协商民主决策程序手册》,复旦大学出版社,2017 年。

民意处理考核细则》等规范性文件。① 在 W 市的统一规划和指导下,Z 镇落实全过程人民民主的基层单元建设,从而把全过程人民民主与协商民主有机结合起来。

Z 镇的基层协商并不局限于一年一度的财政预算协商,随着经济社会的发展,协商的内容、层次和领域已经非常多元化,做到了基层协商的广泛多层和制度化发展,有效推动了全过程人民民主的实践。在 2020 年,W 市制定了《W 市农村社区民主协商规程》,梳理村级议事协商事项目录 17 项,对全市 579 个行政村进行协商全覆盖。在 W 市的统一指导之下,Z 镇实现了协商的城乡全贯通。在 Z 镇,协商成为一种传统和习惯,协商治理成为一个重要的治理方式。与此同时,随着信息技术的发展和应用,网络协商("线上协商")也得到快速应用。从 2021 年起,在 W 市的整体推动之下,Z 镇借助治理的数字化改革契机,开始探索"互联网＋民主恳谈"的数字协商模式,使用"村社民情通""村社云恳谈"等移动网络应用平台,开展"直播云议政""专家云顾问""投票云决策"等多种线上协商活动,在进一步拓宽群众参与渠道的同时,提升数字协商的能力和水平。2021 年以来,累计举办网络协商超 100 场次。

(二)寓于基层协商中的生活政治

Z 镇的生活政治实践寓于基层协商之中。Z 镇的生活政治包含两个层次的生活政治,一个是镇政府为了解决民生问题而形成的生活政治,一个是该镇居民就某些生活议题而发动的生活政治。就居民个体的生活政治而言,其制度化实践集中体现在一年一度的协商式预算之中(在当地也称"参与式预算"或"恳谈式预算")。Z 镇近 20 年的个体生活政治实践,呈现出如下主要特征。

1. 基层协商为个体生活政治实践的展开搭建了制度化平台

Z 镇个体生活政治的制度化实践主要是在基层协商中形成的,其议题

① W 市人大办:《关于印发〈W 市人民代表大会代表建议、批评和意见办理以及践行全过程人民民主基层单元民情民意处理考核细则〉的通知》,http://www.wlrd.gov.cn/art/2023/7/20/art_1564145_58608233.html,引用日期,2024 年 6 月 3 日。

和相关的程序都包含在基层协商的实践之中,只要基层协商制度化了,个体的生活政治实践也就制度化了。尤其在一年一度的协商式预算中,生活相关的议题与财政预算被统一编制在预算收支表中,协商代表就这些民生议题表达自己的看法,彼此之间进行沟通和交流,也和镇政府的党政领导在一起沟通交流,甚至激烈辩论。在这一过程中,民意代表既是在协商,同时也是在践行生活政治的活动,不论是政府层次的生活政治,还是个体层次的生活政治,都在基层协商的过程中展开了,而且这两个层次的生活政治是彼此互动的。在这个意义上,基层协商和生活政治的场域具有重合性。

比如,在该镇 2020 年的财政支出预算征求意见稿中,与生活直接相关的支出项目有就业补助、死亡抚恤、伤残抚恤、在乡复员和退伍军人补助、义务兵优待、农村籍退役士兵老年生活补助、退役军人安置、军队移交政府的离退休人员安置、儿童福利、老年福利(其中包括居家养老服务中心建设、镇村二级养老照料中心补助、五保集中供养人员生活补助、敬老院维修管理及雨污分流建设、重阳节慰问等)、残疾人康复、残疾人就业和扶贫、最低生活保障、临时救助和其他生活救助等。其他生活相关的支出项目有公共安全、公共卫生、环境保护、医疗保险、美丽乡村、城乡公共设施、道路交通、公园绿地、交通安全、文化娱乐、教育等。协商代表就这些支出项目的预算编制发表意见,希望镇政府调整其他项目的支出以增加生活相关项目的支出,镇政府的党政领导也对协商代表提出的问题作出解释,并表示会慎重考虑预算的调整问题。事实证明,协商代表的合理意见经常在镇人大的决策环节被采纳,每年都会有相关项目的预算被调整。在这些议题上,基层协商的场域是生活政治的场域,个体的生活政治实践被纳入基层协商的制度通道。

2. 民意代表的产生具有科学性

在制度化的意义上,个体生活政治的实践是通过随机抽取的方式产生的协商代表(在 Z 镇通常称为"选民代表""恳谈代表")在协商式预算大会上的实践,当然,协商民意代表的产生过程也属于制度化的一部分。为保证代表的代表性、专业性和产生过程的科学性,自 2005 年以来,Z 镇主要采用"乒乓球摇号"的方式按照一定的比例在全镇年满 18 周岁的镇民中随机抽取产生。另外,为保证协商参与的专业性,Z镇还在本地的人才库中按比例随机抽取一定数量的"地方精英代表",从老协商民意代表(即有过协商大会经验的代表)抽取部分代表一起参加协商式预算大会。每年大会的人数规模不同,抽取的比例也会根据需要调整,但总体上都要保证随机抽取的原则,而且"乒乓球摇号"一直是主导性的抽取方法。虽然每年的做法会有所不同,但在参会代表的结构上,基本上保持新协商代表、老协商代表和地方精英代表这三个部分的构成。这三部分代表的结构如下表所示:

表8　Z镇协商预算大会的代表构成

协商代表组成	代表类别	产生方式
第一部分	新协商代表	符合条件的镇民按千分比例随机抽取
第二部分	老协商代表	上一届协商代表中按一定比例随机抽取(通常为30%)
第三部分	地方精英代表	Z镇预算审查监督参与库和人才库随机抽取

资料来源:根据实地调研获取的材料整理。

　　每年参会代表的数量会有所不同,但总体上保持在300名上下,人数多时可接近400名。比如,在2010年,按"乒乓球摇号"的方式在本地12万人口中随机抽取100名群众代表,在人才库中采用抽样的方式,从农业、规模上工业企业、非规模工业企业、现代服务业、文教社会事业和城乡事务等行业抽选民意代表,每一个行业的代表人数20人,共计邀请120人,与全镇100多名人大代表共同参与。参会代表共有340名,既保证了参与的广泛性,又保证了参与的专业性。2015年的代表更具有广泛性,包括抽取的镇民代表、抽取的参与库老代表、自愿报名的代表、产业线代表(工业、农业、三产)、妇女代表、选区推荐代表、新Z镇人代表、智库专家、人大代表等,参会代表共有380余人。代表的广泛性一直持续下来,成为一个传统。代表构成的广泛性和合理性,保证了基层协商的质量,也保证了个体生活政治实践的有序和理性。

　　3.关注民生问题,而且真实地影响了公共决策

　　2015年协商式预算大会代表提出的意见和建议共有75条,其中26条直接与生活问题相关,其他还涉及环境保护、山体安全、交通安全、消防安全、食品安全、教育、文化、公共服务等间接相关的意见和建议。21条直接

相关的意见和建议如下①：

(1) 代表：天皇山锻炼的人多，需要加大投入，逐年完善设施。

(2) 代表：牧屿山公园锻炼的人很多，公厕也没有，要有预算安排建公厕。

(3) 代表：公交卡办来，无公交车坐，自云山无公交车无厕所，金樟无公交车。

(4) 代表：公交车预算调整100万元，是否包括牧屿到火车站的公交费用，牧屿外来人口集中的区域需要有去火车站的公交车。

(5) 代表：以火车站为中心搞一个环线公交车，一能方便老百姓办事；二能减少公车的使用，工作人员能坐公交车办事；三能带动周边的发展。

(6) 代表：需要增加联树至牧屿至火车站的公交线路。

(7) 代表：独生子女意外补偿资金应该增加。

(8) 代表：现在农民享受农医保，以村为单位统一缴付，居民户(无工资的)享受不到，建议以居为单位，统一支付，让居民也有医疗保障。

(9) 代表：复兴路东延何时能够启动，东河路北延预算何时启动。

(10) 代表：减少公共卫生经费，用于公共厕所建设。

(11) 代表：加大老年人活动经费的投入，对各村老人协会支出要增加。

(12) 代表：水澄西城路是断头路，村民不方便，要求接通。

(13) 代表：牧屿城区道路堵塞严重，要增加城管监察人员。

(14) 代表：牧屿管理区和联树管理区日常支出费用较多，应当撤并。联树管理区撤并后，可作为Z镇的养老院，对孤寡老人的生活有个保障，砍掉支持中小型企业的350万的拨款，用于养老院的建设。

(15) 代表：横泾至三王的道路和桥一直未通，要求接通。

(16) 代表：珠山村铁路前面的桥梁要造；协警的资金不应该拨。

---

① 本节涉及的代表发言均为作者在W市和Z镇调研所获资料整理而成，不一一作注。不经允许，请勿引用。在此，作者也对调研地给予的鼎力支持表示衷心感谢。

（17）代表：增加镇敬老院的经费，现在老人越来越多，民办养老院不安全，公办养老院建设要增加预算。

（18）代表：养老机构用地要落实，日间照料中心设立及之后的服务资金要有预算。

（19）代表：月河新城到山北处（建材市场与月河新城连接）的桥已建好却一直未通，桥头有高坎，老百姓过往较危险，何时能接通。

（20）代表：自行车点太少，应该增加覆盖，面再广一点。

（21）代表：原乡镇工办退职补助人员有 20 人，补助 9 万过少，这批老员工年老体弱行动不便，希望能对困难群体多加考虑。

许多意见和建议经综合考虑后被镇政府采纳，并对相关项目的支出预算进行了调整。其中与生活需要相关（直接与间接）的调增项目有 11 项，占总调增项目 13 项中的 84.62%，涉及预算资金 3000 余万元。这些调增项目如下：

（1）群众事务中，调增妇女儿童活动补助 2 万元。

（2）人力资源和社会保障管理事务中，劳动合同、城乡居保、就业等劳动保障误工补助调增 25 万元，用于市财政拨入的充分就业村居社区以奖代补及公益性岗位补贴，各类技能培训中，增加妇女培训人次及增加妇女充分就业扶持等，从原来预算安排 30 万元调整为 55 万元。

（3）节能环保支出中，联树泵站及压力管送到文昌路污水管网建设总投资从 500 万元调整为 800 万元，考虑到工程进度，2015 年预算支出安排 500 万元保持不变。

（4）自然生态保护支出中，牧新路后续工程调增预算 23 万元，从原来预算安排 90 万元调整为 113 万元。

（5）自然生态保护支出中，重点线路（泽新路）总投资从 339 万元调整为 389 万元，考虑到工程进度和市补助资金拨付情况，2015 年预算支出安排 300 万元保持不变。

（6）城乡社区环境卫生支出中，道路清扫人员劳务调增预算 40 万元，从原来预算安排 700 万元调整为 740 万元。

（7）城市建设支出中，104 国道"白改黑"配套工程（西城路口至天皇）调增预算 100 万元，从原来预算安排 150 万元调整为 250 万元。

（8）城市建设支出中，新增牧屿沿河道路改造工程预算 80 万元。

（9）城市建设支出中，新增南官河沿河绿化步道建设（前期）工程预算 100 万元。

（10）城市建设支出中，丹崖山及牧屿山公园改造提升调增预算 50 万元，从原来预算安排 50 万元调整为 100 万元。

（11）其他商业服务业等支出中，公交车线路补（包括设备平台建设、特殊人群车票补）调增预算 100 万元，从原来预算安排 100 万元调整为 200 万元。

这些发言和预算的调整，说明 Z 镇的基层协商是有效的协商，个体的生活政治行动也是有效的生活政治行动，都对公共决策真实地产生了影响。对于后者来说，基层协商场域中的个体生活政治充分展示了利他特征，说明个体的生活政治也是可以体现公共性的生活政治。同时也说明，人们的生活需求的确发生了转变，在 Z 镇的协商预算会议上，人们所关注的不仅有传统的物质文化需求，也有安全、环境需求。对于协商式预算会议的参加本身也说明了人民群众对民主的需求。

Z 镇的基层协商已经成为一个传统和习惯，既满足了群众的民主需要，也成为一个基层民主的训练场。在 Z 镇的多次调研中，笔者曾经询问一些代表这样一个问题：如果有一年，协商预算的会议不搞了，你们会怎么办？他们的回答是"不习惯"，因为已经习惯了一年一度的协商预算，虽然不是经常有机会参与这样的活动，但是大家知道每年会有这样的活动，所以如果哪年取消这个活动，他们会觉得不习惯，会觉得"少了点什么"。因此，从 Z 镇的基层协商实践中或许可以得出一个结论或者假设，基层群众的民主需求是可以从参与的习惯中形成的。笔者也曾经询问过当地的一些领导干部类似的问题：Z 镇会不会哪一年停止协商式预算的活动？或者终止这一活动？他们的回答与群众的回答具有相似性，也是"习惯"的问题。对于 Z 镇政府来说，做这样的事情已经是一种习惯，每年都会习惯性地去做。如果哪一年终止了，将会面临很大的压力，有"习惯"的压力，群众的压力，舆论的压力，等等。因此，我们也可以说，民主具有惯性。这样的习惯和惯性恰为包括个体生活政治在内的基层生活政治的形成和发展提供了良好的社会条件和制度条件。

4. 人们也关注法治、公平和正义的问题

协商民意代表一直关注行政法治的问题，在代表历年发表的意见中，这类问题从未缺席过。在 2024 年的协商预算会议中，有代表提到这样一些问题：

> "城市管理综合执法"备注只写到"执法队员工资及福利"，建议写清执法队员人数。
>
> "安全巡查队员劳务(51 人)"和"旅馆式专管员经费"，2024 年项目支出预算都是 420 万，支出是否重复，两者有什么区别？
>
> "村级污水管网建设"每年都有，2015—2017 年的费用一直未支付，甚至支出预算为 0，为什么还要写在预算本里面？
>
> 据了解"天网、雪亮工程服务费"，2022 年结算费用为 629 万，执行率为 0%，去年和今年预算都增加到了 800 万，这笔钱都用在了什么地方，是否真的有更换？

类似的问题还有很多，不一一列举。这些提问意味着代表们很重视政府行政的依据问题，包括法律依据和事实依据，要合法、合理、合乎事实。这说明在长期基层协商实践的熏养下，群众的法治观念和法治能力都在增长，并进一步导致了法治需求的增长。群众法治需求的增长对于规范政府行政具有重要的意义。

公平和正义的需求主要体现在 Z 镇人大预算修正会议的辩论上。在协商的性质上，以协商代表为主组成的协商式预算会议是一种咨询型协商而非决策型协商，因此在决策的法定程序上，在协商式预算会议上形成的协商意见，需要提交权力部门供决策使用。所以在程序上，协商意见先送达 Z 镇政府办公会议，由 Z 镇政府办公会议根据协商意见对预算进行修改，然后再提交 Z 镇人大会议审议表决。虽然人大代表的政治行为在严格意义上很难称为个体的生活政治行为，但是，一方面因为人大代表表达的意见是协商意见的进一步传递,另一方面也因为,许多人大代表是 Z 镇的普通群众或者村干部,他们来自于群众,他们了解群众的生活需要,所以,他们所代表的是群众的需要,他们对公平、正义的需要也是群众对公平、正义的需要。这些需要在人大代表的辩论发言中可以窥见一二。下面是关于"道路交通设施建设"预算是否需要调增的辩论的一个片断:

代表 1:之前在民主恳谈的时候就提出来,牧屿、联树两个区域交通拥堵情况非常严重,一到下班高峰点可以说是寸步难行,所以我建议调增 33 页"道路交通设施建设"这部分经费预算,增加道路管理人员。而反观 41 页的"三改一拆"工作从 2022 年预算 400 万元一路增加到今年 700 万元,违章建筑不应该是越拆越少吗,怎么经费还越来越多,建议调减划出 100 万元到道路整治这个方面。

代表 2:在经过上次民主恳谈后我也去了解了一下,这个 700 万元的预算其实还包括 250 万元的环境整治费用。现在两违整治、卫片执法要求很高,加上环境整治力度也很大,肯定要有足够的经费保障才能开展工作,我不同意这个调减方案。

代表 3:"三改一拆"工作当然是非常重要的,但是 2022 年治危拆违预算 450 万元,但实际执行率 56.17%,花费 250 万元左右。这个执行率并不算太高,如果没有什么特别需要关注的工作要开展的话,这部分经费预算可以适当减少一点。

代表 4:2024 年道路建设这个项目已安排了 380 万元的预算,相较去年已经有明显增加了,不需要再另外追加了吧。反观现在请问哪个村里没有应拆未拆、拆后利用等问题需要解决? 我觉得这个也是面上需要持续关注的问题,不应该削减这个项目经费。

代表 5:几年前"三改一拆"真的是风风火火,成效也非常明显。但是现在的确也没有这么多违章建筑需要拆除了,大部分都是自建的一点点,村里或镇里巡查发现就自行拆除了,或者卫片执法也都是小体量,说是拆后利用,好像也没有利用多少,这部分经费的总体使用率还是有待考察的,所以我是同意这个修改议案的。

代表 6:由于 2023 年的决算结果还没出来,但是之前翻看 2022 年决算的时候也发现,道路交通设施建设、治堵一块当年安排了 290 万元预算,但实际上只用了 152 万元,执行率只有一半多一点,是不是应该把原本的预算先用完再考虑追加预算。

代表 7:既然刚才那位代表提到"道路建设"项目预算都还没花完这个问题,之前我们联树的村社自己讨人来治理交通,效果非常明显,道路拥堵情况大大改善,但最后也是由于工作人员薪资问题才停止的。如果镇财政还有结余,不妨就让镇里出资来承担这部分工作人员的经费,按照一天 200 计算,一个人一年 7 万左右,加上追加的预算肯定能大大改善这个问题。

代表 8:我是不同意这个修改议案的,我镇穿境交通干线较多,特别是甬台温、杭绍台等高铁的安全运行对沿线的环境整治要求很高,Z镇很多村都在铁路和公路附近,相信这些村都是能非常直观感受到两路两侧整治的效果。主干道两侧这么干净,镇里也是下了苦功夫,这不仅仅是民生工作,也是 Z 镇乃至 W 市的面子问题,不能减少这部分经费)。

代表 9:大家也不妨到牧屿周边看看,这个道路设施建设是真落后,且不说有没有人来管这个事情,红绿灯、斑马线、停车位这些基本的设施在很多地方都没有,这条路通不通全靠当天的运气,确实应该加强规范化管理。

代表 10:目前 Z 镇特别是牧屿鞋业等劳动密集型企业较多,而相关企业存在消防通道堵塞,违建房屋建造时间久结构差,违规加层等较大安全隐患,根据七大行动整治要求,拆违建保安全整治迫在眉睫,这也是牧屿需要重点关注的安全问题啊。

代表 11:道路交通设施建设、维护这个项目里面也不单单是交通治堵这么简单,刚才那位代表讲到了现在大家都希望生活条件更好,那交通隐患治理也应该算在其中。Z 镇范围内仍然还有很多道路安全隐患、桥头跳需要去改善,是更加急迫的事情,不如先把这部分经费用于道路交通设施改善这个方面。

代表 12:说是希望生活更好,但是前提是要吃得饱啊。习近平总书记多次强调耕地保护工作"要坚决守住 18 亿亩耕地红线"。但是 Z

镇违法用地形势严峻,卫片遥感很多,涉及耕地面积也非常大。相关工作要求将逐年提高,今年任务肯定还要重,肯定要有足够的资金保障,才能搞好复垦工作,保障大家粮食安全。

代表 13:耕地贡献肯定是要保证的,但是现在人均生活水平上来了,车辆越来越多,特别像我联树这边,这些基本都是淘宝村,多了很多货车和蓝皮车,但是道路建设水平还是十年前的样子,加宽道路有难度,多派点人来维护秩序总可以吧,哪怕是贴罚单都可以增加政府收入,但就是没人管,交警队又说也多次反映人手不够,政府也应该做好殿后工作。

财政预算的核心是公共财政资源的配置问题,其公平性体现在那些需要帮助的群体是否得到了公共资源分配上的支持,或者公共资源的分配是否帮助到那些最需要的群体。借用约翰·罗尔斯(John Bordley Rawls)的正义观点,则是公共财政的分配是否对不利者有利。上述辩论指向是否调减环境整治的预算以满足道路交通设施建设的需要,关系到公共财政分配在环境整治与道路交通设施建设两个项目上的均衡。从代表们的发言中可以看到,虽然环境整治是一种公共需要,但道路交通设施的改善在一些村庄则更为迫切,理应得到优先对待。那些同意调增的代表所持有的是一种公平立场,主张从实际出发,解决一些村民的迫切需要。如几位代表所说,"牧屿、联树两个区域交通拥堵情况非常严重,一到下班高峰点可以说是寸步难行""大家也不妨到牧屿周边看看,这个道路设施建设是真落后,且不说有没有人来管这个事情,红绿灯、斑马线、停车位这些基本的设施在很多地方都没有,这条路通不通全靠当天的运气,确实应该加强规范化管理""刚才那位代表讲到了现在大家都希望生活条件更好,那交通隐患治理也应该算在其中""现在人均生活水平上来了,车辆越来越多,特别像我联树这边,这些基本都是淘宝村,多了很多货车和蓝皮车,但是道路建设水平还是十年前的样子",他们的发言都在说明两个村庄道路交通设施的状况比较糟糕,给人民群众的生活带来了不便,也产生了交通安全的隐患问题,因此,设施的完善非常迫切。

从协商代表和人大代表的发言中可以发现,基层协商中生活政治的成分是比较多的,生活议题构成了基层协商的重要议题。代表们不仅更关注生活议题,而且民主、法治、公平、正义、安全和环境已经成为基层群众的生活需求,这些需求在协商式预算会议和人大会议上都有直接的体现,而协商式预算会议、镇政府的办公会议以及镇人大会议也都较好地满足了这些需要。因此,可以认为,Z镇个体生活政治的制度化实践在基层协商的平台上初步形成了。

(三)Z镇个体生活政治制度化实践的启示

生活政治及个体生活政治的议题非常广泛,行动领域非常多元,其制度化实践可以发生在多地多处。个体生活政治实践的制度化在本质上是生活政治行动的制度化,因此需要为其提供民主化的制度通道,这样才符合美好生活时代的要求与全过程人民民主的原则。同时,个体生活政治实践的制度化是一种嵌入式制度化,生活政治的行动被镶嵌在各种治理实践中,并与它们融为一体。Z镇的案例为个体生活政治的制度化实践作了一个很好的揭示,也为更广范围个体生活政治实践的制度化提供了良好的启示。

首先,个体生活政治的制度化实践对于社会稳定和良好基层治理的构建具有重要的功能性价值。个体生活政治是以生活议题为导向的个体的政治行为所形成的政治,把个体的政治行为纳入制度化通道,对于和谐社会秩序的塑造和良好基层治理的构建都具有重要的意义。个体生活政治的制度化实践是合法、有序的实践,把个体的生活政治行为制度化,可以避免无序的政治参与对社会稳定运行带来的冲击,尤其在利益愈发多元化、生活方式愈发多元化的今天,人们的生活议题与相关诉求日益广泛和迫切,把他们的生活政治行为纳入制度化通道就有着尤为重要的意义。通过把个体的生活政治行为纳入制度化通道,还可以优化基层治理,提高公共决策的合理性,更好地为基层群众服务。在Z镇的实践中,人们的生活诉求表达被纳入制度化的基层协商之中,既形成了有序的公众参与,也提高了公共决策的质量,回应了基层群众的生活关切,满足了群众日益增长的民主、法治、公平、正义、安全与环境的需要。

其次,在当前,基层协商与全过程人民民主是个体生活政治制度化实践的重要制度平台。基层协商与全过程人民民主不仅为个体的生活政治实践提供了行动框架,也为其搭建了制度平台,在行动的意义上,基层协商则更为重要。事实上,Z镇除了协商式预算会议,还有许多其他形式的基层协商为个体的生活政治实践提供了制度化平台。比如,Z镇曾就城区泊位收费展开协商,就民生事实项目展开协商,这些都属于生活政治的范畴。如果走出Z镇,在W市的范围内则有更多个体生活政治的制度化通道。W市X镇的参与式预算实践由来已久,与Z镇的参与式预算一样,在全国有着较大的影响。2023年5月,笔者在W市参加基层治理的研讨会,现场观摩了某街道组织的关于企业员工用餐和流动快餐摊管理问题的协商,企业员工代表和快餐流动摊主代表就用餐问题提出了很多建设性意见和建议,堪称一场别开生面的基层协商会和个体生活政治实践会。① 后来又去W市S镇DH村调研了停车场选址的协商案例。笔者与合作者把这种基于协商的公共事务治理称为"商治"②,"商治"是个体生活政治实践平台的一种形象说法。

再次,在进行制度创新的同时,要重视已有制度平台的完善工作。在中国治理的实践中,可以充当个体生活政治制度平台的设计并不缺乏,但是一些制度的运行并不完善,对这些已有平台的完善非常必要。其中价格听证制度就很有代表性。价格听证制度以价格听证会为主要形式,由政府相关部门主持举行,邀请社会相关方围绕一些商品价格和服务价格的调整进行论证,因此也是一种典型的协商制度。在价格听证中,水、电、气、出租车等基本生活物资和服务的价格调整与人民群众的生活费用息息相关,所以,社会相关各方就这些基本生活物资和服务的价格调整进行听证,是一种典型的生活政治,对于群众代表来说,他们的听证是典型的个体生活政治行为。但是,社会上广为流传的"逢涨必听""逢听必涨""老百姓喜迎自来水涨价""老百姓喜迎电价涨价"的一些说法,说明中国的价格听证制度在运行上存

---

① 这次协商会议上,代表们提出了很多具有代表性的意见,比如,"时间对我们员工很重要,流动摊让我们在厂门口就能吃饱饭,节省下更多时间用来挣钱养家""流动摊便宜又省时,省出一顿饭的跑腿时间,就能多加工几串鞋帮""不能一刀切式地赶走流动摊贩,这样会造成员工就餐难""并不是所有企业都有场地设置食堂,会增加企业成本",这些意见为街道管理者提供了决策参考。

② 张敏、潘忠贤、梁云波:《纽带与参与:寻找村治的当前基础——基于DH村"商治"实践的启示》,《党政研究》2023年第6期。

在着明显的不完善之处。在程序上,价格听证制度的一个关键环节是听证代表的选择,听证代表选择的随机性、代表性以及听证能力是否充分直接影响了听证会的公正性与合理性,这也是价格听证制度被诟病的一个重要原因。所以,对已有制度及其运行的规范,避免明显错误的发生就很必要。

最后,要对个体生活政治的生长持包容态度,把日益增长的个体生活政治吸纳进制度化通道。在现代社会,个体生活政治的生长是一个重要的社会趋势。在中国,包括个体生活政治在内的生活政治的兴起不仅是中国社会与政治发展的新趋势,而且也成为中国社会与政治实践的重要组成部分。在美好生活时代,人民群众为了实现更高的物质文化需求,以及民主、法治、公平、正义、安全与环境的需求,会产生大量的生活政治行为。对于人民群众的生活政治行为,一方面要认识到这是中国在新阶段社会发展的产物,另一方面要对它们持包容和欢迎的态度,认识到包含在这些行为中的合理性以及对国家治理的积极价值,通过制度化通道把它们吸纳进来。Z 镇及其所在 W 市的基层协商具有示范作用,当地政府创造了多种制度化的协商通道,以开放、包容的心态邀请群众代表就民生问题展开协商,共话美好生活,既优化了公共治理,也建立了良好的党政群关系,值得全国各地学习。

第十章 结语：在国家治理现代化的进程中发展生活政治

一、 中国生活政治的特有逻辑

中国的生活政治是一个新研究议题。中国的生活政治不同于西方学者所说的生活政治。在上世纪八九十年代，西方国家的生活政治研究开始兴起，但他们所言的生活政治主要是生活方式的政治，是对新兴生活方式运动的解释。所以，西方学者所言的生活政治，也可以称为一种生活方式政治。

中国从未缺乏生活政治，自新中国成立以来，中国政府一直在进行着让人民群众过上幸福生活的努力。基于中国丰富的生活政治实践，我们把生活政治界定为生活议题公共化形成的政治。因此，我们把生活政治的概念一般化了。其中，生活政治包含了生活方式的政治，但又不限于生活方式的政治，而是包含了所有可以公共化的生活议题的政治。

回顾中国生活政治的发展，在大多数时期，是为了解决物质生活的问题，这是一个自上而下推动的生活政治实践。但随着经济社会的发展，尤其是进入 21 世纪以来，中国人的生活需求日益多样化，也出现了一些生活方式的政治。比如，当今社会的中国公众更关心绿色、健康的生活方式，更关心自己的存在价值，对于这些变化，中国政府也作出了回应，并进行了一些制度设计和公共服务的供给。因此，中国生活政治的内容更加丰富了。所以，总体上，党与国家自上而下推动的，以改善人民群众生活水平为目标的生活政治实践已经历了 70 余载，有着深厚的历史传统，是中国占据主导地位的生活政治；而肇源于社会层面的生活方式政治，则正在悄悄地兴起为一个新兴的政治领域。

中国的生活政治在其发展过程中呈现出自己特有的逻辑。

首先是治理的逻辑。中国的生活政治是发生于治理领域的政治，因此，在实践上，中国的生活政治是治理性的生活政治。其治理逻辑为：人民群众的生活议题是治理问题，问题的解决依靠国家治理。而西方社会的生活方式政治，有的属于治理领域的政治，有的则属于政治领域的政治。前者如素食主义、绿色食品、骑行、户外等生活方式运动等，就属于治理领域的生活政治。后者如女权政治、性别政治、性少数群体政治等，虽然涉及生活方式的选择，但在本质上是政治领域的权利政治。中西生活政治内容与性质的不同，决定了二者实践与发展的逻辑不同。

然后是与发展政治紧密结合的逻辑。中国的生活政治是与发展政治紧密结合在一起的政治。自新中国成立以来，中国共产党就把提高人民群众的生活水平与发展生产力作为两个重要的执政价值选择，而且把两个执政价值紧密地结合在一起，所以，中国的生活政治从来就不是一个孤立的政治。

这样的关系集中体现在两次社会主要矛盾的阐述上。在传统的社会主要矛盾中，满足人民日益增长的物质文化需要属于生活政治的范畴，发展生产力属于发展政治的范畴，而前一个目标的实现则要依赖后一个目标的实现。因此，在传统的社会主要矛盾中，虽然生活和发展在价值地位上同样重要，但在实践上，发展却居于第一位，生活的安排要服从于发展的需要。所以，我们不能孤立地看待生活政治，而是看到它和发展政治的关系。与西方学者所说的生活政治相比，中国的生活政治和发展政治的紧密关系，构成了一个独特的自身逻辑。

在新社会主要矛盾中，生活和发展的关系依然与传统社会矛盾中的一样。区别在于，生活需求更具多样性，而且对好生活的认知已经上升到美好生活的范畴。发展的要求也与传统社会主要矛盾中的发展不同，由原来的发展生产力为中心转变为生产力的发展和国家治理的发展并重的局面。而且对于新社会主要矛盾来说，不论生产力的发展，还是国家治理的发展，都要求发展的充分性和平衡性。

在中国，发展的问题也是现代化的问题，所以，发展政治也是与现代化相关的政治。因此,中国的生活政治又和现代化的问题紧密地结合在一起。我们看到,新中国成立后,党与国家提出了四个现代化的设想和发展战略。改革开放后,在生活和发展的问题上,党与国家提出了小康社会的战略,按照邓小平的说法,"小康"是中国式的现代化。在社会主要矛盾转换后,党与国家进一步拓展了中国式现代化的理论和实践。此时的中国式现代化,不仅包括生产力发展的现代化,而且还包括了国家治理的现代化,是一个更为全面的中国式现代化。

二、 新社会主要矛盾时期的生活政治发展

中国生活政治的治理性,以及和国家现代化结合的紧密性,决定了社会主要矛盾转换后中国的生活政治发展与国家治理现代化关系的紧密性。国家治理现代化既是中国生活政治发展的讨论语境,也是中国生活政治发展的实践背景。

通过国家治理现代化实现人民群众的美好生活需要是新社会主要矛盾条件下生活政治发展的主要内容。国家治理现代化包括治理体系的现代化和治理能力的现代化,因此,在新历史阶段,生活政治实践与发展的重点在于构建能够实现民主、法治、公平、正义、安全和环境需要的治理体系和治理能力。这就要求在治理体系上,构建能够满足人民群众民主需求的治理主体体系、治理方式体系和相关的制度体系,构建能够满足人民群众法治需求的制度体系,构建能够满足人民群众公平和正义需求的政策体系,构建能够满足人民群众安全需求的市场与社会管理体系,以及构建能够满足人民群众环境需求的生态保护体系。在治理能力上,要求构建具备民主能力、法治能力、公平正义能力、安全能力与环境保护能力的国家治理。

能够满足美好生活需要的治理可以称为良好治理,因此,国家治理现代化的目标是实现良好治理。实现良好治理需要对国家治理进行公共价值管理。美好生活是总体性的公共价值,民主、法治、公平、正义、安全和环境是体现于国家治理过程中的一些具体的公共价值。在不同的问题领域,国家治理要能够满足相关的需要,生产和创造出相应的公共价值。只要能够生产和创造出这些公共价值,人民群众的美好生活需要就能够实现。因此,公

共价值管理是实现良好治理的重要保证，要把公共价值管理深植国家治理，树立公共价值管理的观念，促进中国的国家治理走向公共价值生产型的国家治理。

基层治理是和人民群众的日常生活最为贴近的治理。日常生活中的民主、法治、公平、正义、安全和环境的需要主要来自于基层事务的治理。对于广大群众来说，对民主的需要，即是对基层事务参与的需要；对法治的需要，即是在基层事务，尤其在与自己相关事务的处置中，政府和其他行动主体都要遵纪守法；对公平和正义的需要，即是在基层事务的处置中，自己及他人能够得到正确的对待；对安全的需要，即是在基层社会的运行中，希望自己的生命和财产免于不正当的干预；对环境的需要，即是希望居住的环境不被污染。因此，基层治理直接影响了广大群众的生活感受。所以，基层治理需要向以实现美好生活为导向的治理的转型。

美好生活时代的生活政治发展还要关注个体生活政治的制度化实践问题。社会发生转型后，中国人民群众的微观生活政治领域开始呈现，个体的生活政治实践日趋多样化和普遍化。个体生活政治实践的制度化不仅有助于人民群众民主、法治、公平、正义、安全和环境需求的实现，而且对于社会的稳定运行也具有重要意义。个体生活政治实践的制度化需要认真落实人民当家作主的真实性，积极构筑规范化基层治理平台。

2035年，中国基本实现国家治理现代化。我们祝愿，伴随着国家治理的现代化进程，中国的生活政治将发展到更高的水平，人民群众的生活更加幸福、美好。

参考文献

一、中文著作

薄一波：《若干重大决策与事件的回顾》上卷，中共中央党校出版社，1991年。

薄一波：《若干重大决策与事件的回顾》下卷，中共中央党校出版社，1991年。

邓小平：《邓小平文选》第二卷，人民出版社，1994年。

邓小平：《邓小平文选》第三卷，人民出版社，1993年。

董辅礽主编：《中华人民共和国经济史》下卷，经济科学出版社，1999年。

杜志淳、张明军、任勇：《中国社会公共安全研究报告（第4辑）》，中央编译出版社，2014年。

费孝通：《江村经济》，上海人民出版社，2007年。

费孝通：《乡土中国》，上海人民出版社，2006年。

郭忠华、刘训练编：《公民身份与社会阶级》，江苏人民出版社，2008年。

国家统计局编：《中国统计年鉴（1993）》，中国统计出版社，1993年。

国家语言文字工作委员会组编：《中国语言生活状况报告》，商务印书馆，2019年。

国务院研究室课题组：《中国农民工调研报告》，中国言实出版社，2006年。

韩福国：《我们如何具体操作协商民主复式协商民主决策程序手册》，复旦大学出版社，2017年。

何传启主编：《中国现代化报告2019——生活质量现代化研究》，北京大学出版社，2019年。

胡锦涛：《胡锦涛文选》第二卷，人民出版社，2016年。

胡晓义：《新中国社会保障发展史》，中国劳动社会保障出版社、中国人事出版社，2019年。

黄国华等：《中国社会主义协商民主思想史稿》，西南交通大学出版社，2013年。

黄颂杰等编：《现代西方哲学词典》，上海辞书出版社，2007年。

黄卫平、深圳大学当代中国政治研究所、汪永成：《当代中国政治研究报告Ⅳ》，社会科学文献出版社，2005年。

江泽民：《江泽民文选》第一卷，人民出版社，2006年。

江泽民：《江泽民文选》第二卷，人民出版社，2006年。

江泽民：《江泽民文选》第三卷，人民出版社，2006年。

金观涛、刘青峰：《观念史研究——中国现代重要政治术语的形成》，法律出版社，2009年。

李培林、覃方明主编：《社会学理论与经验（第二辑）》，社会科学文献出版社，2005年。

梁漱溟：《东西文化及其哲学》，上海人民出版社，2015年。

林雪贞：《中国社会保障演进的历史维度和世界视野》，法律出版社，2018年。

刘翠霄编著：《中华人民共和国社会保障法治史（1949—2011年）》，商务印书馆，2014年。

陆学艺、陈光金、李培林等主编：《2013年中国社会形势分析与预测》，社会科学文献出版，2012年。

马克思、恩格斯：《马克思恩格斯选集》第二卷，人民出版社，1995年。

马起华：《政治学原理》，台北大中国图书公司，1986年。

毛齐华：《风雨征程七十春——毛齐华回忆录》，当代中国出版社，1997年。

毛泽东：《毛泽东选集》第一卷，人民出版社，1991年。

毛泽东：《毛泽东选集》第二卷，人民出版社，1991年。

毛泽东：《毛泽东选集》第三卷，人民出版社，1991年。

毛泽东：《毛泽东选集》第四卷，人民出版社，1991年。

倪梁康：《现象学及其效应——胡塞尔与当代德国哲学》，北京三联书店，1994年。

欧阳哲生编：《胡适文集(2)》，北京大学出版社，1998年。

彭和平、竹立家主编：《国外公共行政理论精选》，中共中央党校出版社，1997年。

汝信、陆学艺、李培林主编：《2005年中国社会形势分析与预测》，社会科学文献出版社，2004年。

汝信、陆学艺、李培林主编：《2009年中国社会形势分析与预测》，社会科学文献出版社，2008年。

孙中山：《孙中山全集》（第九卷），中华书局，1986年。

孙周兴：《海德格尔选集》，北京三联书店，1996年。

谭载喜：《西方翻译简史》（增订版），商务印书馆，2004年。

汪维辉:《东汉——隋常用词演变研究》,商务印书馆,2017年。

吴晓林:《房权政治:中国城市社区的业主维权》,中央编译出版社,2016年。

习近平:《论坚持人民当家作主》,中央文献出版社,2021年。

习近平:《习近平谈治国理政》第一卷,外文出版社,2018年。

习近平:《习近平谈治国理政》第二卷,外文出版社,2017年。

习近平:《习近平谈治国理政》第三卷,外文出版社,2020页。

谢立中主编:《西方社会学名著提要》,江西人民出版社,1998年。

严平选编:《伽达默尔集》,远东出版社,1997年。

严强、孔繁斌:《政治学基础》,南京大学出版社,2013年。

阎云翔:《中国社会的个体化》,陆洋等译,上海译文出版社,2016年。

杨楹、王福民、蒋海努:《马克思生活哲学引论》,人民出版社,2008年。

杨照、马家辉、胡洪侠:《我们仨@1963》,北京三联书店,2012年。

叶笃初、卢先福主编:《党的建设辞典》,中共中央党校出版社,2009年。

衣俊卿:《现代化与日常生活批判》,人民出版社,2005年。

应奇、刘训练编:《第三种自由》,东方出版社,2006年。

张乐天:《告别理想:人民公社制度研究》,上海人民出版社,2005年。

张首吉、杨源新、孙志武等编著:《党的十一届三中全会以来新名词术语辞典》,济南出版社,1992年。

张文红主编:《世界主要政党规章制度文献》(德国卷),中央编译出版社,2016年。

张小星:《笛卡尔、清楚明晰与意志自由》,编录于《法国哲学研究》(第二辑),上海人民出版社,2018年。

郑功成:《中国社会保障论》,中国劳动社会保障出版社,2009年。

《中国劳动人事年鉴》编辑部:《中国劳动人事年鉴(1949.10—1987)》,劳动人事出版社,1989年。

中共中央文献研究室编:《十二大以来重要文献选编》(上),中央文献出版社,2011年。

中共中央文献研究室编:《十二大以来重要文献选编》(中),中央文献出版社,2011年。

中共中央文献研究室编:《十二大以来重要文献选编》(下),中央文献出版社,2011年。

中共中央文献研究室编:《十三大以来重要文献选编》(中),中央文献出版社,2011年。

中共中央文献研究室编:《十四大以来重要文献选编》(上),中央文献出版社,

2011年。

中共中央文献研究室编:《十六大以来重要文献选编》(上),中央文献出版社,2011年。

中共中央文献研究室编:《十八大以来重要文献选编》(上),中央文献出版社,2014年。

中共中央文献研究室编:《十八大以来重要文献选编》(中),中央文献出版社,2016年。

中共中央党史和文献研究院编:《十八大以来重要文献选编》(下),中央文献出版社,2018年。

中共中央党史和文献研究院编:《十九大以来重要文献选编》(上),中央文献出版社,2019年。

中共中央马克思恩格斯列宁斯大林著作编译局编译:《马克思恩格斯全集》第3卷,人民出版社,2002年。

中共中央马克思恩格斯列宁斯大林著作编译局编译:《马克思恩格斯全集》第40卷,人民出版社,1982年。

中共中央马克思恩格斯列宁斯大林著作编译局编译:《马克思恩格斯全集》第42卷,人民出版社,1982年。

中共中央马克思恩格斯列宁斯大林著作编译局编译:《马克思恩格斯文集》第1卷,人民出版社,2009年。

中共中央文献研究室、中央档案馆编:《建党以来重要文献选编》第二十二册,中央文献出版社,2011年。

中共中央文献研究室编:《邓小平思想年谱(1975—1997)》,中央文献出版社,1998年。

中共中央文献研究室编:《改革开放三十年重要文献选编》(上),中央文献出版社,2008年。

中共中央文献研究室编:《建国以来重要文献选编》第四册,中央文献出版社,1993年。

中共中央文献研究室编:《建国以来重要文献选编》第六册,中央文献出版社,2011年。

中共中央文献研究室编:《建国以来重要文献选编》第八册,中央文献出版社,2011年。

中共中央文献研究室编:《建国以来重要文献选编》第九册,中央文献出版社,2011年。

中共中央文献研究室编:《建国以来重要文献选编》第十册,中央文献出版社,2011 年。

中共中央文献研究室编:《建国以来重要文献选编》第十一册,中央文献出版社,2011 年。

中共中央文献研究室编:《建国以来重要文献选编》第十九册,中央文献出版社,2011 年。

中共中央文献研究室编:《毛泽东文集》第一卷,人民出版社,1993 年。

中共中央文献研究室编:《毛泽东文集》第六卷,人民出版社,1999 年。

中共中央文献研究室编:《毛泽东文集》第七卷,人民出版社,1999 年。

中共中央文献研究室编:《毛泽东文集》第八卷,人民出版社,1999 年。

中共中央文献研究室编:《三中全会以来重要文献选编》(下),中央文献出版社,2011 年。

中共中央文献研究室编:《周恩来经济文选》,中央文献出版社,1993 年。

中国共产党中央委员会:《〈关于若干历史问题的决议〉和〈建国以来党的若干历史问题和决议〉》,中共党史出版社,2011 年。

中国社科哲学研究组编:《哈贝马斯在华演讲集》,人民出版社,2002 年。

中央党史和文献研究院:《中国共产党简史》,人民出版社、中共党史出版社,2021 年。

周谷城:《周谷城文选》,辽宁教育出版社,1995 年。

朱承:《礼乐文明与生活政治》,人民出版社,2019 年版。

朱圣明:《民主恳谈:中国基层协商民主的温岭实践》,复旦大学出版社,2017 年。

〔澳〕菲利普·佩迪特:《共和主义:一种关于自由与政府的理论》,刘训练译,江苏人民出版社,2009 年。

〔澳〕约翰·基恩:《生死民主》,安雯译,中央编译出版社,2016 年。

〔德〕海德格尔:《对亚里士多德的现象学解释》,赵卫国译,华夏出版社,2012 年。

〔德〕海德格尔:《论哲学的规定》,孙周兴、高松译,商务印书馆,2015 年。

〔德〕胡塞尔:《欧洲科学的危机与超越论的现象学》,王炳文译,商务印书馆,2001 年。

〔德〕胡塞尔:《生活世界现象学》,倪梁康、张廷国译,上海译文出版社,2002 年。

〔德〕克努特·安德森:《西方的"1968":学生运动的起源、过程和后果》,吕澍译,《史林》2012 年第 5 期。

〔德〕马丁·海德格尔:《存在论:实际性的解释学》,何卫平译,人民出版社,2009 年。

〔德〕马丁·海德格尔:《存在与时间》,陈嘉映、王庆节译,北京三联书店,2014 年。

〔德〕马丁·海德格尔:《尼采》(上),孙周兴译,商务印书馆,2011年。

〔德〕马克斯·韦伯:《学术与政治》,钱永祥、林振贤、罗久蓉译,广西师范大学出版社,2004年。

〔德〕马克斯·霍克海默、西奥多·阿多诺:《启蒙辩证法》,渠敬东、曹卫东译,上海人民出版社,2006年。

〔德〕叔本华:《作为意志和表象的世界》,石冲白译,商务印书馆,1982年。

〔德〕乌尔里希·贝克、伊丽莎白·贝克-格恩斯海姆:《个体化》,李荣山、范譞、张惠强译,北京大学出版社,2011年。

〔德〕乌尔里希·贝克:《风险社会:新的现代性之路》,张文杰、何博闻译,译林出版社,2018年。

〔法〕皮埃尔·布迪厄、〔美〕华康德:《实践与反思——反思社会学导引》,李猛、李康译,中央编译出版社,1998年。

〔法〕菲利浦·阿利埃斯、乔治·杜比主编:《私人生活史》(卷一),李群等译,北京文艺出版社,2009年。

〔法〕菲利浦·阿利埃斯、乔治·杜比主编:《私人生活史》(卷三),李群等译,北京文艺出版社,2009年。

〔法〕高宣扬:《存在主义》,上海交通大学出版社,2016年。

〔法〕亨利·列斐伏尔:《日常生活批判》(第一卷),叶齐茂、倪晓晖译,社会科学文献出版社,2018年。

〔法〕亨利·列斐伏尔:《日常生活批判》(第二卷),叶齐茂、倪晓晖译,社会科学文献出版社,2018年。

〔法〕皮埃尔·阿多:《古代哲学的智慧》,张宪译,上海译文出版社,2012年。

〔法〕让·鲍德里亚:《符号政治经济学批判》,夏莹译,南京大学出版社,2009年。

〔法〕让·鲍德里亚:《消费社会》,刘成富、全志钢译,南京大学出版社,2000年。

〔法〕让-保罗·萨特:《萨特哲学论文集》,潘培庆、汤永宽、魏金声等译,安徽文艺出版社,1998年。

〔古罗马〕奥古斯丁:《上帝之城:驳异教徒》,吴飞译,上海三联书店,2009年。

〔古罗马〕圣多马斯·阿奎那:《神学大全(第十二册)》,周克勤、高旭东等译,中华道明会、碧岳学社,2008年。

〔古希腊〕亚里士多德:《尼各马可伦理学》,廖申白译注,商务印书馆,2003年。

〔古希腊〕亚里士多德:《政治学》,吴寿彭译,商务印书馆,1997。

〔加〕查尔斯·泰勒:《自我的根源:现代认同的形成》,韩震等译,译林出版社,2001年。

〔捷克〕卡莱尔·科西克：《具体的辩证法——关于人和世界问题的研究》，傅小平译，社会科学文献出版社，1989年。

〔美〕阿兰·艾萨克：《政治学的视野与方法》，张继武、段小光译，南京大学出版社，1988年。

〔美〕艾瑞克·弗洛姆：《健全的社会》，欧阳谦译，中国文联出版公司，1988年。

〔美〕本杰明·巴伯：《强势民主》，彭斌、吴润洲译，吉林人民出版社，2006年。

〔美〕马克·穆尔：《创造公共价值：政府战略管理》，伍满桂译，商务印书馆，2016年。

〔美〕戴维·杜鲁门：《政治过程》，陈尧译，天津人民出版社，2005年。

〔美〕戴维·伊斯顿：《政治体系——政治学状况研究》，马清槐译，商务印书馆，1993年。

〔美〕丹尼尔·贝尔：《后工业社会的来临》，高铦、王宏周、魏章玲译，江西人民出版社，2018年。

〔美〕丹尼尔·贝尔：《资本主义文化矛盾》，赵一凡、蒲隆、任晓晋译，北京三联书店，1989年。

〔美〕格林斯坦、波尔斯比编：《政治学手册精选》，竺乾威、周琪、胡君芳等译，商务印书馆，1998年。

〔美〕汉娜·阿伦特：《论革命》，陈周旺译，译林出版社，2007年。

〔美〕赫伯特·马尔库塞：《单向度的人》，刘继译，上海译文出版社，2006年。

〔美〕理查德·沃林：《东风：法国知识分子与20世纪60年代的遗产》，董树宝译，中央编译出版社，2017年。

〔美〕列奥·施特劳斯：《自然权利与历史》，彭钢译，北京三联书店，2003年。

〔美〕罗伯特·J·达尔顿、〔德〕汉斯-迪尔特·克林格曼编：《牛津政治行为研究手册》，王浦劬主译，人民出版社，2018年。

〔美〕罗纳德·英格尔哈特：《发达工业社会的文化转型》，张秀琴译，社会科学文献出版社，2013年。

〔美〕罗纳德·英格尔哈特：《静悄悄的革命：西方公众变动中的价值与政治方式》，叶娟丽、韩瑞波等译，上海人民出版社，2016年。

〔美〕罗纳德·英格尔哈特：《现代化与后现代化：43个国家的文化、经济与政治变迁》，严挺译，社会科学文献出版社，2013年版。

〔美〕马克·科兰斯基：《1968：撞击世界之年》，洪兵译，民主与建设出版社，2016年。

〔美〕迈克尔·林奇：《科学实践与日常活动》，邢冬梅译，苏州大学出版社，2010年。

〔美〕莫里斯·迪克斯坦：《伊甸园之门——六十年代美国文化》，方晓光译，上海外语教育出版社，1985年。

〔美〕乔治·萨拜因:《政治学说史》(上卷),邓正来译,上海人民出版社,2008年。

〔美〕斯蒂文·贝斯特、道格拉斯·凯尔纳:《后现代理论——批判性的质疑》,张志斌译,中央编译出版社,2001年。

〔美〕托马斯·R.弗林:《存在主义简论》,莫伟民译,外语教学与研究出版社,2015年。

〔美〕托马斯·库恩:《科学革命的结构》,金吾伦、胡新和译,北京大学出版社,2003年。

〔美〕威尔·杜兰德:《世界文明史:宗教改革》,幼狮文化公司译,东方出版社,1999年。

〔美〕约翰·克莱顿·托马斯:《公共决策中的公民参与:公共管理者的新技能与新策略》,孙柏瑛等译,中国人民大学出版社,2010年。

〔美〕詹姆斯·布坎南、罗杰·康格尔顿:《原则政治,而非利益政治》,社会科学文献出版社,2004年。

〔挪威〕贺美德、鲁纳编著《"自我"中国——现代中国社会中个体的崛起》,上海译文出版社,2011年。

〔日〕野家启一:《库恩范式》,毕小辉译,河北教育出版社,2001年。

世界环境与发展委员会:《我们共同的未来》,王之佳、柯金良等译,吉林人民出版社,1997年。

〔匈〕阿格妮丝·赫勒:《日常生活》,衣俊卿译,重庆出版社,2010年。

〔匈〕格奥尔格·卢卡奇:《历史与阶级意识》,杜章智等译,商务印书馆,2012年。

〔英〕安德鲁·多布森:《绿色政治思想》,郇庆治泽,山东大学出版社,2005年。

〔英〕安德鲁·海伍德:《政治学》,张立鹏译,中国人民大学出版社,2006年。

〔英〕安东尼·吉登斯:《失控的世界》,周红云译,江西人民出版社,2001年。

〔英〕安东尼·吉登斯:《超越左与右——激进政治的未来》,李惠斌、杨雪冬译,社会科学文献出版社,2000年。

〔英〕安东尼·吉登斯:《现代性与自我认同》,夏璐译,中国人民大学出版社,2016年。

〔英〕戴维·米勒、韦农·波格丹诺主编:《布莱克维尔政治学百科全书》,邓正来主译,中国政法大学出版社,2002年。

〔英〕费迪南·费尔曼:《生命哲学》,李健鸣译,华夏出版社,2001年。

〔英〕罗伯特·奥迪主编:《剑桥哲学辞典》,林正弘等审定,台北猫头鹰出版社,2002年。

〔英〕罗素:《西方哲学史》(上册),何兆武、李约瑟译,商务印书馆,2015年。

〔英〕齐格蒙特·鲍曼：《流动的现代性》，欧阳景根译，中国人民大学出版社，2018年。

〔英〕塞缪尔·E·芬纳：《统治史》（卷一），王震、马百亮译，华东师范大学出版社，2014年。

〔英〕托马斯·霍布斯：《利维坦》，黎思复、黎廷弼译，商务印书馆，1985年。

〔英〕约翰·密尔：《论自由》，程崇华译，商务印书馆，1982年。

二、中文论文

蔡元培：《我的新生活观》，《新生活》1920年第20期（1月4日）。

陈刚、李树：《政府如何能够让人幸福？——政府质量影响居民幸福感的实证研究》，《管理世界》2012年第8期。

陈华平、董娟：《基于新媒体的公共政策听证平台构建》，《中国行政管理》2015年第11期。

陈辉：《"过日子"：农民的生活哲学》（博士毕业论文），华东理工大学，2013年。

董克用、沈国权：《党指引下的我国社会保障制度百年变迁》，《行政管理改革》2021年第5期。

樊苗苗：《"生活"的词汇化及其词义的发展》，《乐山师范学院学报》2012年第3期。

费孝通佚稿：《新教教义与资本主义精神之关系》，《西北民族研究》2016年第1期。

郭于华、沈原：《居住的政治——B市业主维权与社区建设的实证研究》，《开放时代》2012年第2期。

韩福国：《协商民主的基层实践程序与效能检验》，《西安交通大学学报（社会科学版）》2017年第9期。

郝宇青、张弓：《当下中国社会焦虑的类型探析》，《齐鲁师范学院学报》2013年第1期。

何雪松：《迈向日常生活世界的现象学社会学——舒茨引论》，《华东理工大学学报》（社科版）2000年第1期。

何增科：《理解国家治理及其现代化》，《马克思主义与现实》2014年第1期。

胡范铸、胡亦名：《"十字架身份体系"的崩裂——从流行语"万元户"看改革开放40年》，《社会科学文摘》2018年第11期。

季剑青：《"通俗"的新文化是否可能——以〈新生活〉周刊为中心》，《中国现代文学研究丛刊》2022年第4期。

李锋:《运用大数据提升国家治理现代化水平——以新时代人民对于美好生活需要的大数据分析为案例》,《电子政务》2018 年第 5 期。

李汉林、李路路:《单位成员的满意度和相对剥夺感——单位组织中依赖结构的主观层面》,《社会学研究》2000 年第 2 期。

李培林、张翼:《走出生活逆境的阴影——失业下岗职工再就业中的"人力资本失灵"研究》,《中国社会科学》2003 年第 5 期。

李涛、吉木拉衣、叶兴艺:《腐败治理能否促进人民幸福感和政府满意度? ——基于中国综合社会调查(CGSS) 数据的研究》,《中共南京市委党校学报》2020 年第 3 期。

李文阁:《生活哲学的复兴》,《哲学研究》2008 年第 10 期。

李文阁:《我们该怎样生活——论生活哲学的转向》,《学术研究》2010 年第 1 期。

廖小平:《改革开放以来价值观变迁与核心价值的建构》,《天津社会科学》2013 年第 6 期。

刘琳琳、朱廷劭、任孝鹏:《个体主义/集体主义的代际变迁 1949—2010:来自〈人民日报〉的证据》,《中国临床心理学杂志》2020 年第 3 期。

刘威:《"行动者"的缺席抑或复归——街区邻里政治研究的日常生活转向与方法论自觉》,《南京社会科学》2010 年第 7 期。

路风:《单位:一种特殊的社会组织形式》,《中国社会科学》1989 年第 1 期。

马骏:《治理、政策与美好生活:不丹经验》,《公共行政评论》2013 年第 1 期。

施肇成:《毛泽东与"八大"对我国社会主要矛盾理解的异同》,《中国社会科学》1991 年第 6 期。

宋宝安、于天琪:《我国群体性事件的根源与影响》,《吉林大学社会科学学报》2010 年第 5 期。

孙立平、王汉生、王思斌等:《改革以来中国社会结构的变迁》,《中国社会科学》1994 年第 2 期。

谈火生:《审议民主理论的基本理念和理论流派》,《教学与研究》2006 年第 11 期。

谭旭运、董洪杰、张跃、王俊秀:《获得感的概念内涵、结构及其对生活满意度的影响》,《社会学研究》2020 年第 5 期。

佟德志、刘琳:《美好生活需要与中国社会主要矛盾的变迁分析——基于 1990—2012 年世界价值观调查(WVS)数据的分析》,《理论与改革》2019 年第 2 期。

王浦劬:《国家治理、政府治理和社会治理的含义及其相互关系》,《国家行政学院学报》2014 年第 3 期。

王铭铭、张瑞:《费孝通佚稿〈新教教义与资本主义精神之关系〉整理后记》,《西北民族研究》2016 年第 1 期。

吴飞：《论"过日子"》，《社会学研究》2007 年第 6 期。

吴晓林：《中国城市社区业主维权研究综论》，《城市问题》2013 年第 6 期。

肖唐镖：《当代中国的"群体性事件"：概念、类型与性质辨析》，《人文杂志》2012 年第 4 期。

杨小军：《信访法治化改革与完善研究》，《中国法学》2013 年第 5 期。

虞崇胜：《精准把握新时代社会主要矛盾的新变化》，《江汉论坛》2018 年第 1 期。

俞可平：《国家治理的中国特色和普遍趋势》，《公共管理评论》2019 年第 1 期。

张海波、童星：《社会管理创新与信访制度改革》，《天津社会科学》2012 年第 3 期。

张军、晓芳等：《中美政策审计比较研究》，《审计研究》2017 年第 5 期。

张乐天：《国家话语的接受与消解——公社视野中的"阶级"与"阶级斗争"》，《社会学研究》2001 年第 6 期。

张敏：《公共政策外部性的理论探讨：内涵、发生机制及其治理》，《江海学刊》2009 年第 1 期。

张敏：《基层协商民主的公共价值管理：一个实践路径探索》，《探索》2018 年第 5 期。

张敏、潘忠贤、梁云波：《纽带与参与：寻找村治的当前基础——基于 DH 村"商治"实践的启示》，《党政研究》2023 年第 6 期。

张敏、赵娟：《美好生活与良好治理——社会主要矛盾转换及其治理蕴意》，《南京社会科学》2018 年第 12 期。

张敏：《美好生活的实现场域与基层治理的目标、功能设定——再议美好生活与良好治理的关系》，《行政论坛》2021 年第 6 期。

张敏：《社会和谐的政策正义路径：一个公共政策外部性的分析视角》，《南京林业大学学报(人文社会科学版)》2011 年第 4 期。

张敏：《西方社会的一种新政治行动方式与政治领域：对生活政治的扩展性分析》，《国外理论动态》2020 年第 4 期。

张敏：《政府供给与基层协商民主生长：基于三地实践的考察》，《学海》2016 年第 2 期。

张敏：《治理让生活更美好：生活质量与公共治理关系的学术史梳理》，《甘肃行政学院学报》2021 年第 5 期。

张敏：《中西协商民主的概念史考察：语义演变与要素辨同》，《探索》2015 年第 4 期。

张敏：《作为一种存在主义政治的生活政治：源起、本质及意义》，《国外理论动态》2021 年第 2 期。

张未民：《"生活"概念在 20 世纪中国的兴起——20 世纪中国"生活"理论体系的生成及话语形式》，《社会科学战线》2016 年第 1 期。

张一兵:《"人"与实际性此在的常人化夷平——海德格尔〈存在论:实际性的解释学〉解读》,《社会科学战线》2011年第11期。

赵树凯:《社区冲突和新型权力关系——关于196封农民来信的初步分析》,《中国农村观察》1999年第2期。

郑功成:《中国社会保障40年变迁(1978—2018)》,《教学与研究》2018年第11期。

郑功成:《中国社会保障70年发展(1949—2019):回顾与展望》(《中国人民大学学报》2019年第5期。

郑震:《当代西方社会学的日常生活转向——以核心理论问题为研究路径》,《天津社会科学》2012年第5期。

郑震:《列斐伏尔日常生活批判理论的社会学意义——迈向一种日常生活的社会学》,《社会学研究》2011年第3期。

郑震:《日常生活的社会学》,《人文杂志》2016年第5期。

钟伟军:《基层公务人员印象、民生满意度与反腐败绩效公众感知——基于Z省的实证分析》,《湖南师范大学社会科学学报》2019年第3期。

周晓虹:《中国农民的政治参与——毛泽东和后毛泽东时代的比较》,《香港社会科学学报》2000年秋季刊(第17卷)。

邹佰峰:《从个体价值定位看集体主义的时代演变》,《甘肃理论学刊》2008年第3期。

〔法〕保罗·利科:《宽容的销蚀和不宽容的抵制》,《第欧根尼》1999年第1期。

〔土耳其〕约安娜·库茨拉底:《论宽容和宽容的限度》,《第欧根尼》1999年第1期。

三、 外文著作

Alain Touraine, *The Post-Industrial Society*:*Tomorrow's social history*:*classes, conflicts and culture in the programmed society*, New York:Random House,1971.

Angus Campbell, *The Sense of Well-Being in America*:*Recent Patterns and Trends*, New York:McGraw-Hill,1981.

B. Bozeman:*Public Values and Public Interest*:*Counterbalancing Economic Individualism*,Washington,D.C.:Georgetown University Press,2007.

Dorji L.Wangchuck Dynasty, *100 Years Ofenlightened Monarchy in Bhutan*, Thimphu:The Centre for Bhutan Studies, 1998.

Edgar F. Borgatta ,*Encyclopedia of Sociology*, New York:Macmillan Reference

USA，2000.

Harold Garfinkel，*Studies in Ethnomethodology*，New Jersey：Prentice-Hall，1967.

J.Helliwell，R.Layard，J.Sachs，*World Happiness Report* 2017.New York：Sustainable Development Solutions Network，2017.

Koselleck，Reinhart，"The Limits of Emancipation：A Conceptual-Historical Sketch"，In *The Practice of Conceptual History*，*Timing History*，*Spacing Concepts*. Stanford，California：Stanford University Press，2002.

Laura Portwood-Stacer，*Lifestyle Politics and Radical Activism*，London：Bloomsbury，2013.

Michel Foucault. *Politics*，*Philosophy*，*Culture*：*Interviews and other Writings* 1977 - 1984，Paul Rabinowed. NewYork：Routledge，1988.

N .Rose，Governing Enterprising Individuals. In N. Rose（Ed.），*Inventing Our Selves*：*Psychology*，*Power and Personhood* . Cambridge：Cambridge University Press，1998.

R.A.Easterlin，*Does Economic Growth Improve the HumanLot*？In P. A .David，M. W. Reder，Eds. *Nations and Households in Economic Growth*. New York：Academic Press，1974.

Alfred Schutz，*Collected Papers I*：*The Problem of Social Reality*，edited by Maurice Natanson，The Hague：Martinus Nijhoff，1962.

四、 外文论文

Alexandra Kogl，"A Hundred Ways of Beginning：The Politics of Everyday Life"，*Polity*，Vol. 41，No.4，2009，pp.514—535.

G. Stoker，"PublicValue Management：a New Narrative for Networked Governance?"，*American Review of Public Administration*，2006，Vol.1，pp.41—57.

H.Brockmann，J.Delhey，C.Welzel，H.Yuan，"The China Puzzle：Failing Happiness in a Rising Economy"，*Journal of Happiness Studies*，2009，vol.10，pp.387—405.

Michele Micheletti，Dietlind Stolle，"Sustainable Citizenship and the New Politics of Consumption"，*The Annals of the American Academy of Political and Social Science* ，2012，Vol.644，No.1，pp.88—120.

Q.Schultze，"Popular Culture and Life-Style Politics"，*Journal of Communication*

Inquiry，1981，Vol.2，pp.87—96.

Robert A. Dahl，"The Behavioral Approach in Political Science：Epitaph for a Monument to a Successful Protest," *The American Political Science Review*，1961，Vol.55，No.4.

Ronald Inglehart，"The Silent Revolution in Europe：Intergenerational Change in Post‑Industrial Societies"，*The American Political Science Review*，1971，Vol.65，No.4，pp.991—1017.

T.B.Jorgensen，B.Bozeman，"Public Values Lost? Comparing Cases on Contracting out from Denmark and the United States"，*Public Management Review*，2002，Vol.1，pp.63—81.

Young Mie Kim，"Issue publics in the new information environment：Selectivity，domain-specificity，and extremity"，*Communication Research*，2009，Vol.36，No.2，pp.254—284.

Young Mie Kim，"The shifting Sands of Citizenship：Toward a Model of the Citizenry in Life Politics"，*The Annals of the American Academy of Political and Social Science*，2012，Vol.644，No.1，pp.147—158.

五、 网站资料

澎湃新闻网：《上海人的 50 个日常，我怀疑你在窥视我的生活!》，https://m.thepaper.cn/baijiahao_7531526，引用日期，2024 年 1 月 1 日。

中共中央宣传部：《中国共产党的历史使命与行动价值》，新华网，http://www.xinhuanet.com/politics/2021‑08/26/c_1127795937.htm? channel＝weixin，引用日期，2024 年 2 月 16 日。

中华人民共和国人力资源和社会保障部：《2016 年度人力资源和社会保障事业发展统计公报》http://www.mohrss.gov.cn/ghcws/BHCSWgongzuodongtai/201705/W020180521568816106756.pdf，引用日期，2024 年 4 月 5 日。

澎湃网：《觉醒年代、双减、元宇宙……2021 年度十大网络用语发布》，https://www.thepaper.cn/newsDetail_forward_15720664，引用日期，2024 年 4 月 12 日。

JUST SO Soul 研究院：《2024 年社交趋势洞察报告》，https://official-cdn.soulapp.cn/uploads/2024_a1aeb4c771.pdf，引用日期，2024 年 4 月 14 日。

JUST SO Soul 研究院：《Z 世代工作生活态度洞察》，https://official-cdn.soulapp.

cn/uploads/Z_f6770726bf.pdf,引用日期,2024 年 4 月 14 日。

国家统计局:《第七次全国人口普查公报》,https://www.stats.gov.cn/sj/tjgb/rkpcgb/qgrkpcgb/202302/t20230206_1902007.html,引用日期,2024 年 4 月 15 日。

脉脉数据研究院:《中国职场流动趋势年度报告 2021》,https://finance.sina.com.cn/tech/2021-01-26/doc-ikftssap1007801.shtml,引用日期,2024 年 4 月 16 日。

中华人民共和国国务院新闻办公室:《国家人权行动计划(2009—2010 年)》,https://www.gov.cn/jrzg/2009-04/13/content_1283983.htm,引用日期,2024 年 4 月 16 日。

中华人民共和国国务院新闻办公室:《国家人权行动计划(2021—2025 年)》,https://www.hubpd.com/hubpd/rss/zaker/index.html? contentId＝2017612633062694513,引用日期,2024 年 4 月 16 日。

北京瀛和律师事务所:《中国物业管理纠纷大数据报告》(2013—2022),https://roll.sohu.com/a/608433269_121308648,引用日期,2024 年 4 月 24 日。

习近平:《高举中国特色社会主义伟大旗帜为全面建设社会主义现代化国家而团结奋斗——在中国共产党第二十次全国代表大会上的报告》,中国政府网,2022 年 10 月 25 日,https://www.gov.cn/xinwen/2022-10/25/content_5721685.htm,引用日期,2024 年 5 月 6 日。

中国政府网:《习近平:高举中国特色社会主义伟大旗帜为全面建设社会主义现代化国家而团结奋斗——在中国共产党第二十次全国代表大会上的报告》,https://www.gov.cn/xinwen/2022-10/25/content_5721685.htm,引用日期,2024 年 5 月 28 日。

中共中央办公厅、国务院办公厅:《关于加强城乡社区协商的意见》,中国政府网,https://www.gov.cn/zhengce/2015-07/22/content_2900883.htm,引用日期,2024 年 5 月 28 日。

W 市人大办:《关于印发〈W 市人民代表大会代表建议、批评和意见办理以及践行全过程人民民主基层单元民情民意处理考核细则〉的通知》,http://www.wlrd.gov.cn/art/2023/7/20/art_1564145_58608233.html,引用日期,2024 年 6 月 3 日。

中共中央、国务院:《关于加强基层治理体系和治理能力现代化建设的意见》,中国政府网,https://www.gov.cn/gongbao/content/2021/content_5627681.htm,引用日期,2024 年 6 月 9 日。

中华人民共和国中央人民政府网:《国务院办公厅转发卫生部等部门关于建立新型农村合作医疗制度意见的通知》,2005-08-12,https://www.gov.cn/zwgk/2005-08/12/content_21850.htm,引用日期,2024 年 4 月 5 日。

中国政协网,http://www.cppcc.gov.cn/2011/09/14/ARTI1315981476297939.

shtml,引用日期,2024 年 5 月 26 日。

第十三届全国人民代表大会:《中华人民共和国宪法》,中国政府网,https://www.gov.cn/guoqing/2018 - 03/22/content_5276318.htm,引用日期,2024 年 2 月 3 日。

习近平:《在庆祝中国共产党成立 100 周年大会上的讲话》,新华网,http://www.xinhuanet.com/2021 - 07/01/c_1127615334.htm,引用日期,2024 年 5 月 27 日。

国家医疗保障局:《2022 年全国医疗保障事业发展统计公报》,http://www.nhsa.gov.cn/art/2023/7/10/art_7_10995.html,引用日期,2024 年 4 月 5 日。

中国政府网,https://www.gov.cn/jrzg/2006 - 03/01/content_215306.htm,引用日期,2024 年 5 月 26 日。

上海新闻广播:《4000 万元不好拿,上海"最牛业委会追讨物业公司案"反转了!》,https://m.gmw.cn/2024 - 04/25/content_1303721667.htm,引用日期,2024 年 4 月 25 日。

中国健康委员会:《健康中国行动(2019—2030 年)》https://www.gov.cn/xinwen/2019 - 07/15/content_5409694.htm,引用日期,2024 年 1 月 24 日。

中国政府网:《习近平:中国的民主是一种全过程的民主》https://www.gov.cn/xinwen/2019 - 11/03/content_5448083.htm,引用日期,2024 年 5 月 28 日。